INSTRUCTION PRATIQUE

DE LA

COMPAGNIE D'INFANTERIE

SUR

LE SERVICE EN CAMPAGNE

ET LES OPÉRATIONS DU COMBAT

pour celle à donner au soldat, à l'escouade, à la section, etc.

PAR UN OFFICIER SUPÉRIEUR DU 4ᵉ CORPS

Avec 148 figures dans le texte

PARIS

LIBRAIRIE MILITAIRE DE J. DUMAINE

LIBRAIRE-ÉDITEUR

30, Rue et Passage Dauphine, 30

1877

INSTRUCTION PRATIQUE

DE LA

COMPAGNIE D'INFANTERIE

Imprimerie de J. DUMAINE, rue Christine, 2.

INSTRUCTION PRATIQUE

DE LA

COMPAGNIE D'INFANTERIE

SUR

LE SERVICE EN CAMPAGNE

ET LES OPÉRATIONS DU COMBAT

pour celle à donner au soldat, à l'escouade, à la section, etc.

PAR UN OFFICIER SUPÉRIEUR DU 4e CORPS

———

Avec 146 figures dans le texte

PARIS

LIBRAIRIE MILITAIRE DE J. DUMAINE

LIBRAIRE-ÉDITEUR

30, Rue et Passage Dauphine, 30

—

1877

AVANT-PROPOS.

L'*Instruction pratique sur le service de l'infanterie en campagne* a établi les règles qui doivent servir à l'instruction de la troupe, en ce qui concerne le service des *avant-postes* et celui des *marches*. Mais, pour ces deux services, elle n'a pas fait d'une manière spéciale la part de l'instruction *individuelle*. D'un autre côté, si le *Règlement sur les manœuvres de l'infanterie*, dans son remarquable Rapport au Ministre, et dans la deuxième partie du titre III (Ecole de compagnie), a posé on ne peut mieux les principes qui doivent aujourd'hui servir de base au *combat*, il n'a pas non plus formulé de règles précises pour l'instruction du soldat; ce qui était cependant nécessaire pour guider les officiers dans une pratique encore toute nouvelle. Nous avons pensé que, tout en laissant beaucoup encore à l'initiative des officiers et des cadres, il était bon de leur tracer un plan général d'instruction, pour que celle-ci, en ce qui concerne le *combat* surtout, n'en vînt pas à dégénérer en une répétition journalière de l'école de tirailleurs sur un terrain plus ou moins varié. C'est cette lacune que l'on a cherché à combler.

Il a paru, il est vrai, dans ces derniers temps, plusieurs essais d'*instruction pratique*; mais, dans la plupart, au lieu de s'attacher à établir la série des exercices pratiques qui doivent servir de base à l'instruction, on s'est borné à poser des règles générales, qui, bien qu'excellentes en elles-mêmes, n'ont trait qu'à l'instruction théorique des officiers, ou ne donnent pas facilement à ces derniers le moyen d'en déduire les applications pratiques dont ils ont besoin.

Nous avons cherché, au contraire, à écarter de notre travail tout ce qui ne se rattachait pas directement à l'instruction pratique de la troupe, et, en nous aidant des règlements étrangers et des auteurs les plus connus, à établir dans ce sens quelques premières règles qui suppléeront un peu à l'insuffisance des données réglementaires. Une publication dont l'éloge n'est plus à faire, la *Revue militaire de l'Etranger*, nous a aussi fourni de nombreuses et excellentes données sur ce qui a trait à l'organisation de l'infanterie étrangère.

Il sera facile de faire mieux : mais on a pensé qu'une œuvre, écrite avec la seule recherche d'une certaine méthode, pourrait, en ce moment, rendre quelques services à nos camarades. Nous n'avons pas eu d'autre ambition que celle-là, et tout notre désir est d'espérer que ce but aura été plus ou moins bien atteint.

1er septembre 1876.

TABLE SOMMAIRE.

INTRODUCTION.

PREMIÈRE PARTIE.

DU TERRAIN.

DEUXIÈME PARTIE.

INSTRUCTION PRATIQUE DE LA COMPAGNIE.

———

CHAPITRE Ier. — SERVICE DES AVANT-POSTES.

I. Instruction du soldat ; des patrouilles et des rondes ; — service de nuit. — II. Instruction de la section. — III. Instruction de la compagnie ; progression établie. — Notions succinctes sur le service des avant-postes prussien, italien, etc.

CHAPITRE II. — SERVICE DE MARCHE.

I. Instruction du soldat. De l'avant-garde ; — service de l'extrême pointe ; — patrouilles, flanqueurs ; — exercices divers. — II. Instruction de la section. De la pointe, de la tête et du gros ; — service d'exploration des patrouilles plus ou moins fortes (bois, défilés, ponts, villages, etc.). Exercices divers. Progression. — Instruction de la compagnie. — Service de marche dans les armées allemande, autrichienne et italienne.

CHAPITRE III. — DU COMBAT.

§ 1er. Du combat dans sa forme générale.

I. Instruction du soldat. — II. Instruction de l'escouade ; — des feux. — III. Instruction de la section. — IV. Instruction de la compagnie. Compagnie *isolée*. — Des moments dans chaque opération ; règles relatives aux arbitres, etc. — V. (suite). Compagnie *dans le bataillon*. Exemples tactiques de combats du bataillon isolé ou faisant partie d'une brigade ; — de combats contre la cavalerie, contre l'artillerie (école de bat., 2e partie). Progression. — De la compagnie d'infanterie dans les armées étrangères (Allemagne, Russie, Autriche, Italie).

§ 2. Des petites opérations de la guerre. — Combats de hauteurs ; — de villages, de fermes ; — de défilés, de ponts. —

Embuscades, surprises. — Défense et attaque des convois. — Escorte et attaque des trains. — Combats de rues. — Défense et attaque des retranchements.

§ 3. **De la cavalerie et de l'artillerie de campagne par rapport à l'infanterie.** — Du rôle de la cavalerie en géné-ral. — Attaques en fourrageurs, en ligne, et en colonne par escadrons, contre une infanterie en ordre *serré* ou *dispersé*. — De la cavalerie allemande.

De l'artillerie. — Son organisation tactique. — Des nouveaux projectiles. — Notions générales sur l'emploi de l'artillerie. — Artillerie de campagne française. — Artillerie de campagne des principales puissances : — ALLEMAGNE ; rôle de l'artillerie alle-mande pendant la dernière guerre. — RUSSIE ; — AUTRICHE ; — ITALIE, etc.

TROISIÈME PARTIE.

DES MOYENS DE DONNER A L'ARME SON MAXIMUM D'EFFET.

§ 1er. **Considérations générales sur le feu de l'infanterie.** — Quelle action ont eue sur le combat les perfectionnements ré-cents apportés au fusil. — Expériences sur la puissance actuelle du feu, etc. — Tir aux grandes distances. — Valeur relative des effets donnés à la guerre par le fusil d'infanterie. — Sur l'infé-riorité des résultats obtenus.

§ 2. **De la pratique du tir en vue de la guerre.** — Sur l'utilité d'avoir quelques très-bons tireurs. — Nécessité d'obtenir un tir très-rapide dans certains cas. — De l'arme à magasin. — Du gaspillage des munitions. — Les formations employées dans le combat doivent permettre la meilleure utilisation de l'arme, etc. Comparaison du mode de combat des troupes françaises et de celui de l'infanterie allemande pendant la dernière guerre.

§ 3. **Sur l'enseignement pratique du tir.** — Du peu de ré-sultats obtenus dans les corps à l'instruction pratique du tir. —

INSTRUCTION PRATIQUE

DE LA

COMPAGNIE D'INFANTERIE

INTRODUCTION

Principes de la guerre actuelle.—Sur l'instruction du soldat et celle des cadres.—Ordre suivi dans cette étude, etc.

Le combat, dans l'offensive, consiste pour l'infanterie à présenter à l'ennemi un développement maximum de feux, ce qui ne s'obtient que par l'ordre dispersé; et, d'un autre côté, au point de vue défensif, « la longue portée des armes, la « rapidité et la justesse du tir imposent dorénavant comme « formation de combat l'ordre mince et dispersé, c'est-à-dire « les tirailleurs. » (Général Ducrot). On arrive ainsi à formuler les règles suivantes :

L'ordre dispersé est devenu la seule formation de combat de l'infanterie;—*la colonne* s'emploie seulement comme disposition de marche ou de rassemblement, mais en dehors de la portée efficace du feu de l'ennemi ou derrière des abris;—l'ordre de bataille *à rangs serrés* est la formation intermédiaire pour toutes les subdivisions appelées à prendre bientôt part au combat, et momentanément abritées contre les projectiles

1

de l'ennemi. Cette formation n'est ainsi adoptée (1) que pour les réserves qui attendent, soit debout, soit couchées, le moment d'intervenir. Et encore est-il admis partout que les files seront plus ou moins espacées entre elles, et les subdivisions mises au besoin sur un rang. Les mêmes principes sont énoncés comme il suit dans le *Règlement sur les manœuvres d'Infanterie :* Importance prépondérante du feu comme mode d'action ; — impossibilité pour une troupe d'un effectif un peu considérable de se mouvoir et de combattre en ordre serré dans la zone efficace du feu de l'ennemi, soit en ligne, soit en colonne. D'où, par suite, nécessité de fractionner les troupes en première ligne, et d'adopter pour elles le mode d'action en ordre dispersé ; — translation forcée du combat sur la ligne de tirailleurs, autrefois chargée seulement de la préparation; et adoption, en principe, de l'offensive, qui est en même temps la forme de combat se prêtant le mieux à l'action des feux…. La compagnie est l'*unité de combat,* la *colonne de compagnie* le point de départ de tout engagement, et le bataillon, qui reste toujours le centre d'action, est l'*unité tactique.* Dans cet ordre nouveau, qui rappelle d'ailleurs l'ancienne tactique linéaire, les régiments sont accolés par brigade (2), et formés chacun sur trois lignes de bataillons parallèles, les deux premiers en ligne de colonnes de compagnies, et le troisième, en colonne double. Le premier, qui doit former la chaîne, est à distance de déploiement d'une compagnie à l'autre, et le second, à intervalles de 24 pas ; chaque ligne est séparée de la précédente par une distance de 4 à 500 mètres au plus (3). Mais pendant l'action le deuxième bataillon concourt à éten-

(1) Général de Wechmar, *Tactique nouvelle,* p. 20 (trad. de M. le lieutenant Schwartz, de l'infanterie belge).
(2) Principe admis dans le règlement prussien du 1er mars 1876.
(3) *Instructions du 4e corps* (grandes manœuvres de 1876).

dre la ligne à droite ou à gauche, tandis que le 3e s'est rapproché de la chaine et déployé en ligne de colonnes de compagnies.

L'ordre dispersé s'impose comme une conséquence forcée de la grande puissance des armes nouvelles. Mais, comme on l'a dit avec raison (1), s'il est nécessaire, au moment décisif, de lâcher la bride à l'élan individuel, il faut pouvoir, sur un signe, faire rentrer tout le monde dans le rang, coude à coude, au port d'armes, *fix und fertig*, suivant l'expression allemande. C'est pour réagir vigoureusement contre le désordre que le nouveau règlement prussien ordonne aux colonnes de compagnie *de reprendre le pas cadencé lorsqu'elles arrivent sous le feu efficace.*

Emploi suivant les circonstances des deux ordres *serré* et *dispersé ;* — usage presque exclusif de l'offensive, soutenue de l'effet irrésistible de la mousqueterie ; tels sont, pour l'infanterie, les traits principaux qui caractérisent le mode actuel de combat.

Rien ne montre mieux la nécessité de l'ordre dispersé que le résultat d'expériences faites en Prusse en 1872. Il y fut prouvé qu'à n'importe quelle distance on atteint un peloton d'infanterie de 19 mètres de front aussi facilement qu'un bataillon déployé, dont le front est de 150 mètres. Ce n'est qu'à partir de 1000 mètres qu'un peloton de cavalerie présentant une ligne de 12 mètres a quelques chances de moins d'être atteint qu'un régiment dont le front serait de 205 mètres. Il suit de ce qui précède que la colonne de compagnie, qui ne montre comme étendue que le 8e de celle d'un bataillon déployé, est, par suite de sa profondeur, exposée, même aux

---

(1) *Rev. mil. de l'Étr.*, no 344, 2 sept. 1876 (*Étude du règlem. pruss. du* 1er *mars* 1876).

grandes distances, à des pertes beaucoup plus sensibles que ce dernier corps ; à **1,200** mètres, elle reçoit **2** fois plus de balles que le bataillon déployé ; ce qui donne pour les pertes respectives la proportion de **1** à 8. On ne saurait donc pas compter beaucoup sur la diminution du front, au point de vue des pertes à supporter, eu égard à la grande portée des armes actuelles. Ces résultats indiquent clairement que les meilleures formations sont celles de l'ordre déployé. Aussi, dit un auteur (von Scherff), « l'ordre individuel est la formation normale de l'infanterie pour le combat ». Et cette assertion n'a rien d'exagéré.

Nous ne croyons pas inutile, à ce sujet, de rappeler quelques observations très-remarquables de M. le général Lewal (*Tactique de combat*). « Le feu actuel est tellement meurtrier, qu'il ne devrait jamais y avoir en première ligne **2** hommes l'un derrière l'autre, afin d'éviter qu'un même projectile n'occasionne deux blessés. D'un autre côté, lors de l'effort décisif de l'attaque, il importe de se ménager le plus de feu possible, et, conséquemment, de faire entrer en ligne autant d'hommes qu'il se pourra. La satisfaction donnée à ces deux conditions conduit à une ligne pleine sur un seul rang... Aussi, les Américains, dans leur dernière guerre, se plaçaient sur un rang, tant pour éviter les pertes que pour allonger beaucoup leur front, et pouvoir déborder les flancs de l'ennemi. Cet ordre, théoriquement excellent, demande, il est vrai, des hommes solides, ayant confiance en eux-mêmes et surtout dans leurs chefs... Ce rang unique n'est pas d'ailleurs abandonné à lui-même, par suite du déplacement en arrière d'un soutien et d'une réserve plus éloignée... De cette formation sur un seul rang, coude à coude, et de cette règle de l'utilisation de toutes les armes en ligne, on déduit la condition de l'espacement des tirailleurs au début. Chaque homme occupant $0^m,70$ dans la ligne pleine, on en déduit qu'au début les tirailleurs seront espacés de 2ᵐ,10 d'axe en axe. Au moment du doublement de la ligne par l'arrivée des soutiens, les hommes se trouveront à 1ᵐ,05 d'axe en axe, et, quand la réserve les aura rejoints, les tirailleurs se toucheront...» Quant à la manière dont agiront ces lignes de tirailleurs, le même auteur fait encore remarquer avec raison qu'elles sont les éléments dont se formera l'ensemble d'une bataille. « La bataille repose sur une combinaison, une idée générale, mais tactiquement elle se décompose en une série d'engagements particuliers. Bulow prétendait que la bataille n'existait plus dans la guerre moderne, et qu'elle finirait par être remplacée par une série de combats partiels ; et déjà, en effet, les batailles de Napoléon Iᵉʳ ne présentaient pas une opération unique comme celles de Frédéric II : elles se subdivisaient en plusieurs opérations, sous-divisées elles-mêmes...»

Il reste encore à ajouter en peu de mots quelle est la part de l'artillerie et celle de la cavalerie dans le combat, afin de faire mieux comprendre comment agit l'infanterie. Au début de l'action, la priorité du rôle à jouer appartient à l'artillerie, dont le tir doit couvrir la formation et le déploiement de l'infanterie ; pendant le combat, elle agit encore offensivement, comme auxiliaire dévouée de l'infanterie. Ce rôle est particulièrement celui des batteries détachées avec les corps et opérant avec une fraction limitée de troupes. Quant à la cavalerie, son action s'exerce tout d'abord dans le service d'exploration et de poursuite, avant et après le combat. Mais elle a aussi un rôle important à remplir pendant la lutte, celui de protéger les mouvements de son infanterie. Ajoutons de suite que la cavalerie n'a rien gagné comme puissance à l'adoption du combat en ordre dispersé, par suite de la grande solidité que l'infanterie conserve encore, et qu'elle doit à la puissance toujours croissante de son arme, ainsi qu'on le verra plus loin.

En raison du nouveau rôle que le soldat est appelé à jouer par son action individuelle, il y a lieu de lui donner une éducation toute différente de celle d'autrefois ; il devient nécessaire d'utiliser, non-seulement les aptitudes physiques du simple soldat, mais bien plus encore ses forces *intellectuelles* et *morales* : « L'instruction mécanique du soldat n'est plus la « seule, plus même la principale donnée d'après laquelle on « ait à juger des services qu'il peut rendre : au contraire, « c'est surtout sa valeur morale et intellectuelle qui sert de base à ce calcul » (1). Déjà le règlement prussien (*Service en campagne*, 17 juin 1870) avait imposé au soldat lui-même le devoir « de bien comprendre pourquoi on demande de lui telle ou telle chose. » Cette éducation ne sera d'ailleurs ni difficile ni longue, car les soldats suivent avec beaucoup d'intérêt toute la série de ces exercices, qui leur présentent une idée exacte de ce qui se passe à la guerre, et ont pour premier mérite celui de les relever eux-mêmes à leurs propres yeux, par ce nouvel emploi que l'on fait de leur valeur personnelle. (Toutefois, comme le règlement l'a prévu avec raison, il est bon de réagir de temps à autre contre la tendance que pourrait avoir le soldat à trop user de cette initiative).

Si d'autres avant nous ont inauguré dans leurs exercices la nouvelle méthode d'instruction du soldat, nous avons eu les premiers l'idée du mode actuel de combat, et à nous seuls il a été possible de l'appliquer avec succès contre l'ennemi, et sans aucune préparation. En diverses circonstances, et de l'aveu même des Allemands, nos troupes les moins expérimentées ont fait preuve d'une grande intelligence dans la manière d'utiliser les diverses circonstances du terrain et

(1) Scherff, *Et. sur la nouv. tact. de l'inf.*, 1, p. 148.

du combat (1). Plusieurs auteurs constatent cette supériorité de nos soldats, tels que Bogulawski, Ludinghausen, et celui-ci, en reconnaissant dans un dernier ouvrage (2) que les Allemands ont été inférieurs dans la dernière campagne aux troupes françaises, pour la connaissance et l'emploi du terrain, nous adresse ce reproche, assez fondé, de n'avoir jusqu'ici attaché aucune importance aux exercices du service en campagne, parce que nous admettions que nos soldats, par un instinct inné, se tireraient eux-mêmes d'affaire une fois arrivés sur le terrain. Le soldat français est en effet propre plus que tout autre à cette nouvelle éducation, et l'on ne devra jamais craindre de trop s'adresser à son intelligence. Tandis que, en raison du caractère de nos hommes, nous avons eu longtemps à perdre dans le rôle assigné partout depuis 1815 au soldat, par suite de certaines tendances politiques, rôle qu'expliquait d'ailleurs le peu d'efficacité de l'arme donnée alors à l'infanterie, aujourd'hui tout l'avantage est de notre côté, par l'emploi qui est fait de la valeur individuelle du soldat. Il faut donc diriger l'instruction dans ce sens avec beaucoup de confiance, et tirer de cette action nouvelle du soldat l'espoir d'une de nos plus grandes forces pour l'avenir. Comme le dit avec raison un des officiers qui

(1) Voir dans Waldersée, *Méthode d'enseign. du combat de tirailleurs*, etc., p. 28, comment cette supériorité du soldat français, qui fut reconnue dès les guerres du premier Empire, amena depuis les Allemands à préparer tout particulièrement leurs troupes au combat de tirailleurs.

(2) *Essai d'une méthode pratique pour l'enseignement du combat en tirailleurs*, Berlin, 1875. — Le même auteur, dans une brochure parue en 1867 (*Die Ausbildung und Taktik der franzœsischen Armee*), avait apprécié on ne peut mieux tous les vices de l'organisation et de l'instruction régimentaire actuelle. — Voir à ce sujet la *Rev. mil. de l'Étr.*, 1872, 21 avril.

sont entrés le plus résolûment dans la nouvelle voie, « ne craignons, ni l'instruction du soldat, ni l'entrain des officiers, si nous savons leur apprendre à mettre ces qualités au service du bien général (1). » Mais il importe d'exercer nos hommes et nos cadres avec le plus grand soin, car le nouveau combat de l'infanterie est difficile à diriger pendant l'action, et exige un enseignement préparatoire très-méthodique. L'exemple de la dernière guerre a d'ailleurs montré que la direction du combat a été pour beaucoup dans les succès remportés par les troupes allemandes, plus encore que leur discipline au feu et leur habitude du tir. Car souvent les soldats les plus intelligents prenaient d'eux-mêmes le commandement, lorsque les chefs de groupe avaient été tués ou n'étaient plus en état de prendre part à la lutte (2).

C'est aux Allemands, comme il a été dit plus haut, qu'il faut reporter le premier emploi du nouveau mode de combat. « Méthodiques de caractère, ils ont prêché la *dispersion* « et l'*individualité*, mais en s'efforçant de *réglementer le* « *désordre* (3). » On ne pouvait mieux caractériser la méthode qu'ils ont suivie dans leurs exercices. Toutefois, nous sommes heureux de constater une fois de plus que, s'ils ont eu le mérite de l'application pratique, ils ne peuvent réclamer celui de l'innovation, et que l'idée de cette méthode de guerre est doublement française. Au moment où l'adoption de la carabine marquait le point de départ de tous les perfectionnements qui ont fait de l'arme à feu ce qu'elle est aujourd'hui, le duc d'Orléans avait eu la pensée de faire suivre à l'infanterie toute une tactique nouvelle. De l'une de ses

(1) Colonel Philebert, *Méthode d'Instruction pratique.*
(2) Waldeisée, *Méthode d'enseignement, etc.*, p. 43 (note).
(3) Colonel Philebert, *Id.*

lettres, relative à la création des chasseurs à pied (1), nous extrayons les passages très-remarquables qui suivent

« ... L'instruction doit être donnée de manière à tirer tout
« le parti possible de la plus grande intelligence indivi-
« duelle du soldat français, comparé à tous les autres soldats
« de l'Europe... C'est donc à la fois entrer dans l'esprit de
« la guerre nouvelle et développer les qualités de la race
« française que de donner à l'infanterie une organisation qui
« augmente l'influence de l'action individuelle des hommes
« sur le résultat général obtenu par la masse. »

Les officiers trouveront eux-mêmes dans cette instruction pratique du combat le complément indispensable de leurs études théoriques, et c'est par là seulement que leur viendra l'expérience dont ils auront un jour à faire preuve. Il ne faut plus, en effet, songer comme autrefois « à se tirer d'affaire pour le mieux au moment voulu », et à acquérir dans une campagne plus ou moins longue l'expérience qu'il est maintenant nécessaire d'avoir dès son début. Car aujourd'hui « les campagnes s'ouvrent brusquement, se mènent vive-
« ment et se terminent promptement... C'est dans le calme
« de la paix que l'on doit étudier les observations recueillies
« comme les faits constatés, et en déduire telles et telles con-
« séquences; .. pour se munir de tout le bagage intellectuel
« et pratique indispensable aux guerres futures (2). » Cette même idée, si judicieuse, a aussi été émise récemment par un autre auteur (3), qui fait remarquer en outre que, si les officiers devaient attendre la guerre pour acquérir l'expérience dont ils ont besoin, ils ne l'acquerraient qu'aux dé-

(1) *Bull. de la Rev. des off.*, 1875, 17 juillet.
(2) Général Lewal, *Études de guerre.*
(3) D'Arnim, *Devoirs du chef de bataillon* (1876), p. 138.

1

pens de leur troupe et aux leurs. On supposera donc dans ce qui va suivre que l'instruction des officiers est déjà faite. Cependant, bien que notre but ait été d'écarter autant que possible de ce travail toute considération théorique, pour ne lui donner en rien le caractère d'un aide-mémoire, nous ne pourrons éviter d'entrer parfois dans certains détails nécessaires à l'instructeur, pour le mettre en peu de mots sur la voie des observations qu'il doit faire aux sous-officiers et aux hommes. L'étude des nouveaux règlements sera du reste pour les officiers le meilleur moyen d'acquérir à l'avance une première expérience pratique du service de guerre, qu'ils compléteront par la lecture des meilleurs ouvrages écrits sur la matière, en France et à l'étranger.

Les sous-officiers et les caporaux seront préparés à l'avance aux exercices du terrain par un enseignement donné dans les compagnies. Nous reviendrons d'ailleurs plus loin sur ce sujet.

Quant au soldat, le programme de son instruction est facile à établir d'après les positions qu'il occupe à la guerre : il est *campé*, il *marche* et il *combat*. De là, trois divisions à observer dans l'enseignement pratique, qui comprendra le service des *avant-postes*, celui des *marches*, et celui du *combat*.

Mais il y aura d'abord lieu de nous livrer à l'étude du *terrain*, qui domine tout le sujet. En effet, si l'on arrête d'abord au *combat*, on y voit trois éléments à considérer : le *terrain*, dont l'importance exacte sera appréciée plus loin ; — la *tactique*, qui donne au chef le moyen de disposer et de faire agir sa troupe pendant les différentes phases de la lutte ; — et enfin l'*effet utile* produit par l'arme à feu. La valeur de ce dernier coefficient tendant à être plus que jamais égale de part et d'autre, comme *valeur propre* de l'arme, il ne convient que de rechercher quelle meilleure utilisation de l'arme peut donner l'enseignement du tir, au point de vue de son emploi dans le combat, ce que nous ferons en dernier lieu (3e Partie). Quant à la tactique, il n'est pas douteux que son action ne soit tout d'abord subordonnée à celle du terrain. Il en est de même pour le service des avant-postes et celui des marches, bien qu'à un moindre degré. C'est donc par l'étude du terrain qu'il convient de débuter, en ne le considérant toutefois qu'au point de vue militaire, c'est-à-dire dégagé des considérations descriptives ou autres qui ne rentrent pas dans le cadre de ce travail. Mais avant se présente l'examen d'une question qu'il importe d'étudier, celle de la transmission des ordres pendant le combat.

(Suite).— § 1er.—De l'emploi des signaux à la guerre.—Divers modes d'exécution des signaux proprement dits.

De l'emploi des signaux à la guerre. — On est partout d'accord sur la nécessité d'adopter une série de signaux très-simples pour les différentes parties du service en campagne, ainsi que pour le combat. De ces signaux, une partie seraient *muets;* d'autres s'exécuteraient au *sifflet :* mais il n'existe encore aucune prescription officielle sur cette importante question. Nous examinerons d'abord brièvement quels peuvent être les signaux les plus indispensables pour chaque partie du service en campagne, et ensuite comment il convient le mieux de les pratiquer, en ne faisant usage, bien entendu, que d'un très-petit nombre de ces signaux.

I. — *Service des avant-postes.*

1° Signaux *exécutés par les sentinelles :*

Nota. Les signaux marqués d'un astérique peuvent être faits à l'aide du sifflet, particulièrement la nuit.

*1. Ennemi (en vue).
**2, 3 et 4. Direction . en avant, à droite, à gauche.

5. Distance.
6. Arme à laquelle il appartient.
7. Sa force.

*8. En marche (marche!).
*9. Est arrêté (halte!).
10. Mouvements dans les positions ennemies.
*11. Aux armes.

12. Venez reconnaître.
13. Déserteurs (en grand nombre).
14. Parlementaire.
15. Rien de nouveau.

2° Ordres donnés aux sentinelles par le chef du *petit poste :*

*16. Garde à vous.
*17. Commencez le feu.

*18. Cessez le feu.
*19. En retraite.

Il est une autre sorte de signaux qu'il ne faut pas confondre avec les précédents. Ce sont ceux qui servent de moyens de reconnaissance entre les patrouilles et les sentinelles, et dont il sera question dans la 1re Partie (*Av. postes*).

II. — *Service de marche.*

1° Signaux *exécutés par l'extrême pointe :*

(1 à 9). Ennemi en vue, etc.   19. Envoi d'une patrouille.

2° Id. par les *patrouilles de flanc :*

1-9.
19. } Mêmes signaux.

3° Id. par le chef *de l'avant-garde :*

A *l'extrême pointe :*

*16. Garde à vous
*3. A droite.
*4. A gauche.
*2. En avant.

*9. Halte.
*19. En retraite.
*17. Commencez le feu.
*18. Cessez le feu.

Aux *patrouilles :*

(Mêmes signaux).

Au *corps principal :*

1 à 9. Ennemi en vue, etc.   15. Rien de nouveau.

III. — *Du combat.*

Les signaux exécutés par le commandant de la compagnie s'adressent à la chaîne, au renfort et au soutien. Viendront ensuite ceux du chef de bataillon.

1° Signaux du chef de compagnie :

A la chaîne :

˙16. Garde à vous.	˙ 9. Halte.
˙17. Commencez le feu.	˙22. Cavalerie (à droite, à gauche).
˙20. Feu de salve.	˙23. Crochet offensif.
˙21. Feu rapide.	˙24. Crochet défensif.
˙18. Cessez le feu.	˙25. Ralliement (par escouades).
˙ 2. En avant.	˙26. Ralliement sur le soutien.
˙19. En retraite.	

Aux renforts :

˙27. Sur la chaîne.	˙28. Crochet défensif (à droite, à gauche).

Au soutien :

˙28. Pas de course (sur la chaîne).	˙30. Ligne déployée (pour recevoir
˙23. Crochet défensif, etc.	la chaîne battant en re-
˙29. Colonne contre la cavalerie.	traite), etc.

Tels sont à peu près les signaux que l'on pourra avoir besoin de faire exécuter par chacune des compagnies, et tout en tenant compte de l'initiative qui appartient au chef de bataillon. Car cet officier, ayant à s'occuper de la direction d'une ligne assez étendue, ne sera pas toujours le premier à signaler l'approche de la cavalerie, la nécessité d'un crochet défensif, etc.

2° Le chef de bataillon n'aurait besoin, pour donner ses ordres, que d'un très-petit nombre de signaux, empruntés pour la plupart aux précédents, et qui s'exécuteraient au moyen d'un sifflet d'un son particulier. Un refrain très-court

s'appliquerait à chacune des compagnies (Ecole de bat.,
n° 99).

Les signaux dont il est appelé, en principe, à faire usage seraient à peu près les suivants, qui tous s'exécutent au moyen
du sifflet :

31-34. Refrains des compagnies.	36. Telle compagnie soutien.
20. Feu de salve.	37. Telle compagnie réserve.
21. Feu rapide.	38. Colonne double.
23. Crochet offensif.	25. Ralliement (par escouades).
24. Crochet défensif.	26. Ralliement (sur le soutien).
1 et 3. Ennemi à droite.	39. Assaut.
22. Cavalerie.	40. Retraite lentement.
35. Couchez-vous.	19. Vite en retraite.
28. Pas de course.	

Si l'on en déduit les 4 refrains, on trouve en tout pour cette
énumération, que l'on peut considérer comme assez complète,
36 signaux ou indications quelconques, sur lesquels 27 s'exécuteraient au sifflet.

Nous sommes le premier à reconnaître que cette liste est
bien longue, et que le nombre des signaux dont la pratique
permet l'exécution doit être très-restreint. Mais on a voulu
d'abord établir quels sont à peu près tous les signaux indispensables, en dehors de toute question d'exécution. Il serait
d'ailleurs facile, dans le cas d'une réglementation quelconque, *de supprimer un plus ou moins grand nombre* de sonneries
ou de signaux, en admettant, ce qui est très-vrai, que le chef
(capitaine ou chef de bataillon) a toujours le moyen, même au
plus fort du combat, de faire transmettre une partie de ses
ordres au moyen de soldats intelligents, etc.

Nous voyons ainsi, par ce qui précède, que l'exécution des différentes parties du service en campagne comporte une certaine
série de *signaux* ou indications quelconques, que l'on transmettra
d'une manière ou d'une autre, et de *commandements*, qui s'exé-

cuteront au moyen du sifflet. Examinons maintenant comment il est pratiquement possible de transmettre quelques-uns de ces signes les plus usuels, et l'on verra ensuite quel peut être le meilleur mode d'emploi du sifflet pour la transmission des ordres ou signaux d'exécution.

Divers modes d'exécution des signaux proprement dits.— La nécessité de donner des signaux de reconnaissance aux sentinelles, aux petits postes et aux patrouilles, a été prévue par le règlement sur le service en campagne, et par l'*Instruction pratique* du 4 oct. 1875; mais, aucune réglementation de détail n'ayant été adoptée à ce sujet, il s'ensuit que ces prescriptions demeurent toujours lettre morte, parce qu'on ne peut donner à des hommes des indications qui, n'ayant rien d'officiel et par suite d'uniforme, varieront déjà d'une compagnie à l'autre. Nous allons examiner dans le paragraphe suivant quels moyens les plus simples ont été proposés pour l'exécution de ces signaux.

1° Service des *avant-postes.* — (Signaux de jour). On a proposé (1) l'usage d'un petit drapeau ou d'un mouchoir dont serait muni le soldat. Deux modes d'emploi du drapeau donnent lieu à une combinaison qui permet d'exprimer un grand nombre de communications (fig. 1) : le signal (*a*) signifie à

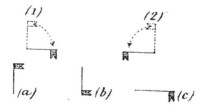

Fig. 1.

(1) Les indications qui suivent sur ce genre de signaux sont tirées d'un travail publié par la *Réunion des Officiers* (24 mars 1874, p. 252)

la fois : *attention* et *compris ;* celui (*b*) indique le contraire ; par le signal (*c*), on sépare une première communication d'une suivante. Les signaux à exécuter ne seraient pas du reste bien nombreux, 15 ou 16 au plus ; et encore peut-on en réduire le nombre de moitié. Pour les signaux ou ordres à transmettre aux sentinelles par le chef du petit poste, il est fait usage du sifflet.

Un caporal et 2 ou 3 hommes du poste auraient à surveiller les signaux venant des sentinelles ; de leur côté, les sentinelles volantes porteraient particulièrement leur attention sur les communications venant des petits postes. Si la sentinelle est abritée, son camarade se détache à quelques pas pour correspondre avec le petit poste.

Au lieu de ces signaux, qui pourraient encore ne pas sembler assez simples, on se servirait avec avantage du mouvement combiné de l'un et l'autre bras, pour établir une corrélation toute naturelle entre les divers signaux de service d'avant-postes et de ceux de marche et du combat ; car il est certain que les moyens de communication qui viennent d'être indiqués seraient moins pratiques dans les marches que dans le service d'avant-postes, et tout à fait impraticables pendant le combat. Le soldat, étendant la main dans une certaine direction, et tenant au bout son mouchoir pour être mieux vu, indique à la fois la découverte de l'ennemi et le point vers lequel il se trouve ; par la main tenue verticalement ou horizontalement, il fait connaître certaines distances approximatives (1,000, 500 m., etc.); le sabre levé en l'air annonce qu'il s'agit de cavalerie ; avec le fusil tenu verticalement, le soldat signale l'infanterie, et, s'il tient son arme horizontalement, il

et que l'on a surtout cherché à simplifier. — Consulter une petite brochure ayant pour titre : *Signaux et dictionnaire des signaux, etc.* Perpignan, Latrobe, édit.

indique la présence de l'artillerie, etc., etc. Il serait facile de réglementer des signaux aussi simples, ou tout autres que l'on voudrait adopter, et dont le nombre pourrait sans inconvénient aller de 12 à 15. Ces prescriptions, ou d'autres analogues, feraient encore mieux l'objet de circulaires manuscrites.

2° *Service de marche.* — Les quelques indications qu'ont à fournir les éclaireurs de l'extrême pointe et les patrouilles de tête peuvent être faites aussi très-simplement et d'une manière semblable. Ces communications sont, en effet, assez limitées ; car les chefs de patrouille signalent dans un rapport écrit les faits les plus importants et ceux qui sont en dehors des circonstances habituelles.

On pourrait donc y faire aussi usage des quelques signaux dont nous avons seulement cherché à donner l'idée. Le chef de l'avant-garde donne ses ordres au moyen d'un très-petit nombre d'indications, et le plus souvent par l'emploi du sifflet.

3° *Du combat.* — Il sera préférable pour le combat de ne se servir que du sifflet, parce que les signaux, ou passeraient inaperçus, ou seraient mal compris.

Toutefois, il peut être avantageux à un moment donné de transmettre à chaque escouade, par signes, l'ordre d'exécuter les mouvements les plus habituels.

Une commission régimentaire s'est, dans ce but, arrêtée aux mouvements qui suivent (1) :

En avant : Etendre un bras en avant, la main partant de la poitrine
    mouvement répété deux ou trois fois ;
Halte : Abaisser verticalement l'une ou l'autre main, de la tête à la
    ceinture ;
En tirailleurs : Ouvrir les deux bras, dans la position d'un homme
    en croix ;

(1) *Bull. de la Rev. des off.*, 22 août 1874, p. 792.

Par le flanc droit : Etendre horizontalement le bras droit vers le flanc droit des tirailleurs ;

Par le flanc gauche : Même mouvement à gauche ;

En retraite : Faire le mouvement d'appeler, en allongeant le bras à plusieurs reprises, et ramenant ensuite les mains vers la poitrine. (Il serait plus simple de faire demi-tour) ;

Commencer le feu : Simuler la mise en joue avec les deux bras ;

Cesser le feu : Agiter la main devant le visage ;

Ralliement : Faire avec les deux bras le double mouvement d'appeler.

Le chef fait précéder chacun de ses signaux d'un coup de sifflet d'avertissement. Les officiers, sous-officiers et caporaux tournent alors la tête vers lui, et commandent ensuite à la voix les mouvements prescrits. Cette manière d'opérer, qui ne peut être pratique que si le chef est à cheval, a l'avantage de simplifier les signaux que l'on peut avoir à faire avec le sifflet, et dont le nombre doit être assez restreint. On peut d'ailleurs ajouter quelques signaux à ceux qui viennent d'être indiqués, en supprimant les mouvements par le flanc, et les rendre d'une exécution plus simple. L'officier qui est à cheval se servirait aussi très-utilement de son sabre pour faire exécuter divers mouvements, et avec un grand avantage à divers points de vue, etc.

Des signaux analogues aux précédents sont indiqués dans l'*Instruction des Tirailleurs* du 8e corps d'armée. La sonnerie de *garde à vous*, faite par un coup de sifflet prolongé, précède chacun des signaux, qui s'exécutent en élevant ou abaissant la casquette avec la main. Ces signaux sont les suivants :

1. En avant.
2. Halte.
3. En retraite.
4. Marcher vers la droite.
5. Marcher vers la gauche.
6. Commencez le feu.
7. Cesser le feu (1).

(1) *Instruct. des Tirail.*, 3e partie, p. 65.

L'utilité de ces communications ou signaux, dont il a été nécessaire de parler assez largement, ne peut être mise en doute, car les diverses parties du service en campagne ne s'exécuteront bien dans tous leurs détails qu'à la condition de pouvoir donner partout aux officiers des indications uniformes.

On voit en outre par ce qui précède qu'une commission déléguée à ce sujet aurait peu de peine à établir la liste des signaux les plus indispensables pour chaque partie du service en campagne, et à en déterminer d'une manière ou d'une autre le mode d'exécution. On nous pardonnera d'ailleurs d'être entré dans ces détails assez longs, en raison de l'importance du sujet.

Aussi, sans nous appesantir davantage sur une question que nous n'avons pas à établir d'une manière plus précise, nous passons de suite à ce qui a trait à l'emploi du sifflet pour les commandements.

§ II. — Exécution des commandements au moyen du sifflet. Notation des sonneries.

Exécution des commandements au moyen du sifflet. — Le sifflet *Baduel*, d'après une circulaire ministérielle du 31 août 1875, a été donné aux capitaines d'infanterie, qui devront en faire usage dans certaines circonstances du service des avant-postes et de ceux des marches et des combats; l'emploi du sifflet est aussi prévu dans l'*Instruction pratique* du 4 octobre 1875. Des expériences faites en 1872 et en 1873 sur divers modèles de sifflets avaient montré avec quelle facilité les cadres et les hommes manœuvrent au moyen d'un instrument dont l'utilité était d'ailleurs reconnue depuis longtemps. Car, il y a déjà plusieurs années, des essais furent entrepris en France sur le sifflet, et sans doute avant qu'il en eût été question ailleurs. Aujourd'hui, depuis qu'on fait usage de nouvelles manœuvres, on est partout d'accord sur la nécessité d'adopter en principe l'usage du sifflet. Jusqu'en 1872, cet instrument n'était qu'autorisé en Prusse ; aujourd'hui un de leurs auteurs les plus appréciés (Bogulawski, *Considérations tactiques*, etc.) demande pour les officiers l'usage du sifflet, « dont le son aigu et pénétrant peut seul se faire entendre au milieu du bruit des armes à feu actuelles » (1). Le sifflet est aussi adopté en principe en Italie ; les règlements austro-hongrois et belge en acceptent l'emploi, bien que dans celui-ci on ait eu le tort d'en limiter l'usage aux marches de nuit et aux embuscades ; l'armée espagnole vient aussi de faire choix d'un sifflet, dont nous donnerons plus loin le modèle, etc.

Les cas dans lesquels l'emploi du sifflet a été prévu par l'*Instruction ministérielle* sont indiqués ci-dessous :

1° *Avant-postes.* — Pour faire prendre les armes inopinément : plusieurs *garde à vous* ; — comme signal de reconnaissance et d'alerte ;

2° Dans les *marches* : la *nuit*, pour diriger les hommes et les rallier (*Id.*, *Instr. prat.*, art. 41) ;

3° Dans le *combat :* signal de *garde à vous* ; — dans une embuscade, pour donner le signal d'attaquer ; — dans un bois, pour diriger les hommes et les rallier. Toutefois, la même circulaire a réservé le clairon pour l'usage du chef de bataillon, et assez à tort suivant nous ; car un sifflet à son particulier et strident (à trilles ou à deux notes, etc.) peut avoir toute la portée de son nécessaire, sans se faire entendre

(1) D'après le nouveau règlement du 1er mars 1876, le sifflet est seulement admis comme signal d'avertissement, pour attirer l'attention des hommes.

d'aussi loin que le clairon. On comprend de suite l'insuffisance de ces indications, que nous allons chercher à compléter, en nous efforçant de réduire autant que possible le nombre des *siffleries* qu'auraient à employer le capitaine et le chef de bataillon.

Notation des sonneries. — Aucune instruction n'ayant fixé la nature et le nombre des sonneries à exécuter avec le sifflet, on prendra, comme point de départ de celles à établir, les sonneries suivantes, dont il est fait usage dans la plupart des corps, et auxquelles on en a ajouté cinq autres, qui sont également nécessaires pour le combat et pour les marches.

1° *Sonneries des compagnies :*

1. Garde à vous.
2. En avant.
3. En retraite.
4. Halte.
5. Commencez le feu.
6. Cessez le feu.
7. Ralliement sur le soutien.
8. Couchez-vous.
9. Levez-vous.
10. Pas de course.
11. A droite.
12. A gauche.
13. Feu de salve.
14. Feu rapide.

La notation donnée pour les sept premières par l'instruction jointe au sifflet Baduel, et dont on se sert habituellement, est celle des anciennes sonneries, appropriée à la note unique du sifflet; elle a, par suite, le défaut d'être trop longue. D'un autre côté, l'instruction ministérielle du 31 août a indiqué pour le *garde à vous* un coup sec suivi d'un coup de sifflet prolongé, et celle du 16 août 1875 (pour la cavalerie) a donné plusieurs notations musicales faites avec une seule note, et auxquelles nous empruntons la majeure partie de celles qui suivent :

1. Garde à vous. . . . .

2. En avant. . . . .

3. En retraite. . . . .

4. Halte. . . . .

5. Commencez le feu. . . . .

6. Cessez le feu. . . . .

7. Ralliement sur le soutien. . . . . .

8. Couchez-vous. . . . .

9. Levez-vous. . . . .

10. Pas de course. . . . .

1. A droite. . . . .

12. A gauche. . . . .

13. Feu de salve, etc.

14. Feu rapide.

2° *Sonneries du chef de bataillon.* — Les sonneries dont le chef de bataillon pourrait faire usage ont déjà été indiquées; on s'abstiendra donc de les reproduire.

Ces commandements, ou tels autres que l'on adopterait, et en nombre assez restreint, seraient notés d'une manière analogue aux précédents, et assez facilement, si l'on admet pour le chef de bataillon l'emploi d'un sifflet à trille, ou de tel autre instrument qui, donnant deux ou trois notes, permettra de réduire encore le nombre des notations.

Passant maintenant à ce qui a trait au sifflet considéré

comme instrument, nous examinerons rapidement quel genre ou quel modèle particulier nous ont semblé donner les meilleurs résultats.

§ III. — **Des divers modèles de sifflets. — Sifflets Baduel, Secretan, à trilles. — Sifflet Martin. — Sifflet de marine, etc. — Sifflet Corret, etc.**

On peut rattacher les différents modèles de sifflets à trois types principaux, qui sont :

Le sifflet à un son,

Le sifflet *à trilles*, et

Le sifflet à plusieurs sons.

Nous ne pouvons avoir la prétention d'énumérer toutes les variétés de sifflets qui se rattachent à chaque type : il suffira d'en citer un ou deux des plus connus. Sans entrer dans de longs détails sur chacun d'eux, nous indiquerons seulement la valeur des divers modèles, telle qu'elle ressort de deux ou trois expériences particulières.

1° Au premier genre appartiennent une infinité d'instruments, dont les dispositions sont des plus variées. Les plus connus sont les sifflets Baduel et Secretan.

Sifflet Baduel. — La portée de cet instrument (*fig.* 2) est

Fig. 2.   Ech. 2/3.

estimée par l'inventeur à 350 ou 400 mètres : mais elle est en réalité bien plus grande. A 800 mètres, et par un temps calme, le sifflet s'entend très-distinctement, et aussi bien qu'à 500 mètres ; on le perçoit encore clairement à **1,200** et **1,500** mètres ; sa portée extrême atteint à près de 2,000 mètres. On peut d'ailleurs en atténuer le bruit en bouchant plus ou moins l'orifice avec le pouce et l'index. Nous ne ferons à cet instrument que le reproche de n'avoir pas le son un peu plus clair, et celui aussi de n'être qu'à un son, c'est-à-dire de ne pas en avoir au moins deux. (V. plus loin, pour un nouveau sifflet Baduel à deux sons).

Sifflet Secretan. — Ce sifflet (*fig.* 3), complétement ouvert

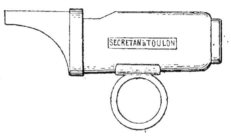

Fig. 3.   Ech. 2/3

dans toute sa longueur, est, avec le précédent, un des meilleurs à un son, et il a même sur celui-ci l'avantage de s'entendre plus distinctement encore aux grandes distances ; ce qu'il doit à son timbre, qui est clair et perçant. Tandis que le son du Baduel se perçoit à peine à 1,500 mètres, le Secretan se distingue encore clairement à cette distance ; il est en même temps très-facile d'atténuer à volonté le son de l'instrument, en appliquant le doigt sur l'orifice inférieur. Quelques modèles un peu différents les uns des autres ont été présentés par l'inventeur (1) ; toutefois, il y aurait une légère modification à apporter à celui que nous avons expérimenté, pour

(1) Ces modèles sont déposés à la Réunion des Officiers, à Paris.

éviter que le son ne se fausse trop facilement. Ce qui arrive de suite, sans même que l'on souffle très-fort. Ce sifflet a aussi le défaut d'être assez lourd, car le modèle dont on a donné ci-dessus le dessin ne pèse pas moins de 70 grammes, tandis que le poids des sifflets Baduel et autres, également en étain, n'est que d'environ 30 grammes.

2° *Sifflet à trilles.* — On entend le sifflet *à trilles* (*fig. 4*), par un temps calme, jusqu'à 1,000 mètres environ ; mais si

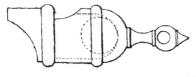

Fig. 4.   Ech. 2/3

le son en est très-perçant, surtout aux petites distances, il n'a pas toutefois une grande force, parce qu'on n'obtient le son strident qui lui est propre qu'en le brisant au moyen d'une petite boule en liége que renferme l'instrument. Il serait d'ailleurs facile de lui donner un peu plus de sonorité. Ce sifflet est celui dont on fait usage dans les chemins de fer, dans plusieurs administrations, et on l'a essayé pour l'armée, il y a quelques années : mais nous ne savons à quelles conclusions on s'est alors arrêté. L'emploi du son à trilles est très-avantageux, car aux petites distances, c'est-à-dire à celles du combat, il se distingue très-facilement du son habituel ; mais il faudrait qu'avec le même instrument on pût faire usage d'un deuxième son.

Sifflet dit anglais — D'après la même idée a été établi un instrument (*fig. 5*) dans lequel on obtient le son à trilles et celui du sifflet ordinaire. Au centre du tube on a logé une lame prismatique dont la section antérieure, au lieu d'être

2

plane, a été taillée suivant un double biseau, de manière à présenter une arête vive *ab*, placée à 1 centimètre 5 de l'em-

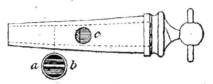

Fig. 5.   Ech. 2/3.

bouchure, et par laquelle on la voit telle que la montre la figure ; en arrière du biseau, la lame a été amincie dans toute sa longueur. Le son à trilles s'obtient en soufflant par cette ouverture, et celui du sifflet ordinaire, en bouchant un des deux trous *c*, situés sur la même perpendiculaire au grand axe. Le premier de ces sons est un peu faible, et l'autre assez fort et très-perçant, eu égard au peu de volume de l'instrument. Le dernier se perçoit encore assez bien à 1,000 mètres et faiblement à 1,200 ; pour rendre le son à trilles plus strident, il suffirait d'apporter quelques légères modifications au dispositif intérieur (1).

3° Les sifflets à plusieurs sons peuvent être divisés en deux catégories, comprenant ceux à deux sons quelconques, et les autres, dont on a cherché à faire de véritables instruments, c'est-à-dire qui donnent des accords de 3 ou 4 notes. Des premiers dont le nombre est assez grand, nous ne décrirons que le sifflet Martin et celui de marine.

Sifflet Martin. — Le nom de cet instrument (*fig.* 6) est celui d'un luthier de Paris, qui a reproduit dès la fin de 1870, sous sa forme primitive, et avec quelques perfectionnements,

(1) Bien qu'aucun modèle ne soit encore adopté dans l'armée italienne, il semble que l'on s'y sert de préférence de celui qui vient d'être décrit.

le modèle d'un sifflet dont étaient munis beaucoup d'officiers allemands. Le sifflet, à sa partie antérieure, ne diffère en

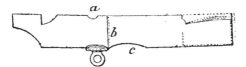

Fig. 6.   Ech. 1/2.

rien, comme forme, du modèle le plus primitif; en *a* est une petite ouverture, qui, bouchée avec l'index, donne un premier son plus grave, tandis qu'en l'ouvrant, on obtient une note un peu plus élevée. Le corps du sifflet est bouché par une cloison *b* ; en *c* est une échancrure destinée à recevoir l'extrémité du pouce, pour mieux assujettir l'instrument. Mais à son extrémité opposée ce sifflet présente une disposition qui lui est propre, et consiste en une lame fixe par un bout et vibrant par son extrémité libre, de manière à produire le son d'une petite *musette*.

Des deux premiers sons, le meilleur (celui obtenu en bouchant le trou *a*) peut s'entendre jusqu'à 1,000 mètres, tandis que l'autre dont il vient d'être parlé se distingue encore à 12 ou 1500 mètres. Ce dernier son a d'ailleurs l'avantage de ne pas ressembler à tous les autres, et de se faire entendre bien plus loin qu'on ne le croirait tout d'abord.

Sifflet de marine. — On a songé, il y a déjà longtemps, à

Fig. 7.   Ech. 1/2.

utiliser cet instrument (*fig.* 7), qui donne aussi deux sons, le premier, qui s'obtient tout naturellement, et l'autre, en fermant la main et en plaçant les doigts sur la noix du sifflet, de manière que le vent passe entre les deux doigts du milieu. Des expériences ont été faites assez récemment sur ce sifflet, dans l'un de nos ports ; mais, bien que le résultat ne nous en soit pas connu, nous pensons qu'elles ont dû faire ressortir tout d'abord le défaut que présente cet instrument, de ne pas avoir une assez grande puissance de son. Le premier des deux sons est clair et perçant, et le deuxième, plus aigu, s'entend également bien aux petites distances ; mais on cesse de les percevoir tous les deux au delà de 800 mètres environ. On peut d'ailleurs avec cet instrument faire un grand nombre de notes ou de signaux, soit par coups secs, soit par roulements au moyen de la langue.

Un nouveau sifflet Baduel, à 2 sons (*fig.* 8), et mieux com-

Fig. 8.   Ech. 2/3.

pris que plusieurs des précédents, donne deux notes claires, assez distinctes l'une de l'autre, et d'un volume de son très-suffisant. Cet instrument est certainement le meilleur de tous ceux à deux sons qui ont paru jusqu'à ce jour.

(Une petite aiguille aimantée est disposée à la partie inférieure du sifflet).

Nous arrivons maintenant aux modèles qui constituent de véritables instruments à 3 ou 4 notes.

Sifflet Corret. — L'instrument (*fig.* 9) étant tenu de l'une ou de l'autre main et le pouce passé dans l'anneau, on pose

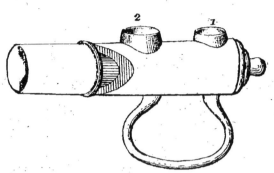

Fig. 9.　　　　　Ech. 1/1.

le médium sur le trou n° 1 et l'index sur le trou n° 2. Tout bouché, le sifflet donne la note *sol*, et en ouvrant le trou n° 1, le *do*; les deux trous ouverts, on obtient le *mi*. Il est à remarquer que ce sifflet, comme tous les instruments du même genre, ne donne bien qu'une note ou deux, quand on veut lui faire rendre en plein air la quantité de son voulue. Aussi ne perçoit-on bien, avec le sifflet Corret, que le *do*, qui s'entend, d'ailleurs, jusqu'à près de 1200 mètres; mais nous croyons qu'il y aurait peu à faire pour rendre aux deux autres notes la puissance de son qui leur manque. Cet instrument est un de ceux qui ont été expérimentés en 1872 par les commissions militaires.

Sifflet Romero. — Celui-ci (*fig.* 10) permet d'obtenir 4 notes, et, par suite, mieux encore que le précédent, d'exécuter toutes les anciennes sonneries. Le 4e doigt étant placé dans l'anneau supérieur, on abaisse avec le médium la tige du piston, en même temps que l'on bouche avec l'index et le pouce les trous 1 et 2 : le sifflet donne alors le *sol*. En

2.

laissant remonter le piston, on produit le *do*, et, en levant successivement l'index et le pouce, le *mi* et le *sol* d'en haut.

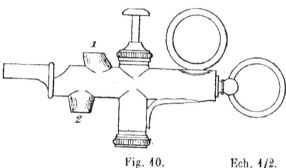

Fig. 10.   Ech. 1/2.

Le *do* et le *mi* sont les meilleures notes de cet instrument, dont la portée ne dépasse pas non plus 1200 mètres. Le sifflet est aussi d'un poids élevé (95 grammes); mais il serait possible d'en alléger certaines parties, de rendre moins longue la course du piston, etc. En principe, d'ailleurs, l'application de plusieurs de ces trous sur le corps d'un sifflet dont la longueur est relativement faible a pour effet de lui enlever beaucoup de sa sonorité.

Ce modèle est celui qui vient d'être adopté pour l'infanterie espagnole.

On devra, du reste, rejeter l'emploi de ce genre d'instruments. Car il ne s'agit pas, pour l'usage militaire, de pouvoir exécuter de véritables sonneries sur le sifflet, mais de produire un petit nombre de signaux *brefs* et *perçants*. Et cette dernière qualité s'obtient d'autant mieux que le signal à produire est plus court.

Aucun des instruments que nous avons examinés rapidement ne nous semble devoir justifier une adoption définitive, si ce n'est, avec le modèle dit anglais, le nouveau sifflet Baduel, qui pourrait être donné aux capitaines, et en faisant choix de celui dont les dimensions sont le plus avantageuses. Pour le chef de bataillon, nous réclamerions l'usage d'un sifflet à trilles, qui rendrait en même temps, soit le son de *musette* dont il a été parlé, soit une note très-perçante. On pourrait de cette façon, en adoptant pour chaque grade 8 à 10 signaux d'exécution, ne se servir que d'un très-petit nombre de sonneries, 4 ou 5 pour chaque note, ce qui n'a rien que de très-admissible.

Tous les détails qui précèdent, bien que très-longs, étaient d'ailleurs nécessaires à l'examen d'une question dont l'importance ne le cède à aucune autre.

PREMIÈRE PARTIE

DU TERRAIN.

---

§ Ier. — Comment l'instruction pratique du service en campagne peut être donnée sur le terrain aux officiers et à la troupe. — Description et valeur du terrain au point de vue militaire.

Si dans le combat pris à un point de vue général, et quand il s'agit des grandes opérations, le terrain est. à peu près indépendant de la tactique ou de la stratégie, il n'en est pas de même pour toutes les opérations de détail qui composent l'ensemble de l'action : le terrain est beaucoup quand on sait l'utiliser, et par sa forme générale et par les accidents qui le surmontent. Cependant il ne faut pas en exagérer l'importance, ce qui aurait pour premier inconvénient d'enlever aux hommes une trop grande partie de leur valeur et de leur entrain, en les habituant à s'arrêter à chaque pas derrière un abri, plus pour dissimuler leur marche que pour agir contre l'ennemi. Défaut dans lequel on semble être tombé trop généralement. Comme le dit avec raison l'*Instruction italienne*, « le terrain a incontestablement une grande impor-
« tance dans toutes les opérations de guerre, et surtout dans
« le combat ; mais celle-ci est moindre que celle de l'enne-
« mi : l'un est *passif*, l'autre *actif*. S'il faut tenir compte du
« terrain pour y adopter ses dispositions, il faut surtout,
« pour battre l'ennemi, savoir *préparer* et *saisir* le moment

« opportun pour attaquer ou passer de la défensive à l'offen-
« sive » (1).

En ce qui nous concerne, et pour le combat surtout, le
terrain est certainement l'élément difficile de la question,
parce qu'on ne peut le faire entrer en ligne de compte que
par des suppositions générales. Il faudrait en effet, dans une
étude complète, ne placer l'exposé de chaque opération sous
les yeux du lecteur qu'avec le figuré du terrain donné à une
échelle assez grande, et discuter l'hypothèse établie, dans
les deux cas de l'offensive et de la défensive ; il conviendrait
aussi que chaque opération pût être traitée au point de vue
des terrains les plus divers. Un tel travail serait très-long :
mais là seulement en serait la difficulté. Le même enseignement répété ensuite sur le terrain lui-même donnerait, d'a-
près nous, le seul moyen d'enseigner *théoriquement* la guerre
aux officiers. Pour les rendre ensuite réellement aptes à diriger l'instruction *pratique* de leur troupe, on emploierait une
méthode excellente, proposée par quelques officiers, et expé-
rimentée même partiellement avant la dernière guerre, et
dont nous allons donner l'idée en peu de mots.

Le chef de bataillon, se rendant avec sa troupe sur un terrain reconnu par lui d'avance, l'arrête à quelque distance de
l'endroit choisi pour le théâtre de l'opération, et y envoie
placer tout d'abord les hommes destinés à figurer l'ennemi ;
puis, s'avançant avec ses officiers, et leur montrant la position,
qu'ils reconnaissent *à la vue* ou sur le *terrain même*, indique
le thème choisi, et leur donne un temps assez court pour
rédiger séance tenante les dispositions que chacun croirait
devoir prendre. Réunissant alors tous les travaux, il donne
lecture du projet qui lui semble le mieux compris, y ajoute

(1) *Instr. Tact. de l'Infant. ital.*, du 15 mai 1872.

ses observations, signale les principales fautes commises par les uns et les autres, et ordonne enfin à l'officier dont le travail a été jugé le meilleur de commencer l'opération. Les dispositions prises par ce dernier sont encore, s'il y a lieu, l'objet de critiques formulées en présence des officiers. Deux ou trois opérations peuvent être exécutées de la sorte dans une même séance. Si l'on trouvait cette pratique trop longue et trop minutieuse, nous répondrions que, s'il importe d'agir vigoureusement et avec décision en face de l'ennemi, et sans reconnaissance préalable, on ne peut y arriver qu'à la suite d'une préparation suffisante en temps de paix; cette instruction précéderait celle de la troupe. Quant à celle-ci, le mieux, pour la diriger convenablement chaque année, serait de bien déterminer à l'avance le temps assigné aux compagnies, pour l'instruction en terrain varié, et de faire établir par les chefs de bataillon une progression *générale* de ces exercices pratiques. Progression basée sur le temps ou le nombre de séances journalières affectées à cette instruction, et qui ne serait acceptée qu'après avoir été modifiée au besoin par le lieutenant-colonel.

Les exercices de régiment seraient plus tard dirigés d'une façon analogue, mais naturellement plus rapide. Nous voudrions à ce sujet que chaque opération fût ordonnée au rapport 2 ou 3 jours à l'avance, et avec toutes les indications nécessaires, puisqu'il ne s'agit encore que d'apprendre ; les officiers trouveraient ainsi le temps de se rendre sur le terrain avant le jour indiqué. Car c'est toujours par la connaissance incomplète du terrain que les opérations manquent, chef et officiers se trompant parfois, ou ne faisant que de l'à-peu-près, parce qu'ils n'ont pas reconnu leur terrain à l'avance. Le régiment partirait de très bonne heure, à 10 ou 11 heures, pour que l'opération pût commencer vers midi. On aurait ainsi le temps de passer à loisir sur toutes les positions et de corriger les fautes commises. La pratique d'une méthode aussi simple aurait pour effet de préparer on ne peut mieux les corps aux grandes manœuvres d'automne. Ne pourrait-on aussi détacher à tour de rôle un peloton de cavalerie auprès de chaque brigade d'infanterie, ne fût-ce que pendant un ou deux mois chaque année ? Que d'avantages pour bien peu de difficultés, faciles d'ailleurs à résoudre !

On ne peut nier qu'une telle méthode, préparée d'abord par l'instruction pratique du soldat, ne soit la plus intéressante et la plus fructueuse : mais il faudrait, pour qu'il fût possible de l'appliquer, qu'on entrât plus franchement dans le principe de la responsabilité laissée à chaque grade. C'est le seul moyen de stimuler l'émulation et de faire rendre aux officiers tout ce qu'ils peuvent produire. Il ne serait pas moins utile que l'on se décidât à n'employer aux divers exercices que le nombre d'officiers *absolument nécessaire*, afin de laisser aux autres les quelques loisirs dont ils ont besoin pour compléter leur instruction.

Sans entrer dans plus de détails au sujet de cette grave question, nous ajouterons encore qu'il serait possible, tout en prenant nos sous-officiers pour ce qu'ils sont réellement, de tirer d'eux, au point de vue de la nouvelle instruction militaire, un bien meilleur parti, en donnant plus d'importance à leurs fonctions, en augmentant leur initiative, en développant davantage chez eux, comme chez les officiers, le sentiment du devoir et de la responsabilité, et sans rien changer matériellement aux conditions dans lesquelles ils servent. On y arriverait en s'occupant davantage de quelques-uns de leurs intérêts, en leur laissant un peu plus de temps, en reportant une partie de leur service sur le grade de caporal, etc., etc.

Ceci posé, nous allons établir rapidement quelle peut être

la valeur militaire du terrain particulièrement propre aux opérations de détail. Pour éviter de trop longs développements, on ne donnera pas ici la nomenclature complète des divers accidents du sol, qui se rangent en quatre catégories (*terrains, routes, cours d'eau, lieux habités*), et dont la description se trouve dans tous les ouvrages traitant des reconnaissances. Il suffira de signaler en quelques lignes à l'attention du lecteur les caractères principaux de chaque accident du terrain, par rapport aux opérations qui sont du ressort d'une compagnie, et relativement aux petites opérations de la guerre (**1**).

Description et valeur du terrain au point de vue militaire.

Hauteurs. — Les hauteurs permettent de découvrir l'ennemi de loin, rendent la portée et les effets des projectiles plus considérables, donnent de l'incertitude au tir de l'ennemi; leur escalade fatigue l'assaillant, ralentit sa marche et occasionne du désordre dans ses rangs (**2**), etc. On distingue dans une hauteur le *sommet*, la *crête*, le *front*, les *abords*, ou la *pente* qui regarde l'ennemi, et les *flancs*. Il faut que le sommet d'une hauteur ait une profondeur telle qu'on y puisse disposer les renforts et la réserve. Beaucoup de hauteurs qui paraissent constituer des positions, n'en sont réellement pas, parce que leur sommet est sans largeur (**3**). Elles peuvent être utiles à une avant-garde ou à une arrière-garde, pour s'y établir, et ôter ainsi à l'ennemi la vue de ce qui se passe derrière elle; mais on ne peut y tenir fortement, parce qu'on

---

(**1**) Consulter, entre autres ouvrages, la *Tactique appliquée* du général Paris, p. 48 et suiv., et 274, etc.
(**2**) Capitaine Bailly, *Fortif. passag.*
(**3**) Rüstow, *Petite guerre.*

3

serait sans troupes de soutien. On appelle *crête militaire* ou *crête* la ligne formée par l'intersection du plan du sommet avec celui de la pente tournée du côté de l'ennemi; cette crête, qui détermine la ligne de feu, est représentée en *c* (*fig.* 11). Le soldat, posté derrière la crête, ne montre que

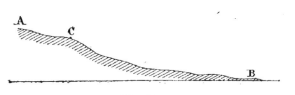

Fig. 11.

la tête; la quantité dont il se découvre varie d'ailleurs avec la position qu'on lui donne en·arrière de cette ligne, avec l'éloignement de l'ennemi, etc. « Les sommets des crêtes doivent être évités : se profiler au-dessus des crêtes, c'est donner trop de facilités à l'ennemi pour diriger son tir. Les bonnes positions à prendre se trouvent au-dessous, en avant ou en arrière des crêtes, et sur leurs flancs » (1). Les *pentes* qui regardent l'ennemi sont, en raison de leur raideur, un obstacle que celui-ci doit surmonter; ce qui le fatigue et l'amène à disperser ses forces. La défense augmente la dispersion et la fatigue de son adversaire par les forces qu'elle lui oppose sur ces pentes; mais elle ne doit y employer que le moins de monde possible, pour ne pas se fatiguer elle-même; l'avantage qu'elle a ainsi obtenu doit être en même temps complété par l'offensive, dès que l'ennemi arrive sur le plateau qui couronne la hauteur. Quand le *front* de la position est protégé par des obstacles qui empêchent de l'attaquer directement, l'adversaire, de son côté, dirige ses efforts contre les *flancs* de la défense, pour mettre celle-ci dans l'im-

(1) *Instruct.* du général Deligny (1874).

possibilité de profiter de ses feux de front, et lui rendre le passage de l'offensive le moins aisé possible, etc.

On désigne d'une manière générale, sous le nom de *position*, le terrain qui donne à une troupe le moyen d'y combattre avec avantage, même à force inégale, contre une autre qui viendrait l'attaquer; un bois, un défilé, une hauteur, etc., constituent une position. Nous n'aurons pas à en parler bien longuement, parce que ces positions, le plus habituellement, ne sont autres que des hauteurs. Les positions n'ont plus la même importance qu'autrefois, alors que leur valeur était en même temps *stratégique* et *tactique*. On n'a pour but, aujourd'hui, dans le choix d'une position, que d'attaquer l'ennemi ou de lui résister plus facilement pendant une période de temps qui est assez courte. Voyons maintenant, d'après la plupart des auteurs, quelles conditions doit réunir une bonne position, que nous supposons être simplement une hauteur. On ne lui demande plus comme autrefois (2) d'être couverte d'obstacles embarrassant plus ou moins la vue. Celui qui se tient sur la défensive donnera la préférence à un terrain découvert, légèrement ondulé, s'inclinant en pentes douces vers l'ennemi ; en un mot, à un terrain qui ne gêne le tir dans aucun sens, tout en ayant cependant la propriété de masquer l'emploi de réserves. « Un champ de tir libre devant le front ; des flancs assurés ; des appuis solides à l'intérieur ; la liberté des mouvements en avant et en arrière ; un obstacle en avant du front : telles sont à grands traits les conditions que doit remplir une bonne position. » Si on la considère à un point de vue plus général, elle devra, en outre, d'après un autre auteur (3), présenter les caractères suivants :...

(1) Général Wechmar, *Tact. nouv.*
(2) V. Scherff, *Et. sur la nouv. tact. de l'inf*, I, p. 90.
(3) Général Roth de Schreckenstein, *Service de sûreté en cam-*

être telle, que l'ennemi, forcé de pénétrer dans l'espace découvert, et criblé par les feux, n'y trouve aucun abri ; et que, le défaut d'étendue de cet espace l'empêchant de se déployer, il se trouve exposé à un tir convergent;—avoir ses flancs protégés naturellement ou faciles à défendre par une disposition convenable des troupes et des réserves;—enfin, donner au défenseur des lignes de retraite dont l'ennemi ne puisse l'isoler facilement, et qui lui permettent, quand il se replie, de prendre plusieurs fois des positions nouvelles:

Remarquer encore à ce sujet, ce qui est déjà la conséquence des dernières guerres, que l'on ne pourra plus choisir les positions avec le même soin qu'autrefois, et que l'emploi à faire quand même d'un terrain quelconque sera généralement forcé, en raison des grandes masses qui sont appelées à se heurter dans l'avenir. Les combattants et les renforts établis en première ligne n'étant plus alors que peu ou faiblement abrités, on sera dans la nécessité de renforcer cette ligne par des travaux improvisés.

Collines. — Les chaînes de collines, quand le terrain est assez découvert, permettent aux troupes qui les suivent de bien éclairer le pays et de se mettre à l'abri des attaques trop vives de la part de l'ennemi.

Plis de terrain, ondulations. — Ont aussi leur importance, parce qu'il suffit d'un faible relief pour cacher les hommes et les soustraire au feu de la mousqueterie, tout en leur permettant de tirer sur leurs adversaires.

Cols, défilés. — Les hauteurs sont coupées de passages étroits, plus ou moins nombreux, auxquels on donne le nom

pagne, trad. de M. le capitaine de Forsanz (*Journ. des sciences militaires*).

de *cols* et de *défilés*. Une poignée d'hommes peut au moyen de ces accidents du sol opposer à l'ennemi une résistance presque insurmontable. Nous verrons plus loin, au sujet de l'attaque ou de la défense d'un défilé, combien grande est la force de ces positions.

Bois. — L'importance des bois vient de la même cause qui a donné naissance à l'ordre dispersé : l'impossibilité de rester à découvert sous le feu. « Les bois permettent aux troupes qui les occupent de voir sans être vues, et de masquer leurs mouvements ; celles qui les attaquent ont à combattre à découvert un ennemi invisible... » (1). Ils servent encore à tendre une embuscade, à appuyer les flancs d'une troupe. Toutefois, la défense n'en tirera un parti bien avantageux que si les clairières et les routes ou sentiers qui les traversent se prêtent aux mouvements des troupes. Quand il se trouve dans l'intérieur du bois une série d'espaces dégarnis (2), la défense, en se portant successivement sur chaque lisière, combat avec avantage contre l'ennemi, qui, paraissant au débouché, est chaque fois forcé de se déployer.

Vallées. — La vallée est bordée de chemins parallèles au cours d'eau, et celui-ci reçoit des affluents qui lui sont presque toujours perpendiculaires. C'est derrière ces affluents que la défense appuie le front de sa position. Une fraction de village et quelques fermes ou maisons isolées la compléteront encore mieux en lui servant de postes avancés ; on les choisit autant que possible de manière que l'ennemi, qui est obligé de les attaquer, soit pris en flanc par les feux directs de la position. D'un autre côté, les troupes, dans les vallées

(1) Capitaine Bailly, *Fortification passagère.*
(2) Rüstow, *Petite guerre.*

et les bas-fonds, sont à découvert et très-exposées aux coups de l'artillerie, qui n'a pas de peine à y accumuler ses projectiles.

Cours d'eau. — Les cours d'eau jouent un rôle important à la guerre par la direction qu'ils suivent, leur profondeur, plus encore que leur largeur, la rapidité du courant, la nature de leurs rives, le commandement de l'une des rives sur l'autre, etc. Des cours d'eau de peu de largeur, de simples ruisseaux, ont souvent été le théâtre d'opérations très-décisives. On les utilise (1) comme obstacles *de front* et points d'appui *des ailes* dans les positions d'avant-poste et de combat ; dans les retraites, pour rassembler les troupes en arrière du cours d'eau, ou pour arrêter l'ennemi par un combat de défilé. L'accroissement de portée et de puissance des nouvelles armes a fait perdre aux cours d'eau une grande partie de l'action décisive qu'ils avaient autrefois dans la petite guerre.

Gués. — Les gués sont d'une importance majeure dans beaucoup de circonstances. C'est par des gués qu'on opère des surprises, qu'on rend nulle la rupture des ponts, qu'on poursuit une armée battue, qu'on échappe à un ennemi vainqueur, etc.

Canaux. — Les canaux prêtent à la défense un grand appui par les parapets et les arbres dont ils sont garnis. Un chemin de halage les suit dans tout leur parcours.

Ponts. — Les ponts constituent des défilés, et, comme tels, donnent tout avantage à la défense, qui attend l'ennemi au débouché et dirige sur lui des feux convergents, aussitôt qu'il se déploie à la sortie du pont. Cependant, le passage du pont réussit presque toujours, parce que l'assaillant a dû

(1) Général Paris, *Tactique appliquée*, etc.

tromper le défenseur sur le point véritable ou principal du passage, et qu'il l'a ainsi forcé lui-même à éparpiller ses forces pour la défense de plusieurs points de passage.

Marais. — Les marais rendent difficile ou impossible la marche des troupes et ne permettent pas l'offensive ; mais ils constituent un obstacle excellent pour une défense absolue. On les utilise pour le flanquement d'une position, en détruisant certains sentiers qui les traversent. Il ne faudra toutefois les occuper que si l'on peut facilement en sortir pour marcher en avant ou en retraite.

Routes, chemins, sentiers. — Les routes, au point de vue des petites opérations, tirent surtout leur importance de la nature du terrain qu'elles traversent. Le pays est plat ou accidenté, la route est encaissée ou forme un remblai ; elle est bordée d'arbres, de fossés, etc. Il n'en est pas de même des chemins plus ou moins larges que l'on trouve dans la campagne, et dont la reconnaissance doit être faite avec le plus grand soin, le succès ou l'insuccès d'une opération provenant souvent de ce que l'on a ignoré l'existence de tel ou tel chemin qui ne figurait pas sur les cartes, ou qui a été jugé impraticable, etc. De même pour les sentiers, surtout dans les montagnes et les forêts. On évitera de s'en rapporter uniquement aux gens du pays, qui parfois ne les connaissent pas, et presque toujours ont intérêt à les donner comme infranchissables. C'est souvent par un sentier qu'un ennemi actif est parvenu à déboucher sur le point où on l'attendait le moins.

Voies ferrées. — N'ont guère d'autre rôle ici que celui des routes encaissées ou en remblai. Avec cette différence toutefois que les lignes en remblai sont assez fréquemment percées de passages pour les routes et les divers chemins.

Villages. — Dans la petite guerre, les villages sont le théâtre de combats assez fréquents, parce qu'ils servent souvent de lieu de repos aux troupes. L'ennemi, situé en dehors, ne voit pas beaucoup mieux un village qu'un bois, tandis que le défenseur d'un village a sur celui d'un bois l'avantage de mieux voir et de posséder de meilleures communications entre les défenseurs de l'enceinte et ses réserves (1).

Fermes. — Les bâtiments qui composent une ferme sont très-propres le plus souvent à être défendus, parce qu'ils sont entourés de fortes murailles. L'attaque en offre aussi plus de difficultés que celle d'une redoute, car les abords en sont difficiles ; l'ennemi, tirant de divers points ou étages plus ou moins élevés, y est bien à couvert, etc.

Il nous reste encore à parler des obstacles moindres que présente encore le terrain, et dont l'étude trouve ici d'autant mieux sa place, qu'ils forment les accidents les plus habituels que l'on rencontre dans l'instruction de la troupe.

Arbres isolés. — Les arbres ne sont qu'un obstacle de peu de valeur, car ils n'abritent guère que des coups directs.

Haies. — Il est avantageux de creuser derrière les haies un petit fossé, dont on rejette la terre en avant. Les routes bordées de haies très-épaisses forment de véritables défilés.

Fossés, sillons de culture. — Les fossés les moins profonds, quand ils sont à peu près parallèles au front de l'ennemi, sont un abri précieux pour les tirailleurs, qui se couvrent aussi avec avantage des plus petites élévations du sol, des sillons de culture, etc.

Murs de clôture en pierres sèches. — Les murs abritent

(1) Rüstow, *Petite guerre.*

des réserves ou sont utilisés dans le combat. Dans ce dernier cas, on y pratique des créneaux avec une banquette en arrière; ou, ce qui est préférable, quand leur hauteur le permet, on appuie les armes sur la crête, parce que la ligne de feu est ainsi moins visible pour l'ennemi. — Les murs en pierres sèches sont dangereux comme abris quand ils sont battus par l'artillerie, à cause des éclats qu'y causent les obus.

Blés, cultures diverses. — Toutes les cultures un peu hautes servent à dissimuler à l'ennemi la présence des soutiens et des réserves : mais elles ne garantissent pas les troupes qui combattent, et dont la présence est révélée par la fumée.

Terrains découverts. — Ajoutons enfin que dans les terrains découverts le soldat se couche à terre, et qu'il évite en se portant en avant de suivre une ligne trop directe. On lui défend de poser son sac à terre, pour s'en faire un abri, à moins qu'il n'occupe une position inaccessible à l'ennemi.

Obstacles artificiels. — La valeur du terrain se complète par des obstacles artificiels, dont nous n'avons à mentionner ici l'emploi que d'une manière très-succincte. Les travaux qui forment ces obstacles sont les *tranchées-abris* (dont il sera question plus loin), les *coupures* ou *traverses*, les *épaulements*, les *redans*, les *lunettes*, les *redoutes* et les *lignes à intervalles*.

Les *tranchées-abris*, construites rapidement par les troupes pendant le combat, les mettent momentanément à l'abri des projectiles.

Les *coupures* ou *traverses*, composées d'un parapet et d'un fossé, sont en ligne droite et perpendiculaires à la route ou chemin sur lequel on les établit. Elles sont placées de préférence entre deux maisons, entre deux murs, entre deux

3.

haies épaisses, etc. Les traverses présentent quelquefois deux ou trois faces, suivant les abords du poste qu'elles défendent. On les emploie de préférence dans les terrains un peu couverts, pour mettre les postes à l'abri des surprises ; dans les villes, elles prennent le nom de *barricades*.

Redans ou *flèches*. — Sont employés pour couvrir les barrières, les débouchés des ponts, les petits postes d'observation, et même les grand'gardes.

Les *lunettes* servent à couvrir les ponts, les digues, les défilés ; leur profil est plus fort que celui du redan, et, comme ce dernier ouvrage, on ne peut les employer isolément sans sans les fermer à la gorge.

Les *redoutes* appartiennent à un système de défense plus complet. Leurs côtés ont de 15 à 40 mètres, suivant la force du détachement destiné à l'occuper, et qui n'excède guère 500 hommes.

Certaines *lignes à intervalles* peuvent être construites en une nuit. Elles se composent d'une suite d'ouvrages détachés qui se flanquent mutuellement. Tels sont à peu près tous les obstacles dont nous ayons à nous occuper.

Il convient maintenant d'indiquer, pour ce qui concerne particulièrement la troupe, par quels moyens on peut familiariser le soldat avec les divers accidents du sol, en lui donnant une idée suffisante de leur valeur militaire, et l'exercer à certains travaux qui se rapportent encore à cette importante question du terrain.

§ II. — Instruction pratique du terrain. — Progressions d'exercices pratiques sur l'orientation, la construction des tranchées-abris et sur la destruction et le rétablissement des voies de chemins de fer.

Avant d'entreprendre, par celle du terrain, la série des divers exercices pratiques, on a d'abord à se demander quelle peut être la saison la plus convenable pour ces exercices, et ensuite à établir s'il est toujours possible de les pratiquer avec fruit, en raison du grand développement donné partout à la culture, qui ne laisse à la disposition des troupes qu'un très-petit nombre de terrains.

Pour ce qui concerne la province, on remarque tout d'abord que la saison la plus favorable est celle qui s'étend depuis le commencement du mois d'août jusqu'à la fin d'octobre : les blés ayant été coupés, les terres sont accessibles à la troupe jusque dans les premiers jours de novembre; on a aussi commencé, dès le mois de septembre, à faire rentrer les différentes récoltes qui doivent se conserver pendant l'hiver. Les prés et les prairies artificielles, dont l'étendue est souvent très-vaste, donneront de très-bons terrains d'exercice pendant tout l'hiver, jusqu'au commencement de mars. Les bois anciens peuvent être parcourus en toute saison, si l'on a soin d'empêcher les hommes de casser les branches, etc. Quant aux vignes, on devra les éviter, parce qu'il est impossible de n'y pas commettre certains dégâts, même après qu'elles ont été taillées. On trouvera aussi, dans les départements les plus riches, bon nombre de vastes terrains sablonneux et plus ou moins plantés de bois, qui serviront très-bien à l'instruction des compagnies.

En résumé, l'époque la plus favorable pour les manœuvres de détail est, en province, celle des deux mois de septembre

et d'octobre ; il est d'autant plus facile d'y pratiquer les divers
exercices du service en campagne, que les terres sont sillon-
nées plus qu'ailleurs de chemins et de nombreux sentiers,
qui permettent toujours de figurer tant bien que mal les
diverses opérations d'une troupe d'un faible effectif en contact
avec l'ennemi.

Les terrains situés dans les environs de Paris, et particulièrement au nord et au nord-est, ne sont pas aussi favorables
à ces exercices, parce qu'ils sont livrés entièrement à la culture maraîchère, à laquelle on fait produire dans l'année
jusqu'à trois et quatre récoltes ; ce qui ne permet pas,
comme en province, d'utiliser pour l'instruction des terrains
d'une assez vaste étendue. Mais si, pendant l'hiver, on doit
choisir de préférence pour ces exercices les mois de janvier
et de février, il reste encore la possibilité d'y conduire,
comme partout, les compagnies en septembre et en octobre.

Les capitaines se concertent entre eux pour l'emploi du
terrain, et préviennent leur chef de bataillon de celui dont ils
ont fait choix, et qui se trouve dans les limites permises. Il
serait avantageux, à ce sujet, de faire lever à l'avance et au
$\frac{1}{10.000}$e le terrain environnant sur lequel ces exercices doivent
avoir lieu, en s'attachant à le faire reproduire avec soin dans
ses moindres détails, surtout comme chemins, sentiers, etc.

Quant à la difficulté plus ou moins grande de pratiquer
ces exercices sur des terrains en général assez peu favorables,
nous pensons qu'elle ne serait pas autant mise en avant si les
officiers avaient reconnu à l'avance ces terrains propres à
faire agir leur compagnie, en s'étudiant surtout *à noter les
chemins et les sentiers* par lesquels on peut engager les
hommes, après leur avoir expliqué que, devant l'ennemi, ils
passeraient naturellement en plein champ, et dans telle ou
telle formation. Une volonté ferme de la part du chef peut lever

bien des obstacles, dont le plus grand s'explique par le peu d'habitude qu'ont encore les officiers de ce genre d'exercices ; et l'on peut citer à l'appui de cette assertion l'exemple de tel régiment, qui, dans les environs de Paris et en pleine culture maraîchère, est parvenu à exécuter d'une manière très-satisfaisante tous les exercices pratiques.

Il peut arriver que les terrains dont on a besoin se trouvent à une certaine distance du lieu de garnison : l'inconvénient ne sera pas très-grand, si le trajet peut s'effectuer en une heure ou une heure et demie au plus. Même dans ce cas, le résultat obtenu ne serait pas trop chèrement acheté ; car la marche, qui est par elle-même un très-bon exercice, donnera en outre l'occasion d'habituer les jeunes soldats au service de sûreté, de les faire passer de la position de marche à celle des avant-postes, de les exercer à combattre, etc.

Nous ne parlerons pas d'ailleurs du choix à faire de certains terrains par rapport aux sujets à traiter, ce soin devant être laissé à l'intelligence de l'instructeur.

Les divers exercices pratiques commencent pour les jeunes soldats dès qu'ils ont exécuté les chapitres I et II de la 2e partie de l'*Ecole du soldat*. En raison de l'importance extrême de chacune des parties du service de campagne, et principalement de celle qui a trait aux *combats*, il est à désirer que trois jours par semaine puissent être consacrés par compagnie à cette instruction. Il est du reste certains exercices, tels ceux du présent paragraphe, que l'on pourra ne pas répéter fréquemment ; et, quant à tous les autres, qui se rapportent au service en campagne, il en est beaucoup dont l'exécution peut se faire sur place, c'est-à-dire assez près du quartier.

L'effectif de la compagnie actuelle en hommes disponibles pour les exercices étant presque toujours de 50 à 60, ce qui correspond exactement à la valeur d'une section de la nouvelle compagnie sur le pied de guerre, on la répartira sur le terrain en quatre escouades (règle générale pour tous les exercices). — On supposera en outre que, dans l'intérêt de l'instruction particulière des officiers (habitués déjà à cet enseignement par une pratique antérieure), un seul d'entre eux est à tour de rôle chargé de diriger ces exercices, sous la surveillance du capitaine, qui y assiste de temps à autre.

L'instruction est donnée d'après la progression suivante :

ART. 1er (1).—*Explication des principaux accidents du sol. — Etude du terrain au point de vue de l'appréciation des distances.*

ART. 2. — *Orientation de jour, de nuit. — Notions élémentaires de la représentation du sol sur les cartes.*

ART. 3. — *(Tranchées-abris, embuscades, etc. De leur emploi dans le combat. — Outils de pionniers donnés à l'infanterie, à l'étranger, en France). — Exécution d'une tranchée-abri. — Construction d'un épaulement rapide pour l'artillerie.*

ART. 4. — *Chemins de fer. — Destruction de la voie : moyens divers; emploi de la dynamite. — Rétablissement de la voie. — Exercices pratiques.*

ARTICLE 1er.

L'instructeur, ayant conduit la compagnie sur un terrain reconnu à l'avance et fait former les faisceaux, prend avec lui les jeunes soldats, tandis qu'il charge un des sous-officiers (2) d'aller procéder de son côté au même exercice avec les anciens.

(1) Au lieu du terme d'*exercice,* qui eût été plus avantageux, on a adopté dans le courant de ce travail celui d'*article,* pour se conformer aux progressions données par l'*Instruction pratique* du 4 octobre 1875.

(2) Si les sous-officiers ne sont pas encore tout à fait initiés à ce rôle, il est facile de les y préparer, en les prévenant quelques jours à l'avance de ce que l'on attend d'eux, et quand leur instruction a déjà été faite.

Il fait alors parcourir aux hommes qui l'entourent la série des divers accidents du sol, dont il leur explique à mesure la valeur militaire au point de vue surtout du tir de l'infanterie. Il insiste dans ses explications sur ce qui est relatif aux positions, à l'utilité des crêtes, à la nécessité d'avoir toujours un champ de tir libre et découvert à une grande distance en avant du front; — sur l'importance des chemins, qu'il est d'autant plus nécessaire de bien reconnaître qu'ils ne figurent pas toujours sur les cartes; — il attire encore leur attention sur les bois et les endroits accidentés et couverts, particulièrement propres à recéler une embuscade, etc.—Les ouvrages de fortification passagère qu'il rencontre dans son parcours font aussi l'objet de ses explications. Il montre aux hommes quelles sont les différentes parties d'un *profil*; en quoi les divers ouvrages (*redan, lunette, redoute,* etc.) diffèrent les uns des autres; il leur fait voir ce que l'on distingue dans une *batterie* d'artillerie; en quoi consiste un *épaulement,* qu'ils sont appelés à construire.

On profitera de ces exercices pour se livrer à l'appréciation des distances *en terrain varié.*

L'instructeur, se plaçant avec ses hommes sur un terrain un peu élevé, leur montre combien l'estimation exacte des distances est difficile quand les objets sont assez éloignés, cette estimation variant, pour *une même vue,* suivant la *forme* du terrain, la manière dont *il est éclairé,* l'*heure* de la journée, la *clarté* plus ou moins grande du jour, etc. Il leur fait remarquer comment certaines configurations du sol produiront chez tous les observateurs les mêmes erreurs d'appréciation (Exemple: deux objets séparés par une vallée, par un golfe sur le bord de la mer, paraîtront toujours plus distants l'un de l'autre qu'ils ne le sont réellement; l'inverse se produit quand on a à estimer la largeur d'une vaste surface d'eau, à apprécier la distance qui sépare de la côte un objet situé en pleine mer). Les jeunes soldats sont ensuite exercés à estimer des distances qui ne sont guère moindres de 500 mètres ; au moyen de sa carte, l'instructeur fait connaître aux hommes quelles sont exactement les distances. (Si le terrain est un peu accidenté, ne pas oublier que la carte ne donne que les longueurs projetées horizontalement ; quantités approximatives à ajouter suivant la pente).

. Faire aussi usage d'un télémètre pour de grandes étendues de terrain, surtout quand des points saillants du sol ne figurent pas sur la carte. Sur un terrain un peu accidenté, l'instructeur rappelle aux hommes que pour atteindre tel ou tel objet il leur faudrait viser *au-dessus* ou *au-dessous* du but, suivant que l'on tire de bas en haut ou de haut en bas ; — que pour exécuter *un tir plongeant* sur des soutiens placés derrière un pli de terrain, derrière un obstacle, etc., et à une assez grande distance, ils auraient à viser de telle ou telle manière. Les interrogations faites à un certain nombre d'hommes sont un sûr moyen de bien graver ces diverses recommandations dans la mémoire des jeunes soldats. On leur explique aussi que c'est à ces distances de 1,000 ou 1,200 mètres que l'ennemi, quittant sa formation de marche, commencera à déployer ses troupes ; qu'à celle de 4 à 500 mètres, qu'ils ont là sous les yeux, il ouvrira le feu sur toute sa ligne, etc.

On utilise le retour de la compagnie au quartier en faisant encore mesurer quelques distances, soit à l'aide des cordeaux de tir, soit au moyen d'instruments très-simples (1).

---

(1) On emploiera avec avantage une de ces petites roulettes dont le ruban, doublé de fils métalliques, mesure jusqu'à 20 mètres.

ARTICLE 2.

L'instructeur, pour cet exercice, répartit les anciens et les jeunes soldats de la manière indiquée plus haut.

L'*orientation* a pour objet d'apprendre à se reconnaître dans un pays inconnu, au moyen de certains points fixes que l'on peut toujours retrouver. Bien que n'attribuant pas à cette partie de l'instruction une importance égale à celle qui lui a été accordée dans certains règlements, nous ne pouvons nous empêcher de lui consacrer quelques détails indispensables.

Distinguer l'orientation *de jour* et celle *de nuit*.

Orientation de jour. — On expliquera d'abord aux hommes très-simplement ce qu'est l'*horizon*, sur lequel sont placés les *points cardinaux*, etc. L'instructeur leur montre ensuite comment on trouve la direction du nord, ou celle de la *méridienne* aux différentes heures de la journée. Le matin et le soir, au moment où le soleil est à l'horizon, si l'on plante un bâton verticalement en terre, l'ombre projetée par ce bâton est perpendiculaire à la méridienne; — avant et après midi, à des heures correspondantes, 11 heures et 1 heure par exemple, si l'on trace sur le sol un arc de cercle du pied d'un bâton planté verticalement, et que l'on note les traces

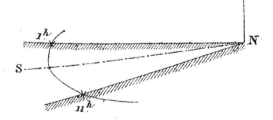

Fig. 12.

que forme sur la courbe l'ombre du bâton, le milieu de l'arc intercepté donnera le second point de la méridienne (*fig.* 11), ou ligne qui indique le midi. De même, si l'on a l'heure exacte du lieu, l'ombre du bâton planté en terre donnera à midi la direction de la méridienne. Pour certaines époques correspondantes de l'année, l'ombre indique l'ouest et l'est à telles heures du matin et du soir. D'où il est possible de s'orienter, à très-peu près, à l'aide d'une montre, etc. — A défaut de soleil, l'instructeur met une petite boussole sous les yeux des hommes et leur montre comment elle indique la direction du nord; puis, supposant que l'on n'ait aucun instrument, il leur explique le moyen de trouver approximativement sur les arbres le côté du nord, par l'aspect moussu et noirâtre de l'écorce, tandis que celui exposé au midi présente une surface claire et parfaitement lisse; — si l'on coupe une branche assez grosse, on trouve aussi que le cœur est plus développé du côté du midi, etc.

Orientation de nuit. — La nuit, quand le temps est clair, il est facile de connaître la direction du nord, au moyen de la *Polaire*. Mais, comme cette étoile, qui s'aperçoit également de tous les points de l'horizon, ne donne qu'un *point* et non *une direction* (1), il est encore besoin de recourir à quelques procédés, très-simples d'ailleurs. Pour cela, visant suivant un fil à plomb que l'on tient à la main, on se déplace jusqu'à ce que la Polaire, le fil à plomb et le point pour lequel on cherche la méridienne soient dans la même direction. Afin d'obtenir plus exactement la direction du nord, on attend l'instant où la Polaire passe au méridien; et cet instant arrive à très-peu près quand la Polaire se trouve sous le fil à plomb en même temps que γ de Cassiopée ou ε de la Grande Ourse *(fig. 12)*.

(1) La plupart des ouvrages qui traitent de l'orientation tombent dans la même erreur, en se bornant à déclarer que l'on a la direction du nord par l'observation de la Polaire.

La lune fournit aussi un moyen d'orientation assez exact : elle se lève et se couche à peu près aux mêmes points que le soleil. Elle permet en même temps de connaître les heures de la nuit, par l'observation du moment de son lever, sur lequel elle retarde chaque soir de trois quarts d'heure. On peut encore reconnaître certaines héures de la nuit par les positions que prennent les cornes du croissant, etc. La direction du nord est aussi donnée par l'emplacement de certaines constellations, etc.

Les procédés indiqués pour l'orientation de jour trouveront surtout leur utilisation

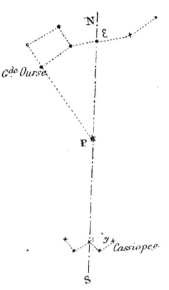

Fig. 43.

lors de la marche dans les bois de quelque étendue. Y joindre l'indication de moyens très-simples pour marcher toujours dans une même direction, en prenant des points de repère sur les arbres, sur le sol, etc.

Il est toujours utile, pour l'instruction des hommes les plus intelligents, de donner aux soldats certaines notions de la lecture et de l'usage des cartes. On leur montre comment y est indiquée la direction du nord et celle du sud; comment y sont portés les points les plus importants du sol; quel est l'usage des courbes ou des teintes forcées; comment on mesure les distances au moyen de l'échelle, etc. L'instructeur leur apprend à se servir de la carte sur le terrain, à l'orienter, etc. Des notions de ce genre n'ont rien de superflu pour des hommes intelligents, appelés à un moment donné à être chef de patrouille, ou à concourir à toute autre partie importante du service en campagne.

Article 3.

Avant de traiter de l'exécution des *tranchées-abris*, il est indispensable d'entrer au sujet de leur emploi dans quelques considérations que nous rendrons aussi courtes que possible.

De leur emploi dans le combat. — L'étude de la guerre de la Sécession est venue montrer pour la première fois, dans ces dernières années, quel parti l'infanterie avait tiré des abris artificiels improvisés sur le champ de bataille. L'utilité en avait été si bien comprise dans cette guerre, qu'après un jour de marche ou de combat, les troupes, agissant d'elles-mêmes, et avant de s'installer dans leur nouveau camp, travaillaient tout d'abord à élever un retranchement, même quand il était destiné à être abandonné le lendemain (1). Les rapports circonstanciés des généraux américains prouvent on ne peut mieux « qu'une simple tranchée, défendue par un seul rang de fantassins, constitue dans certaines conditions faciles à remplir un obstacle à peu près inattaquable de vive force. » Cette importance nouvelle des travaux défensifs s'est aussi montrée dans la campagne de 1870, quoique sur une échelle beaucoup moindre. Plusieurs rapports français font en effet ressortir tous les avantages que nous avons tirés de ces travaux, notamment pour la bataille de Gravelotte; et

---

(1) Brialmont, *Fortification improvisée.* — Rien ne montre mieux combien les vrais principes de l'art de la guerre sont immuables et restent indépendants des vicissitudes de l'armement et des erreurs de la tactique, que cet exemple, qui nous reporte au temps des légions romaines.

les auteurs allemands (1) sont les premiers à déclarer que
les troupes françaises ont toujours su faire choix des meilleures positions et en tirer un excellent parti. Le 18 août, au
3ᵉ corps français, entre Amanvilliers et le Point du Jour, une
division exécuta à hauteur de la ferme de Saint-Hubert deux
étages de tranchées-abris qui firent beaucoup de mal à l'ennemi.

La nécessité de ces travaux s'impose aujourd'hui bien plus
encore par l'accroissement de puissance des nouvelles armes,
qui ne permettra pas à une troupe quelconque de soutenir
le choc de son adversaire à moins d'être couverte par quelques abris. Elle s'affirme d'autant plus aussi que le combat
en ordre dispersé est appelé à être conduit, dans les guerres
futures, beaucoup mieux qu'il ne l'a encore été. « L'emploi
de la tranchée-abri est une question de vie ou de mort, » a
dit avec assez de raison un des auteurs qui en recommandent
le plus l'usage (Scherff). Mais il importe de bien établir dans
quels cas il faut l'admettre. On ne fera usage de la tranchée-
abri que dans le cas de la *défensive* ou de la *défensive momentanée* : car il y aura toujours plus d'avantage pour l'assaillant à se jeter à découvert sur la position ennemie, qu'à
exécuter pendant 10 minutes, sous le feu de l'adversaire, le
profil même le plus rapide. Les cas où l'on se servira utilement d'une légère tranchée-abri seront à peu près les suivants :

1° *Dans le combat* : on veut s'installer dans une position
prise à l'ennemi, et que celui-ci peut chercher à reprendre ;
— *dans la marche* : une avant-garde (2), rencontrant un adversaire supérieur en nombre et ne pouvant être soutenue

(1) Général de Wechmar, *Tact. nouv.*, pass. ; Bogulawski, etc.
(2) Wechmar, *Tact. nouv.*

par le gros de la colonne, devra, au lieu de livrer un combat offensif douteux, fortifie le mieux possible une position rapidement choisie. *Aux avant-postes*, il sera aussi plus que jamais nécessaire de faire usage de quelques travaux rapides, que la position soit offensive ou défensive, en raison du feu meurtrier des nouvelles armes et de la hardiesse plus grande donnée au rôle de la cavalerie. L'observation de l'ennemi et la défense du front ne seront plus aussi passives qu'autrefois, pour plus d'une raison qu'il serait un peu long d'émettre. Suivant l'exemple donné fréquemment dans la guerre de l'Union, on tirera le meilleur parti d'embuscades postées en avant du front, avec ordre de ne faire feu que dans certaines circonstances données, etc.

2° Ce même genre de travaux sera encore utilement employé quand on aura à livrer un combat défensif *sur des positions préparées à l'avance*.

3° La tranchée-abri servira aussi à dissimuler momentanément la présence d'une troupe. « Si le moment de combattre n'est pas arrivé, disait le maréchal Bugeaud, tenez-vous hors de portée ou cachez vos troupes. » (On arrive ainsi, pour plus d'une raison puissante, à la nécessité d'appliquer le précepte émis par Napoléon Ier, qui voulait donner un outil de pionnier à chaque fantassin).

Mais il ne faut pas à ce sujet tomber dans une exagération qui pourrait avoir les conséquences les plus funestes. On évitera donc de faire un usage trop systématique des tranchées-abris, *dont l'idée est absolument destructive de tout esprit offensif*, et qu'il ne faut employer que dans des cas très-rares. Aussi, dans les exercices, après l'achèvement du travail, fera-t-on comprendre aux hommes, — pour éloigner de leur esprit toute idée d'une défensive *absolue*, — « que les différents abris qu'ils occupent en avançant ne sont que des haltes successives, qui leur permettent de faire un usage plus précis de leurs armes (général Lewal). » Nous allons maintenant rappeler d'une manière succincte quels sont les tracés les plus avantageux adoptés ou proposés pour les tranchées-abris, renvoyant le lecteur, pour plus de détails, aux ouvrages spéciaux (1).

Tracés divers.—La *tranchée-abri*, telle qu'elle a été indiquée par l'instruction ministérielle du 19 avril 1868 (*fig. 14*), est celle

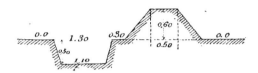

Fig. 14.

qui, d'après le général Brialmont, offre le plus d'avantages avec le moins de travail : elle s'établit en 25 minutes quand la terre est *ordinaire*, et en 35 dans une terre *forte*. Cette tranchée ne donne que peu de prise à l'artillerie ennemie, et se dissimule très-bien ; en outre, elle ne présente aucun obstacle au franchissement, en raison de la berme. Mais on lui reproche le trop de hauteur du parapet et le défaut de largeur du fossé. Des expériences entreprises à Anvers en 1871 ont montré qu'elle est insuffisante pour assurer aux soldats et aux serre-

Fig. 15.

(1) V. les traités de *Fortification passagère* de MM. les capitaines Bailly, Maire, Richard ; les *Conférences* sur la Fortification de M. le capitaine Hardy, etc. — Cons. la confér. de M. le colonel Usquin, sur le rôle de la fortif. passagère dans les opérations de la tactique.

files la liberté de mouvements dont ils ont besoin. Tout en reconnaissant l'excellence de la tranchée française, le général Brialmont recommande de lui apporter quelques modifications : élever la hauteur du parapet à 0ᵐ,80 et son épaisseur à 0ᵐ,90 ; et, pour compenser cette augmentation de remblai, augmenter de 1ᵐ,40 la largeur de la tranchée. D'autres tracés, qui nous semblent préférables encore, indiquent une profondeur moindre du fossé pour une largeur plus grande. Un profil usité en Allemagne, et destiné à abriter le tireur debout (*fig.* 15), a le défaut de ne pas se prêter facilement à l'offensive, par le manque de gradin intérieur. Quand on a le temps, on lui donne des dimensions qui se rapprochent beaucoup de celles de la fig. 16. Comme il n'est pas d'un franchisse-

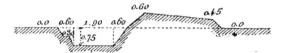

Fig. 16.

ment facile, on réserve de distance en distance des intervalles par lesquels les soldats peuvent se porter en avant. Le profil de la fig. 16 est indiqué par le colonel de Pidoll pour les tracés à exécuter rapidement. Il permet d'abriter deux rangs de tireurs, mais on lui reproche d'exiger plus de temps que le tracé français. On a fait en Amérique, pendant la dernière guerre, un fréquent usage d'un abri dont nous donnons le

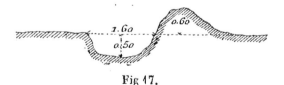

Fig 17.

tracé (*fig.* 17) ; les hommes qui ne tiraient pas s'asseyaient à l'abri sur le bord du fossé. Ces tranchées, dont l'apparence est celle de parallèles inachevés, portaient le nom de *rifle-pits* (fossés de tirailleur); elles avaient surtout le mérite d'être d'un usage très-pratique, et c'est tout ce que nous aurions à demander à nos hommes au moment du combat. Nous passons aussi sur divers tracés anglais, italiens, qui ne nous intéressent pas davantage ; car il ne s'agit encore que de la tranchée–abri proprement dite, c'est-à-dire s'appliquant à la fortification *improvisée* d'une position.

Quels que soient les tracés adoptés, ils doivent être tels, que la troupe, en se portant en avant, puisse facilement les franchir : c'est-à-dire que les abris doivent être organisés pour un *retour offensif de la défense*. Cette condition est de la plus haute importance ; car ces travaux ne doivent pas avoir pour but d'immobiliser les troupes et de les attacher trop au terrain, ce qui serait contraire à l'esprit de la tactique moderne, dont l'offensive est le premier caractère.

Mais, dans l'imprévu du combat, on n'aura besoin que d'un abri qui puisse s'établir rapidement, en 5 ou 10 minutes au plus. On choisirait alors des tracés plus simples que les précédents, tels que sont les deux indiqués par les *fig.* 18 et 19 (1).

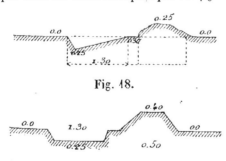

Fig. 18.

Fig. 19.

Ces travaux sont les seuls dont on pourra faire usage

(1) Le premier des deux a été proposé par M. le capitaine Richard.

4

— 62 —

dans la plupart des circonstances, c'est-à-dire dans tous les
cas où une position n'aura pas été étudiée et fortifiée à
l'avance. Ils seront surtout employés pour permettre à une
avant-garde de se déployer et de tenir quelques instants contre
l'ennemi; pour mettre des pelotons de soutien à l'abri du feu, etc.
Aucun tracé officiel n'a encore été indiqué chez nous pour
ce travail rapide, qui constitue la vraie tranchée-abri du
combat, et auquel doit seul s'appliquer le terme de *fortification du champ de bataille*, par opposition à celui de fortification *rapide* ou *improvisée*, qui convient mieux à des travaux du genre de la tranchée-abri réglementaire, dont il a été
question plus haut.

En Angleterre, on s'est arrêté aux tracés suivants (*fig.* 20,

Fig. 20.

Fig. 21.

21 et 22) de tranchées-abris (*shelter-trenches*), construites
successivement en une demi-heure, en 1 heure ou en 2 heu-

res (1). On y admet, comme chez nous, que ces tranchées ne seront jamais un obstacle pour les troupes qui doivent se por-

Fig. 22.

ter en avant, quand le moment de l'offensive est arrivé, et l'on revient plusieurs fois sur cette prescription. Des expériences faites avec soin ont prouvé que la pénétration de la balle du fusil rayé dans les terres nouvellement remuées n'excédait pas 0m,30, à 200 mètres ; elles ont servi de base à ces tracés, qui n'empêchent jamais le soldat de se porter en avant.

Quand des troupes ont à occuper des positions pendant un certain temps, on leur fait creuser des *trous de tirailleurs* pour un, deux ou plusieurs soldats. Nous empruntons au *Cours de fortification* de M. le capitaine Bailly le tracé d'un trou de tirailleurs destiné à 2 hommes (*fig. 23*), et qui doit être élevé en une demi-heure au plus. L'ouvrage anglais du même genre représenté par la *fig. 24* doit être exécuté en 5 minutes environ ; on lui donne le nom de *shelter-pit* (trou d'abri) ; il diffère du *rifle-pit* ou *trou de tirailleur*, qui s'emploie dans les siéges et dont les dimensions sont plus grandes (2). La profondeur minimum dans le sens de la longueur est de 0m,15, tandis, que dans le sens opposé, elle est de 0m,25. La forme semi-circulaire, avec moins de longueur pour la tranchée du fond, est encore plus avantageuse.

(1) *Field Exercise and Evolutions of Infantry*, 1874, p. 351.
(2) *Id.*, p. 344.

On fait aussi usage en Angleterre d'un abri pour cheval (*charger-pit*), formé d'une tranchée étroite et longue (17 pieds),

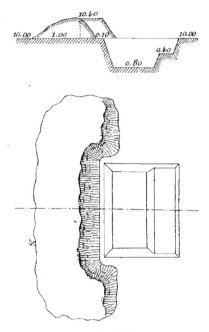

Fig. 23.

qui se raccorde avec le sol au moyen de deux rampes. Un ouvrage de ce genre (*fig. 25*) est construit par 3 hommes et achevé en 2 heures.

Avant de passer à ce qui a trait à l'exécution des ouvrages, nous parlerons en quelques mots des divers outils de pionnier donnés à l'infanterie, tant à l'étranger qu'en France. On a partout adopté des outils *à manche court*, dans le but de n'exposer les hommes que le moins possible aux projectiles de l'ennemi; pour cela, le soldat, au lieu de rester debout comme autrefois, met un genou en terre pendant son travail; l'inconvénient d'une exécution plus lente dans les ouvrages est bien compensée par la sécurité que l'emploi de ces outils assure aux travailleurs. Le premier type de ces instruments a

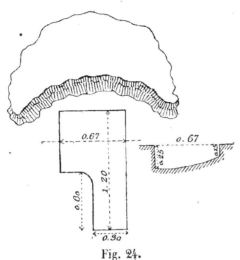

Fig. 24.

été la pelle *Linnemann,* employée en Danemark dès 1872, et depuis en usage dans plusieurs autres armées.

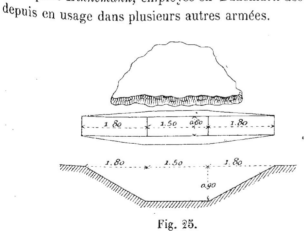

Fig. 25.

La pelle Linnemann, en tôle d'acier (*fig.* 26), ne pèse que 850 gr.; un des côtés est aiguisé, tandis que l'autre porte

4.

28 dents, ce qui lui permet de servir à la fois de scie et de hache. Un outil de ce genre a été adopté en Autriche, à rai-

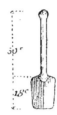

Fig. 26.

son d'un homme sur deux, et donné au soldat du second rang ; il est pourvu d'un anneau qui permet à ce dernier de le suspendre à son côté gauche.

La pelle employée en Prusse depuis la fin de 1874 (1) est du même modèle, et aiguisée seulement sur le côté ; les soldats pellètent la terre à genou. Dans chaque bataillon d'infanterie, les hommes ont à porter 200 pelles et 40 haches ; des outils de réserve étant en outre chargés sur des voitures. Ce qui donne un outil par 4 hommes ; cette proportion, d'après un auteur allemand (2), n'était en 1872 que d'un outil pour 8 soldats.

En Russie, depuis 1874 (3), il est donné à chaque compagnie 10 pelles, 24 haches, 3 pioches, 3 louchets et 1 pince ; ces outils, déposés en magasin pendant la paix, sont pour la campagne chargés sur la voiture de munitions (1 par compagnie). La pelle anglaise, du même type que les précédentes, tient plus de la pelle large que du louchet ; le manche se termine à sa partie supérieure par une poignée analogue à celle d'une béquille. La pelle et la pioche sont données à raison d'un outil de chaque sorte par groupe de 4 hommes.

Quant aux pioches, elles sont partout du modèle ordinaire.

En Amérique, à la suite des expériences entreprises en 1873 sur divers modèles assez différents les uns des autres, mais

(1) *Rev. milit. de l'étr.*, 1875, n° 233.
(2) Wechmar, *Tact. nouv.*
(3) *Rev. milit. de l'étr.*, 1874, n° 202.

se rapportant tous au type de la truelle (trowel), on a fait choix de la baïonnette-truelle, *Rice-Chillingworth* trowel-bayonet (*fig.* 27) (1).

Les outils de pionniers adoptés récemment en France pour l'infanterie (13 avril 1875) sont à manche court, et au nombre de 4 (*fig.* 28) : une *pelle carrée* ; une *hache à main* ; un *pic à tête*, et une *scie articulée* (*fig.* 29 *et* 30). Chaque compagnie est munie de 2 haches à main, de 2 pelles carrées, et de 4 pics à tête ; il y a en plus une scie par bataillon. On confie chacun de ces outils portatifs à des hommes vigoureux et ayant eu autrefois l'habitude de les manier ; les outils, revêtus de leur étui en cuir, sont placés sur le dos du sac. L'usage de

Fig. 27.

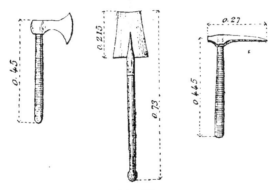

Fig. 28.

chaque instrument est indiqué de la manière suivante dans la circulaire qui ordonne leur emploi :

« Avec la hache, on détruira les palissades et les barrières,

(1) *Annual report of the chief of Ordnance, etc.*, 1874.

on enfoncera les portes et les volets, on abattra les petits
arbres pour faire des abatis, etc.

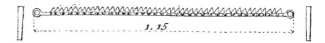

1, 15

Fig. 29.

Avec la pelle, on travaillera, en s'aidant du pic, à la réparation des chemins, on exécutera les descentes de fossé,

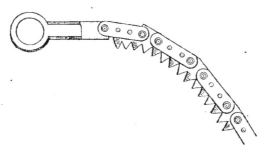

Fig. 30.

en vue de faciliter le passage des voitures de munitions de
réserve qui doivent marcher avec les bataillons, etc.

Avec le pic, on s'attaquera à la maçonnerie, on aidera à
la destruction des palissades, on forcera les serrures, on ouvrira des meurtrières, etc.

Avec la scie articulée, on détruira les barrières, on coupera
les gros arbres, etc. »

D'autres outils, chargés sur des voitures régimentaires,
comprennent: des *pelles rondes*, des *pioches*, des *haches*, des
modèles ordinaires, et en assez grand nombre, ainsi que des
hachettes, à raison d'une par escouade. Chaque voiture d'outils (2 par régiment, 1 pour 2 bataillons) transporte en outre

un *passe-partout*, 10 serpettes et une petite caisse d'outils assortis.

Si le pic est un instrument d'une grande utilité, il faut toutefois remarquer qu'il ne compense pas l'absence d'une pioche pour les travaux usuels.

Exécution d'une tranchée-abri. — Quel que soit le profil de la tranchée à élever, on y emploiera le tiers de la troupe qu'elle est destinée à couvrir, *d'après les principes qui ont été admis jusqu'à ce jour*. Mais nous pensons qu'en raison de la nouvelle organisation tactique et de l'effet si décisif des armes actuelles, il est préférable d'y affecter la moitié de la troupe. De ces travaux rapides, nous distinguerons ceux *du champ de bataille*, exécutés au moyen des outils portatifs, des autres qui ne seront construits qu'à l'aide des outils de réserve, et constituent les *travaux de campagne*.

Il est difficile de poser pour les premiers les règles qui doivent servir à leur exécution, en l'absence de tout document officiel sur les tracés admis par rapport aux nouveaux outils, et surtout en raison du trop petit nombre de jeux d'instruments délivrés à chaque compagnie. On peut croire, du reste, que cette répartition des outils n'a rien de définitif et qu'un certain nombre de pioches seront données plus tard à chaque compagnie, en même temps qu'on augmentera le nombre des outils portés par les hommes. Nous trouvons toutefois à l'étranger sur ces travaux quelques indications utiles à noter. En Amérique, le travail s'exécute à tour de rôle par les numéros pairs et impairs. Au commandement de « *tels numéros, commencez !* », les soldats désignés font 2 pas en avant, s'appuient sur le genou droit, et creusent la terre, en se servant des deux mains, s'il le faut ; ils ont soin de projeter la terre le moins loin possible. Au bout de 5 minutes environ, l'autre

rang reprend le travail ; les hommes qui le quittent se portent
en arrière et se couchent.

Pour les dimensions données en Angleterre aux travaux de
ce genre, on part de ce principe (1) qu'un manœuvre assez
inhabile peut fouiller par heure 27 pieds cubes, en travaillant
au moins 4 heures consécutives, et que la distance entre chaque atelier de 4 hommes (travailleurs) doit être de 5 pieds
(1ᵐ,50) .Le soldat est exercé à creuser, en longueur, 2 pieds
d'une tranchée dont la profondeur est de 1.6 pied (0ᵐ,45), la
largeur de la tranchée variant de la manière suivante :

En 1 demi-heure, *largeur* 2 pieds (0ᵐ,60, *fig.* 20) ;
En 1 heure,   — 4 pieds (1ᵐ,20, *fig.* 21) ;
En 2 heures,   — 8 pieds (2ᵐ,40, *fig.* 22).

Nous tirons aussi quelques données utiles de la manière
dont s'y exécutent les travaux. Les outils sont placés sur le
terrain par paire et espacés d'un pas (0ᵐ,75), d'une pioche à
l'autre ; une seconde rangée d'outils est disposée en arrière
à 6 pas (4ᵐ,50), etc. (*fig.* 31). Les hommes, formés sur 4 rangs,

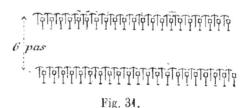

6 pas

Fig. 31.

placent l'arme en bandoulière, et sont ensuite amenés par le
flanc à hauteur de chaque rangée d'outils. Au commandement
de « *relevez les outils !* », chaque homme du premier rang se
baisse et prend une pelle dans sa main droite et une pioche
dans sa main gauche, et, tenant les outils verticalement, re-

(1) *Field Exercise*, etc., p. 349 et suiv.

vient à la position de « *garde à vous !* » ; à celui de « *passez les outils !* », il passe la pelle à l'homme du second rang. Sans entrer dans le mécanisme d'un mouvement qui ne se rapporte en rien à nos manœuvres, il suffit d'ajouter que l'autre moitié de la troupe se porte en avant pour protéger le travail. Tandis que ceux-ci continuent à s'avancer jusqu'à ce qu'ils soient établis dans une bonne position, les travailleurs sont arrêtés à 12 pas (9 m.) de la tranchée à élever. L'ouvrage étant construit, les troupes de soutien sont rappelées ; puis, les travailleurs ayant ramassé leurs outils, on ouvre le feu d'après les ordres donnés, et l'on ne manque pas de terminer l'exercice par une attaque au delà de la tranchée. Si l'on voulait adopter une disposition analogue, il serait facile d'en poser les règles, soit en donnant à la troupe de soutien la moitié de l'effectif total, soit en ne la prenant que du tiers (1).

Pour l'exécution des tranchées de siége, les hommes marchant sur un rang à un pas en arrière du tracé, on les fait déployer à deux pas ou plus d'intervalle. Le soldat couche à terre sa pioche, pour marquer la gauche de sa tâche, et pose à terre la pelle, à angle droit de la pioche, le fer vers la gauche, et attend l'ordre de commencer le travail.

On ne ferait disparaître les tranchées qu'un jour ou deux après chaque exercice, et en y employant des hommes punis. En 1 heure, un homme comblera 6 mètres de tranchée de $0^m,60$ de large environ.

Si nous manquons de données sur les travaux du champ de bataille exécutés en Prusse avec les nouveaux outils, on peut toujours établir qu'en 1872, avec l'outillage en pelles et en pioches, chaque travailleur en moyenne exécutait 2 pas

---

(1) **V.** pour plus de détails à ce sujet un petit ouvrage ayant pour titre : *Haudbook of Company Drill*, London, 1874, p. 146.

courants d'abris (1^m,50) en 10 minutes, y compris le temps
nécessaire au placement des hommes et à la distribution des
outils. Il semble, d'après le témoignage même de l'auteur
allemand d'où nous tirons ce renseignement (1), que les
troupes prussiennes n'étaient pas à cette époque suffisamment
exercées aux travaux de fortification du champ de bataille.

Passant maintenant aux travaux qui sont exécutés au
moyen des pelles et des pioches ordinaires, nous n'aurons
qu'à rappeler en peu de mots les prescriptions indiquées dans
les divers ouvrages de fortification passagère.

Tandis que l'on trace à la pioche, au moyen de jalonneurs,
la ligne qui marque la berme, le détachement a formé les
faisceaux, posé les sacs à terre, et s'est placé sur un rang, à
4 pas en arrière de la tranchée à exécuter. On dispose alors les
soldats par ateliers de 3 hommes (**2** pelles, **1** pioche), qui
occupent chacun sur le sol, les uns à la suite des autres, une
longueur de 3 mètres, et la marquent au moyen des outils,
sur le bord intérieur de la berme. Puis, chaque piocheur limite son déblai par une rainure transversale qui le sépare de
l'atelier voisin ; la longueur même de la pelle (1^m,30) lui sert
à tracer en arrière le bord du fossé ; celle du fer de la pelle
(0^m,30) est égale à la largeur de la berme (*fig.* 32). Les hom-

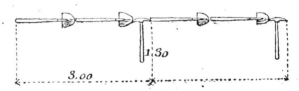

Fig. 32.

mes creusent le fossé, en ne lui donnant guère d'abord que
la largeur qu'il doit avoir au fond, et ce n'est qu'à la fin du

(1) Général Wechmar, *Tact. nouv.*, p. 44.

travail qu'ils en recoupent les bords, etc. Il faut 3/4 d'heure (1) pour tracer et creuser la tranchée-abri du profil réglementaire ; mais, en moins 20 minutes, le soldat peut être à couvert, en s'y tenant à genou. La largeur du fossé peut aussi se tracer au moyen du fusil modèle 1866, dont la longueur, sans baïonnette, est de 1ᵐ,30 (2).

Le général Brialmont (3) fait exécuter le travail par la moitié des hommes, et de la manière suivante. Le premier rang ayant été disposé en files alternativement doubles (2 pelles) et simples (1 pioche), on arrête la troupe à 4 pas en arrière de la ligne marquant le bord du fossé ; les caporaux sont en dehors du premier rang. Les rangs ouverts, on met les armes à terre, et l'on dépose les sacs. Les hommes du 1ᵉʳ rang se portent alors en avant avec leurs outils, et chaque groupe de 3 s'établit dans un atelier de 1ᵐ,80 de large (correspondant à l'espace occupé par 3 hommes dans le rang). Le soldat muni de la pioche s'est placé au milieu et en arrière des deux autres ; pendant son travail, il lance à la main sur le remblai les gros morceaux qu'il détache, rejette ceux qui roulent dans la tranchée, etc. Tandis que le 2ᵉ rang se tient près des armes, pour protéger le travail, les sous-officiers surveillent les ateliers, et les caporaux, munis de scies et de haches, coupent des branches d'arbres dans le voisinage, pour masquer la tranchée, etc. (4).

Exercices pratiques. — Si nous ne pouvons donner d'indi-

(1) Bailly, *Fortification passagère*, p. 28.
(2) Capitaine Hardy, *Confér. sur la fortification*, p. 42.
(3) *La fortification improvisée*, p. 49.
(4) V. sur cette importante question la conférence de M. le colonel Usquin, sur *le rôle de la fortification passagère dans les opérations de la tactique; — Les tranchées-abris et la question des outils pour l'infanterie*, par un officier prussien, Leipsick, 1874, etc.

5

cation précise sur la manière dont s'exécutera le travail avec les outils portatifs, il est facile de montrer comment, d'une manière générale, on disposerait l'opération devant l'ennemi.

Il s'agit d'une légère tranchée à élever pendant le combat, ou d'un travail plus ou moins rapide à construire avec des outils de réserve.

1° Une section étant d'avant-garde, l'ennemi est signalé par les éclaireurs, et en force telle, qu'elle doit songer de suite à occuper une position défensive. Tandis que la pointe et la tête se déploient sur un front de 50 ou 60 mètres, et à hauteur de la pointe, le gros (25 hommes environ) s'occupe d'élever rapidement (en 10 ou 15 minutes) une tranchée destinée à abriter la section entière, telle que celle de la fig. 18, et qui aurait à peu près le développement de 50 à 60 mètres.

Dans un exercice, au signal de l'instructeur indiquant la présence de l'ennemi, l'extrême pointe et les patrouilles se rabattent sur la pointe et se déploient, tandis que la tête se porte sur cette même ligne pour l'étendre à droite ou à gauche, ou sur les deux côtés à la fois. En même temps, dans les deux escouades qui forment le gros, les hommes s'espacent rapidement sur la file du centre, à 3 pas l'un de l'autre, et forment, 2 par 2, un atelier de 4 à 5 mètres. Les soldats, ployant le genou gauche et posant le genou droit à terre, prennent de suite, comme ligne à tracer pour le bord intérieur du fossé, la direction même des travailleurs extrêmes, dont les caporaux ou les sous-officiers ont rapidement rectifié la position. Dix minutes après, un signal fait rentrer la première moitié de la section, qui vient occuper la tranchée. — On supposerait également le cas de la marche en retraite d'une troupe pour organiser un ouvrage défensif du même genre. Dans la même séance, on enseigne aux hommes à défendre le travail et à l'attaquer. A 50 pas de la tranchée, l'officier lance ses hommes en avant, à la baïonnette. L'ennemi repoussé, il faut se garder de se porter trop loin à·sa poursuite, et revenir de suite occuper l'ouvrage, en ne faisant suivre l'ennemi que de quelques hommes, etc., etc.

Ces indications, très-simples, sont les meilleures, parce qu'elles se rapprochent de ce qui se passe réellement à la guerre.

2° Au moyen des outils de *réserve* existant dans chaque corps, l'instructeur réglera facilement tout ce qui a trait aux exercices de tranchée-abri ordinaire, d'après ce même principe, que le travail à élever est exécuté par la *moitié* de la troupe qu'il est destiné à couvrir. La nouvelle organisation tactique, en raison du fractionnement admis à la fois dans *les marches*, dans les *avant-postes* et dans le *combat*, impose également l'obligation d'adopter, pour l'exécution des travaux et la protection à leur donner, une répartition qui ne peut plus être que celle de la moitié.

Pour l'instruction d'une compagnie ordinaire (4 escouades ou 1 section), la moitié est déployée à 150 ou 200 mètres en avant, et le reste exécute le travail. Soit qu'il s'agisse d'une position à occuper sur une crête peu élevée, de la protection d'une grand'garde, etc., etc.

Construction d'un épaulement rapide pour l'artillerie. — Si l'artillerie se trouve en terrain découvert, et qu'elle doive rester assez longtemps en batterie, exposée au feu des tirailleurs (1), chaque pièce, à l'aide des outils de batterie, se couvre d'une levée de terre d'un développement de 3 à 4 mètres, sur un relief de 0^m,60 à 0^m,80, et que l'on obtient en creusant le sol en avant et en arrière de cet épaulement expéditif.

(1) *Observ. sur le serv. de l'artill. de camp.* (Min. de la guerre, 1869), p. 34.

On peut y ajouter une tranchée de 0ᵐ,50 à 0ᵐ,60 de profondeur, pratiquée de chaque côté de la pièce, et destinée à
recevoir les servants. Mais on ne construit d'abris de ce genre
qu'exceptionnellement, car ils ont le défaut d'immobiliser
l'artillerie. Aussi, le commandant de la batterie doit-il s'assurer les moyens d'en sortir rapidement, pour se porter où les
circonstances l'exigent. Les troupes de soutien, particulièrement, et toutes les autres, étant appelées à concourir à ce
genre de travaux, nous allons indiquer comment on les construit : les soldats seront d'ailleurs dirigés en campagne par
les officiers et les sous-officiers d'artillerie.

1° Pour une batterie de 6 pièces, celles-ci étant supposées
espacées (au minimum) de 10 mètres, le creusement de la
tranchée nécessitera 60 hommes, dont chacun aura 880 déci-
mètres cubes à déblayer, ce qui s'exécute en 2 heures. Le
profil sera à peu près celui de la fig. 33. Comme on ajoute à

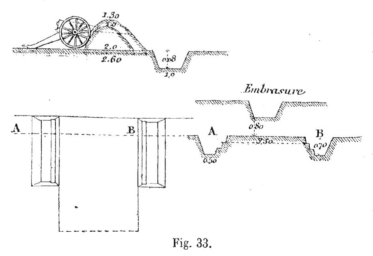

Fig. 33.

droite et à gauche de la plate-forme deux fossés séparés l'un
de l'autre de 3ᵐ,50, la hauteur du parapet, qui était d'abord

de 1 mètre, se trouve portée à 1ᵐ,30; la grande largeur de la berme (0ᵐ,85), que l'on avait ménagée à dessein, se trouve ainsi utilisée. Le travail complet exige environ 100 hommes ; on réduit le nombre des travailleurs nécessaires à 60, en ne donnant que 6 mètres d'écart entre chaque pièce; mais une telle disposition est loin d'être avantageuse. Si le parapet n'a qu'une hauteur de 0ᵐ,80, on construira la batterie en 1 heure et quart, à raison de 2 heures par mètre.—On abrite aussi les avant-trains et les caissons au moyen d'un épaulement expéditif de même nature.

L'officier chargé du travail commence par marquer le pied du talus intérieur, jalonne la direction des embrasures, indique l'épaisseur de l'épaulement à la base, la largeur de la berme, celle du fossé, marquée par un sillon à la pioche, etc. — Une batterie de ce genre est dite *batterie sur le sol*.

2ᵉ On fait aussi usage, comme travaux rapides, de batteries *enterrées*, et qu'on désigne sous ce nom parce qu'elles sont établies au-dessous du sol. Une instruction ministérielle du 5 juillet 1873 (1) a donné pour le tracé de cette sorte d'épaulement des indications dont nous résumons en peu de mots les principales données. Ces travaux sont établis isolément pour chaque pièce, afin d'éparpiller le feu de l'ennemi, et construits de manière à donner aux pièces un champ de tir étendu. On établit cette batterie en 1 heure et demie avec 6 hommes, et en 40 minutes avec 12 hommes, la proportion des outils étant d'une pioche pour deux pelles.

Étant donnée la ligne qui marque la direction probable du tir, on élève à cette ligne une perpendiculaire permettant à la pièce de tirer avec un champ de tir assez étendu, de 90° par exemple (3 mètres au moins). A droite et à gauche, deux re-

(1) *Rev. d'Artillerie*, août 1873, p. 431.

tours plus ou moins longs, 1ᵐ,50 ou 2 mètres au moins, font
avec la première ligne un angle tel que les fossés creusés

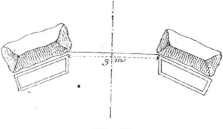

Fig. 34.

pour les servants laissent à la pièce toute liberté de reculer,
quelle que soit la direction du tir. La progression du travail
est alors réglée comme il suit :

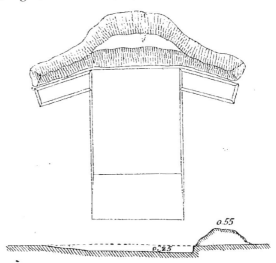

Fig. 35.

1ʳᵉ *période*. — Les servants pratiquent un fossé d'une largeur et d'une profondeur de 0ᵐ,60, et la terre rejetée en dehors forme le parapet (*fig. 34*).

2ᵉ *période.* — On creuse, pour placer la pièce, une plate-forme enfoncée de 0ᵐ,25, longue d'au moins 3ᵐ,50, et rac-

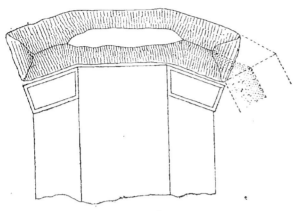

Fig. 36.

cordée avec le sol par des plans inclinés qui facilitent la mise en batterie et limitent le recul. Les terres, jetées en avant, entre les deux massifs obtenus dans la première période, établissent la continuité de l'épaulement (*fig.* 35).

3ᵉ *période.* — On donne à la masse couvrante une épaisseur suffisante en élargissant et approfondissant les premières excavations et raccordant les côtés de la rampe avec le sol (*fig.* 36). Temps nécessaire à la construction, 1 heure et quart avec 6 hommes.

4ᵉ *période.*—On peut encore, si on a le temps, augmenter l'épaisseur de l'abri au moyen de terres prises, soit en arrière, soit dans un fossé en avant, et ajoutées à l'épaulement par un retour sur l'un des côtés, etc.

Fig. 37.

3º Dans la solution qui vient d'être donnée, on a cherché simplement à obtenir une masse couvrante à l'épreuve de la balle, mais on ne s'est nullement préoccupé d'arrêter les projectiles de l'artillerie de campagne. Si l'on a assez de temps devant soi, on pourra adopter un profil tel que celui de la *fig. 37*, et qui s'exécute séparément pour chaque pièce, que l'on abrite en outre contre les coups d'écharpe (1) au moyen de solides merlons. Les divers emplacements des pièces seront séparés les uns des autres par un intervalle minimum de 15 mètres.

ARTICLE 4.

Il nous reste encore à examiner comment on peut enseigner au soldat à mettre promptement une portion de voie hors de service, ou à la rétablir d'une manière plus ou moins définitive, les troupes d'infanterie étant appelées à entreprendre plus que jamais de semblables travaux, auxquels, du reste, on a commencé déjà à exercer la cavalerie (destruction de la voie).

Nous serons aussi bref que possible dans les premières explications qui doivent précéder les opérations de destruction ou de rétablissement de la voie, renvoyant le lecteur, pour plus de détails, aux nombreux ouvrages publiés sur la matière (2).

---

(1) *Rev. milit. de l'Etr.*, 1876, 26 févr.; — tiré de l'ouvrage du capitaine Brunner : *Leitfaden zum Unterrichte in der Feld Befestigung.*

(2) Parmi les ouvrages les moins étendus, on peut, après celui de Perdonnet, citer les suivants : *Traité complet des chemins de fer,* d'Oppermann (Dunod); *Construction et exploitation des chemins de fer, etc.*, par Level (*Id.*); *Manuel pratique des chemins de fer*, par

Les parties principales de la *voie* sont la *plate-forme*, le *ballast*, les *traverses* et les *rails*. La *plate-forme* est la partie plane de la voie sur laquelle sont posés les traverses et les rails ; et le *ballast* est un mélange de gravier et de sable dont on les recouvre en partie ; les *traverses* servent à supporter les rails ; celles dites *de joint* sont plus larges et se placent à la jonction de deux rails. On emploie six traverses pour le rail à coussinet, et sept pour le rail à patin.

Les *rails* sont de deux sortes, les premiers, à *double champignon* ou à *coussinet* (*fig. 38*), qui ne sont plus employés (si ce n'est en minime quantité, pour u ser l'ancien matériel), et les autres, dits *à patin* ou rails *Vignolle* (*fig. 39*), qui sont partout en Europe d'un usage général. La longueur des rails français est de 6 mètres ; ceux qui servent dans les courbes n'ont que $5^m,96$.

Les *coussinets* employés pour les anciens rails comportaient les *tire-fonds*, les *chevillettes*, les *coins de bois*; des

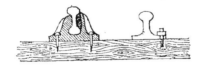

Fig. 38.   Fig. 39.

coussinets de joint étaient placés à la jonction de deux rails.

Saint-Léon (Eug. Lacroix), etc., etc. A défaut d'ouvrages spéciaux sur les chemins de fer, les officiers trouveront encore quelques indications utiles dans le *Manuel pratique militaire des chemins de fer*, de M. le capitaine Issalène, et consulteront avec fruit celui de M. Wibrotte (1872) sur la *Construction et la destruction des chemins de fer en campagne*.

Avec le rail Vignolle, on faisait usage autrefois, pour le maintenir sur la traverse, de *crampons* ou *crochets* à tête recourbée, auxquels on a substitué des *tire-fonds* (*fig.* 39), parce que les premiers se cassaient trop souvent sous le choc du marteau ; le bord du patin présente une encoche dans laquelle s'engage à moitié le corps du tire-fond. Deux rails sont réunis bout à bout par des *éclisses*, et celles-ci maintenues en place par quatre *boulons* et deux *tire-fonds* quand il s'agit du rail à double coussinet (*fig.* 40) ; les rails Vignolle sont légèrement entaillés vers leur extrémité et à leur partie inférieure, pour donner passage à une plaque ou *platine* qui les fixe sur la traverse, de manière que les rails ne soient pas entraînés à suivre la pente du terrain (*fig.* 41) ; deux tire-

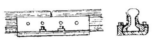

Fig. 40. 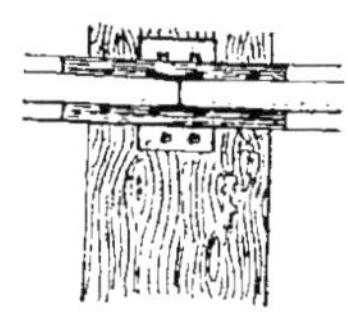   Fig. 41.

fonds maintiennent également les platines de chaque côté du rail, etc.

Ces premières notions essentielles établies, nous passons à ce qui a trait à la destruction de la voie.

I. — *Destruction de la voie. — Moyens divers. — Emploi de la dynamite.*

On supposera d'abord que l'on veuille cacher à l'ennemi le travail de destruction, pour mieux provoquer le déraillement, ce qui sera très-avantageux dans tous les cas. Opérant alors sur une partie courbe, on enlève les attaches et les éclisses de trois rails consécutifs, en laissant ceux-ci en place. A l'arrivée en cet endroit d'un train, les rails sont chassés en dehors, et il se produit un déraillement. Le même résultat s'obtient d'une manière plus sûre encore en pratiquant cette opération en deux ou trois points du même kilomètre.

Il s'agit maintenant d'une destruction *complète* d'une portion de ligne, pour laquelle nous traiterons d'abord de ce qui a trait au sol sur lequel repose la voie.

Sur un *terrain plat*, on choisira de préférence une partie courbe de la ligne, comme étant la plus longue et la plus difficile à rétablir ; l'endroit d'une bifurcation est aussi très-favorable, parce qu'on annule ainsi une étendue énorme de lignes, et qu'on impose à l'ennemi des détours considérables. En coupant la voie en deçà et au delà d'une grande gare, on isole parfois une grande quantité de matériel roulant (1). Le premier soin du chef de détachement est aussi d'intercepter les communications télégraphiques.

Remblais. — On opère de distance en distance des coupures sur une profondeur de 5 et une largeur de 10 mètres ; 25 ou 30 hommes travaillant une demi-journée suffiront à ouvrir chacune de ces tranchées. Les terres sont dispersées le plus loin possible. Si le temps fait défaut, on a recours à l'emploi de la dynamite.

(1) Jacqmin, *Les chemins de fer, etc.*, p. 305.

Tranchées. — Le barrage des tranchées par l'éboulement des terres constitue une entrave plus durable et d'une prompte exécution. On le produit au moyen de mines pratiquées au sommet des tranchées ou au flanc des talus; ce dernier moyen ne s'emploie que dans les tranchées en roc ou muraillées (*fig.* 42

Fig. 42.   Fig. 43.

et 43). Mais il ne suffit pas de faire tomber sur la voie deux ou trois cents mètres cubes de déblais, qui s'enlèveraient en quelques heures : il faut y jeter, douze ou quinze mille mètres cubes de débris, par l'explosion de cinq à six grands fourneaux. L'ennemi aura besoin de plusieurs semaines pour les enlever.

Tunnels. — On barricade les tunnels en utilisant les cheminées d'aérage. L'éboulement d'une voûte par la mine vient barrer la voie plus complétement encore, par le temps très-long que nécessite le déblai : mais cette opération n'est pas dans les attributions de l'infanterie.

Ponts. — Les ponts de petite portée en fer ou en bois seront facilement détruits par les moyens dont disposent les troupes en campagne; mais l'ennemi aura peu de peine à les rétablir; aussi, le plus souvent, on les laisse subsister sur la voie. On les détruirait par l'application de matières inflammables, par l'emploi de la dynamite, etc. Quant aux ouvrages d'art, tels que viaducs, ponts d'une grande étendue, l'étude des moyens employés pour les rendre impropres

à la circulation ne rentre pas dans le cadre de cette
étude (1).

De la voie. — Passons maintenant à ce qui concerne la
voie elle-même. Si la destruction des grands ouvrages d'art
n'a pas intercepté toute communication, on devra tout d'a-
bord, sur les parcours à double voie, enlever entièrement une
des deux voies, pour que l'ennemi ne puisse facilement em-
prunter à l'une de quoi reconstituer l'autre. Ce qui montre
de suite que la destruction d'une voie, pour être un peu
complète, exige l'emploi d'un nombreux personnel, l'enlèvement en grand du matériel, au moyen de wagons, etc. L'opération, telle qu'elle est indiquée ici, pour s'exécuter par le
moyen de quelques détachements d'infanterie, ne s'applique
donc qu'à une destruction partielle ou *momentanée* de la
voie.

La série des opérations par lesquelles il est nécessaire de
passer est la suivante, pour les rails à coussinet : *dégarnir les
traverses, — enlever les éclisses, — chasser les coins, — enlever
les rails, — les coussinets, — les traverses, — et mettre le matériel hors de service*. La série des opérations est à peu près le
même avec les rails Vignolle : *dégarnir la voie, — enlever les
éclisses, — arracher les crampons ou les tire-fonds, — enlever les
rails et les platines, enlever les traverses, et mettre le matériel
hors de service* (2). Pour cette dernière opération, le feu est mis
aux traverses, au-dessus desquelles on place les rails, qui se
courbent par l'action de la chaleur et par leur propre poids,

(1) Quelques-uns des renseignements qui précèdent, ainsi que plusieurs de ceux qui suivent, sont tirés de l'*Aide-mémoire de campagne*,
pour l'emploi des chemins de fer en temps de guerre, de M. Body, ingé-
nieur belge. Liége, 1870, p. 182 et suiv.
(2) Issalène, p. 106. — *Les chemins de fer au point de vue militaire*, trad. de l'allem. par M. C. de Serda, p. 146.

qui les fait se fausser. On peut aussi les mettre rapidement
hors de service en les entaillant légèrement en leur milieu,
au moyen d'une *tranche* à froid, et en les laissant ensuite retomber en travers sur un des rails de la voie. Quant aux
traverses, il est toutefois à remarquer que celles qui ne seront
pas d'essence résineuse auront assez de peine à brûler; car
il arrive le plus souvent qu'elles sont en chêne et plus ou
moins saturées d'humidité, ou créosotées, ce qui les rend
assez dures. Sur la voie, on enlève les *cœurs*, les *pattes
de lièvre*, — on démonte les aiguilles, ou, ce qui vaut
mieux, on enlève une *lame*; — des plaques tournantes, on
retire les rails, en faisant ressortir avec le marteau les boulons dont les têtes affleurent en dehors; — on démonte *les
grues*, etc.

Matériel roulant, d'exploitation, etc. — Quand on n'a pu
enlever le matériel roulant, on le met hors de service en
faussant les roues des voitures, en retirant quelque partie
essentielle de la boîte à graisse, en brisant les chevilles de
suspension, en détruisant les moyens d'attelage, etc. On obtient une mise hors de service plus durable en opérant à la
scie des sections dans les traverses et les flèches des châssis.
Quant aux locomotives, il suffit, pour les inutiliser, de leur
enlever la soupape, le piston, le giffard, la bielle de transmission, ou quelque autre organe essentiel difficile à remplacer. Quand on met le feu aux voitures, ne pas oublier de
les charger d'une certaine quantité de poudre ou de composition quelconque; car, sans cette précaution, une direction
contraire du vent pourrait rendre leur inflammation difficile.

Les lanternes-signaux de diverses couleurs sont enlevées,
ainsi que les bras et les disques des signaux optiques et les
poteaux qui les supportent.

On met les prises d'eau hors de service en enlevant les soupapes, en enclouant les pistons. Si le charbon n'a pu être enlevé, on y met le feu. Télégraphe : au dernier moment, on brise les piles, on détache les isolateurs, on coupe ou on embarrasse les fils sur une certaine longueur, quand on n'a pas l'ordre de les couper. Pour cela, tous les fils sont reliés ensemble au moyen d'un autre, qui est ensuite enfoncé dans le sol. Remarquer à ce sujet qu'il ne suffit pas d'enlever les piles, mais qu'il faut aussi briser les fils : car des hommes habitués au service télégraphique pourraient au besoin donner des signaux sans appareil spécial, et avec une simple boussole de poche munie d'un rouleau multiplicateur, etc. (1). — La ligne est quelquefois souterraine ; dans ce cas, il suffit de couper le fil en un seul endroit. Ne pas oublier de s'emparer des papiers des gares, et notamment des registres télégraphiques, car on peut y trouver des documents utiles sur les actes antérieurs de l'ennemi (2).

Il est bon toutefois de remarquer que souvent le temps manque pour procéder plus ou moins bien à ces diverses opérations. On agira donc différemment suivant le temps dont on dispose.

Le temps et les moyens manquent : des détachements de 15 à 30 hommes déclissent tous les joints qui séparent chaque tronçon de voie de deux à quatre rails ; on attaque au levier les têtes des traverses, qui sont jetées à bas des talus.

Le temps manque, mais on dispose d'un certain matériel, et l'on veut se réserver le moyen de rétablir les communications à court intervalle. Après avoir déclissé, on enlève chaque paire de rails toute montée sur ses traverses, soit à bras,

(1) *Les chemins de fer au point de vue militaire*, p. 122.
(2) F. Jacqmin, *Les chemins de fer*, etc., p. 304.

soit à l'aide de grues roulantes, et on les charge par cinq rangs sur des trucs.

On dispose d'au moins douze heures. — Il faut alors procéder plus méthodiquement. Les hommes sont divisés en quatre sections : la première déclisse, chasse les coins; la deuxième arrache les crampons ou les tire-fonds sur la face intérieure des rails; — la troisième dégage et soulève les rails, les charge ou les rassemble; la quatrième dégage et enlève les traverses. Les hommes les moins habiles de chaque section sont employés à rassembler et à transporter les éclisses, boulons, crampons; le chargement de ces divers objets a lieu sur wagons remorqués. Le travail est divisé par longueur de trois rails, afin d'avoir toujours les véhicules à proximité.

120 hommes pour rails à coussinets } peuvent enlever, en 1 heure,
150 — — à Vignolle. } 315 mètres de voie;
et en 12 heures, 4 kilom.

Ces moyens méthodiques sont les plus sûrs, et doivent être employés de préférence, même en cas d'impossibilité d'évacuation du matériel.

Un chantier allemand (100 hommes) opère en 3 heures le démontage de 400 mètres de voie, en y joignant l'enlèvement des matériaux (1). Cent hommes exercés enlèvent 100 mètres de ballast en 15 minutes; un homme défait un éclissage en 5 minutes; en 3, retourne 4 crampons, etc. Dans nos chemins de fer, 20 hommes dégarnissent, démontent et remontent 50 mètres de voie en 12 heures; cette longueur serait double si les ouvriers n'étaient pas dérangés par les trains. Habituellement, ils dégarnissent et démontent 100 mètres de voie

(1) Body, *Aide-mémoire*. p. 188.

en 2 jours, en préparant le travail pendant la première journée.

Les outils que l'on trouvera toujours sur place pour les exercices, et dont l'emploi est particulier aux travaux des chemins de fer, sont : le *pied de biche* ;—la *pince à dresser* ; — la *pioche à bourrer* ; — le *chasse-coins* ; — la *tranche* ; — le *bédane* ; — la *clef à vis* ; — la *clef en fourche* ; — la *clef en S* ; les *clefs anglaise* et *à molettes* ; — la *règle d'écartement* ; — celle à apprécier le *devers*, etc. Nous allons en donner une courte description..

Le *pied de biche* (*fig. 44*) est une barre dont le petit bout ou bout pointu sert à soulever le coussinet, tandis que l'ex-

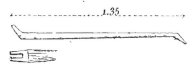

Fig. 44.

trémité fourchue permet de faire sortir la *chevillette* du coussinet.

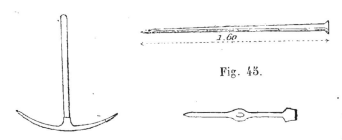

Fig. 45.

Fig. 46.

On emploie la *pince à dresser* (*fig. 45*) à différents usages, mais particulièrement à dresser les rails, c'est-à-dire à les placer dans la direction qu'ils doivent avoir sur la voie.

La *pioche à bourrer* (*fig. 46*), appelée quelquefois aussi *batte* à bourrer, sert, du côté pointu, à piocher le sable ou le ballast, pour dégarnir les traverses et les rails, et, quand on les a mis en place, à les caler et à les garnir par l'opération inverse, au moyen de la partie plane de l'outil.

Avec le *chasse-coins* (*fig. 47*), on enlève les coins des coussinets, on enfonce les chevillettes, on frappe sur un rail, etc.

La *tranche* (*fig. 48*) est, comme son nom et sa forme l'in-

Fig. 47.   Fig. 48.

diquent, destinée à couper les têtes des boulons, à entailler les rails, etc. On a donné le nom de *bédane* (fig. 49) à un ciseau plat et pointu, qui sert également à pratiquer des saillies sur le fer.

La *clef à vis* (*fig. 50*), appelée aussi *tire-fond*, sert à dévisser les tire-fonds des platines et des coussinets.

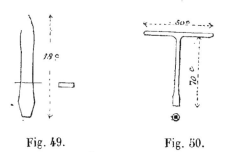

Fig. 49.   Fig. 50.

On fait usage de la *clef à fourche* (*fig. 51*) pour dévisser les boulons d'éclisses. Elle est préférable à la *clef en S* (fig. 52), quand les boulons ont la même dimension ; celle-ci ne s'employant que pour des boulons un peu différents de forme. A ces deux instruments on a substitué avec avantage la clef dite *américaine* ou *à molettes*, qui permet de faire varier à

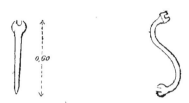

Fig. 51.　　　　　　　　Fig. 52.

volonté l'écartement des deux dents au moyen de la roue ou molette que l'on fait tourner sous les doigts (*fig.* 53).

La *clef anglaise*, du modèle ordinaire, s'emploie pour dévisser des boulons de forme variable. Mais on lui préfère aussi celle à molette.

Pour la pose des rails, dans le rétablissement d'une voie, il est fait usage de la règle en fer dite *d'écartement* (*fig.* 54), qui porte à l'une de ses extrémités 2 entailles, dans le but de s'appliquer mieux sur le bourrelet des deux modèles différents du rail à patin.

Fig. 53.

L'écartement de la voie est partout en Europe de 1ᵐ,44, à quelques millimètres près. En Russie et en Espagne, l'*entre-rail* est beaucoup plus élevé (1ᵐ,52 et 1ᵐ,73).

Fig. 54.

On appelle *devers*, dans les courbes, la pente du rail extérieur sur le rail intérieur. Celle-ci est appréciée au moyen d'une règle en bois (*fig.* 55), entaillée de plusieurs crans à l'une de ses extrémités ; un niveau à bulle d'air assure l'horizontalité de la règle.

Fig. 55.

Avec la pelle et la pioche ordinaires, les ouvriers font encore usage de l'*herminette*, pour le travail des traverses, de *tarières,* etc.

Emploi de la dynamite. — Un moyen de destruction sommaire et très-puissant est celui de la dynamite, et il est probable qu'il sera le seul employé à l'avenir, dans bien des circonstances, parce qu'il supprime les outils, n'exige que peu d'hommes, s'exécute rapidement et au moyen de cavaliers, etc.

Mais, avant d'aller plus loin, nous croyons utile de mentionner quelques-unes des principales propriétés de cette substance, dont la force brisante équivaut à environ 8 fois celle de la poudre de mine ordinaire, et sur laquelle elle présente ce grand avantage de ne pas exiger de bourrage.

La dynamite mise sur le feu se consume sans explosion ; celle-ci n'est produite qu'en développant à la fois une pression considérable et une température élevée ; elle fait explosion sous l'eau, etc. Le dosage admis pour les travaux du génie est celui de 75 p. 100 de nitro-glycérine. Toutefois, il est à remarquer que la dynamite, qui s'enflamme sous le choc de la balle, ne présente plus cette propriété quand elle a été gelée ; il en est encore de même quand la proportion du dosage est ramenée à 60 p. 100 de nitro-glycérine : mais alors ses effets ne sont plus suffisamment destructeurs.

De nombreux essais entrepris en divers pays, il a déjà quelques années, montrent tout le parti avantageux que l'on peut tirer de cette substance.

Dans une expérience faite à la fin de 1874 en Russie (1), on plaça sous une traverse une charge de 820 grammes de dynamite, contenue dans un cylindre en fer-blanc de 7c,5 de diamètre et de 25c,5 de longueur.

L'explosion ayant été déterminée par une étincelle électrique, deux morceaux de rails furent lancés verticalement en l'air, à la suite d'une détonation assez faible. On remarqua que les extrémités de chaque rail avaient été arrachées sur une longueur, l'une, de 17 c., et l'autre, de 25 ; la traverse avait été coupée en deux comme par un coup de hache, et les coussinets brisés en mille morceaux. L'effet destructif était parfaitement suffisant pour arrêter la marche d'un convoi, et il avait suffi d'une minute pour placer la charge et déterminer l'explosion. La cartouche dont se servent les pionniers de cavalerie, en Autriche, contient 1 k. 200 de dynamite, et a la forme d'un cylindre ovale long de 0m,24. Elle s'amorce au moyen d'une mèche de *bickford*, calculée pour 40 secondes, ce qui donne largement le temps aux cavaliers de se mettre hors de tout danger.

Le résultat de l'explosion, telle qu'elle se pratique dans les exercices, est à peu près le même que celui qui vient d'être décrit ; la traverse est coupée verticalement ou plutôt hachée, toutes les fibres du bois sont disjointes, et il y a sur le rail une interruption de 6 mètres, dont 4 mètres projetés jusqu'à 300 mètres, en fragments qui peuvent avoir jusqu'à 50 centimètres de longueur ; les extrémités qui ont été coupées sont

(1) *Rev. milit. de l'Etr.*, n° 205.—Consulter également les n°ˢ 220, 23, 248, 251 et 252 de la même Revue.

tordues et cintrées. La cartouche est placée sur une traverse, en face d'un joint, et calée avec quelques poignées de ballast, de manière qu'il y ait contact absolu des surfaces de la boîte et du rail ; à la cartouche est jointe un *bouchon-amorce*, contenant à peu près 20 gr. de dynamite, et dans lequel, après en avoir enlevé le couvercle, on engage un des bouts du bickford, sur lequel a été fixée une capsule ordinaire.

La cavalerie prussienne fait usage d'un *pétard* ou cartouche prismatique, contenant $0^k,500$ de dynamite, et amorcée d'une manière analogue par un cordeau de bickford long de $1^m,30$, qui brûle ainsi pendant à peu près 120 ou 130 secondes ; on emploie au besoin deux cartouches que l'on place à côté l'une de l'autre, en se contentant d'en amorcer une seule.

La cartouche dont on fait actuellement usage en France (1) est cylindrique et du poids de 100 gr. ; la dynamite est simplement recouverte d'une feuille d'étain. Dimensions : 12 c. de long sur 3 de large.

Mais la forme ronde a été abandonnée en principe pour celle plate ou cubique, et le génie a proposé, pour son service et celui de l'infanterie ou de la cavalerie, un premier modèle dont le poids, sans enveloppe, est de 200 gr.; les deux autres,

Fig. 56.

plus forts, sont particulièrement destinés aux travaux de mine.

Cette cartouche est contenue dans une boîte en zinc (*fig.* 56),

(1) Nous devons les renseignements qui suivent à l'obligeance de M. le directeur de l'École du génie, à Versailles.

munie d'un couvert à l'une de ses extrémités, et à l'autre, d'un tube intérieur en laiton servant à recevoir l'amorce. Ce tube, long de 3c,05 environ et entièrement fermé, éclate par l'explosion du tube-amorce et transmet l'inflammation à la dynamite; quant au couvercle, une bande de papier le fixe au corps de la boîte, dès que celle-ci a reçu la dynamite. Une cartouchière en cuir, qui se porte avec le ceinturon, est destinée à recevoir deux de ces cartouches.

Le bickford (1), que l'on trouve partout dans le commerce, est formé d'un filet de poudre en grains, enfermé dans une enveloppe en fil, celle-ci étant recouverte d'une double enveloppe de fil goudronné, ou simplement entourée de gutta-percha, ce qui est encore plus avantageux.

On l'enroule pour le service du génie en cordon long de 0m,80, et dont la combustion exige 90 secondes environ (fig. 57). Une

Fig. 57.

des extrémités du bickford est garnie d'un petit tube de laiton de 3c,5 de longueur, chargé aux deux tiers de fulminate de mercure mis en contact avec l'extrémité du fil.

Ce tube entre à frottement doux dans celui de la boîte; l'explosion du fulminate, en brisant les deux tubes, produit celle de la cartouche. La fig. 58 montre quelle est la disposition intérieure du bickford. Une petite cartouchière, passée également sur le ceinturon, est destinée à contenir différents ingrédients:

1° 3 amorces, chargées à 1gr,5 de fulminate, dont 2 munies de 80 cent. de bickford imperméable, et l'autre libre;

2° Une boîte d'allumettes amorphes;

(1) Du nom du commerçant qui a imaginé cette disposition des mèches.

3° Un peu d'amadou ;

4° Un couteau de poche.

Il est toutefois à remarquer que la cartouche plate et ses accessoires n'ont pas encore été acceptés comme types définitifs,

Ech. double : 10 mill.

..*fil goudronné*

.*filasse*

.*filet de poudre*

gutta percha

5 m

Fig. 58.

bien que cette cartouche ait donné des résultats supérieurs à tous les précédents, en raison de son poids (200 gr.). De nombreuses expériences, entreprises au parc du génie à Versailles, ont produit, avec 2 cartouches, une rupture maximum de $1^m,30$ sur des rails de fer ou d'acier (1).

Les détériorations effectuées avec la dynamite sont toujours assez complètes pour entraîner de longues réparations, parce qu'il faut commencer par déblayer la voie. Il est bon d'ailleurs d'établir deux ou trois coupures consécutives. Recommander, dans les divers exercices faits à ce sujet, de choisir un endroit où la voie est en *déblai*, parce que le déraillement du premier wagon produit de suite arc-boutement et amoncellement ; de faire choix aussi d'un *remblai*, de l'endroit d'une courbe,

_____

(1) La dynamite est fabriquée par l'Etat à l'ancienne manufacture de Vonges (Côte-d'Or). Son prix de revient, pour l'Etat, et avec le dosage de 75 p. 100, est d'environ 5 fr. 50 le kilog.

qui facilite le déraillement, et, dans ce dernier cas, de détruire le rail de l'ornière supérieure.

Il ne faudra pas cependant perdre de vue que le bruit de de l'explosion peut attirer l'attention de l'ennemi et lui dénoncer à la fois le fait de l'interception de la voie et la présence d'un détachement ennemi dans son voisinage. Aussi, est-il encore admis qu'il est préférable de défaire et d'enlever la voie, *quand on dispose du temps nécessaire et d'une troupe suffisante.*

II. — *Rétablissement de la voie.*

1° Il y a d'abord lieu de reconstruire la plate-forme, dans les diverses circonstances que présente le sol.

Le terrain est plat. — La difficulté est plus grande : on nivelle le sol, on y met la couche de ballast nécessaire.

Remblais. — On cherche à combler le vide produit par l'éboulement des talus et la dispersion des terres, en élevant un tablier à hauteur de la voie, au moyen des madriers et des traverses dont on dispose.

Tranchées, tunnels. — Il est formé un train de décombres composé de wagons dont une partie peut basculer. Dans le cas contraire, les hommes munis de pelles et de pioches travaillent au déblaiement de la voie. Chacun d'eux peut faire à peu près $0^{mc},300$ de déblais par jour.

Ponts, viaducs. — Ces travaux, n'étant pas du ressort de l'infanterie, ne peuvent être exécutés par son seul concours.

2° Passons maintenant à ce qui concerne la voie. Il y a également lieu de tenir compte des circonstances dans lesquelles on doit agir.

On manque de rails. — Il est fait usage de longuerines

6

recouvertes d'une bande de fer plat (*fig.* 59) ; ces pièces de bois sont raccordées, soit par des traverses assemblées aux

Fig. 59.   Fig. 60.

extrémités à l'aide de chevilles, soit par des tringles (*fig.* 60). Le fer à cercler les roues de chariot peut encore remplacer

 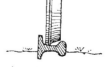

Fig. 61.   Fig. 62.

le rail (*fig.* 61) ; mais il faut rapprocher beaucoup les points d'appui.

Les traverses font en partie défaut. — Les rails sont alors reliés de distance en distance par les tringles dont il vient d'être parlé.

Les traverses manquent totalement. — Quand on peut se servir de bois pris sur place et débités d'une manière ou d'une autre, les rails sont posés à plat sur le ballast, et maintenus latéralement par des piquets, de manière que les bourrelets des roues s'engagent dans leur gorge (*fig.* 62). En passant assez lentement sur les fractions de voies ainsi rétablies, il n'y aura pas à craindre de déplacement latéral des rails. *Dans les conditions ordinaires*, un chantier allemand (1), composé de 150 hommes, sans les chefs, et suivi de 16 wagons portant les traverses, les rails et accessoires, répare en

(1) Body, *Aide-mémoire*, p. 198.

3 heures 400^m de voie. Pour ce travail, les éclisses ne sont placées qu'à deux boulons ; en cas de presse, on se dispense même de les placer. Les rails disposés à l'écartement voulu et les crampons ou tire-fonds placés, on redresse la voie, dont le *fixage* proprement dit exige **2** heures ; il faut ensuite **1** heure pour le *ballastage*, auquel on emploie tous les ouvriers.

Afin d'abréger, nous croyons inutile d'entrer dans le détail des moyens employés pour le rétablissement des changements de voie et des aiguillages, renvoyant le lecteur aux divers ouvrages spéciaux. On reconstruit une plate-forme dont les organes mobiles ont complétement disparu au moyen d'un châssis formé de deux longerons, de 4 traverses et d'une croix de Saint-André au centre ; les traverses extrêmes sont garnies d'un bout de rail cintré suivant le rayon de courbure de la plate-bande à galets ; ceux-ci, comme le pivot, sont remplacés par des boulets de canon, etc. Une dernière observation relative à l'emploi du télégraphe, après le rétablissement d'une ligne. Prendre la précaution de faire précéder toutes les dépêches d'un signe conventionnel, que l'on changera fréquemment, et qui ne doit pas être mentionné sur les registres télégraphiques. Car autrement il pourrait arriver que l'ennemi, maître d'une petite station, songeât à s'en servir pour faire passer de fausses dépêches (1).

III. — *Exercices pratiques.*

Toutes les garnisons ayant un chemin de fer à leur portée il sera facile de trouver dans chaque station, en dehors des voies de service, quelque portion de voie de garage sur

(1) Jacqmin, *Les chemins de fer, etc.*, p. 304.

laquelle pourrait se donner l'instruction. Un officier, désigné à l'avance et déjà au courant des questions relatives aux chemins de fer, obtiendrait facilement de s'y rendre avec quelques sous-officiers, pour leur faire donner les notions pratiques nécessaires ; un officier destiné à le suppléer lui serait aussi adjoint. Deux séances de deux heures chacune suffisent à mettre les sous-officiers tout à fait au courant de cette instruction pratique. Il ne reste plus qu'à commencer l'instruction des compagnies.

L'instructeur, disposant d'une compagnie forte de 50 à 60 hommes et répartie en 4 escouades, la fractionne pour le premier exercice en deux parties, auxquelles on donne l'instruction de la manière suivante :

ART. 1er. — *Nomenclature des différentes parties de la voie;— Outils employés à sa destruction et à son rétablissement ; — Service d'alimentation , lignes télégraphiques , signaux, etc.; — Locomotives, voitures, etc.*

En donnant ses explications aux hommes, l'instructeur se borne à ce qui a trait au service purement militaire. Il lui est facile de s'acquitter de cette tâche, au moyen des notions indiquées plus haut et de celles qu'il a acquises par l'étude du matériel lui-même. Une séance de 2 heures, répétée chaque année, suffira pour les mettre au courant de tout ce qui a trait au matériel.

La 2e séance, destinée aux exercices de destruction et de réparation de la voie, doit être de 4 heures. Les soldats passent successivement par les opérations indiquées ci-dessous :

ART. 2. — *Dégarnir la voie. — Enlever les rails et les traverses; —Mettre le matériel de la voie hors de service; — Destruction des aiguilles, des plaques, des signaux, du télégraphe, des réservoirs, etc.*

Art. 3. — *Egalisage de la plate-forme et pose du ballast ; — Mise en place et bourrage des traverses ; — Mise en place des rails ; — Réparation des aiguilles, des plaques, du télégraphe, etc.*

Les hommes sont divisés par groupes de 12 hommes (1 escouade), auxquels on donne 90 mètres de voie à dégarnir, en les distribuant par ateliers de 2 hommes (1 pelle, 1 pioche), répartis chacun sur une longueur de 15 mètres. Cette opération demande 1 heure. Chaque atelier s'occupe ensuite de faire sauter les boulons et d'enlever les éclisses ; puis, 4 hommes se réunissent pour enlever un rail et le porter hors de la voie; et enfin, le même atelier de 2 soldats procède à l'enlèvement des traverses, des éclisses, des boulons, etc.

Chacune des escouades ayant été initiée par cet exercice préparatoire au travail qu'on attend d'elle, on dispose alors l'opération de la manière la plus propre à accélérer l'enlèvement de la voie. Nous distinguerons trois cas, d'après lesquels on pourrait au besoin, si on en avait le temps, adopter des dispositions assez différentes les unes des autres; mais la première est la plus usuelle, et celle qu'il importe de rendre familière aux hommes.

1° Les travailleurs sont répartis en 4 brigades, d'une escouade chacune, qui procèdent à l'opération (pour les rails Vignolle) de la manière suivante (1) :

a. — Enlever les éclisses.
b. — Arracher les crampons ou les tire-fonds et les réunir.
c. — Enlever les rails et les platines, les rassembler et les enlever de la voie.
d. — Dégager et sortir les traverses, les rassembler et les enlever de la voie (on laisse fixés aux traverses les crampons ou les tire-fonds de la face extérieure du rail).

(1) *Les chemins de fer au point de vue militaire. etc.*, p. 117.

6.

La première brigade commence son travail au premier couple de rails, et se porte ensuite aux couples suivants ; les autres brigades viennent successivement prendre la place de la première. On emploie les soldats les moins habiles à rassembler les éclisses, les platines, les écrous, et à transporter les rails et les traverses, etc.; avec les rails Vignolle, l'enlèvement de la voie est plus long qu'avec le système à coussinets, à cause de la nécessité de dévisser les tire-fonds ; mais, comme l'expérience a montré que, même après l'enlèvement entier des éclisses, la voie était encore praticable pendant plusieurs jours, on en profitera dans certains cas pour préparer à l'avance la destruction de la voie ; ce qui permettra d'agir plus rapidement au dernier moment.

2° Quand on veut procéder au chargement sur wagons et à l'évacuation du matériel enlevé (ce qui est indispensable pour mettre réellement la voie hors de service), on fait subir à la répartition du travail et au nombre des travailleurs par brigade des modifications dont nous ne parlerons pas ici. Il suffira de faire remarquer que le travail est subdivisé par longueur de 3 rails, afin d'avoir toujours les voitures à proximité et de pouvoir les faire aller et venir au moyen de locomotives sur la gare la plus voisine.

Aux données déjà fournies sur le temps et les hommes nécessaires au travail déterminé nous ajouterons celles qui suivent ; car ce n'est que par la comparaison de chiffres un peu différents les uns des autres que l'on peut arriver à une évaluation à peu près exacte de la quantité cherchée. Des ouvriers exercés peuvent enlever entièrement une longueur de voie de 7 rails (39^m environ) en 10 minutes, pour les rails à patin (Vignolle), et en 6, pour les rails à coussinet. On a trouvé aussi que 147 hommes dans le premier système, et 120 dans le second (y compris les surveillants), peuvent, dans l'espace d'une heure, détruire entièrement une section de voie d'un peu plus de 56 rails (316ᵐ), et charger ce matériel sur des wagons. Ce même personnel pourra, dans le cas de rails patin, enlever environ 4 kilomètres de voie en douze ou treize heures.

3° On peut encore rendre promptement une ligne impraticable en enlevant, soit à force de bras, soit au moyen de machines mobiles, des tronçons de voie tout entiers, et composés de un à trois ou quatre couples de rails. Ce procédé est surtout employé sur les remblais élevés. Les travailleurs, attaquant les têtes de traverses à l'aide de leviers, soulèvent le système tout entier, avec ses traverses, et le jettent à bas des talus, d'où on le reprend pour l'entraîner le plus au loin possible (1).

En même temps que les hommes exécutent l'un ou l'autre des deux premiers exercices, on leur explique comment le feu est mis aux traverses, au-dessus desquelles on jette les rails; ou encore comment, si le temps manque, on fausse les rails à coups de masses, etc. Cette première partie de la séance n'a guère duré plus de deux heures. Viennent ensuite le démontage ou la destruction des aiguilles, l'enlèvement des rails de raccordement, la mise hors de service des plaques, des signaux, du télégraphe, des réservoirs d'eau, etc. Comme il ne s'agit guère pour les hommes que d'une explication assez rapide, on peut admettre que l'instructeur dispose encore d'une heure.

Pour l'exécution de l'art. 3, les ateliers sont également formés d'une escouade. Le caporal, aidé d'un ou de deux

(1) Cette méthode a été fréquemment employée pendant la guerre de la Sécession.

hommes intelligents, se charge de la pose et du *bourrage* des traverses.

Deux séances ainsi employées (en tout six heures) suffiraient pour donner tous les ans à chaque compagnie la notion complète de tout ce qui a trait à cette importante question de la destruction ou du rétablissement des voies ferrées. Mais il serait bon, en outre, de pouvoir familiariser les sous-officiers avec l'emploi de la dynamite, en leur donnant chaque année deux ou trois cartouches à employer; on les prémunirait ainsi contre l'appréhension que ne manquera pas de leur causer un premier usage de cette substance.

Certaines précautions doivent être prises pour couvrir les différents travaux relatifs à la mise hors de service d'une voie ferrée, quand ces travaux s'exécutent dans le voisinage de l'ennemi, afin d'arrêter au besoin les trains venant de son côté, ou les locomotives envoyées en reconnaissance. On établira donc sur la voie divers obstacles, tels que des barricades, des abatis, etc., complétés par l'enlèvement d'une portion quelconque de rails. Ces obstacles seront disposés de manière à pouvoir être battus par le feu de la défense.

L'instructeur aura soin dans les exercices de figurer ces travaux, et d'envoyer en avant sur la voie, et sur ses flancs, des patrouilles qui y séjourneront pendant toute la durée de l'opération, pour bien faire comprendre aux soldats que l'on est en présence de l'ennemi (1).

On s'est borné, pour ces exercices pratiques des chemins de fer, à des indications un peu sommaires, malgré toute l'importance du sujet, en raison du peu de temps que l'on

(1) V. dans la *Rev. milit. de l'Etr.*, juin 1875, des données intéressantes sur les travaux du régiment des chemins de fer prussien, à Berlin : — *id.*, 18 mars 1876 ; — *id.*, 11 nov. 1876.

peut accorder à ces exercices. Nous n'avons voulu d'ailleurs qu'indiquer un premier guide pour leur exécution, jugeant plus utile de nous étendre davantage sur ce qui fait l'objet principal de notre travail, l'*Instruction pratique de la compagnie.*

Sous-officiers. — D'après ce qui précède, il est facile d'établir quelle doit être pour cette *Première Partie* l'instruction préparatoire à donner aux sous-officiers, et sous la direction des commandants de compagnie eux-mêmes. Celle-ci comprendrait les matières suivantes, développées autant qu'il est nécessaire :

Notions sur la valeur du terrain ; — sur les principes d'orientation ; — sur les formes qu'affectent les divers accidents du sol, sur la lecture des cartes et les premières notions de topographie ; — sur les éléments de la fortification passagère ; — sur les tranchées-abris et épaulements, et leur emploi à la guerre ; — sur les chemins de fer, avec des indications bien précises sur tout le matériel de la voie, etc.

On peut aussi réunir tous les sous-officiers et charger un officier de les instruire. Il suffirait de six séances de deux heures pour leur donner une connaissance parfaite des diverses matières qu'ils ont besoin de posséder.

DEUXIÈME PARTIE.

INSTRUCTION PRATIQUE DE LA COMPAGNIE.

CHAPITRE PREMIER.

SERVICE DES AVANT-POSTES (1).

I. Instruction du soldat; des patrouilles et des rondes, service de nuit. - II. Instruction de la section.— III. Instruction de la compagnie; progression établie.—Notions succinctes sur le service des avant-postes prussien, italien, etc.

Avant d'aborder cette instruction, on s'attachera à donner aux sous-officiers et aux caporaux une idée bien nette du service des avant-postes, en complétant au besoin les explications par des figures tracées sur le tableau, et l'on ne commencera l'enseignement pratique sur le terrain qu'après s'être bien assuré par des interrogations qu'ils comprennent parfaitement tout l'ensemble du système. Nous pensons aussi que, dans l'impossibilité où l'on sera de consacrer au *service en campagne* un nombre de séances suffisant, on utiliserait on ne peut mieux les théories qui seront faites parfois dans les chambres en se servant aussi du tableau pour faire bien comprendre aux hommes certains détails qui nécessiteraient de longues explications, soit dans la chambre, soit sur le terrain.

L'instruction donnée sur le terrain comprend succes-

---

(1) Nous avons mis à profit pour la rédaction de ce premier chapitre les excellents *Exercices pratiques du service en campagne* de l'ancien 5ᵉ corps.

sivement celles du *soldat*, de la *section* et de la *compagnie*.

Quelques cartouches à blanc sont distribuées pour ces exer-cices ; car il est certaines prescriptions du service de senti-nelles et de patrouilles qui ne se graveront bien dans l'esprit du soldat que si, pour lui, elles ont été marquées par l'obli-gation de faire feu.

I. — *Instruction du soldat.*

L'instructeur, avant d'être arrivé tout à fait sur le terrain qu'il a reconnu à l'avance et qui doit servir d'emplacement aux petits postes, arrête sa compagnie (forte d'environ 60 hommes), et la partage en deux sections, dans lesquelles sont répartis également les anciens et les jeunes soldats. Il atta-che ensuite un officier à chacune des sections, comme chef du petit poste, et lui indique à peu près le centre du terrain qu'il doit occuper. Cet officier, qui est muni d'une carte, a été avisé par son chef de la position présumée de l'ennemi, de l'emplacement des postes voisins, et a reçu les mots d'or-dre et de ralliement. Comme une compagnie envoyée en grand'garde peut rencontrer l'ennemi, et qu'elle doit toujours être prête à combattre, il se dirige sur le point qui lui a été assigné, *soit dans l'ordre de marche, soit dans l'ordre de combat ;* dans le premier cas, il dispose ses hommes comme s'ils étaient l'avant-garde d'une colonne marchant derrière lui, et lorsqu'il s'arrête, se place en *halte gardée.* Arrivé à peu près sur l'emplacement qu'on lui a donné à garder, le chef du petit poste arrête sa troupe, et envoie une ou deux patrouilles de trois hommes fouiller le terrain à quelques centaines de mètres en avant ; pendant ce temps, il s'occupe de faire désigner les soldats qui doivent prendre le service de sentinelles, et, comme second tour, ceux qui feront partie des patrouilles *rampantes* et *ordinaires ;* chacune d'elles est

désignée par un numéro d'ordre : *patrouille* nº 1, *id.* nº 2, etc.
On fait en même temps connaître aux hommes quels sont les
signaux de reconnaissance entre les sentinelles et les patrouilles ou rondes (V. plus loin). (Les jeunes soldats n'ont
pas été compris dans la répartition de ces deux services).
Le poste reste sous les armes tant que les patrouilles ne sont
pas rentrées ; si le terrain est découvert, les hommes se couchent à terre. Puis, accompagné du caporal auquel appartiennent les sentinelles, le chef du petit poste va placer celles
de la première posé, et leur donne, ainsi qu'au caporal, tous
les renseignements nécessaires sur les abords de la position,
et sur les distances de tir, désignées au moyen de certains
points de repère, en s'assurant que tous ont bien compris ses
indications et *peuvent les répéter*. Il se sert de la carte pour
leur mieux faire comprendre la disposition du terrain, des
chemins, etc. — Un sous-officier, désigné pour commander
l'ennemi, et prévenu par l'instructeur du rôle qu'il doit remplir, est parti de son côté avec dix à douze anciens soldats ; le
moment précis où il doit commencer à agir lui est indiqué
par un coup de sifflet. — *Cette règle est générale pour tous
les exercices du même genre*, à quelques exceptions près, qui
sont indiquées à l'avance par l'instructeur.

Le terrain aura été choisi avec d'autant plus de soin, qu'il
importe de donner dès les premiers exercices aux jeunes soldats une idée très-exacte de ce qui se passe réellement à la
guerre. Tous les terrains pourront être utilisés pour l'emplacement des petits postes et des sentinelles, que l'on établira dans le bas d'une vallée, que traverse une route importante ; en arrière d'un nœud de chemins ; à l'intérieur d'un
bois et sur le bord de la lisière ; sur un plateau (1), etc.

(1) V. sur le meilleur emplacement à donner aux petits postes :

L'instruction se règle d'après la progression suivante :

b. — *Service de jour.*

1re *séance (anciens soldats).*

ART. 1er. — *Placement des sentinelles. — Approche de l'ennemi. — Le petit poste se porte au secours de la sentinelle. — Envoi d'une patrouille rampante à la suite de l'ennemi. — Attaque du poste par un détachement ennemi. — Rentrée au poste et rapport du chef de patrouille. — Attaque du poste par un détachement ennemi qui poursuit son mouvement offensif.*

Pour ce premier exercice, l'instruction est donnée séparément dans chacun des deux postes, qui seront toutefois placés de manière à appartenir à la même ligne de défense. En arrière, et à une distance convenable, a été établi entre les deux postes un détachement de trois à quatre hommes destiné à figurer *la grand'garde.* L'instructeur, suivi des jeunes soldats, leur explique alors en peu de mots comment une troupe, soit *campée* ou *cantonnée,* soit *en marche,* se garde contre l'ennemi au moyen d'une fraction dont la force est *du quart de son effectif;* comment, par suite, *un bataillon* est couvert par une *compagnie.* Il ajoute qu'une compagnie servant de grand'garde est fractionnée en deux parties : l'une, comprenant les *sentinelles* et les *petits postes,* et l'autre, formant la *grand'garde* proprement dite; ce même fractionnement se retrouvant dans la *formation de combat,* où les *sentinelles* deviennent les *tirailleurs* ou la *chaîne;* les *petits postes,* les *renforts,* et les *soutiens,* et la *grand'garde,* la *réserve;* — et aussi dans l'*ordre de marche,* où les *éclaireurs (pointe)* correspondent, aux sentinelles, la *tête* aux petits *postes,* et le *gros,* à la grand'garde. Chacun des postes ainsi formés pour l'instruc-

---

Rüstow, *La petite guerre,* p. 57, et l'ouvrage ayant pour titre : *Des marches et des combats,* p. 194.

tion des hommes n'étant que le quart de ceux qu'une compagnie sur le pied de guerre, et d'environ 200 hommes, aurait à fournir devant l'ennemi, etc. Ces premières notions ayant été bien comprises, il passe à l'exécution du premier article.

Placement des sentinelles. — On fait comprendre aux jeunes soldats que les sentinelles doivent *voir* sans être *vues*, surveiller d'aussi loin que possible, chercher à *entendre* autant qu'à *voir*, surtout la nuit, de manière à être toujours prêtes à *deviner* et à *signaler* la présence de l'ennemi, et enfin, veiller de manière que personne ne puisse franchir la ligne et en sortir *sans avoir été vu et reconnu, de jour ou de nuit.* L'instructeur ajoute, qu'en cas d'*approche de l'ennemi,* la sentinelle qui est en faction prévient son camarade et continue à observer, ou, si elle est bien en vue du poste, l'avertit par des signes convenus à l'avance; tandis qu'elle signale au contraire la présence de l'ennemi *par un coup de feu,* si celui-ci se présente inopinément, à une *distance assez rapprochée,* ou *en grande force.* Les sentinelles ayant à prévenir le petit poste de tous les mouvements de troupes qu'elles découvrent, on leur indique comment elles peuvent juger de leur éloignement :

À 2,000 mètres, on aperçoit les hommes et les chevaux comme des points ;
À 1200, on distingue l'infanterie de la cavalerie ;
À 800, les mouvements individuels sont déjà marqués;
À 700, on distingue de temps en temps la tête du reste du corps;
À 400, on la distingue très-bien, etc.

Il est aussi expliqué aux jeunes soldats que les sentinelles, *qui forment une première ligne de tirailleurs,* doivent au besoin combattre l'ennemi, sans compter sur le secours du petit poste, quand elles n'ont affaire qu'à quelques hommes isolés, à une petite patrouille de deux ou trois hommes, etc.

On leur fait bien comprendre que la deuxième sentinelle, dite *volante*, va prévenir le chef de poste de tout ce qui a trait à la surveillance de l'ennemi, prête main-forte à son camarade en cas d'attaque de l'ennemi, se partage avec celle de l'autre poste la surveillance de· l'espace compris entre deux factionnaires, etc. — Les sentinelles ne rendent pas les honneurs habituels.

Approche de l'ennemi. — Celui-ci dirigeant un petit détachement (7 à 8 hommes) contre l'une des sentinelles, on leur montre avec quelles précautions il s'avance, comment la sentinelle volante va prévenir, tandis que l'autre continue à observer, jusqu'à ce que, pressée de trop près par l'ennemi, elle tire un coup de feu et batte en retraite sur le petit poste, mais par une ligne oblique, de manière à le démasquer et à ne pas faire connaître son véritable emplacement. Ces chemins de retraite ayant été reconnus à l'avance, le soldat saura toujours celui qu'il doit prendre d'après la direction de l'ennemi. — Le chef du petit poste a fait prendre de suite les armes à ses hommes, et s'est porté en avant pour reconnaître ce qui se passe.

Le poste se porte au secours de la sentinelle. — Contrairement à une opinion assez répandue, les sentinelles, au lieu de se replier de suite sur le petit poste, doivent arrêter l'ennemi le plus longtemps possible, et compter sur le feu pour se défendre (1). Car le rôle des avant-postes n'est pas seulement de prévenir de l'approche de l'ennemi, mais tout d'abord de le combattre; et l'engagement commence sur la ligne des sentinelles, qui doivent être avantageusement postées. Le petit poste, de son côté, s'il en est besoin, soutient les sentinelles, et *toute la chaîne* se porte en avant. Faire remarquer encore

(1) Waldersée, colonel Philebert, etc.

à ce sujet aux jeunes soldats que la première ligne des avant-postes n'est pas autre chose que la *chaîne de tirailleurs* d'une troupe *en ordre de combat*, que les *petits postes* en sont les *soutiens*, et la *grand'garde*, la *réserve*; — que la même corrélation existe entre le système des avant-postes et l'*ordre de marche*, et que, plus tard, les soldats, dans cette dernière formation, seront exercés à passer rapidement à l'*ordre de combat*, ou à prendre de suite une position *d'avant-postes*.

Le poste ne se replie qu'en cas de force majeure. Montrer aux jeunes soldats comment le chef du petit poste, aussitôt qu'il a été prévenu, porte ses hommes en avant, et ouvre le feu sur l'ennemi. Celui-ci s'étant retiré, les sentinelles sont rétablies dans leur ancienne position.

Envoi d'une patrouille rampante à la suite de l'ennemi. — Une patrouille de 3 anciens soldats est envoyée sur les traces de l'ennemi, pour faire connaître s'il a réellement battu en retraite, et avoir quelques renseignements sur sa position. Nous verrons un peu plus loin ce qui a trait à la marche des patrouilles.

Attaque du poste par un détachement ennemi. — L'ennemi, fort de 15 à 20 hommes, s'avance pour enlever le petit poste. Aussitôt qu'il est en vue, l'instructeur signale aux jeunes soldats la manière dont il marche, et ramène ceux-ci près du poste, pour leur faire entendre le rapport de l'homme qui est venu prévenir de leur approche; il rectifie en leur présence ce que les paroles du soldat pourraient avoir de vague ou d'inexact. (On devra aussi admettre que la sentinelle en faction a prévenu au moyen des *signaux* convenus d'avance, et dont il sera question ci-après, ce qui dans la plupart des cas sera très-avantageux). Puis il leur montre comment le chef du petit poste, après avoir fait prévenir la grand'garde de l'approche de l'ennemi, se porte en avant, en se faisant précéder de quelques tirailleurs, arrête ses hommes dans les positions de combat *désignées à l'avance*, et ouvre le feu sur l'ennemi, dès que celui-ci est à *bonne portée*. L'ennemi, battant en retraite, est suivi de loin par une patrouille rampante.

Rentrée au poste et rapport du chef de la patrouille. — Les sentinelles ayant été rétablies sur leur emplacement, l'instructeur fait assister les jeunes soldats au rapport que lui fait le chef de patrouille, etc.

Attaque du poste par un détachement ennemi qui poursuit son mouvement offensif. — Le petit poste, n'étant pas en forces, est réduit à battre en retraite, tout en combattant, mais en dégageant le terrain situé en avant de la grand'garde ; le poste voisin, qui a cherché par son feu à venir en aide au poste attaqué, est aussi forcé de battre en retraite, parce qu'il voit ses communications menacées par le mouvement en avant de l'ennemi. L'instructeur, après avoir renforcé à l'avance par quelques hommes le détachement des jeunes soldats, marche au-devant de l'ennemi *comme grand'garde*, en se faisant précéder de tirailleurs : il repousse l'ennemi qu'il fait suivre d'une patrouille de 3 hommes, et rétablit ses petits postes et ses sentinelles. On a supposé, dans ce qui précède, que la sentinelle avait reconnu très-distinctement l'ennemi, et d'assez loin pour prévenir. Mais, si elle conçoit quelque doute, elle crie : *Halte-là !* Si on ne s'arrête pas, elle répète une seconde fois : *Halte-là !* et, si on n'obéit pas à cette nouvelle injonction, elle fait feu.

2ᵉ séance. — Anciens et jeunes soldats.

Répétition du premier article.

Reprendre les exercices précédents, en faisant concourir

les jeunes soldats, en totalité ou en partie, au service des sentinelles et à celui des petits postes. On établit, s'il est possible, 3 petits postes au lieu de 2, pour mieux faire comprendre aux jeunes soldats la disposition du système, l'importance du rôle qu'ils ont à remplir comme sentinelles, etc., et l'on revient sur les parties de l'instruction qui n'ont pu être abordées dans une première séance.

Indices. — La présence de l'ennemi ne se révèle pas seulement à la simple vue. Elle est indiquée aussi par certains indices. *Le jour*, par *la poussière* que soulève la marche d'une colonne, on peut reconnaître l'arme dont elle se compose, sa force et sa direction (de Brack). La poussière forme un nuage épais et peu élevé pour l'infanterie, moins épais et plus élevé pour la cavalerie, etc. Quand la troupe est assez éloignée, on peut, au moyen de quelques points de repère, trouver la *direction* qu'elle suit, et apprécier même la *vitesse* de sa marche (Id.). Si le *reflet* des armes est très-brillant, il est probable que l'ennemi marche sur vous ; un reflet peu brillant et intermittent des armes indique qu'il s'éloigne. Par le *roulement* des voitures, les *aboiements* des chiens dans les villages, on reconnaît aussi la présence de l'ennemi ; un bruit inaccoutumé des trains et des sifflets des locomotives peut aussi indiquer qu'il y a sur la ligne un mouvement plus grand que d'habitude. Bien d'autres indices font encore deviner la présence de l'ennemi de la part des habitants : mais ce sont pour la plupart des causes morales qui ne peuvent être appréciées que par le chef.

La nuit, quand le temps est calme, on entend de très-loin. Une compagnie d'infanterie dont le pas est rompu s'entend de 500 à 600 pas ; si le sol est gelé, les bruits se perçoivent de plus loin encore, etc. Aussi les sentinelles mettront souvent l'oreille contre terre, pour écouter si des hommes ou des chevaux ne se dirigent pas de leur côté, etc.

Signaux. — Les signaux nécessaires dans le service des avant-postes sont de deux sortes : les premiers qui servent de moyen de *reconnaissance* entre les patrouilles et les sentinelles, et que tout officier peut imaginer lui-même dans l'instruction ; et les autres, qui permettent aux sentinelles de prévenir *directement* les petits postes ou d'en recevoir certaines indications. Ce sont ces derniers signaux dont on a déjà parlé et qu'il serait nécessaire, sinon de réglementer, mais du moins de mettre en pratique dans chaque corps d'armée. Car même le jour, les communications entre les sentinelles et les postes, par le moyen des sentinelles volantes, sont longues et peu pratiques, surtout avec notre système d'avant-postes, qui n'a pas admis le *poste d'examen* prussien et la répartition faite à l'avance sur certains points de la ligne des sentinelles de quelques renforts tirés des petits postes.

1° Les signaux qui servent à empêcher les sentinelles d'être surprises peuvent consister en un mot de plus, en quelques gestes de la main, en un coup sur la giberne, etc. Les sentinelles font les premières le signal, ou donnent le mot particulier, auquel il est répondu par le signal convenu. Mais celui qu'ont à exécuter les sentinelles doit être tel qu'elles conservent toujours le libre exercice de leurs armes et de leurs mains. Ainsi, elles frapperont du pied contre terre un certain nombre de fois, tousseront légèrement, lèveront le bras gauche en l'air, placeront leur arme dans telle ou telle direction, etc. D'autrefois le signal adopté précédera le mot de ralliement, etc.

2° Les autres, destinés à établir la communication prompte et directe entre les sentinelles et les petits postes, doivent être,

le jour, perceptibles à la vue, et, *la nuit*, à l'ouïe seulement
sifflets, signaux ou cris particuliers, etc.).

(Comme il sera indiqué plus loin, deux ou trois vedettes,
dans le service italien, sont chargées, à la grand'garde, d'observer les signaux des sentinelles).

Si le terrain le permet, la compagnie étant munie d'un certain nombre de pelles et de pioches, on fait *figurer* aux hommes les *trous d'embuscade* qui servent à abriter les sentinelles
en terrain plat et découvert, et l'on indique également sur
le sol les ouvrages qui servent le plus souvent à la défense de
certains petits postes (traverses, épaulements, barricades,
abatis, etc.

L'instructeur pourra d'ailleurs modifier les exercices précédents et les compléter de la manière qui lui semblera la plus
avantageuse. Il passe ensuite à l'exécution du deuxième article, dans lequel on exerce les jeunes soldats aux détails de
leur service intérieur, en les familiarisant avec les circonstances qui se présentent le plus souvent à la guerre.

ART. 2. — *Détachement ami, mais inconnu, arrivant du dehors. —
Détachement ami, mais qui n'a pas le mot, se présentant pour sortir de la ligne. — Officier ou cavalier
français venant du dehors. — Une ou plusieurs personnes civiles se présentant devant la ligne. — Déserteurs. — Parlementaires. — Postes de 4 hommes.*

Détachement ennemi, mais inconnu, etc. — La sentinelle
arrête le détachement par le cri de *Halte-là!* Le chef du petit
poste, qui a été prévenu de suite, envoie une patrouille reconnaître le détachement. (Au cri de *qui vive?* la troupe répond : *France, tel corps*, ou *ronde*, ou *patrouille*, et fait en
outre le *signal* connu : puis la sentinelle ajoute: *Avance à l'ordre!* Un homme se porte en avant, donne le *mot d'ordre* à la
sentinelle qui l'a arrêté à quelques pas, et en reçoit le *mot*

7.

de ralliement. Si la troupe n'a pas le mot, le chef du petit poste, immédiatement prévenu, vient s'assurer de l'identité de cette troupe. Si celle-ci se présente tout à coup, à une distance assez rapprochée, la sentinelle, après l'avoir arrêtée, la reconnaît elle-même. En présence d'un détachement qui lui est tout à fait inconnu, elle fait feu, pour avertir plus promptement.

Détachement ami, mais qui n'a pas le mot, etc. — On montre aux jeunes soldats comment ce détachement est arrêté par les sentinelles, jusqu'à ce que le chef de poste, qui l'a reconnu, ait donné l'ordre de le laisser passer. On le fera figurer par les hommes qui forment la grand'garde.

Officier ou cavalier français venant du dehors. — Cavalier porteur de dépêches ; officier envoyé en mission ou en reconnaissance, et rentrant par un point éloigné de son point de départ. Arrêtés et reconnus par la sentinelle de la même manière que pour une ronde ou une patrouille ; en outre du mot, doivent aussi répondre par le signal de reconnaissance.

Une ou plusieurs personnes civiles se présentent devant la ligne. — Un homme, et successivement trois ou quatre, qui ont été envoyés à l'avance en dehors de la ligne, apparaissent comme étrangers, à 200 ou 300 mètres en avant des sentinelles. Le soldat qui est en faction arrête ces personnes étrangères par le cri de *halte-là !* et fait feu si on ne s'arrête pas à la deuxième injonction, ou si l'on cherche à s'enfuir. Ces personnes sont conduites au petit poste par la sentinelle volante (1) (*Inst. prat.* art. 4). Celles qui sont munies d'un *laisser-*

(1) Il n'est pas sans inconvénient de laisser franchir la ligne à des individus que l'on sera ensuite dans la nécessité de relâcher, et qui, conduits jusqu'au petit poste, auront pu saisir beaucoup de détails du service, auront entendu causer les soldats, etc. Nous pensons, qu'à défaut

passer sont envoyées au commandant de la grand'garde. Si plusieurs individus se présentent à la fois, la sentinelle n'en laisse avancer qu'un seul, qui répond pour les autres ; le poste prévenu les envoie chercher. Avant d'être envoyés à la grand'garde, ces gens sont au besoin interrogés par le chef du petit poste, afin d'habituer les sous-officiers, surtout, à une extrême méfiance ; le chef de poste pouvant très-bien ne pas faire conduire jusqu'à la grand'garde tout individu dont les allures ou les réponses lui paraissent trop suspectes.

Déserteurs. — Les sentinelles tirent sur les soldats qui passent à l'ennemi, quand elles ne peuvent les arrêter ; le chef de la grand'garde, aussitôt qu'il a été avisé des cas de désertion, fait changer les mots et les signaux de reconnaissance.

Déserteurs ennemis arrêtés par les sentinelles et interrogés par le chef du petit poste, que la sentinelle volante est allée prévenir de suite ; conduits en suite à la grand'garde. Quand les déserteurs sont assez nombreux, le petit poste, pour ne pas trop se dégarnir, fait prévenir la grand'garde, qui se les fait amener. Si leur nombre est tel qu'il y ait lieu de concevoir des soupçons, la sentinelle avertit par un coup de feu. Car l'envoi d'une troupe simulant des déserteurs et augmentant successivement en force, dans le but d'enlever un poste ennemi, a souvent été employé comme ruse de guerre.

Parlementaires. — Tandis que les deux hommes représentant le parlementaire et le trompette s'avancent de loin, on

d'une consigne particulière du chef d'état-major général, il vaudrait mieux refuser l'accès de la ligne à toute personne étrangère non munie d'un laisser-passer, ou au moins ne pas la laisser tout d'abord arriver jusqu'aux petits postes. C'est là que l'on reconnaît l'utilité du *poste d'examen* de l'armée prussienne.

explique aux jeunes soldats ce qu'est un parlementaire (officier, sous-officier), quelle est habituellement leur mission ;
mais on leur fait aussi bien comprendre qu'il est nécessaire
d'agir à leur égard *avec la plus grande circonspection*, parce
que « le parlementaire a presque toujours une double mission,
dont la partie cachée *est bien plus importante que la portion
ostensible* » (de Brack). Car il ne s'agit souvent dans l'envoi
d'un parlementaire que d'une reconnaissance poussée dans le
camp ennemi par un officier choisi particulièrement pour ce
service (1). (On est en droit de le faire prisonnier, s'il ne
s'annonce pas avec les formalités d'usage : drapeau blanc, appel de trompette).

A 100 mètres de la ligne, la sentinelle l'arrête et lui fait
faire demi-tour. Le chef du petit poste, immédiatement prévenu, lui fait bander les yeux, ainsi qu'au trompette, et les
envoie à la grand'garde.

Remarque. — Dans un des exercices, habituer les chefs de
poste à consigner sur un *Rapport*, dont le modèle est donné
par l'instructeur, tous les événements qui se sont produits de
jour et de nuit.

Poste de 4 hommes. — (Art. 15 de l'*Instr. prat.*). Quand les
jeunes soldats sont déjà familiarisés avec la disposition et le
service habituel des avant-postes, on leur montre comment,
dans le cas d'un terrain accidenté et couvert, et pour garder
une vaste étendue de pays, on se sert plus avantageusement
des postes de 4 hommes. La compagnie sur le pied de guerre
se fractionnant en deux parties, la grand'garde proprement
dite sera formée de deux sections, tandis que l'autre (120 hom-

---

(1) Dans la dernière campagne, les Prussiens cherchèrent si souvent
à user des parlementaires pour se renseigner, que nous étions obligés
de les renvoyer en les menaçant de faire feu sur eux.

mes), se trouvera répartie en 28 petits postes environ, lesquels, pour le cas présent, se réduiront à 12 ou 14, puisque la compagnie actuelle ne représente que le quart de l'effectif total. Chacun des deux postes primitifs, en y comprenant les jeunes soldats, forme ainsi 5 ou 6 postes de 4 hommes. Comment sont disposés les soldats, etc. Les patrouilles rampantes sont fournies par la section de grand'garde, que l'on figure avec 4 ou 5 hommes. On pourrait aussi, de la section unique dont on dispose (60 hommes), former par moitié la grand'garde proprement dite et les postes de 4 hommes.

Ces postes reconnaissent une troupe ennemie ou amie d'une manière analogue à celle qui a été indiquée. Au signal fait par la sentinelle, placée à 40 ou 50 mètres en avant, ou à son cri de *halte-là*, les trois autres soldats ont pris les armes, et se tiennent prêts à la soutenir. S'il s'agit de l'ennemi, la sentinelle, aussitôt qu'elle l'a bien reconnu, fait feu, et le poste combat pour le repousser, ou, si l'ennemi est supérieur en force, pour l'arrêter, et donner ainsi à la grand'garde le temps de l'envoyer soutenir.

L'instructeur, consacrant au besoin une séance entière à la formation de ces postes, exercera ses hommes à passer par quelques-unes des circonstances précédemment exposées.

Après avoir traité de la partie *fixe* du service des avant-postes, et des moyens de l'enseigner pratiquement aux hommes, il nous reste à parler des patrouilles et des rondes, dont l'ensemble compose la partie *mobile* du système.

Des patrouilles et des rondes. — Le principe du maréchal Bugeaud était « *qu'il faut peu de postes et beaucoup de patrouilles* », et c'est sur cette excellente idée qu'est basé le service des avant-postes allemand. De Brack n'est pas moins partisan des patrouilles, « dont le service ne permet pas le sommeil comme celui des sentinelles, et qui, en forçant l'homme à déployer toutes les ressources de son intelligence et de son courage, éclairent bien plus au loin ». Mais il importe tout d'abord de bien définir ce qu'on entend par une *patrouille*. Celle-ci a pour objet d'assurer la vigilance des différents postes et leur liaison entre eux, et en même temps de recueillir tous les renseignements nécessaires sur les positions et les mouvements de l'ennemi. (On donnait autrefois le nom de *découverte* à la troupe envoyée du côté de l'ennemi, dans le but d'observer tous ses mouvements. La cavalerie, qui a conservé ce nom dans son service en campagne, désigne ainsi des patrouilles chargées, au point du jour, de se porter au loin en avant des sentinelles).

Nous diviserons les patrouilles en deux classes : les unes ont trait au service de surveillance des sentinelles ; les autres sont destinées à observer les positions et les mouvements de l'ennemi (1) :

1° Les patrouilles chargées d'assurer la vigilance des sentinelles sont fournies par le petit poste, et quelquefois par la grand'garde. Dans le premier cas, elles sont dites *rampantes* et composées de 3 hommes ; les patrouilles *ordinaires* qu'envoie la grand'garde sont au plus de la force d'une escouade. Les patrouilles rampantes circulent *de jour* et *de nuit* ; les heures de leur départ et de leur rentrée sont consignées sur le rapport fourni au commandant de la grand'garde. On fait partir les patrouilles ordinaires de temps à autre dans la journée, et particulièrement le matin, au point du jour. Il

---

(1) Il est d'après nous à regretter que, dans le nouveau service en campagne, le soin de découvrir l'ennemi et de se tenir en contact avec lui n'ait pas été donné aux patrouilles *rampantes*, auxquelles, en raison du petit nombre d'hommes qui les composent, il est bien plus facile de s'en approcher sans être aperçues.

est indispensable pour les patrouilles envoyées la nuit que le petit poste par lequel elles doivent rentrer ait l'ordre de laisser approcher une patrouille *de tant d'hommes*, qui sera commandée par *tel sous-officier ou caporal, qui fera tel signal.* Les patrouilles de nuit doivent se faire 2 heures avant la pointe du jour, parce que c'est l'heure que choisit surtout l'ennemi pour surprendre les postes (1). On évite, au reste, de faire voir souvent aux sentinelles des patrouilles venant du côté de l'ennemi, pour ne pas les habituer à une confiance qui peut avoir des suites dangereuses (2).

Les patrouilles sont arrêtées et reconnues par les sentinelles comme il a déjà été indiqué; elles se reconnaissent de la même manière entre elles.

2° Quant aux patrouilles envoyées du côté de l'ennemi, il y a d'abord lieu d'établir quel doit être leur ordre de marche, en raison du nombre d'hommes dont elles se composent et des circonstances dans lesquelles elles marchent.

Prenons d'abord une patrouille de 3 hommes. Dans le cas le plus habituel, c'est-à-dire sur une route ou un chemin assez large, ou en pleine campagne, elle marchera avec un homme en tête, formant la *pointe*, et suivi, à 50 mètres derrière, des deux autres soldats, qui constituent le *gros*; ces deux derniers sont l'un de l'autre à une distance plus rapprochée et variant suivant la nature du terrain (*fig.* 63). En plaine découverte, le soldat chef de patrouille adopterait au besoin la disposition suivante (*fig.* 64). La patrouille, ayant à suivre un sentier étroit, marche sur une seule file, le chef se tenant au milieu (*fig.* 65). Les 3 hommes que détache la pointe dans une avant-garde, et qui constituent aussi une

(1) Général Duhesme, *Du serv. de l'infant. lég.*, p. 252.
(2) Jacquinot de Presle, *Cours d'art et d'hist. milit.*, p. 446.

patrouille, marchent avec 2 hommes en tête, parce qu'ils ont particulièrement à éclairer chacun des côtés de la route.

Fig. 63.   Fig 64.

Quatre hommes s'avancent d'une manière analogue ; la pointe n'est encore formée que d'un homme (*fig.* 66). En ter-

Fig. 65.   Fig. 66.

rain très-découvert, ils occuperaient un front plus étendu (*fig.* 67). On remarquera au sujet de ces formations que si les patrouilles doivent, au début, dissimuler leur marche (car elles peuvent être aperçues de loin), il leur faut, en arrivant près des positions ennemies, des localités à explorer, ne plus rester groupées et s'étendre davantage, pour recueillir les

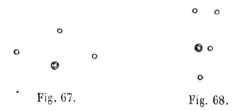

Fig. 67.   Fig. 68.

observations et les renseignements dont on a besoin, au risque de voir un ou plusieurs de leurs hommes enlevés par l'enne- mi. *Cinq* hommes marchent dans une formation analogue (*fig.* 68); mais il devient possible de mettre 2 soldats à la

pointe ; les dispositions suivantes s'emploieront particulièrement en terrain découvert (*fig.* 69 et 70).

Fig. 69.   Fig. 70.

A mesure que le nombre des hommes augmente, la formation se rapproche de celle d'une colonne en route ; les distances s'étendent d'une fraction à l'autre ; mais elles restent
telles que le chef de la patrouille puisse toujours diriger les
hommes de la pointe à la voix, ou au moyen de signaux convenus. En même temps, ces patrouilles ont, comme les précédentes, à quitter à un moment donné leur formation de
marche, pour se déployer, ce qui les met mieux à même de
répondre de suite au feu de l'ennemi, et, dans un tel ordre de
marche, leur rend aussi plus facile la reconnaissance des
diverses positions qui se rencontrent en avant d'elles. De là,
les deux formations que nous admettons pour toutes les patrouilles en général : l'une, se rapprochant de la formation
de route, qui est celle du départ, et l'autre, en ordre déployé,
qu'elles prennent en arrivant près des positions ennemies.
On remarquera que ces dernières formations se rapprochent
de plus en plus de la disposition donnée à la chaîne des
tirailleurs. D'où pour *six, neuf, douze* et *quinze* hommes les
formations indiquées par les *fig.* 71 à 78 ; dans beaucoup de
cas, d'ailleurs, c'est-à-dire quand le terrain ne sera pas trop
couvert, le chef de la patrouille se tiendra auprès de la tête.
Au-dessus de 15 hommes, on arrive à la demi-section, et,
pour une patrouille de cette force, il n'y a plus que des formations réglementaires; celle de marche, d'une manière ana-

logue aux prescriptions de l'*Instruction pratique*, et le déploiement habituel des escouades.

Fig. 71.   Fig. 72.

Il y a peu à ajouter aux indications données dans ce dernier règlement sur toutes les précautions que doivent suivre les patrouilles dans leur marche. Les hommes envoyés à la

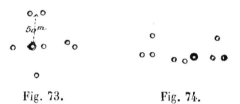

Fig. 73.   Fig. 74.

découverte de l'ennemi poussent leur reconnaissance *jusqu'au bout,* et ne rentrent qu'après avoir bien reconnu les positions qu'il occupe; soit qu'ils aient *bien vu* l'ennemi, ou que *l'on*

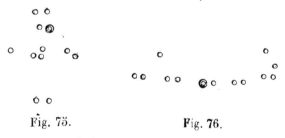

Fig. 75.   Fig. 76.

ait tiré sur eux (1). Une patrouille ne fait feu que si la retraite lui est coupée, ou lorsqu'elle ne peut devancer l'ennemi

(1) Colonel Philebert, *Serv. en camp. prat.,* p. 22.

en temps opportun pour prévenir les petits postes. Ajoutons encore qu'il peut être utile dans certaines circonstances de

Fig. 77.   Fig. 78.

faire suivre une patrouille par une autre, qui s'en tient à quelque distance, afin de pouvoir être prévenu à temps de l'enlèvement de la première (1). — Les hommes qui marchent en patrouille sont, autant que possible, dispensés du service de jour (2).

Ces considérations posées, il convient d'établir les quelques exercices qui peuvent le mieux familiariser les hommes avec le service des patrouilles. Deux petits postes et une grand'-garde ayant été placés comme il a été indiqué, on passe à l'exécution de l'art. 3.

ART. 3. — *Reconnaissance d'une patrouille par les sentinelles. — Rencontre de deux patrouilles amies. — Reconnaissance d'une patrouille ennemie par les sentinelles. — Envoi d'une patrouille rampante en avant de la ligne. — Envoi d'une patrouille ordinaire en avant de la ligne. — Rondes de jour diverses.*

L'instructeur fait partir une patrouille rampante, composée d'anciens soldats, et montre aux jeunes soldats qui l'entourent comment la sentinelle, qui reconnaît ces soldats, les laisse

(1) Jacquinot de Presle, p. 447.
(2) On trouve dans la *Petite guerre* de Rüstow (p. 92 et suiv.) d'excellentes indications au sujet des patrouilles.

passer *sans aucune formalité.* — Un sous-officier, chargé d'a-
près ses ordres de figurer la grand'garde, avec dix à douze
hommes, en détache la majeure partie pour former une patrouille *ordinaire :* celle-ci, passant devant chacune des sentinelles, est reconnue par elles comme il a déjà été indiqué.
Le petit poste a été prévenu de suite par la sentinelle volante
de l'approche de la patrouille. Habituer les sentinelles, dans
ces exercices, à ne reconnaître qu'au moyen des signaux
convenus, pour les cas où il faut s'abstenir de tout bruit, en
raison du voisinage de l'ennemi.

Rencontre de deux patrouilles amies. — Deux patrouilles,
l'une rampante et l'autre ordinaire, se croisent à hauteur de
l'un des postes : on montre aux jeunes soldats comment celle
qui a aperçu l'autre la première crie « *Qui vive !* », « *Avance à
l'ordre !* », etc., et de quelle manière agissent vis-à-vis l'un
de l'autre les deux chefs de patrouille.

Reconnaissance d'une patrouille ennemie par les sentinelles.
— Prévenu à l'avance par l'instructeur, le sous-officier désigné pour commander l'ennemi envoie une patrouille, et la
fait marcher d'une manière assez suspecte, dans l'intention
de tromper les sentinelles. Supposer que cette patrouille est
de quatre hommes, ou qu'elle est plus forte, et faire agir les
sentinelles comme elles le doivent dans chacun de ces cas. Si
l'on admet au besoin ce chiffre de quatre hommes pour une
patrouille rampante, c'est qu'en Allemagne on leur donne
souvent cette force, pour qu'elles aient mieux l'avantage dans
une rencontre avec celles de l'ennemi, ou avec les extrêmes
pointes d'éclaireurs, qui ne sont habituellement que de trois
hommes.

Envoi d'une patrouille rampante en avant de la ligne. —
Les jeunes soldats, accompagnés de quelques-uns des an-

ciens, sont amenés par l'instructeur sur un terrain situé à une distance plus ou moins grande de l'ennemi, et choisi de telle sorte que, sans être trop accidenté, il permette aux patrouilles de s'avancer un peu à couvert. On partage ensuite la moitié des jeunes soldats en trois ou quatre patrouilles, conduites chacune par un ancien soldat, les autres restant auprès de l'instructeur. Les patrouilles, prévenues de la distance qu'elles ont à parcourir, des directions qu'elles ont à prendre pour l'aller et le retour, sont ensuite mises en marche simultanément sur divers points du terrain. Ce qui permet aux jeunes soldats de remarquer comment leurs camarades s'avancent, quelles précautions ils prennent encore plus en approchant de l'ennemi, etc. Une des patrouilles a reçu à l'avance l'ordre de passer, s'il est possible, à une certaine distance, soit d'un poste avancé ennemi, soit d'une patrouille embusquée, mais toutefois sans pouvoir en être aperçue distinctement : au cri de « *qui vive!* » de la sentinelle, les hommes s'arrêtant immédiatement, restent immobiles, et ne reprennent leur marche qu'au bout de quelques instants. On suppose pour cela que le terrain est plus ou moins boisé ou accidenté. Il est assez facile de donner le change à l'ennemi, qui, n'entendant plus rien ou ne voyant plus remuer, croira s'être trompé; il tombera bien plus vite encore dans cette erreur, s'il est lui-même en marche, ou si la rencontre a lieu la nuit. A la rentrée des patrouilles, l'instructeur signale à chacun des soldats les fautes qu'il a commises dans sa manière de s'avancer; il fait ensuite assister les jeunes soldats au rapport de l'un des chefs de patrouille, rapport qui doit toujours être clair et très-circonstancié.

Envoi d'une patrouille ordinaire en avant de la ligne. — Si le terrain le permet, on aura fait cacher assez loin en avant de la ligne un ou deux groupes d'anciens soldats figu-

rant l'ennemi, et l'on exigera de la patrouille qu'elle établisse
son contact avec lui. Si l'on dispose de quelques cartouches,
lui faire essuyer un ou deux coups de feu de la part de l'ennemi. Cet exercice aura surtout pour but d'habituer les caporaux et les soldats à prendre telle ou telle des formations
de marche qui ont été précédemment indiquées. L'instructeur
y fera concourir les anciens et jeunes soldats, et donnera au
chef de la patrouille les indications nécessaires. — Après
avoir exercé les hommes au service des patrouilles, on les
habitue à reconnaître les différentes rondes.

Rondes de jour. — Faites par les commandants des *avant-
postes,* des *grand'gardes* et des *petits postes;* et aussi par des
officiers et des sous-officiers commandés pour ce service.
Comment reconnues par les sentinelles volantes (*Halte-là ! —
Qui vive ! — France, ronde d'officier. — Avance à l'ordre,* etc.)

Rem. — Les emplacements occupés *de jour* par les avant-
postes sont fréquemment changés *à l'entrée de la nuit,* c'est-à-
dire reportés en avant ou en arrière, et dans une direction
différente, pour déjouer tous les projets de l'ennemi.

Vient ensuite l'importante question du *service de nuit,* dont
nous ne parlerons toutefois qu'un peu sommairement, pour
éviter de retomber dans les mêmes détails.

b. — *Service de nuit.*

Il est facile, dans les commencements de cette instruction,
d'organiser le service de nuit, car pour les premiers exercices le terrain n'a par lui-même aucune importance, puisqu'il ne s'agit que d'habituer le soldat à l'obscurité. On
pourra donc se servir des terrains qui seront le plus à proximité de l'emplacement des troupes. Mais il est nécessaire d'y
arriver une heure au moins avant la fin du jour, de manière

à pouvoir reconnaître tous les abords de la ligne, comme cela se pratiquerait d'ailleurs devant l'ennemi, pour le choix de l'emplacement des postes, et aussi de façon à permettre aux sentinelles de bien reconnaître du regard, avant la tombée de la nuit, tous les divers objets qui se trouvent en avant d'elles.

La compagnie sera fractionnée, comme il a déjà été établi, en deux postes, conduits chacun par un officier; quelques anciens soldats figurent l'emplacement de la grand'garde. Un sous-officier, chargé de commander l'ennemi, est parti en avant avec quelques hommes, après avoir reçu de l'officier les indications nécessaires. L'instructeur, ayant envoyé une ou deux patrouilles fouiller le terrain sur lequel doivent être établis les postes, fait ensuite désigner les soldats que leur tour appelle à être placés en sentinelles ou à marcher en patrouille (anciens ou jeunes soldats) ; on indique, en même temps, aux hommes quels sont les signaux de reconnaissance. A la rentrée des patrouilles, les petits postes et les sentinelles prennent leurs emplacements définitifs. Le chef de poste tient éveillés la moitié de ses hommes, tandis que l'autre se repose. Réunissant alors les jeunes soldats disponibles, il les fait assister avec lui aux détails de cette instruction, qui sera donnée d'après la progression indiquée ci-dessous :

ART. 4. — *Placement des sentinelles.* — *Attaque dirigée par l'ennemi contre une sentinelle.* — *Attaque dirigée par ruse contre une sentinelle.* — *Patrouille de sentinelles volantes.* — *Envoi d'une patrouille rampante avant la pointe du jour.* — *Reconnaissance d'une patrouille par les sentinelles.* — *Reconnaissance d'une ronde par les sentinelles.*

Un sous-officier est chargé de placer les sentinelles. L'instructeur explique d'abord aux jeunes soldats que la nécessité d'une extrême méfiance pour se garder de toute approche la nuit a fait établir les sentinelles plus près des petits postes, et ceux-ci moins espacés entre eux que pendant le jour. Puis, il les met à même d'entendre quelle consigne est donnée aux sentinelles par le sous-officier. (Nécessité de veiller mieux encore que pendant le jour, car une surprise est plus à redouter de la part de l'ennemi; — écouter avec la plus grande attention, en appliquant de temps à autre l'oreille contre le sol; — rappeler aux hommes que leur propre intérêt exige de leur part la plus grande vigilance, car, par une nuit obscure, ils peuvent avoir affaire à un ennemi qui se glisse jusque sur eux, les surprenne et les frappe, s'ils ne veillent pas de tous les côtés; — s'abstenir du moindre bruit, etc.). Quelque profonde que soit l'obscurité, la sentinelle apercevra toujours l'ennemi. *Elle criera à l'instant même :* Qui vive? et *fera feu si aucune réponse ne lui est faite.* Quand elle distingue l'ennemi d'assez loin, elle envoie prévenir le petit poste. Consigne à bien observer, surtout la nuit : défense de laisser franchir la ligne à toute personne étrangère sans l'avoir bien fait reconnaître. — Conduire ensuite les jeunes soldats près de l'une ou l'autre des sentinelles, à laquelle on fait répéter sa consigne.

D'après les ordres de l'instructeur, le chef du petit poste tient éveillée la moitié de ses hommes, tandis que l'autre se repose.

Attaque dirigée par l'ennemi contre une sentinelle. — Les jeunes soldats ayant été conduits à l'avance près de la sentinelle qui va être attaquée, on leur montre comment la marche de l'ennemi a été reconnue par l'un des deux hommes, qui avertit son camarade; — de quelle manière s'avance l'ennemi, avec quelles précautions; — comment la sentinelle, aussitôt qu'il est à portée de la voix, crie « *Halte-là !* » deux fois, si l'on ne s'arrête pas, et fait feu ; — comment, si l'on s'est arrêté au premier avertissement, elle crie « *Qui vive!* », et, si l'on ne répond pas, tire également sur la troupe qui s'avance. Ils voient alors les deux soldats, se rapprochant l'un de l'autre, faire feu, s'ils ne doutent pas qu'ils ont affaire à l'ennemi, et battre en retraite dès que celui-ci les serre d'un peu près. Le chef du petit poste a pris de suite les armes, et s'est porté avec quelques hommes au-devant de l'ennemi, qui bat en retraite. (Envoi d'une patrouille rampante sur ses talons).

Attaque dirigée par ruse contre une sentinelle. — L'instructeur fait en outre assister les jeunes soldats à une autre circonstance du même genre, mais dans laquelle l'ennemi procède par ruse pour enlever la sentinelle. Comme dans le cas précédent, ce dernier se fait précéder de quelques tirailleurs. Au cri de « *Halte-là!* », la troupe ennemie s'arrête; mais les tirailleurs s'avancent sans bruit, pour chercher à entourer la sentinelle. Au cri de « *Qui vive ?* », l'ennemi répond : « *France, — patrouille, — tel régiment.* » Le factionnaire crie alors : « *Avance à l'ordre !* » Les deux sentinelles, se rapprochant l'une de l'autre, ont la plus grande attention à découvrir si le chef de la troupe arrêtée *s'avance seul*, si rien en lui n'est suspect. Elles se garderont en même temps de toute autre surprise, car les quelques tirailleurs embusqués autour d'eux guettent l'instant favorable pour s'élever : mais, soit que le chef de la troupe ne s'avance pas seul, comme il doit le faire, soit que les deux ou trois ennemis embusqués aient donné l'éveil aux sentinelles, celles-ci font feu, et battent rapidement en retraite en combattant. — (Il peut aussi arriver qu'un détachement ennemi (1), revêtu de l'uniforme français, s'a-

(1) C. d'Elgger, *Le service en campagne,* p. 43.

8

vance en déclarant qu'il n'a pas le *mot*, parce qu'il se compose d'isolés, d'hommes entrant des hôpitaux, ou réunis pour telle ou telle raison, tout aussi plausible en apparence. Il faut alors agir avec la plus grande prudence. Le chef du petit poste, prévenu de suite, fait arrêter le détachement, et ordonne à l'officier de s'avancer d'abord seul, et de faire ensuite venir ses hommes successivement et par petits groupes, etc.)

L'instructeur pourra d'ailleurs faire varier les circonstances dans lesquelles un détachement ennemi s'avancera vers la ligne des avant-postes. Ce dernier peut avoir répondu au signal de la sentinelle et donné le mot d'ordre (surpris par le moyen de déserteurs), etc. : mais, les sentinelles, qui sont sur leurs gardes, font feu et se replient en combattant. On supposera aussi la nécessité d'espacer davantage la ligne des sentinelles et de les placer plus loin des petits postes, pour se tenir davantage dans la réalité de ce qui se passe le plus souvent à la guerre, en raison de la faiblesse des effectifs. C'est alors que, pour ne pas fatiguer par des patrouilles continuelles les hommes qui ne sont pas en faction, on a recours aux patrouilles de sentinelles volantes.

Patrouilles de sentinelles volantes. — Se reconnaissent sans bruit au moyen du signal convenu, font feu sur toute troupe ennemie, aussitôt qu'elles la découvrent, etc.

Envoi d'une patrouille rampante avant la pointe du jour. — *Deux heures* avant le jour, le chef du petit poste envoie une patrouille dans la direction de l'ennemi; il la fait au besoin suivre d'une deuxième patrouille, en prenant toutes ses précautions pour qu'elles puissent bien se reconnaître en cas de rencontré (Deux heures avant le jour, pour qu'elle arrive sur les emplacements de l'ennemi avant que ce dernier ne

se tienne encore bien sur ses gardes). L'instructeur fait ensuite remarquer aux hommes comment, *une heure* environ
avant le jour, il fait mettre tout son monde sous les armes,
pour se garder d'une attaque de l'ennemi, et tient ainsi ses
hommes sur pied jusqu'à la rentrée des patrouilles.

Reconnaissance d'une patrouille par les sentinelles. — A la
rentrée d'une patrouille, que l'instructeur a fait sortir quelques instants à l'avance, les jeunes soldats sont appelés à
voir comment celle-ci est reconnue par la sentinelle près de
laquelle elle se dirige pour franchir la ligne. Précautions
prises par les deux fonctionnaires, au bruit qui signale son
approche. L'instructeur ne la fait recevoir qu'au moyen des
signaux particuliers et des indications qui permettent aux
hommes de se bien reconnaître entre eux : échange de leurs
noms, de ceux de leurs officiers, etc.

Reconnaissance d'une ronde. — Les rondes seront aussi
reconnues de préférence au moyen des mêmes signaux.

Une deuxième séance consacrée au service de nuit permettra d'habituer mieux les hommes à ce service. On y exécutera en outre les exercices qui suivent :

Art. 5. — *Postes de 4 hommes. — Détachement venant de l'intérieur. — Détachement ami venant du dehors avec ou
sans mot. — Déserteurs, étrangers, etc.*

L'instructeur, disposant d'un terrain un peu accidenté,
place ses hommes (anciens et jeunes soldats) comme il a déjà
été indiqué, après leur avoir expliqué de nouveau quelles
raisons ont conduit à adopter cette disposition. On reprend
avec cette formation quelques-uns des exercices qui précèdent.

Détachement venant de l'intérieur. — Le sous-officier, qui
commande la grand'garde, et a reçu les instructions de son

chef, envoie une patrouille de reconnaissance déboucher près de l'un des petits postes. L'instructeur montre aux jeunes soldats comment, en raison de la proximité de l'ennemi, le factionnaire, au lieu de crier « *Halte-là !* », se borne à faire le premier un signal auquel répond le chef de patrouille par un autre signe convenu, et comment aussi, pour se mieux reconnaître, ils échangent leurs noms, le numéro de leur compagnie, le nom de leurs officiers, etc.

Détachement ami venant du dehors, etc. — Arrêté dans les deux cas par la sentinelle. Le chef s'avance seul pour donner le mot, ou se fait reconnaître à la sentinelle par les moyens déjà indiqués. Les trois hommes du poste ont de suite pris les armes et se sont portés près de leur camarade, pour le soutenir.

Déserteurs, étrangers, etc. — On fera de nouveau intervenir dans les hommes tous les exemples de ce genre dont il a été parlé, et sur lesquels nous ne reviendrons plus. En apportant une grande variété dans les circonstances de ce genre qui se présentent journellement à la journée, l'instructeur insiste toujours dans ces exercices pratiques sur la nécessité des grandes précautions à prendre la nuit.

Le service de nuit est d'une pratique difficile pour les hommes, en raison de l'émotion qu'il leur inspire et dont ils ne parviennent guère à se débarrasser qu'au bout de quelques jours, quand ils sont en présence de l'ennemi. C'est aussi le soir, à l'entrée de la nuit, ou le matin, un peu avant le jour, que se produisent souvent les attaques sur les avant-postes. Il importe donc beaucoup d'exercer les soldats à ce service, et, si on le peut, d'y consacrer au moins dans l'année quatre séances par compagnie, pour l'instruction individuelle de la troupe. — On passe ensuite à celle de la section.

II. — *Instruction de la section.*

Il ne peut être question de l'école d'*escouade* dans l'étude du service des avant-postes, puisque, d'après l'effectif des petits postes, les caporaux et leurs escouades ne se trouvent jamais agir isolément. La section elle-même, quelque réduite qu'on la suppose en campagne, ne sera pas employée en entier à fournir un petit poste ; si même on la faisait concourir seule à ce service, elle n'agirait en rien comme fraction constituée.

Cette instruction dont nous avons à nous occuper pour la section est donc plutôt générale que particulière au service qu'elle est appelé à fournir devant l'ennemi. On ne peut guère, d'un autre côté, se reporter à l'*Instruction pratique* sur le service en campagne, comme instruction à donner à la section, que pour ce qui concerne l'art. 3, puisque les art. 1, 2 et 4 ont trait aux questions déjà développées dans l'instruction du *soldat*. Toutefois, ces exercices de sections opposées les unes aux autres ne peuvent être entrepris utilement qu'après que chacune d'elles a déjà passé par certains exercices préparatoires. Comme les sujets peuvent en être très-variés, nous nous bornerons à donner ici, sans aucun développement qui nous entraînerait trop loin, l'énoncé de plusieurs questions que l'on pourra traiter avec avantage dans les exercices pratiques :

- *Une section de 50 hommes se trouvant dans l'ordre de marche, comme avant-garde d'une compagnie, lui donner à couvrir par une ligne d'avant-postes telle étendue d'un terrain donné. (Une autre section placée à sa droite ou à sa gauche complète le système des avant-postes ; le reste de la compagnie formant la grand'garde. Emplacement supposé de l'ennemi, etc.).*

- *Mêmes dispositions, en partant de la formation de combat.*

8.

— *Quelques hommes figurant l'emplacement des avant-postes d'une section, faire opérer avec le reste de la section, et à l'endroit le plus favorable, la rencontre d'une patrouille ordinaire et d'un détachement ennemi. Dispositions de combat, etc.*

— *Une première section étant déjà placée en avant-postes, et figurant l'ennemi, un officier est chargé avec une deuxième section d'enlever un des petits postes de la ligne ennemie, afin d'avoir des renseignements par des prisonniers. Il ne connaît l'emplacement de ces avant-postes que par le rapport de ses patrouilles. L'attaque échoue, etc.*

— *Par suite du passage à l'ennemi de quelques déserteurs, il devient nécessaire de changer avant la nuit, l'emplacement des avant-postes. Dispositions prises par l'officier qui commande la section.*

— *Un officier est désigné pour diriger contre l'ennemi, avec sa section, à telle heure de la nuit, une attaque destinée à le fatiguer et à le tenir en haleine.*

— *Attaque d'une forte patrouille ennemie, qui refoule les deux petits postes, mais est repoussée par la grand'garde, etc.*

Au sujet du 3ᵉ exercice, on remarquera que celui des deux détachements qui a le premier découvert l'autre est ordinairement celui qui aura, ou mieux pris ses dispositions, ou mieux observé. Ce dont l'instructeur tiendra compte.

Chacun des deux détachements marche précédé à 100 mètres environ d'une pointe de 2 hommes. Quant au point de rencontre, il sera le plus souvent indiqué par la disposition des chemins ou sentiers que l'on a fait suivre à chaque troupe. On peut ensuite, au sujet de leur rencontre, faire plus d'une hypothèse : chacun a reconnu son adversaire à peu près en même temps, ou l'un d'eux est surpris;—embuscade dans laquelle tombe l'un des partis, ou qu'il évente, s'il marche avec précaution ;—dispositions prises par l'un et l'autre pour un combat qui ne dure que peu d'instants : l'instructeur décide quel est celui qui doit se retirer. Pour la retraite, ne pas se précipiter en désordre sur les traces de l'ennemi ; mais, au moyen de positions successives bien choisies, l'accabler de feux rapides, etc.

Le 4ᵉ exercice ne s'exécutera utilement qu'à l'aide de deux sections (compagnies) ; d'autant plus, qu'il est nécessaire de représenter en partie la grand'garde, dont un piquet, dès le début de l'attaque, s'est porté au secours du poste menacé, etc.

Le capitaine, suivant le terrain dont il dispose, pourra faire varier beaucoup le nombre de ces questions pratiques. Comme l'établit avec raison l'*Instruction pratique*, chacune de ces petites opérations sera pour les officiers et les sous-officiers l'occasion d'un rapport et d'un croquis. On habituera les officiers à faire servir les terrains de toute sorte à l'établissement des avant-postes, afin de les mettre à même de pouvoir toujours reconstituer, à l'aide de simples renseignements fournis par les patrouilles, et au moyen de leurs cartes, les positions qu'occuperait l'ennemi sur les terrains les plus variés. Insister beaucoup sur les exercices de patrouilles, *ordinaires* ou de *reconnaissance*, qui donnent un excellent moyen d'habituer les sous-officiers et les hommes à prendre rapidement leur formation de combat.

III. *Instruction de la compagnie.*

Celle-ci, dans l'*Instruction pratique*, est plutôt indiquée que développée dans les art. 1 et 3, et il y aurait encore lieu d'entrer dans quelques détails au sujet de cette instruction à donner à la compagnie, particulièrement au sujet du premier article. Mais, afin d'éviter de trop longs développements nous laissons aux capitaines le soin d'établir eux-mêmes la progression des exercices à suivre.

On indiquera plus loin comment, pour une *section* ou pour une *compagnie*, on passe, et réciproquement, de la formation des *avant-postes* à celles de *marche* et de *combat*.

Dans tout ce qui précède, il n'a pu être question du rôle qu'est appelée à remplir la cavalerie dans le service des avant-postes. Pour ne pas reproduire ici ce qui est indiqué dans l'*Instruction pratique* (art. 32), et dans le *Service de la cavalerie en campagne* (art. 31), il nous suffira d'ajouter que, si l'on voulait représenter par des figures *théoriques* les dispositions prises pour les avant-postes *de jour* et *de nuit*, on aurait des formations assez semblables à celles des *fig.* 79 et 80. Car, si *pendant le jour* la cavalerie prend le

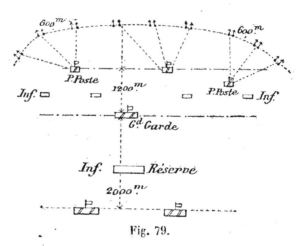

Fig. 79.

service des avant-postes (moins la *réserve*, fournie par l'infanterie), et celle-ci, le même service *pour la nuit*, la cavalerie, formant à son tour la *réserve* ; dans la plupart des circonstances, les deux armes seront associées en partie l'une à l'autre pour la composition des divers postes.

Quant à la question du mode de campement, en ce qui concerne la compagnie, comme elle se trouve forcément

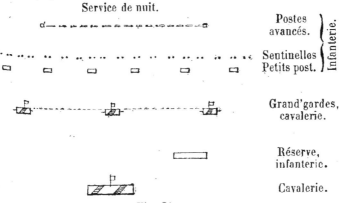

Fig. 80.

en dehors de la question du service des avant-postes, nous n'avons ici rien à ajouter, comme instructions de détail, aux prescriptions données dans l'*Instruction pratique*. Il ne reste plus qu'à terminer par l'exposé des principales règles qui peuvent le mieux servir à l'établissement et à la défense des avant-postes.

Instruction sur la pratique du service des avant-postes (1). — Les exercices sur le placement des grand'gardes se font par compagnie, sous la direction des chefs de bataillon. Ils se divisent en deux parties :

I. — Détermination *sur la carte* des grand'gardes, des petits postes et de la ligne des sentinelles ;

II. — Placement *sur le terrain* des grand'gardes, des petits postes, etc., en modifiant, s'il y a lieu, les dispositions primitivement arrêtées d'après la carte.

_____

(1) Cette *Instruction*, dont nous avons conservé les principales dispositions, avait été donnée, en 1873, aux troupes de l'ancien 5e corps.

I

La veille de l'exercice, le chef de bataillon indique par écrit aux capitaines l'opération à exécuter, en ayant soin de leur faire connaitre la position de la troupe à couvrir, celle présumée de l'ennemi, et l'étendue du front à garder.

Les capitaines, en étudiant l'opération sur la carte, cherchent à se rendre un compte exact du terrain, qu'ils doivent surtout envisager à trois points de vue :

1° Par rapport aux mouvements du terrain ;

2° Par rapport aux communications, et

3° Par rapport aux obstacles.

Les mouvements du terrain auront en effet une grande influence sur le placement de la grand'garde, tant au point de vue tactique qu'à celui de la surveillance à exercer. Les communications seront étudiées avec le plus grand soin, en distinguant celles qui peuvent donner accès à l'ennemi des autres qui doivent toujours relier entre eux les petits postes, ceux-ci avec les grand'gardes, et les grand'gardes avec le corps à couvrir. — Enfin, par l'étude des obstacles qui couvrent le terrain (bois, maisons, murs, etc.), on verra comment on peut les utiliser pour arrêter l'ennemi, et aussi obvier aux inconvénients qu'ils présentent pour la facilité des communications et la surveillance de tout le système.

Cette étude faite, le capitaine détermine par la carte la position à donner à la grand'garde et à la ligne des sentinelles. Les petits postes n'étant que les soutiens des sentinelles (1), leur emplacement s'en déduira naturellement. Il ne perdra

_____

(1) On remarquera que les prescriptions de l'*Instr. prat.* ne modifient en rien ces idées, qui sont en outre d'accord avec la corrélation que nous savons déjà devoir exister entre ce service, l'ordre de *marche* et celui du *combat*.

pas de vue que la grand'garde est un poste de combat, dans lequel on doit résister à outrance, pour donner à la troupe que l'on couvre le temps de se préparer à la lutte. La grand'-garde est placée loin de la troupe à couvrir, pour que celle-ci ne soit pas sous le feu de l'ennemi dès le commencement de l'action, et qu'elle ait le temps de se former, etc.

Cette première étude n'est pas définitive, et la reconnaissance faite du terrain conduit habituellement à modifier les positions choisies : mais elle n'en sera pas moins très-utile, parce que, surtout en terrain couvert ou accidenté, ce n'est que d'après la carte que l'on peut bien juger de l'ensemble d'une position; et l'on gagnera beaucoup de temps, si les dispositions principales sont arrêtées avant qu'on arrive sur le terrain. Cette considération est en effet très-importante, car le gros de la troupe doit rester sous les armes jusqu'à ce qu'il soit couvert par ses avant-postes. Cette manière d'opérer est enfin conforme à la pratique. En campagne, l'officier qui doit placer la grand'garde reçoit les indications nécessaires *d'après la carte*, qui lui sert à faire une étude préliminaire du terrain, et à choisir tout d'abord l'emplacement des divers échelons.

II

En arrivant sur le terrain, le capitaine conduit sa compagnie sur le point qu'il a choisi pour l'emplacement de la grand'garde ; puis, avoir partagé sa compagnie en deux parties, *grand'garde* proprement dite et *petits postes*, il charge ses officiers de placer les petits postes ; ceux-ci se conforment aux prescriptions de l'art. 10 de l'*Instruction pratique*.

Pendant ce temps, le capitaine fait une reconnaissance rapide du terrain, et cherche à se rendre compte des erreurs qu'il a pu commettre d'après la lecture de la carte. Il fixe alors définitivement la position de la grand'garde. Se rendant ensuite aux petits postes, il change la position de ceux qui sont mal placés, et fait rectifier par les chefs de poste les positions des sentinelles qui seraient défectueuses. Tout le monde est averti des modifications faites. En même temps, il s'assure que les chefs des petits postes comprennent bien leur mission, qu'ils savent ce qu'ils ont à faire en cas d'alerte, et qu'ils ont reconnu le terrain par lequel s'effectuerait la retraite.

Lorsque le capitaine a terminé, le chef de bataillon parcourt la ligne, rectifie, s'il y a lieu, les positions prises, et ajoute les explications qu'il juge nécessaires. En s'attachant à donner à cette instruction un côté exclusivement pratique, il veille à ce que l'on se comporte exactement et dans les plus petits détails comme si on avait l'ennemi devant soi.

Progression. — Nous terminons ce qui a trait au service des *avant-postes* par l'indication d'une progression ne contenant que les exercices les plus essentiels, et qu'il sera facile de suivre, soit que l'on ne consacre à cette instruction que le nombre de séances indiquées, soit que l'on veuille s'y arrêter plus longuement.

I. — *Instruction du soldat.*

a. — Service *de jour* : deux séances de 4 heures.

1re SÉANCE.

ART. 1er (*Intervention de l'ennemi*). — Placement des sentinelles. — Emploi des signaux de reconnaissance. — Approche de l'ennemi. — Le petit poste se porte au secours de la sentinelle. — Envoi d'une patrouille rampante à la suite de l'ennemi. — Attaque du petit poste par un détachement ennemi.

ART. 2 (*Service intérieur*). — Détachement ami, mais inconnu, arrivant du dehors. — Détachement ami, mais inconnu, se présentant pour sortir sans avoir le mot. — Officier ou cavalier français venant du dehors. — Une ou plusieurs personnes civiles se présentant devant la ligne. — Déserteurs, parlementaires. — Postes de 4 hommes. — Rondes.

2ᵉ SÉANCE.

ART. 3 (*Patrouilles*). — Reconnaissance des patrouilles par les sen-
tinelles. — Rencontre de deux patrouilles amies. — Recon-
naissance, par les sentinelles, d'une patrouille ennemie. —
Marche des différentes patrouilles du côté de l'ennemi. —
Envoi d'une patrouille *rampante* en avant de la ligne. —
Envoi d'une patrouille *ordinaire* ou de *reconnaissance*.

b. — Service *de nuit* : Une séance de 2 heures.

ART. 4. — Placement des sentinelles. — Attaque dirigée par l'ennemi
contre une sentinelle. — Attaque dirigée par ruse contre
une sentinelle. — Envoi d'une patrouille rampante avant la
pointe du jour. — Reconnaissance d'une patrouille par les
sentinelles. — Détachement venant de l'intérieur. — Détachement ami venant du dehors avec ou sans mot.

*Notions succinctes sur le service des avant-postes prus-
sien* (1). — L'ensemble du système forme 3 échelons, qui

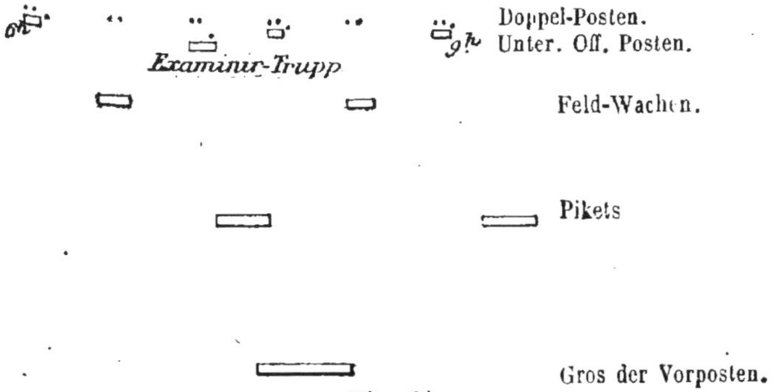

Fig. 81.

sont : les *Postes avancés* (Feld Wachen), les *Piquets* (*Pikets*),
et le *gros des avant-postes* (Gros der Vorposten) (*fig.* 81). Les

(1) Nous tirons les renseignements relatifs à cette étude d'un excellent article de la *Rev. mil. de l'Étr.* (déc. 1875, nº 278), qui en a
emprunté la matière au *Cours de tactique* du capitaine Meckel, pro-
fesseur à l'école de guerre de Hanovre, et dont l'ouvrage n'est que
la coordination et l'amplification de la *Tactique* de *Perizonius*. — Les
prescriptions officielles sont contenues dans le règlement de 1870.

9

avant-postes sont composés du cinquième des forces totales (1).

Les *postes avancés*, spécialement chargés du service de sûreté et de garde, ont pour rôle :

a) D'observer le terrain, avec leurs sentinelles ;

b) De le fouiller avec des patrouilles et d'y surveiller l'ennemi, s'il est proche ;

c) D'offrir une première résistance à toute attaque, jusqu'à ce que les piquets soient prêts à prendre part au combat.

Le *gros des avant-postes*, formé à peu près de la moitié des troupes, est placé de manière à pouvoir se porter rapidement sur tous les points, et spécialement sur les directions d'attaque les plus probables. Il forme ainsi le noyau de la résistance de l'ensemble des avant-postes, et la réserve d'où l'on peut tirer de quoi renforcer ou relever les autres fractions.

Entre ces deux échelons, dont le rôle, nettement tranché, correspond aux deux parties de la mission des avant-postes, qui est de *veiller et d'annoncer aussitôt que possible l'approche de l'ennemi*, — et *d'opposer à son attaque une résistance assez longue pour permettre au corps principal de se mettre sous les armes*, a été placé un échelon intermédiaire, le *piquet*, qui relie entre elles les deux fractions principales. Les piquets, d'un côté, sont destinés à renforcer les postes avancés, à leur fournir les détachements qui doivent exécuter les grandes patrouilles ou les reconnaissances, et, au besoin, à recueillir les postes avancés en cas d'attaque ; d'un autre côté, ils secondent aussi le gros, puisque, fortement établis sur des points défensifs, ils servent d'appuis aux postes avancés, et donnent au gros lui-même le temps de se déployer, ou lui en

(1) *L'Armée allemande*, par un général prussien. Trad. de l'allem. Paris, 1871, p. 130.

évitent au besoin la peine. C'est encore au moyen des piquets que, suivant la nature du terrain et selon les exigences de la situation, on peut faire varier la force relative des deux échelons principaux, ét au besoin les distances qui doivent les séparer. — Nous allons étudier maintenant la manière dont chacune de ces fractions doit remplir son rôle.

Postes avancés (Feld-Wachen). — Chaque poste avancé détache dans toutes les directions par lesquelles il est possible de s'approcher de lui 2 ou 3 *postes*, au plus, de manière que personne ne puisse passer sans être vu et reconnu. Par *postes* (*Doppel-Posten*), on entend les sentinelles doubles, qui forment la véritable chaîne d'observation, et n'ont ainsi pour mission que de *voir* et d'*avertir*. Ces sentinelles doubles sont parfois soutenues à petite distance par les quelques hommes destinés à les relever, et placés sous les ordres d'un sous-officier (*Unter-Offizier-Posten*). On fait usage de ces postes de sous-officier (1 sous-officier et 6 à 9 hommes) pour soutenir une sentinelle double isolée, dont la proximité de l'ennemi, la nature du terrain et la nuit rendent la situation périlleuse ; pour occuper un point de défense utile à la grand'garde ; pour couvrir un flanc. En outre, il y a toujours derrière la ligne un ou plusieurs postes de sous-officiers chargés de reconnaître toute personne qui se présente pour la franchir : c'est *la troupe d'examen* (*Examinir-Trupp*). On la place de préférence au bord des grands chemins, ou au point d'intersection des routes. Ce poste est aussi appelé à combattre (1).

(1) Nous pensons qu'il y aurait eu avantage à adopter, dans notre nouveau service en campagne, cette disposition des postes de soutien, et pour cette autre raison, qu'elle établit une conformité de plus avec la formation d'une troupe en ordre de combat, dont elle représente les renforts. Quant au *poste d'examen*, il ne peut y avoir de doute sur l'utilité d'une telle disposition, dont le premier avantage est de simplifier beaucoup le service des sentinelles, et surtout leurs consignes.

Les postes avancés ne font jamais de feux, si ce n'est par les très-grands froids ; la nourriture est apportée aux soldats par les hommes de l'échelon suivant. On obtient de cette manière, au moyen du poste avancé, *la surveillance exacte du terrain* dans tous ses détails. — Quant à la seconde partie du service des avant-postes, le *contact avec l'ennemi* et l'*observation de ses mouvements,* ce sont les *patrouilles* qui en sont chargées, et ce service, dans le système allemand, dépasse de beaucoup en importance celui des postes doubles. Importance qui n'a rien d'exagéré, suivant nous, ainsi qu'il a été établi précédemment.

On distingue particulièrement comme patrouilles :

1° Les patrouilles *rampantes* (*Schleich-Patrouillen*), composées de **2** ou 3 hommes, que l'on envoie en avant ou sur les flancs, pour découvrir l'ennemi, se tenir en contact avec lui, reconnaître un obstacle de terrain, parcourir un chemin, fouiller un bois, etc. ;

2° Les patrouilles *de visite* (*Visitir-Patrouillen*), fortes de **2** hommes, qui circulent sur la ligne des sentinelles, pour s'assurer qu'elles veillent bien, que les *postes* sont toujours à leur place ;

3° Les *grandes patrouilles,* dont la force dépasse 6 hommes, et qui ont pour rôle, soit de repousser les patrouilles de l'ennemi, soit de percer momentanément la ligne de ses sentinelles, soit encore de reconnaître le terrain, etc. — Comme on compte trois hommes par sentinelle, et qu'un poste avancé d'infanterie a au plus trois *postes* à fournir, on voit que le poste avancé aura d'abord **21** hommes exclusivement consacrés au service de garde ; en outre, comme il n'a pas plus de deux patrouilles à maintenir continuellement en mouvement, si chacune est de 3 hommes, et étant donné que l'on compte 6 hommes pour en relever une, il en résulte qu'il faut ainsi ajouter 18 hommes aux précédents; ce qui donne assez près de 40 soldats. Le nombre des postes avancés que fournit une compagnie est de deux.

Piquets. — Pour faciliter le service des piquets, on a soin de les faire toujours fournir par la même unité que celle qui détache les postes avancés. Une compagnie qui aura déjà deux postes de 40 hommes chacun fournira aussi un piquet de 140 à 160 hommes. Les postes avancés ne sont pas à plus de 800 mètres du piquet, pour être toujours à même d'en être rapidement soutenus.

Gros. — La force du gros se détermine d'après l'étendue du terrain à observer, et celle de la troupe qu'il s'agit de courir. Si la force des avant-postes ne dépasse pas deux compagnies, le gros se confond avec les piquets.

La distance qui sépare le gros des piquets ne peut être établie d'une manière fixe : il n'y a d'autre règle que la nécessité pour le gros de pouvoir secourir efficacement ses piquets sur la position qu'ils occupent. Quant à la distance qui doit séparer le gros des avant-postes du corps qu'il protége, il est admis que, dans les circonstances ordinaires, le gros sera éloigné de ce corps de 1000 pas au moins, et de un quart de mille (2000 pas) au plus.

Telles sont les prescriptions relatives au rôle des divers échelons de la ligne des avant-postes. Passons maintenant à ce qui concerne leur disposition sur le terrain, et la répartition des différentes armes entre elles.

Ainsi qu'on l'a vu, le service des avant-postes doit satisfaire à deux conditions distinctes, la surveillance du terrain et l'observation des mouvements de l'ennemi. De même, on divise le terrain sur lequel les avant-postes s'installent en deux zones : l'une, réservée à l'observation, l'autre, à la défense. Dès qu'on arrive sur le terrain, il faut tout d'abord reconnaître la ligne de défense (*Vertheidigungs-Linie*) que les avant-postes doivent occuper. Cette ligne ayant été déterminée, il reste à voir s'il est possible de pousser les postes avancés *au delà et en avant*, ou si l'on est obligé de les placer *sur cette ligne même*.

Dans le premier cas, on disposera les piquets sur la ligne de défense elle-même, aux points principaux qui peuvent servir d'appui à la résistance. En avant d'eux seront placés les postes avancés, de manière à surveiller les avenues de la position, et à éloigner les patrouilles ennemies. Si le terrain le permet, les postes avancés seront composés de cavalerie ; les piquets étant pour la majeure partie fournis par l'infanterie. Lorsqu'au contraire la ligne de défense concorde avec la ligne d'observation, et ce cas se présente fréquemment, on est dans la nécessité d'y placer les postes avancés, qui sont alors constitués avec de l'infanterie, pour leur permettre d'attendre l'arrivée des piquets, que l'on établit assez près d'eux. Le gros, dans chacun des cas, est toujours placé en arrière de la ligne de défense.

Il y a, comme on le voit dans cette application du terrain à l'assiette des avant-postes, une idée remarquable et concordant on ne peut mieux avec la relation toute naturelle qui existe entre le fonctionnement du système et la défense des positions. (On n'en saurait trouver de meilleur exemple que celui de l'occupation et de la mise en état de défense du plateau de la Celle-Saint-Cloud par les troupes allemandes, dans la dernière guerre).

Quant à la répartition des armes entre les échelons, l'usage est, *le jour*, et en terrain découvert, de donner le service des postes avancés à la cavalerie, et aussi quand on est à une certaine distance de l'ennemi ; tandis que *la nuit*, et dans les terrains difficiles et aussi dans le voisinage immédiat de l'ennemi, on fait fournir ces mêmes postes par l'infanterie. On mélange d'ailleurs les deux armes pendant le jour, pour faire exécuter les grandes patrouilles par la cavalerie, qui est beaucoup plus apte à ce service. Les piquets sont toujours composés d'infanterie. Cependant, on y joint quelquefois des piquets de cavalerie destinés à repousser les tentatives que ferait une cavalerie ennemie pour forcer les piquets d'infanterie à démasquer leur position.

Le gros est constitué par toutes les troupes qui ne sont pas utilisées aux petits postes et aux piquets. Il comprend toute l'artillerie attachée aux avant-postes; ce n'est que par exception, pour·enfiler un pont, une route, un défilé, que l'on attache 1 ou 2 pièces à un piquet. Les pionniers employés momentanément sur les points à fortifier pour aider et diriger les travailleurs de l'infanterie restent en principe attachés au gros.

Il est enfin à remarquer que les troupes des avant-postes font toujours partie d'un·corps ou d'une fraction de corps constitué, dont le chef reste directement responsable de toutes les mesures de sécurité à prendre. Ce commandant des avant-postes est en rapport direct avec le commandement supérieur et ne dépend que de lui; il est seul à donner ou à recevoir des ordres; il a l'initiative de la surveillance du service et de la conduite du combat en cas d'attaque. C'est un point capital, et admis en Allemagne comme de nécessité absolue.

Quelques indications, tirées de l'un des ouvrages allemands les plus récents (1), serviront encore à montrer comment dans la pratique le système fonctionne lorsqu'on l'applique à telle ou à telle unité. Il s'agit ici (*fig.* 82) d'un bataillon cou-

(1) *Exemples tactiques*, d'Helvig, 1re part., p. 123.

vrant une brigade au bivouac. La 1re et la 4e compagnie se sont portées en avant, chacune d'elles formant un piquet et

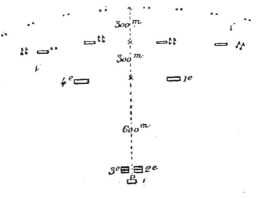

Fig. 82.

deux grand'gardes; celles-ci ne posent que les sentinelles doubles les *plus indispensables*; à 800 pas (559^m) en avant de la *chaîne* des sentinelles, des vedettes et quelques petites patrouilles de cavalerie ; à chaque grand'garde, 2 cavaliers ; le reste de la cavalerie se trouve près des 2e et 3e compagnies (gros des avant-postes).

Service italien (1).—Formé de trois lignes :

1° Les *petits postes* (*piccoli posti*), de 3 à 4 hommes, destinés à observer ;

2° La *grand'garde* (*gran-guardia*), pour protéger les petits postes et opposer la première résistance ;

3° La *réserve d'avant-postes* (*riserva d'avamposti*), pour renforcer la résistance des grand'gardes.

Petits postes. — Correspondent à nos petits postes (*Inst. prat.*, art. 15).

Grand'garde. — Est chargée de relever les petits postes.

(1) Règlement du 15 mai 1872 (trad. de MM. Durostu et Joly).

Un poste particulier (8 à 10 hommes), commandé par un offi-·
cier, sert de garde du camp; deux ou trois vedettes y sont placées pour observer les signaux des petits postes, et c'est là qu'on
dirige tous ceux qui ont à parler au chef de la grand'garde.

Réserve des avant-postes. — Établie dans son camp comme
si elle n'appartenait pas aux avant-postes; toutefois, il est
prescrit aux officiers et aux soldats de ne pas s'éloigner, afin
d'être prêts à prendre les armes à la première alerte.

Des *postes d'avis* (*posti d'aviso*) de 3 à 16 hommes sont
placés en avant ou même en arrière de la ligne, et sur des
points qui permettent de voir et de surveiller de grandes
étendues de terrain du côté de l'ennemi (clochers, hauteurs,
ponts, etc.); en général, ils ne doivent pas combattre.

Le service des avant-postes est complété par celui des patrouilles; mais celles-ci ne sont pas trop multipliées, en raison
de la fatigue que ce service donne aux hommes, et aussi pour
éviter « qu'un mouvement excessif et continuel autour des
avant-postes n'y maintienne un état permanent d'agitation,
qui est nuisible, et, la nuit, peut devenir dangereux. »

Deux sortes de patrouilles : les patrouilles *de ronde* et celles
de découverte.

Les premières, composées de 2 ou 3 hommes, et conduites
par des sous-officiers et même par des officiers, circulent intérieurement le long des petits postes, pour voir si ces derniers font bien leur service; elles sont détachées des grand'gardes. Celles de découverte, envoyées pour observer les positions
et les mouvements de l'ennemi, sont d'une force très-variable.

Nous finirons tout ce qui a trait au service des avant-postes
en ajoutant que dans l'armée autrichienne (1) la répartition

(1) *Dienst-Reglement für das K. K. Heer,* 2e part., ch. XIX (1874).

9.

des échelons se compose, comme en Allemagne, de postes avancés (*Feld Wachen*), de piquets (*Haupt Posten*), et d'une réserve des avant-postes (*Reserve der Vorposten*), placés d'une manière analogue sur le terrain, et que le système est également basé en grande partie sur le service des patrouilles.

CHAPITRE II.

SERVICE DE MARCHE.

I. Instruction du soldat. De l'avant-garde ;—service de l'extrême pointe ;—patrouilles, flanqueurs; - Exercices divers. — II. Instruction de la section. De la pointe, de la tête et du gros ;—service d'exploration des patrouilles plus ou moins fortes (bois, défilés, ponts, villages, etc.). Exercices divers. Progression. — III. Instruction de la compagnie. —Service de marche dans les armées allemande, autrichienne et italienne.

Bien qu'il soit plus que jamais du rôle de la cavalerie d'éclairer au loin la marche des colonnes, l'infanterie, qui doit toujours se protéger elle-même, le fait au moyen d'une *avant-garde*.

Celle-ci a pour mission de *découvrir* l'ennemi, de le *signaler* au corps qu'elle éclaire, de le *combattre* assez longtemps pour permettre à la colonne de se préparer au combat, et en même temps d'*écarter les obstacles* qui pourraient arrêter sa marche.

La force employée pour protéger une colonne étant toujours égale au quart de la troupe qui marche, le bataillon, par suite, a pour avant-garde une compagnie, et la compagnie, une section. Ce principe établi, nous passons de suite à ce qui a trait à l'enseignement pratique à donner au soldat.

I. — *Instruction du soldat.*

Celle-ci, au sujet des marches, ne comprend que ce qui est
relatif aux précautions à prendre pour la sûreté de la colonne,
et se résume pour le soldat à connaître le service de la pointe
d'avant-garde et celui qu'il doit pratiquer comme éclaireur ou
flanqueur. Il est indispensable, en effet, que le soldat sache
s'avancer avec précaution, *fouiller* un terrain quelconque,
découvrir l'ennemi, l'*observer* et *prévenir* de son approche. A
cela doit se borner son rôle, le reste étant l'affaire de ses
chefs : mais il y a beaucoup à lui apprendre pour le mettre
à même de bien remplir ce service, qui comprend la reconnaissance par les *éclaireurs* et les *patrouilles* de tous les
obstacles du terrain, le mode de *communication* de ces diverses fractions avec le reste de l'avant-garde, etc. On pourra
suivre pour ces exercices la progression indiquée ci-dessous :

ART. 1er.— *Placement d'une extrême pointe d'avant-garde (1).—For-*
mation de la pointe, de la tête et du gros. — Service
de l'extrême pointe. — Formation, service et marche
des diverses patrouilles.

La compagnie, forte de 60 hommes environ et répartie en
4 escouades, est conduite sur le terrain par le flanc et sans
aucune des précautions usitées habituellement pour la marche;
l'instructeur, qui a reconnu à l'avance le terrain en compagnie
du sous-officier destiné à commander l'ennemi, a envoyé
celui-ci, avec 10 à 12 soldats, se poster à l'endroit convenu.
(Il sera bon pour les premiers exercices d'opérer sur un terrain un peu accidenté, pour mieux faire comprendre aux
hommes la nécessité de se bien garder dans la marche). La

(1) Ce premier exercice de l'art. 1er est emprunté en partie aux
Exercices pratiques de l'ancien 5e corps, dont il a déjà été parlé.

compagnie ayant parcouru quelques centaines de mètres, on lui fait apercevoir, sur un des côtés de la route et vers la tête du détachement, une petite patrouille ennemie, qui disparaît rapidement en se défilant de son mieux. Il est expliqué aux jeunes soldats que ces hommes, qui étaient là pour observer la marche du détachement, appartiennent à une troupe ennemie, postée quelque part dans les environs... Tout à coup l'ennemi se montre sur le flanc du détachement, et placé dans une excellente position (derrière un enclos, un fossé, dans un bouquet d'arbres, dans une maison, etc.). On fait alors comprendre aux jeunes soldats ce qu'une marche, telle qu'elle est ainsi exécutée, peut avoir de dangereux, la colonne qui n'est en rien *prévenue à l'avance* des attaques que l'ennemi peut tenter contre elle, ne se trouvant pas en mesure de prendre *à temps* les dispositions nécessaires pour disperser l'ennemi. (Les quelques hommes qui ont été signalés se retirent, en prévenant par un coup de feu la troupe qu'ils éclairent. Le détachement ayant été arrêté, l'instructeur forme une *extrême pointe* d'avant-garde, composée de 3 anciens soldats, et l'envoie se placer, à la distance voulue, en avant de la tête de la colonne : 2 hommes en tête, dont le chef de la pointe, et à la même hauteur l'un de l'autre sur chacun des côtés de la route; le 3e, à 50m en arrière, pour maintenir la communication avec le reste de la pointe. On explique aux jeunes soldats comment les 2 hommes placés en tête se partagent la route, en s'avançant avec précaution ; comment ils s'arrêtent et se dissimulent de leur mieux, dès qu'ils aperçoivent l'ennemi, et comment le chef de la pointe envoie de suite prévenir de ce qu'il a découvert, tandis qu'en cas de surprise ou de danger imminent ils font feu et se replient sur l'avant-garde; on ajoute que le 3e homme a aussi pour mission d'avertir si les deux soldats de la pointe venaient à être enlevés, et de transmettre à l'avant-garde, par certains signaux convenus à l'avance, les indications qui lui sont données par le chef de l'extrême pointe, et que, dans le cas d'un tournant de route, il sert à indiquer au reste de la colonne la direction prise par l'ex-trême pointe. Il est bien expliqué aux hommes que le service de la pointe est le même que celui auquel ils ont été dressés précédemment comme sentinelles, avec cette seule différence qu'ils marchent au lieu de rester de pied ferme, et qu'en guise de s'appeler sentinelles *doubles* ou *volantes*, ils prennent le nom d'*hommes de la pointe*, d'*éclaireurs*, de *flanqueurs* (1). Mais ce n'est encore là qu'une partie de leur service, ainsi qu'on le verra plus loin.

Formation de la pointe, de la tête et du gros. — L'instruc-teur forme ensuite la compagnie dans la disposition prescrite pour une section servant d'avant-garde à une compagnie du pied de guerre, et la met en marche dans cet ordre. Les an-ciens soldats ont été placés de préférence au *gros*, afin de permettre aux jeunes qui composent la *pointe* et la *tête* de mieux saisir le détail des opérations qui doivent se passer devant eux ; quelques anciens, choisis tout particulièrement, restent avec les jeunes pour les guider comme chefs de pa-trouille. Sans former encore d'arrière-garde, l'instructeur ex-plique en peu de mots aux jeunes soldats que la disposition en est à peu près identique à celle de l'avant-garde. L'itiné-raire à suivre est donné au chef de la pointe. On fait en même temps comprendre aux hommes que les soldats de l'*extrême pointe* sont les éclaireurs de la troupe déployée en tirailleurs, que la *pointe* correspond aux tirailleurs et aux renforts, que la *tête* forme le soutien, et le *gros*, la réserve.

(1) L'*École du soldat en campagne*, Paris, Berger-Levrault, p. 46.

Service de l'extrême pointe. — Pour cette partie de l'exercice, il a été fait choix d'un terrain présentant en plus ou moins grande partie les divers accidents du sol, que les soldats doivent être exercés à reconnaître avant de les franchir (chemins, défilés, hauteurs, bouquets de bois, maisons, etc.). A proximité de chacun de ces obstacles, l'instructeur arrête la colonne et explique aux hommes de la pointe de quelle manière ils doivent le reconnaître. A une séance suivante, on exerce les jeunes soldats à passer à leur tour par cette instruction. Nous allons à ce sujet entrer dans quelques explications succinctes, qui mettront l'instructeur mieux à même de bien diriger ses hommes.

On choisit de préférence les hommes de la pointe parmi les sapeurs des compagnies; le soldat qui en est le chef aura été muni d'une petite carte ou d'un croquis qui lui sert à mieux se rendre compte à l'avance du terrain qu'il doit traverser. Ils portent l'arme horizontale, prêts à faire feu, et ont soin qu'aucun bruit provenant du choc de quelque effet d'équipement ne révèle leur présence.

Terrain accidenté. — Sur un tel terrain la marche est difficile, parce que le soldat est exposé à trouver l'ennemi derrière chacun des obstacles. Les hommes ne s'avancent donc qu'avec beaucoup de circonspection. La marche se compose ainsi de plusieurs temps d'arrêt plus ou moins courts, pendant lesquels l'éclaireur reconnait le terrain environnant et le poste suivant à gagner. Ces stations sont plus ou moins rapprochées, suivant la distance à laquelle on est de l'ennemi, la nature du terrain, qui se prête aux surprises, ou ne leur est pas favorable, etc. Le soldat interroge tout du regard, et cherche, *le premier*, à découvrir l'ennemi avant d'en être aperçu.

Terrain plat et découvert. — Si les surprises de la part de ce dernier sont alors moins à redouter, il est aussi plus difficile de lui cacher sa présence : le soldat redouble donc d'attention, pour ne pas se laisser prévenir par l'ennemi. Il profite des moindres obstacles pour dissimuler sa marche, ne s'avançant que sur les bas-côtés des routes, dans les fossés, et tient d'autant plus compte des divers abris qui peuvent recéler l'ennemi, qu'ils sont plus clair-semés (1).

Mais il importe que les éclaireurs fassent leur reconnaissance, non-seulement avec exactitude, mais *d'une manière rapide,* afin que la marche de la colonne n'en soit pas retardée.

Indices. — Il y a tout d'abord à tenir compte de divers *indices,* dont la connaissance permet au soldat de suivre les traces de l'ennemi. Bien que l'éclaireur ne soit pas appelé, comme le chef, à tirer certaines conséquences des renseignements qui lui sont demandés, il est évident que son rapport sera bien plus précieux pour ce dernier, s'il comprend plus ou moins le sens des indices qui se révèlent à lui. Sur une route, les empreintes nombreuses de pas de chevaux, de roues, indiquent la force de l'ennemi, sa composition et sa direction ; quelques traces d'effets, quelques munitions trouvées sur le sol ou dans les fossés indiquent également la présence de l'ennemi, etc. Dans un bois, les branches cassées et les herbes foulées sont des indices sûrs de son passage. Dans un lieu habité, on remarque si, d'après la figure des habitants, il ne se passe rien d'extraordinaire ; si les gens sont à leurs travaux accoutumés, tous indices que l'ennemi n'est

(1) Ces observations sont tirées en partie de la petite brochure déjà citée : l'*École du soldat en campagne.*

pas là (1); l'aboiement des chiens, quand il se produit d'une manière générale et extraordinaire, est à noter. Tenir compte des nuages de poussière qui révèlent souvent la marche d'une troupe, et dont l'épaisseur ou la forme sont dues à telle ou telle arme, etc. Beaucoup de feux allumés indiquent une feinte de l'ennemi, qui veut se retirer ; des feux mal entretenus signifient qu'il vient de se mettre en marche. Une fumée épaisse et provenant de foyers nombreux révèle l'emplacement des cuisines, etc.

Routes, chemins latéraux. — Les soldats marchent dans les fossés qui bordent la route, ou à quelque distance sur les côtés, s'il s'y trouve des abris utiles. Quand on rencontre un chemin débouchant sur la route, un des hommes s'y engage à une certaine distance, pour le reconnaître à la vue, tandis que son camarade se tient un peu en arrière pour lui prêter secours au besoin. Le chef de la pointe, dans toutes les explorations qui se présentent, ne marche jamais en tête.

A travers champs, utiliser les haies, les fossés, les sillons et les moindres accidents parallèles ou perpendiculaires à la direction suivie : le soldat s'arrête un instant derrière chacun d'eux et les franchit ensuite rapidement.

Plis de terrain, hauteurs. — Le soldat qui est en tête les gravit d'abord avec précaution, en rampant jusque sur la crête, et examine le terrain environnant ; le second, qui est le chef de la pointe, le suit à distance, prêt aussi à faire feu (pour le cas où l'ennemi se montre à peu de distance et en forces). Le premier, n'apercevant rien de suspect, fait signe à l'autre de le suivre, et tous deux continuent leur marche. Le 3e soldat s'est tenu en arrière, à la distance qui le sépare

(1) Le Louterel, *Manuel des reconnaissances militaires*, p. 107.

des deux premiers ; il a pour rôle de transmettre au caporal, chef de la pointe, les communications qui l'intéressent. A défaut d'autres signes, il indique par un geste de la main à la pointe qu'elle doit s'arrêter, quand il voit que ses deux camarades de l'extrême pointe se disposent à procéder à quelque exploration ; le caporal chef de la *pointe* prévient à son tour la *tête* de faire halte, etc. Règle générale pour tous les cas qui se présentent dans le service des éclaireurs de la pointe.

Défilés, chemins creux, ponts, etc. — Les deux hommes s'engagent rapidement dans le défilé, en marchant à une certaine distance l'un de l'autre ; le 3e soldat reste un instant à l'entrée, et indique ensuite à la pointe par un signal qu'elle peut les suivre ; il rejoint alors ses camarades. Les chemins latéraux et le terrain avoisinant sont fouillés par les éclaireurs, quand il s'agit d'un défilé à *côtés accessibles*, mais seulement si l'exploration ne doit pas en être trop longue, en raison des difficultés du terrain ; dans ce dernier cas, ils traverseraient rapidement le défilé sans s'occuper des flancs.

Dans un chemin creux, les hommes s'avancent de même, suivant les deux crêtes qui le bordent, tandis que le troisième n'y pénètre qu'un peu après, pour attendre le résultat de l'exploration de ses camarades, et donner à la pointe le temps de s'avancer, etc.

Avant de s'engager sur un pont, les deux soldats de la pointe ont bien soin de reconnaître si le tablier ou quelque travée n'ont pas été coupés ; ils le traversent ensuite au pas de course, de la manière qui vient d'être indiquée pour un défilé à flancs *inaccessibles*.

Marais, cours d'eau, gués. — A la rencontre d'un obstacle de ce genre, les deux éclaireurs se réunissent sur la route suivie par la colonne, et, dès que l'obstacle est franchi, s'écartent de nouveau à droite et à gauche. En présence d'un cours d'eau qui les arrête, et s'ils n'ont pu se renseigner par quelque habitant, pour savoir s'il existe un gué, ils préviennent de suite le chef de la pointe, qui fait sonder le cours d'eau.

Bouquet de bois. — Les deux soldats de la pointe suivent d'abord la lisière, pour s'assurer qu'il n'est pas occupé, et s'y engagent ensuite avec précaution, tandis que l'autre reste en arrière et sur le côté, afin d'indiquer que le bois est fouillé par la pointe. (S'il s'agit d'un bois un peu étendu, une patrouille de quelques hommes a été envoyée de la *tête* ou du *gros* pour l'explorer en même temps).

Haies, clôtures. — Sont interrogées du regard et fouillées ensuite par les deux hommes, qui suivent la règle établie, ne s'avançant que l'un derrière l'autre, et à quelques pas de distance, le 3e restant toujours en arrière, pour prévenir.

Maisons. — Dès qu'on vient à rencontrer une maison, il faut écouter et observer au dehors, en prenant toutes les précautions nécessaires pour n'être pas vu ; puis, les deux hommes continuant à s'avancer, s'y jettent résolûment, dès qu'ils n'en sont plus qu'à quelques pas ; leur camarade s'arrête à 50 ou 60 pas derrière, et se tient caché. Si le terrain est tout à fait découvert, ils s'avancent tous les trois au pas de course, et, quand la disposition des lieux le permet, de manière à entourer la maison. Tandis que le chef se tient à l'entrée principale, l'autre soldat pénètre dans la maison ; le troisième, suivant le cas, est resté caché à 50 ou 60 pas dehors, ou garde une autre des issues. Le soldat qui a pénétré à l'intérieur en fait sortir le propriétaire ou toute autre personne, par laquelle le chef des éclaireurs se fait renseigner exactement. Ils pénètrent alors tous deux dans la maison, qu'ils fouillent de fond en comble. Si, au bout de quelques instants, le soldat qui est au dehors ne voit pas reparaître ses camarades, et si ces derniers ne répondent pas non plus à son appel, il fait le signal de *rencontre de l'ennemi*, et bat en retraite à quelques pas, pour attendre l'arrivée de la pointe. Celle-ci pénètre à son tour dans la maison, etc.

Villages. — Si l'on doit traverser un village, les hommes de la pointe s'arrêtent à l'entrée des premières maisons, et se saisissent de l'une des personnes qu'ils rencontrent. On s'empare de préférence d'un enfant. Faciles à gagner ou à intimider, les enfants déguisent rarement la vérité, quand on sait les interroger adroitement. Si l'on a quelque raison de penser que l'individu interrogé ne dit pas la vérité, on le menace de faire feu sur lui. En entrant dans le village, les deux hommes de la pointe marchent l'un derrière l'autre contre un des côtés de la rue, en observant de leur mieux les façades des maisons opposées. Si la direction qui doit les conduire hors du village ne leur est pas bien connue, les éclaireurs s'emparent de quelque habitant pour se la faire indiquer.

L'extrême pointe fait prisonniers les soldats ennemis isolés, les déserteurs, les personnes qu'elle rencontre, et les remet à la pointe. Elle ne permet à aucune personne *de continuer sa marche du côté de l'ennemi.*

Haltes. — Quand on s'arrête, si la pointe se trouve au bas d'une pente ou d'une colline, elle continue à marcher, jusqu'à ce qu'elle en ait gravi le sommet ; il en est de même de tout obstacle devant lequel elle ne s'arrête jamais sans l'avoir exploré.

Marche de nuit. — Eviter de faire le moindre bruit, se garder plus par l'ouïe que par les yeux ; assujettir solidement toutes les parties de l'équipement ; ne pas marcher sur les cailloux ; suivre de préférence l'herbe ou la terre ; — dans les bois, éviter de casser les branches, de faire craquer le bois mort, etc. — En un mot, dissimuler le plus possible le bruit de ses pas, s'arrêter souvent, marcher à petits pas, écouter en plaçant l'oreille contre terre, etc. Si l'on arrive de nuit à l'entrée d'un village ou près d'une maison habitée, les deux éclaireurs, se faufilant silencieusement jusqu'aux premières maisons, s'arrêtent, écoutent, jugent par le bruit de la présence ou de l'absence de l'ennemi. L'un d'eux, enjambant une haie, s'approche d'une fenêtre éclairée, regarde dans l'intérieur, et revient rendre compte à son camarade. Un habitant est alors saisi et conduit au chef de l'avant-garde, qui l'interroge (de Brack).

Il ne s'agit d'abord que d'une marche descriptive, pour laquelle on utilise les obstacles qui se présentent; les hommes de la pointe sont ensuite exercés à signaler la présence de l'ennemi, que l'on suppose battre en retraite et occuper les divers points avec une arrière-garde.

Formation, service et marche des diverses patrouilles. — L'instructeur, ayant alors arrêté la colonne, explique aux jeunes soldats comment il serait insuffisant, pour protéger la marche, de s'en tenir à l'emploi des hommes de l'extrême pointe, l'attaque de l'ennemi devant venir bien plus des côtés que de la tête, et leur explique le but des *patrouilles,* qui permettent à une colonne en marche de s'éclairer sur ses flancs. La patrouille la plus faible, et celle dont on se sert habituellement dans le service de marche, se compose de 3 hommes ; celui qui la commande est choisi avec soin, et les hommes sont pris de préférence parmi les soldats de 1re classe intelligents et bons tireurs. Il est d'autant mieux nécessaire de bien former les hommes à ce service, *qu'on n'a pas le temps à la guerre* de leur donner toutes les indications de détail, et qu'il sera avantageux de pouvoir se borner à dire alors aux patrouilles, désignées à l'avance par leur numéro : « *patrouille de droite ou de gauche* (ou patrouille n° 1, n° 2, etc., etc.), *en avant, jusqu'à tel point du terrain* », sans plus d'indicacations. Elles préviennent de suite, soit *la pointe*, soit *la tête*, soit *le gros* de ce qu'elles découvrent. Il est important de bien expliquer aux hommes envoyés en patrouille *comment ils doivent rejoindre, à quel moment*; soit à la première halte, soit en prenant la gauche de la colonne, quand celle-ci est peu considérable.

Les patrouilles sont fournies par *la pointe* d'abord et ensuite par *la tête* et *le gros*; elles sont en général de 3 hommes; mais, quand il en est besoin, on tire de la tête et du gros des patrouilles dont la force varie de 5 ou 6 à 12 ou 15 hommes. Celles-ci ont pour mission de fouiller des obstacles d'une certaine étendue; elles marchent suivant les principes précédemment indiqués. Il est bon de les désigner aussi à l'avance.

Indépendamment des *flanqueurs,* dont il sera parlé plus loin, le corps principal se couvre aussi par des patrouilles plus ou moins fortes.

L'instructeur, avant de se mettre en marche, a fait désigner à l'avance les patrouilles que doivent fournir, suivant les besoins, la pointe, la tête et le gros, pour explorer la route à au moins 200 mètres sur chacun des côtés. Après avoir donné au chef de la pointe l'ordre de faire sortir deux patrouilles, il indique aux hommes désignés, en présence des jeunes soldats, la manière dont ils doivent s'avancer : marche analogue à celle des patrouilles rampantes dont il a été parlé. On les prévient aussi qu'ils doivent suivre latéralement la marche de la pointe d'avant-garde, etc. Puis, la colonne est mise en marche, et l'on fait sortir les patrouilles. Au bout de quelques instants, l'instructeur arrête sa troupe, pour montrer aux jeunes soldats que chacun de ces groupes est disposé comme l'extrême pointe, ces hommes ayant à remplir sur chacun des côtés de la route le même rôle que les soldats de la pointe à la tête de la colonne ; on leur fait encore remarquer comment chaque patrouille, s'engageant dans un chemin ou à travers champs, laisse à portée de la route le 3ᵉ homme, qui, averti par un signal de la *présence* de l'ennemi, de sa *force*, de sa *direction*, etc., prévient à son tour, soit le chef de la pointe, soit celui de la tête, par un signal également convenu à l'avance. Les patrouilles ne font feu que s'il n'y a pas *d'autre moyen* de prévenir à temps du voisinage de l'ennemi.

Remarque. — D'après l'*Instruction pratique* (art. 51), les éclaireurs préviennent par un signal (?) le sous-officier de la pointe de la présence de l'ennemi, puis s'arrêtent, et cherchent à se dissimuler. Celui-ci se porte *à leur hauteur*, et rend compte rapidement au chef de la pointe. Il sera toujours bien difficile d'appliquer ces prescriptions, qui n'ont rien de pratique, demanderaient un temps très-long, ou forceraient à arrêter la colonne. Tout ce que pourront faire les hommes sera de prévenir les subdivisions qui marchent en ce moment à leur hauteur. L'instruction du service italien n'a pas beaucoup mieux résolu cette difficulté. Il y est dit (p. 62) que, l'un des trois hommes s'arrêtant à la bifurcation du chemin dans lequel s'engage la patrouille, les deux autres s'avancent en cherchant à dissimuler leur marche, et qu'ils parcourent un trajet tel que *l'aller et le retour s'opère dans le temps que met toute la colonne à défiler en avant du chemin*. S'ils ont découvert quelque trace certaine de l'ennemi, ils font un signe convenu au troisième homme, et celui-ci prévient de suite l'officier qui passe à sa hauteur. Ils prennent alors la queue de la colonne et rejoignent l'avant-garde à la première halte. On remarquera à ce sujet que les signaux convenus à l'avance n'en diront pas assez sur l'ennemi, sa force, sa position, etc., et qu'ils ne pourront être aperçus du troisième homme qu'après que les deux autres, quittant leur poste d'observation, auront battu en retraite assez rapidement. Ce qui les obligera à se découvrir, nécessitera quand même un certain temps, etc. Nous verrons plus loin comment les éclaireurs et les patrouilles peuvent prévenir par des signaux les diverses subdivisions de l'avant-garde. Mais il reste toujours dans l'emploi des patrouilles certaines difficultés auxquelles on aura peine à remédier; quand on a besoin d'envoyer une patrouille sur un point donné, il faudrait qu'elle s'y trouvât déjà rendue; — le plus souvent, comme elle ne pourra transmettre aucun avis de loin, il sera nécessaire d'arrêter indéfiniment la colonne; — à son retour, le moment opportun d'agir sera passé; et, si l'on a marché, le chef de la patrouille ne pourra plus rendre compte de sa mission à l'officier qui l'a envoyé, etc.

Des flanqueurs. — Le service des patrouilles devra, en conséquence, être complété par celui de *flanqueurs*, tels qu'ils sont indiqués dans l'*Instruction pratique* (art. 62, p. 115). Ces détachements, qui marchent sur le flanc du corps principal, et détachent eux-mêmes quelques petites patrouilles, ont soin de précéder la colonne d'une certaine distance, en partant quelques minutes à l'avance, un quart d'heure tout au plus; de cette manière, ils se relient encore mieux à l'avant-garde. Les flanqueurs pourraient ainsi éclairer les flancs de la colonne à une distance plus grande sur les côtés; au moyen de quelques hommes de communication, il serait facile à leur chef de transmettre rapidement les quelques avis nécessaires, et qui sont en petit nombre : l'*ennemi en marche, ou caché dans telle direction ; — infanterie, cavalerie, etc.; — sa force*, etc. La difficulté que l'on éprouvera toujours à faire partir et rentrer les patrouilles sans arrêt de la colonne rend avantageux l'emploi de ces flanqueurs. Sans rien enlever d'ailleurs de leur utilité aux patrouilles lancées sur place par la colonne; car il peut arriver que dans un pays couvert ou accidenté quelque groupe ennemi soit resté inaperçu des flanqueurs.

Aux patrouilles et aux flanqueurs, de quelque manière qu'on les emploie, on donnera les consignes suivantes :

1° *Quand on n'a encore rien découvert au sujet de l'ennemi*, observer attentivement, et se tenir en communication avec la pointe, dans la marche en avant;

2° *Si l'ennemi est aperçu au loin*, donner avis en criant sur place, en faisant un signal, ou en venant prévenir sans être aperçu de lui;

3° *L'ennemi paraissant subitement*, tirer un coup de feu comme signal;

4° *En présence d'une patrouille ennemie*, l'observer à couvert, et, si elle bat en retraite, la suivre; — l'attaquer subitement avec audace, si elle reste en place, en évitant de tirer, si l'on peut (1).

L'instructeur, ayant par ce qui précède donné à ses hommes une première idée du service d'éclaireurs dans la marche, complète leur instruction par les exercices qui font l'objet de l'article suivant. Il détache, avec six ou huit anciens soldats destinés à figurer l'ennemi, un sous-officier auquel il donne ses instructions, et, avant que l'avant-garde soit mise en mouvement, l'envoie sur le terrain qu'il a

(1) Major d'Arnim, *Journ. d'un chef de comp.*, 1re part., p. 36.

choisi à l'avance, et qui est assez accidenté pour que les hommes de la pointe ne puissent découvrir les emplacements occupés par l'ennemi. Les éclaireurs qui marchent en tête de la colonne ont été prévenus de la conduite qu'ils ont à tenir pour le cas où ils *rencontreront l'ennemi,* en marche ou embusqué, et savent quels *signaux* ils ont à faire à ce sujet. Il en est de même pour les patrouilles qui éclairent les flancs de la colonne.

ART. 2 — *Ennemi signalé par un éclaireur de la pointe. — Ennemi signalé par une des patrouilles. — Enlèvement d'éclaireurs ennemis par une patrouille. — Marche en retraite de la colonne. — Relever les éclaireurs et les patrouilles.*

La colonne s'est mise en marche. Tout à coup l'un des éclaireurs découvre l'ennemi, mais à une distance assez éloignée : il en prévient le soldat qui les relie à la pointe, et celui-ci transmet le même signal. Ainsi qu'il a été dit plus haut (p. 16), on peut évaluer la distance par certains gestes de la main droite; par exemple, en la tenant horizontalement, pour indiquer un éloignement de 500 mètres, et dans une position verticale, pour marquer successivement des distances de 100 mètres, etc. Le sabre tiré du fourreau et élevé un peu en l'air indiquera la *cavalerie;* le fusil, dans la même position, l'*infanterie;* un geste de l'un ou de l'autre bras fait connaître la direction suivie par l'ennemi ou l'emplacement qu'il occupe. (Le chef de la pointe arrête de suite ses dispositions pour prendre au besoin sa formation de combat; aussitôt signalés, ou quand ils croient avoir été aperçus, les anciens soldats qui figurent l'ennemi se retirent). Un peu plus loin, l'éclaireur qui est en tête, en arrivant à un tournant de chemin, découvre quelques cavaliers ennemis postés

10

derrière une haie, et qui ne sont qu'à 300 mètres du flanc de la colonne : le coup de feu qu'il lâche de suite permet au commandant de l'avant-garde de prendre rapidement ses dispositions de combat. L'ennemi n'avait pour but que d'observer : il s'éloigne alors, et la colonne reprend sa route. Parvenu à quelques centaines de mètres plus loin, à un coude que fait le chemin, les hommes de la pointe trouvent la route obstruée par des abatis, et sur la droite découvrent quelques soldats ennemis, embusqués derrière des levées de terre. Attaquée par l'ennemi avant d'avoir pu tirer, l'extrême pointe se déploie aussitôt en tirailleurs, et, soutenue par le reste de la pointe et par la tête, résiste avec acharnement, pour donner au gros de la colonne le temps de se mettre en défense ou de battre en retraite. — Supposer encore que, les deux premiers hommes de la pointe ayant été enlevés ou tués par l'ennemi, le troisième soldat fasse feu et rejoigne l'avant-garde au pas de course, etc. Si l'on ne peut tirer à blanc, un signal convenu à l'avance remplira le même but.

Ennemi signalé par une des patrouilles. — Mêmes indications à ce sujet que pour l'extrême pointe. Dès qu'un coup de feu est tiré, les éclaireurs de la tête se replient sur la pointe; le caporal chef de la pointe envoie en même temps prévenir que l'ennemi se montre en avant de la colonne. Dispositions prises par les chefs de la pointe, de la tête et du gros, etc. Après avoir fait entendre aux jeunes soldats le rapport de l'homme envoyé de la pointe, l'instructeur se porte vers la tête de la colonne, et rectifie ce que les dispositions prises pouvaient avoir de vicieux. L'ennemi, qui est inférieur en nombre et voit le détachement en bonne position, se retire presque aussitôt. On a ensuite rétabli la pointe d'avant-garde et les patrouilles dans leur ordre primitif.

Enlèvement d'éclaireurs ennemis par une patrouille. — Nous laissons à l'instructeur le soin d'organiser lui-même sur le terrain le plus propice cette partie de l'exercice. Il pourra supposer qu'une patrouille de trois hommes est parvenue, en dissimulant habilement sa marche, à couper de leur ligne de retraite un même nombre d'ennemis, qui, s'avançant comme éclaireurs d'une forte patrouille, ont marché sans rien suivre des précautions habituelles. Cette opération ne doit nécessiter aucun coup de feu.

Marche en retraite de la colonne. — L'instructeur met la colonne en marche, après avoir placé une escouade en *arrière-garde ;* celle-ci se tient à environ 200 mètres du corps principal et détache à 100 mètres plus loin une pointe de trois hommes; le chef de la pointe marche en arrière de ses deux hommes. Un coup de feu signalant la présence de l'ennemi, qui se montre en forces, en avant et sur le flanc droit de la colonne, il ne reste plus à celle-ci qu'à battre en retraite. L'instructeur fait prendre rapidement une position de combat à son avant-garde, désigne deux fortes patrouilles, auxquelles il donne ses instructions, et complète rapidement son arrière-garde, qui se met en marche de suite, tandis que l'avant-garde et les deux patrouilles destinées à contenir l'ennemi sur les flancs de la colonne continuent à combattre avant de commencer aussi leur mouvement de retraite. Comme il ne s'agit ici que de l'instruction du soldat, les hommes qui figurent l'ennemi se retirent de suite. On arrête alors la colonne, pour montrer aux jeunes soldats que la disposition de l'arrière-garde actuelle ne diffère en rien de la formation qu'elle avait primitivement, et leur faire remarquer de quelle manière la pointe, la tête et les deux patrouilles s'étaient formées pour contenir l'ennemi et le combattre.

Relever les éclaireurs et les patrouilles. — Il est difficile de poser des règles pour la manière de les relever, le temps pendant lequel les hommes désignés pour ce service peuvent s'en acquitter sans trop de fatigue dépendant avant tout de la nature du terrain, du chemin parcouru, etc. Mais, comme ce service est très-pénible, en raison du poids que portent les hommes, on pourra poser comme règle que les *détachés* rentreront toutes les heures à chacun des repos. Cette prescription aura pour avantage de ne pas laisser les hommes trop longtemps loin de toute surveillance. Les éclaireurs et les patrouilles désignés à l'avance pour marcher se mettront en route au premier signal de la halte, tandis que les hommes qu'on relève, dès qu'ils ont été rejoints par les nouveaux, se dirigent vers la tête de la colonne. On pourrait aussi ne faire rentrer les patrouilles que toutes les deux heures, en raison de leur éloignement, et aussi pour éviter que trop d'allées et venues ne trahissent la marche de la troupe.

Les exercices qui précèdent renferment à peu près tout ce qu'il importe d'enseigner au soldat sur les principes de sûreté dans la marche; mais il sera facile à l'instructeur de les compléter au moyen des quelques autres données que lui suggérera sa propre expérience de ces exercices pratiques.

II. — *Instruction de la section.*

Les soldats étant déjà familiarisés avec les prescriptions relatives au service de sûreté, il est nécessaire de les faire passer par les diverses circonstances qui sont de l'application la plus usuelle à la guerre, et dont l'ensemble se rattache à l'instruction pratique de la section. De même que pour ce qui a trait au service de sûreté en station, il ne peut être

question ici d'école d'*escouade*, car aucune instruction particulière ne correspond à ce fractionnement tactique de la
compagnie. Ne pouvant entrer dans le détail de tous les cas
que la configuration du terrain peut suggérer à l'instructeur, nous nous bornerons à donner comme exemples de ces
applications pratiques les quelques exercices qui suivent, et
lesquels rentrent dans chacun des articles de la progression
de l'*Instruction pratique*.

Mais il nous faut d'abord établir certaines prescriptions
relatives aux différentes parties dont se compose l'avant-garde,
car il n'a encore été question que des éclaireurs de la tête et
des patrouilles.

Pointe d'avant-garde. — Le chef de la pointe est responsable de la direction suivie. Il est à cet effet muni d'une carte,
et avec lui marchent les guides donnés à la colonne. (Les
guides sont attachés avec le plus grand soin, et on ne les
perd pas de vue; s'ils sont montés, on leur lie un pied à
l'étrier, tandis que le cheval est conduit à la main par celui qui
est chargé de le surveiller). La pointe reconnait, détruit ou répare les obstacles qui se trouvent sur la route, tels que ponts
coupés, abatis, barricades, etc. Quand la colonne s'arrête,
l'avant-garde n'hésite pas à *se porter un peu en avant*, pour
s'établir sur une hauteur; de même, elle reculerait au besoin
pour occuper de nouveau *les positions dominantes peu éloignées* qu'elle aurait déjà franchies.

Quand elle découvre l'ennemi, les hommes cherchent à
occuper des positions avantageuses d'où ils puissent bien
l'apercevoir sans se découvrir.

La pointe s'arrête, et prévient le chef de l'avant-garde,
quelle que soit la faiblesse de la troupe ennemie, *elle ne doit
pas l'attaquer sans ordre.*

10.

Elle arrête les déserteurs et tous les individus qu'elle rencontre, pour les envoyer au chef de l'avant-garde, et ne permet à personne de continuer sa route du côté de l'ennemi.

Tête. — Le chef de l'avant-garde, à proximité de l'ennemi, se porte à la pointe, quand il y croit sa présence nécessaire, mais se tient habituellement à la hauteur de la tête. Celle-ci suit tous les mouvements de la pointe, et participe avec elle aux reconnaissances dont il sera parlé plus loin. Il ne sera rien dit du *gros,* qui ne prend part en rien au service particulier d'exploration de l'avant-garde, si ce n'est au besoin par l'envoi de quelques fortes patrouilles.

Arrière-garde. — Dans une marche en retraite, c'est elle qui coupe les ponts, détruit les barricades, obstrue les rues des villages, en y renversant des chariots chargés (de préférence celles qui contiennent du fumier), etc. Quand on marche en avant, elle éclaire la colonne sur ses flancs par une ou deux patrouilles.

Du chef de l'avant-garde. — L'attention de cet officier est constamment dirigée du côté des éclaireurs. A moins d'ordres contraires du chef de la colonne, l'avant-garde évite le combat. Forcée par l'ennemi de combattre, elle soutient d'abord l'attaque dirigée contre l'extrême pointe ou les patrouilles, et, s'emparant des positions qui sont à sa portée, prend une position défensive. Il se pourrait en effet que l'avant-garde (1), si elle n'agissait de la sorte, ne fût appelée trop souvent à combattre, car elle est exposée à subir de la part de l'ennemi ces attaques ou démonstrations fréquentes. Aussi, le chef de la colonne, près de l'ennemi, marche avec l'avant-garde ; s'il veut combattre, il la renforce et la tient prête à attaquer.

(1) Colonel Philebert, *Méthode d'instruction prat.*, 1875.

Il y a du reste à ce sujet deux opinions contraires, que nous résumerons en peu de mots (1).

1° Les uns admettent que l'avant-garde, sérieusement menacée, doit battre en retraite. Car les troupes de première ligne se portant à son secours, il arrivera souvent que le théâtre du combat sera déplacé et transporté contre les intentions du chef de la colonne au delà du terrain choisi par lui à l'avance.

Ou bien, si l'ennemi a l'avantage, l'avant-garde aura tout d'abord à battre en retraite, opération difficile et d'un mauvais effet sur l'esprit des soldats.

Si l'on veut obliger l'ennemi à un déploiement de forces, il vaut mieux que ce soit au moyen de dispositions prises par le corps principal.

2° Les raisons qu'on donne en faveur de l'autre opinion sont loin d'avoir la même force.

En livrant ainsi bataille à l'ennemi, dit-on, et un peu en avant de la position que l'on a soi-même choisie, on force l'ennemi qui veut tenter une reconnaissance à la pousser à bout et à engager le combat de telle sorte qu'il ne puisse plus revenir en arrière.

Le chef de l'avant-garde (2) s'est tout d'abord attaché à reconnaître de suite lui-même la *présence* de l'ennemi et à la *signaler* de suite au commandant de la colonne; s'il voit qu'il lui est impossible de continuer sa route, il prend ses dispositions en raison du terrain, et attend les ordres de son chef.

Comme pour le reste de la colonne, toutes les fractions de l'avant-garde marchent par le flanc, et de préférence sur

(1) *Rev. mil. de l'Étr.*, 1876, 8 avril.
(2) Général Paris, *Tactique appliquée*, p. 194.

le côté droit de la route, de manière à laisser le côté gauche libre à la circulation des autres armes, à la transmission des ordres, etc.

Service d'exploration des patrouilles ordinaires, ou plus ou moins fortes. — Il nous faut maintenant indiquer en peu de mots de quelle manière une section ou compagnie d'avant-garde, et dans la formation habituelle, agira pour reconnaître les divers accidents du sol qu'elle a successivement à traverser. Les règles posées ici pour une section sont applicables au cas d'avant-gardes plus fortes. (Une compagnie forme la *pointe* d'avant-garde, dans les deux cas de la marche d'une division et de celle d'un corps d'armée) (1), à 250 mètres en arrière du peloton qui relie la colonne avec le gros de la cavalerie et les colonnes voisines.

Bois. — Serviront souvent en campagne d'abris aux troupes ennemies, qui s'y postent pour surveiller et suivre la marche des colonnes. Il se présentera deux cas : le bois est situé sur un des côtés de la route ; il est traversé par la route elle-même.

Dans le premier cas, une patrouille a été envoyée à l'avance du côté du bois, pour renforcer les flanqueurs qui s'en approchent déjà. Cette patrouille, forte de 7 à 8 hommes et fournie par la tête, rallie les premiers éclaireurs et cherche à aborder le bois par un des saillants, et de préférence sur un point élevé, de façon à éviter le feu de la défense, si le bois est occupé. Après avoir franchi la lisière, elle s'avance avec précaution, en se développant sur une certaine étendue, mais de manière que les hommes ne se perdent pas de vue; elle laisse au dehors un ou deux soldats, qui doivent toujours se

(1) *Instruct.* du général Deligny (1874).—*Inst.*minist. du 10 mai 1876.

tenir en communication avec leurs camarades, et servent à renseigner la colonne sur l'opération tentée par les éclaireurs, qu'ils ne perdent jamais de vue. Ces deux hommes rejoignent la patrouille en longeant le bois extérieurement, aussitôt qu'ils la voient déboucher au dehors ; si la forme du bois s'y prête, ils suivent la patrouille parallèlement à la route, etc. Celle-ci s'engage jusqu'à une certaine distance dans l'intérieur du bois, mais sans perdre sa ligne de retraite, et revient par la même route, à moins que le bois ne soit assez clair-semé pour qu'elle puisse déboucher latéralement au dehors sans crainte de s'égarer. Si rien de suspect n'y a été découvert, il est probable que l'ennemi ne l'occupe pas ; l'étendue du bois, dans ce cas, est telle, que le temps manque à la patrouille pour l'explorer complétement. Mais, comme il importe que la mission soit remplie jusqu'au bout, le chef de la patrouille ne se retirerait pas sans avoir fait explorer par un ou deux hommes des plus adroits les fourrés ou autres lieux qui lui sembleraient pouvoir cacher l'ennemi. Il suffit, d'ailleurs, pour la sécurité de la colonne, que celui-ci ne se trouve pas posté dans le bois à une distance plus ou moins rapprochée de la lisière.

La présence de l'ennemi ayant été signalée par un éclaireur, le chef de la patrouille en prévient l'avant-garde, au moyen d'un signal qui indique le genre de troupe, sa force, etc. Un autre signal du chef de l'avant-garde fait rentrer la patrouille, ou lui ordonne, au contraire, d'attaquer. Arrêt de la colonne, et envoi d'un renfort à la patrouille, qui commence l'attaque, etc., etc. Les précautions à prendre par chacun des éclaireurs pour la marche dans un bois ont été indiquées plus haut.

La route traversant le bois, comme les éclaireurs de la tête ne peuvent s'y engager seuls, ils se sont arrêtés à l'entrée, de chaque côté de la lisière, et de manière à la fouiller du regard jusqu'à son premier coude ; tous les trois sont complétement abrités. De leur côté, les soldats formant les patrouilles de la tête, dès qu'ils ont aperçu le bois de loin, se sont peu à peu rapprochés de la pointe.

L'avant-garde s'est arrêtée, et son chef a envoyé en avant la *pointe* (9 hommes), à laquelle il ordonne de se déployer en arrivant à la lisière, qu'elle doit border de chaque côté de la route, en ralliant à elle les éclaireurs et les patrouilles de droite et de gauche ; en même temps, il a fait avancer deux escouades de la *tête* comme renfort à quelques pas de l'entrée du bois. Puis, ces premières dispositions prises, il se rapproche du bois avec le reste de son avant-garde; et la forme en halte-gardée et lance successivement en avant ses éclaireurs de la tête, qui suivent la route, et qui forment ses tirailleurs ; le commandant de la colonne, s'il n'y était déjà, se porte à l'avant-garde. Les tirailleurs, déployés concentriquement, s'avancent de chaque côté du chemin, sur un front de 60 à 80 mètres, de manière à ne jamais perdre de vue la pointe qui les précède, et à s'apercevoir toujours entre eux ; les escouades de renfort suivent à la distance voulue en arrière et de chaque côté de la route ; quelques hommes marchent en arrière, à une centaine de pas, pour établir la communication des éclaireurs avec le reste de l'avant-garde.

Dès que la ligne a franchi un espace de 80 à 100 mètres, elle se reforme et se porte de nouveau en avant. Elle a été placée sous le commandement du chef de la tête, qui s'est rendu compte rapidement, d'après sa carte, de la forme du bois, de la direction des principales routes qui le traversent et mènent au débouché extérieur. Le chef de l'avant-garde reste à l'entrée du bois et se tient en communication avec ses tirailleurs ; quand il juge, d'après le temps écoulé, que la tête de son avant-garde est sur le point de déboucher au dehors, il s'engage à son tour dans le bois, où le suit le reste de la colonne. Il agit d'ailleurs d'après les circonstances. Si la profondeur du bois est très-grande, il y pénétrera avec le reste de son avant-garde, sans trop attendre, mais après y avoir engagé à quelque distance derrière ses éclaireurs deux lignes de flanqueurs, qui ont l'ordre de s'arrêter à un endroit désigné de chaque côté de la route, et d'y prendre position, pour ne pas permettre à l'ennemi de s'en rapprocher au moment du passage de la colonne, etc. Mais de plus longues considérations sur cette question seraient en dehors de notre sujet, puisqu'il ne s'agit ici que de la manière d'engager les premières fractions de l'avant-garde.

Défilé, chemin creux. — La reconnaissance s'opère d'une manière identique, car le passage d'une route au milieu d'un bois n'est pas autre chose qu'un défilé. Tandis que les éclaireurs de tête et les patrouilles s'engagent comme il a été dit sur le terrain plus ou moins boisé et accidenté qui borde le défilé de chaque côté, la pointe et des escouades de renfort fournies par la tête sont désignées pour les soutenir; des patrouilles lancées sur la droite ou sur la gauche de la position cherchent en même temps à découvrir quelque chemin ou sentier conduisant à l'intérieur ou au débouché du défilé. Bientôt l'avant-garde y pénètre à son tour, et si l'ennemi occupe le défilé, il a pris position à l'*intérieur* ou à la *sortie*. Les éclaireurs, de leur côté, s'avancent avec les plus grandes précautions en suivant le chemin et les flancs du défilé, s'ils ne sont pas trop inaccessibles : mais dans les deux cas, ils ne découvriront la position prise par l'ennemi qu'au moment où ils en seront très-près. On n'a engagé avec eux qu'une escouade de la tête, celle-ci restant à l'entrée du défilé, parce qu'il est moins facile que pour un bois de juger du dehors si cet obstacle est défendu. Les éclaireurs de l'extrême pointe marchent à une grande distance en avant de leurs camarades, au risque d'être enlevés : aussitôt qu'ils ont découvert les tranchées ou les autres indices qui annoncent la présence de l'ennemi, ils se hâtent de revenir en arrière et de faire aux tirailleurs qui les suivent le signal voulu ; ceux-ci sont assez espacés entre eux pour que le chef de la tête soit immédiatement prévenu. Il faut alors recourir à l'attaque (V. plus loin ch. III, § 2).

Ponts. — Le terrain, plus ou moins accidenté à droite et à gauche de la route, présente à peu près la même hauteur en deçà ou au delà du pont, qui n'a au-dessus du sol environnant qu'une saillie assez légère, mais suffisante pour masquer d'un peu loin la position qu'y aurait prise l'ennemi.

Aussitôt que les éclaireurs découvrent le pont, ils se glissent de chaque côté de la route, et s'en approchent d'aussi près que possible; puis, l'ayant exploré rapidement du regard, s'y engagent résolûment, en marchant à quelques pas les uns des autres, d'un même côté du parapet, et sous la protection des flanqueurs de droite et de gauche, qui se sont postés de chaque côté de l'entrée. La *pointe* et la *tête* se sont rapprochées rapidement du pont, mais elles attendent pour le passer que les éclaireurs de la tête et les flanqueurs soient arrivés sur l'autre rive ; et, tandis que la première s'engage à son tour au pas de course et à quelque distance des éclaireurs, les hommes de la tête se jettent de chaque côté de l'entrée, prêts à appuyer de leur feu le mouvement des éclaireurs et de la pointe. Dès que le chef de la pointe a débouché du pont, il occupe les positions les plus avantageuses, mais sans trop s'écarter du pont, et, quand la *tête* a également passé, le chef de cette subdivision établit ses hommes sur quelque point dominant qui lui permette de protéger le passage du reste de l'avant-garde, etc. La reconnaissance est alors terminée. Toutefois, aussitôt que l'avant-garde a passé le pont, son chef en fait explorer avec soin tous les abords, parce qu'il se pourrait que l'ennemi, qui n'a pas défendu le passage de la rivière, ne tentât quelque attaque sur le flanc de la colonne, à son débouché du pont. Puis, il se met en marche, en se couvrant du mieux qu'il lui est possible. Plusieurs hypothèses peuvent être faites sur la manière dont l'ennemi se présentera, mais il n'y a pas davantage lieu de les examiner.

Si le terrain situé au delà du pont en domine les abords, les prescriptions qui ont été indiquées deviennent inutiles, et il ne reste à une colonne sans artillerie d'autre ressource que celle d'opérer le passage de vive force.

Comme il ne s'agit pour nous que de poser nettement certaines règles qui doivent servir de base à l'instruction des hommes, on s'est dispensé d'établir, dans tout ce qui précède, que l'ennemi a été prévenu longtemps à l'avance de la marche de l'avant-garde, signalée de loin par les éclaireurs de cavalerie, car il en est ainsi dans la plupart des cas. Il n'arrivera pas souvent, en effet, qu'une infanterie marchant seule ait à découvrir l'ennemi la première. Mais, éclairée ou non par sa propre cavalerie, l'infanterie ne peut procéder autrement pour les reconnaissances à opérer dans les marches.

Villages. — *De jour*, à l'approche d'un village, l'avant-garde s'arrête avant qu'on le découvre, même de loin, quand on sait par la carte et par divers renseignements qu'on s'en trouve à peu près à un ou deux kilomètres ; elle s'en approche plus ou moins, suivant la position du village par rapport au terrain environnant, suivant la nature du sol, la direction de la

route, etc. A cette distance même, *il sera difficile* à la colonne
de dissimuler son approche, si l'ennemi qui occupe le village
a de la cavalerie, et lors même qu'il n'aura que de l'infanterie,
car il a eu soin de poster quelques hommes en observation,
au haut d'un clocher, sur quelque point élevé, etc. On ne peut
non plus admettre que cette marche de jour reste ignorée des
gens du pays. L'avant-garde et le reste de la colonne, en s'arrêtant, ont pris toutes les précautions qui peuvent le mieux
ne pas les faire découvrir de loin.

Le chef de l'avant-garde, quelques instants avant de reprendre sa marche, détache en avant, à une distance plus
grande que celle habituelle, ses éclaireurs, qui ont l'ordre de
s'arrêter dès qu'ils sont en vue des premiers enclos qui bordent le village en dehors; les patrouilles, prévenues à l'avance,
s'arrêtent aussi à bonne distance du village, et se rapprochent
insensiblement de la tête d'avant-garde. Le reste de la *pointe*
suit de loin, en marchant sur l'un des côtés de la route, et
avec des précautions non moins grandes; trois ou quatre
hommes, maintenus en arrière à quelque distance, les relient
à la *tête* de l'avant-garde. Si l'ennemi *a de la cavalerie*, la
marche de la colonne lui a déjà été signalée par ses reconnaissances. *S'il n'en a pas,* tout donne à penser qu'il est encore
prévenu de son approche, car les hommes qu'il a placés en
observation interrogent du regard toute la campagne; dans
le cas même où le village est situé au fond d'une vallée, deux
ou trois petits postes ennemis occupent les hauteurs voisines.
Aussi les éclaireurs de la tête ne tardent pas à être découverts. Mais, que l'ennemi connaisse tout d'abord la marche de
la colonne, ou qu'il ne la découvre qu'un peu après, rien n'est
changé dans la manière de s'avancer des éclaireurs, puisque
l'ennemi, s'il est dans l'intention d'attaquer, laissera l'avant-
garde au moins arriver jusqu'à hauteur de ses positions de

combat; soit qu'il veuille, ou lui barrer simplement la route, ou la couper du reste de la colonne. Admettons d'abord que *l'ennemi occupe le village.*

A trois ou quatre cents mètres en avant des premières maisons, un des éclaireurs découvre deux sentinelles placées derrière un rideau d'arbres, et qui lui paraissent appartenir à un petit poste dont il soupçonne la présence dans un enclos voisin : signal transmis par le troisième éclaireur au chef de l'avant-garde; les trois hommes battent en retraite de leur mieux, en se rabattant sur la *pointe*, qui s'est tenue à une assez grande distance en arrière. Tous dissimulant leur présence de leur mieux, le chef de l'extrême pointe se dirige rapidement vers la *tête*, pour donner à celui qui la commande les indications nécessaires sur la position de l'ennemi, si le chef de l'avant-garde ne s'y est pas déjà porté. Ce dernier, en faisant prévenir de suite le chef de la colonne, arrête promptement ses dispositions pour le passage du village de vive force, et procède en outre lui-même à une reconnaissance de la position ennemie. A ce rôle si simple se réduira l'action des éclaireurs et de la pointe; car il ne s'agit pas d'opérer une *reconnaissance du village*, mais seulement d'en *reconnaître les abords*, et de savoir surtout, avant de le traverser, *si l'ennemi l'occupe*. Toutefois, si le terrain le permet, le chef de l'avant-garde envoie sur la droite ou sur la gauche du village une forte patrouille, qui a pour mission d'en faire une reconnaissance sommaire, pour le cas où il devient nécessaire de l'enlever de vive force. Supposons maintenant que le *village n'est pas occupé*.

Les éclaireurs de la tête, n'ayant rien trouvé de suspect sur leur route, continuent à s'avancer, prennent les renseignements voulus, s'emparent d'un habitant, etc.; puis, ils préviennent en arrière par un signal, et s'arrêtent quelques instants, pour permettre à l'avant-garde de les rejoindre. Ils se remettent en route à l'indication qui leur est faite, et marchent dans le village comme il a été prescrit, sur l'un des côtés de la rue ; la *pointe* a regagné rapidement la distance qui doit la séparer des éclaireurs, pour être prête à les soutenir, en même temps que le chef de l'avant-garde s'est rapproché de celui-ci avec les escouades de la tête. Les patrouilles qui marchent en avant s'arrêtent à l'entrée de rues latérales, et, renforcées par quelques hommes, s'y engagent, en marchant de manière à ne jamais perdre de vue la colonne du centre.

Le caporal de la pointe, après s'être renseigné de suite, envoie chercher le chef de la municipalité, et saisir chez lui, ainsi qu'au bureau de poste et à celui du télégraphe, les dépêches et papiers importants qui s'y trouvent ; tandis qu'un ou deux hommes s'emparent, contre un reçu, de la caisse du *payeur*, deux autres soldats se jettent de suite à la gare, pour intercepter toutes les communications. A l'arrivée de la *tête*, il fait remettre le chef de la municipalité entre les mains de l'officier, qui, s'étant renseigné auprès de lui, et, tout en le retenant prisonnier, occupe, s'il y a lieu, la gare et les points qui lui semblent utiles à la défense du village. Dans le cas contraire, la colonne reprend sa marche.

De nuit, la pointe et la tête seraient conduites de la même manière. Toutefois, les distances qui séparent les différentes fractions de l'avant-garde sont plus rapprochées, les patrouilles s'écartent moins de la colonne ; et, comme les marches de nuit n'ont lieu qu'exceptionnellement, le départ a été réglé de telle sorte que l'avant-garde arrive à l'entrée du village un peu avant le point du jour. On recommanderait aux hommes, pour franchir les premières maisons, de marcher avec les plus grandes précautions, afin d'éviter que l'aboiement des chiens ne révèle le passage de l'avant-garde les soldats, ayant parcouru quelques pas, s'arrêtent, puis reprennent leur marche, etc. Cette manœuvre réussira souvent dans les campagnes, où les gens, fatigués des travaux de la journée et se couchant de très-bonne heure, sont aussi moins aptes à veiller.

Fermes, maisons isolées. — Sont placées sur la route même ou s'en trouvent à quelque distance. On déduira facilement de tout ce qui vient d'être établi la manière de les reconnaître par les éclaireurs de la tête et la pointe, dans le premier cas, et, par les flanqueurs suivis de patrouilles plus fortes, dans le second, etc.

Reconnaissance d'une gare. — Pour reconnaître une gare, on s'assure d'abord, à celle de départ ou à la plus voisine, que personne ne puisse se servir du télégraphe pour prévenir l'ennemi, et l'on fait partir de préférence des cavaliers; l'infanterie ne marche pour ce service que si le terrain et la disposition de la ligne se prêtent à une marche par surprise. La troupe chargée de l'opération suit la route qui lui permet le mieux de tomber rapidement sur la gare et l'entourer. Les éclaireurs et les patrouilles de tête ne s'en approchent qu'avec les plus grandes précautions, et l'un d'eux, désigné à l'avance, se jette de suite sur le télégraphe, tandis qu'un autre s'assure de la personne du chef de gare; on entoure la station de tous les côtés, en même temps que le reste de la *pointe* et une escouade de la *tête* se montrent à quelques pas. Mais, pour ne pas laisser à une locomotive le temps de s'échapper vers l'ennemi, on jette rapidement sur la voie les matériaux qu'on a pu réunir à la hâte; à moins que quelques hommes ne trouvent le moyen de faire rapidement usage de trois ou quatre cartouches de dynamite pour faire sauter quelques mètres de rails sur chacune des deux voies.

Toutefois, comme une locomotive peut, sans être arrêtée

dans sa marche, disperser un nombre plus ou moins grand de matériaux, de traverses, etc., on pourrait encore rendre la voie impraticable par un moyen assez prompt, et qui consiste à enlever ou à *déplacer* seulement un rail, en se plaçant sur le grand rayon dans une courbe, c'est-à-dire sur le côté extérieur ou le plus élevé de cette courbe. Il y a deux cas, suivant la nature du rail :

1° S'il s'agit d'un rail à coussinet, on défait tous les coins (au moyen d'une pince et du chasse-coin), et le rail enlevé de sa place est mis en travers, près du bout du rail suivant. Deux hommes un peu exercés pratiquent cette opération en deux minutes.

2° Avec un rail Vignolle, il suffit de déplacer une extrémité d'environ 10 cent., du côté d'où vient la machine, et de manière à la faire rentrer en dedans de la voie. Pour cela, avec un marteau quelconque, on casse les boulons de la plaque de joint (qui se brisent net), et l'on enlève tous les tire-fonds du dedans, en desserrant un peu ceux du dehors (d'environ 1 cent.). Le boudin de la roue se placera alors en dehors et ne pourra plus avancer.

Destruction d'une ligne télégraphique. — La patrouille qui en est chargée coupe le fil qu'elle emporte, détruit ou brûle un certain nombre de poteaux, et cache les isolateurs.

Rapports des éclaireurs, des patrouilles. — Indépendamment des *signaux* convenus à l'avance, les éclaireurs et les patrouilles font parvenir au chef de l'avant-garde des rapports *verbaux* ou *écrits*, relatifs à des faits importants de leur service d'exploration, ou ayant trait à quelque mission particulière. Ces rapports, conçus dans les termes les plus clairs et les plus simples, seront énoncés comme il suit :
« *des éclaireurs, de la tête, de la pointe, de la patrouille de droite* n° , *de celle du caporal X..., etc., on fait connaître* »...

Un rapport écrit porte cet en-tête : *Rapport de telle fraction* (de l'avant-garde);—ou *Patrouille du caporal, du sergent X...* :

Rapport des éclaireurs. — « Le soldat (*son nom*) fait connaître que l'ennemi (*composition, force*) s'est retiré depuis *telle* heure; et dans *telle* direction... »

Pointe, 15 hommes.—« Le caporal (*son nom*) fait connaître que l'ennemi (*sa force*) se retire par telle route ; bureau de poste et télégraphe occupés ; correspondance saisie, ainsi que la caisse municipale... »

Patrouille de droite du sergent X, 20 hommes.—« Sur *tel* point, à *tant* de mètres, se montre une forte patrouille ennemie ; 3 vedettes aperçues distinctement... » Dans les exercices pratiques, habituer les hommes à faire quelques-uns de ces rapports.

Ajoutons pour terminer que c'est au moyen de la cavalerie, qui précède la colonne à une assez grande distance, que l'on peut reconnaître le mieux et le plus promptement le terrain. Les éclaireurs, s'avançant au trot, signalent la présence de l'ennemi au moyen des cavaliers qui les relient à la colonne; s'ils le rencontrent à l'improviste, ils font feu, se retirent en toute hâte hors de portée, et prennent une position d'où ils puissent observer sans danger. On enverra souvent de préférence à la découverte un officier suivi de deux ou trois cavaliers (1).

Pour éviter de trop longs détails, nous établirons seulement la progression d'après laquelle l'instructeur exercera ses hommes à pratiquer sur le terrain le service d'exploration dont il vient d'être parlé, la compagnie étant disposée comme la section d'avant-garde d'une compagnie sur le pied de guerre marchant isolément. Pour chacune de ces reconnais-

(1) Voir l'*Instruction pratique sur le service de la cavalerie en campagne,* art. 72 et 73.

sauces, les éclaireurs auront été prévenus à l'avance d'avoir
à annoncer par un signal la présence de l'ennemi, ou par un
coup de feu, suivant le cas; on pourra même représenter
l'ennemi par quelques hommes, etc.

ART. 2. — *Exploration, par la pointe, la tête ou le gros d'une section d'avant-garde, d'un bois, d'un défilé, d'un pont,
d'un village, d'une ferme, etc. — Reconnaissance d'une
gare. — Rapports verbaux ou écrits exigés des chefs
de patrouilles.*

Il suffira de deux séances pour familiariser les hommes
avec cette partie importante de leur service. L'instructeur
passe ensuite aux exercices destinés à reproduire les circonstances les plus habituelles qui se présentent à la guerre.
Parmi le grand nombre d'exemples pratiques qui pourraient
être indiqués, on se bornera ici à en donner quelques-uns,
qui rentrent en même temps dans le cadre des articles 1er et 2
de l'*Instruction pratique*, pour ce qui concerne la *Section*.
Comme exercices de nuit (art. 3 de l'*Instr. prat.*), on y re-
prendrait une partie des mêmes mouvements.

ART. 3. — *Marche d'une section d'avant-garde dans le voisinage de
l'ennemi. — Halte gardée. — Dispositions de combat
de la section attaquée par de l'infanterie; par de la
cavalerie (ennemi figuré). — Combats d'avant-garde,
d'arrière-garde, etc.*

Nous laisserons à l'instructeur le soin de compléter ces
exemples par tels autres que son expérience lui suggérera.
Dans l'impossibilité où l'on serait aussi de développer en détail chacun de ceux qui viennent d'être indiqués, il suffira de
montrer très-sommairement comment ils peuvent servir de
complément à l'instruction déjà donnée aux hommes. Prenons
le premier exercice pour lequel l'ennemi est seulement supposé.

Une compagnie, campée en A, a reçu l'ordre de suivre la

route AB, avec telle ou telle destination : elle se met en
marche, en se faisant précéder de sa
première section comme avant-garde,
celle-ci comprenant 2 sous-officiers et 50
hommes. La section désignée, qui dans
les exercices est représentée par une
compagnie habituelle, prend la formation ci-contre (*fig.* 83) ; on a désigné à
l'avance deux patrouilles de 3 hommes
(*patr.* n° 1, *patr.* n° 2), qui sortiront s'il
en est besoin. Avant le départ, l'instructeur réunit ses hommes autour de lui
et, s'adressant particulièrement aux soldats désignés pour fournir la pointe ou

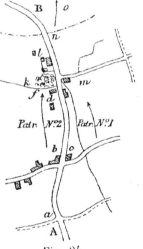

Fig. 83.

les patrouilles, leur rappelle en peu de mots comment ils
reconnaissent une maison, un bois,
un sentier, etc. Les signaux au
moyen desquels ils correspondent
avec l'avant-garde leur sont également indiqués. Au commandement
de « *En avant* », donné par le sifflet,
ou au moyen d'un signal quelconque,
les 2 premiers hommes de la pointe
se mettent en marche, et le 3e suit
dès qu'il a sa distance ; les éclaireurs sont aussi prévenus que jusqu'à leur arrivée au carrefour *a*
(*fig.* 84), ils n'ont pas à se préoccuper du côté gauche de la route, inac-
cessible à l'ennemi. Les divers échelons de la colonne sont mis
en route successivement.

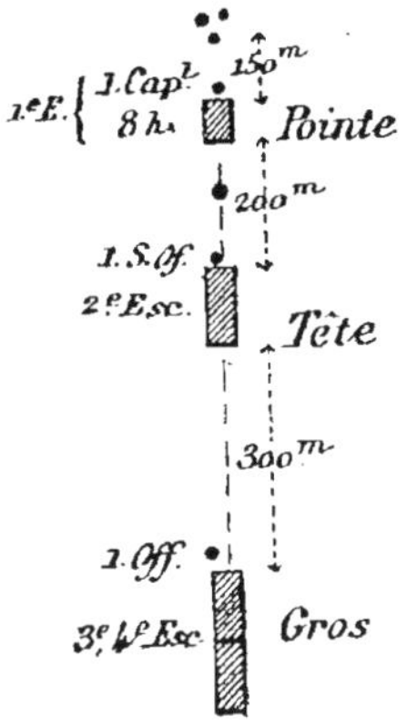

Fig. 84.

Un signal du chef de la pointe fait sortir la patrouille

11.

n° 1. Le rôle des flanqueurs en campagne serait de se jeter à droite à travers champs, pour aller en regagner la pointe *a* : le caporal leur ordonne de suivre simplement la route ; après avoir fait au chef de la pointe le signal de *rien de suspect*, ils reprennent leur marche en avant. Cette exploration étant promptement exécutée, la colonne n'a pas eu à s'arrêter, ce qu'elle eût fait au signal donné par la pointe. Au tournant de la route, les deux éclaireurs de l'extrême pointe découvrent les maisons *b* et *c* : ils passent de suite à droite, font signe à la pointe de s'arrêter, et, s'avançant avec précaution pour n'être pas aperçus, marchent dans le fossé, etc.; puis, quand ils ne sont plus qu'à quelques pas des maisons, se jettent résolûment sur l'une des deux, qu'ils fouillent comme il a été dit. Le chef de la pointe, après s'être avancé de quelques pas, ordonne à la patrouille n° 2 d'aller explorer également la maison *b*; au signal des deux groupes d'éclaireurs qui lui indique qu'on y a rien trouvé de suspect, il remet ses hommes en marche. La patrouille, pour fouiller les quelques maisons qui sont en *d*, va ressortir sur la route dans la direction *f*, tandis que celle n° 1 explore tout le côté droit de la route; la première, celle de gauche, reconnaît avec soin toute la partie du terrain qui va en s'inclinant sur la gauche, en ayant soin de ne pas trop dépasser les éclaireurs qui marchent sur la route. Ceux-ci explorent rapidement le petit bois *k* et les maisons *l*; et, comme ils ont à reconnaître la hauteur que forme le sommet du plateau à quelques pas en avant, ils font signe à la pointe de s'arrêter. Tandis qu'ils s'avancent avec précaution, un des hommes de la patrouille de droite découvre quelques ennemis postés, à 2 ou 300 mètres dans le chemin *m*, sans que ceux-ci l'aient aperçu. Signal du chef de la pointe au commandant de l'avant-garde, qui ordonne au chef de la patrouille de s'approcher autant qu'il lui sera possible de l'ennemi, pour le bien reconnaître ; ordre, si l'on n'a affaire qu'à 3 ou 4 hommes, de les combattre, pour faire des prisonniers ou les forcer à se retirer. Pendant ce temps, le soldat qui marche le premier des éclaireurs de la tête gravit avec précaution le sommet du plateau, au point *n*, suivi de ses deux camarades : il reconnaît que le chemin est parfaitement libre et; le terrain entièrement découvert. En face et sur la droite, à environ 2 kilomètres, se voient les premières maisons du village B. Il signale en même temps que sur la droite, et dans la direction *o*, est une maison à un étage, d'où l'ennemi pourrait surveiller tout l'accès du plateau. Rapport fait par le troisième soldat au caporal chef de la pointe, etc.

Halte gardée. — Les dispositions à prendre sont très-simples ; mais comme elles varient suivant chaque cas, nous laisserons à l'instructeur le soin de les indiquer d'une manière précise.

Disposition de combat de la section, etc. — On reproduira utilement le même exercice en *figurant* l'ennemi, posté à l'extrémité du chemin *m*, qui lui donne une communication très-avantageuse avec le village B. Comme l'avant-garde n'a pas mission de combattre, elle se trouve tout naturellement amenée à prendre une position de *halte gardée*, etc. L'instructeur met aussi à profit le terrain dont il dispose pour organiser divers exercices du même genre (1). Quant au passage de la formation de *marche* à celle de *combat*, qui fait l'objet du troisième exercice, elle sera donnée plus loin (V. p. 256). Nous dirons seulement ici que les formations prises doivent toujours avoir pour but l'offensive, et qu'elles varient en raison des abris du terrain, de la disposition des lieux, etc.

(1) *Le journal d'un chef de compagnie* lui fournira, à ce sujet, de très-bonnes indications.

Il importe aussi beaucoup d'habituer les soldats à l'intervention de la cavalerie dans le combat. L'instructeur, supposant que la colonne est en route avec éclaireurs et patrouilles, et sur un terrain un peu accidenté, donne le signal « *un escadron de cavalerie, à* 500 *pas sur la droite* », au moment où les détachements sont en plaine et d'autres assez près d'obstacles pouvant les protéger (1). Chaque détachement, chaque groupe se poste derrière un abri. Par le signal : « *Cessez le feu* », il indique que la cavalerie est repoussée. Mais on peut craindre que la cavalerie ennemie renouvelle bientôt son attaque ; pour mettre à profit les quelques instants dont on dispose, il est assigné un emplacement plus avantageux aux groupes qui ne pourraient s'abriter suffisamment. Le commandement ou le signal de l'instructeur « *Colonne contre la cavalerie* » indique le renouvellement de l'attaque : chacun des échelons prend alors la disposition qui lui a été indiquée comme la plus avantageuse. On verra plus loin (ch. du *Combat*) par quelles formations sur la chaîne et par quels emplois des feux on arrête encore mieux une attaque de cavalerie.

Combats d'avant-garde, d'arrière-garde. — Ainsi qu'il a déjà été dit, le combat d'avant-garde ne se produira qu'assez rarement. Pour figurer une opération de ce genre, et dans une circonstance vraisemblable, on profitera d'un défilé, d'un pont, pour le cas où l'avant-garde, ayant à protéger le passage d'une colonne, et après s'être portée *en avant* du défilé, s'est déployée pour enlever un petit bois, etc.

Il est, au contraire, assez facile à l'instructeur de reproduire telle ou telle circonstance d'un combat d'arrière-garde. En général, et sur toute espèce de terrains, il arrivera que

(1) Waldersée, *Méthode d'enseignement, etc.*, p. 218.

l'ennemi, ayant l'avantage du nombre et celui d'une bonne position, attaquera vivement la colonne dans sa marche. L'avant-garde s'est déployée et le corps principal s'est hâté de la soutenir : mais, l'ennemi gagnant du terrain et menaçant de déborder les ailes, il faut battre en retraite. Après avoir déployé tout son monde à droite et à gauche des éclaireurs de la pointe, l'instructeur fait le signal « *retraite* ». Tandis que les soldats qui appartiennent à la *pointe* et à la *tête* restent en position et continuent à combattre, les hommes du *gros*, bien prévenus de ce qu'ils ont à faire, battent en retraite et vont prendre une nouvelle position à 80 ou 100 pas en arrière, plus ou moins suivant les abris de terrain, la vigueur de l'at-

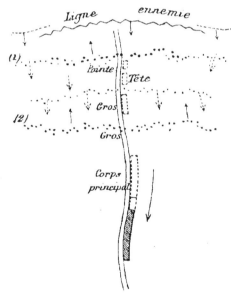

Fig. 85.

taque, etc. (*fig.* 85). Au signal de « *retraite* », l'échelon qui est engagé avec l'ennemi se retire à son tour, et va prendre position derrière la chaîne déjà établie. Quant aux moyens de rompre devant l'ennemi, il en est plusieurs qui seront indiqués plus loin.

Tous les exercices de ce genre auront pour effet de préparer on ne peut mieux les compagnies aux circonstances les plus habituelles de la guerre.

Signaux. — Il a été parlé précédemment et dans le cours de ce chapitre, des signaux qu'il est besoin d'employer dans le service de marche, ainsi que de l'emploi qui peut y être fait du sifflet. Il n'y a donc plus à revenir sur cette question.

Progression. — Nous donnons ici, comme pour le ch. 1er, une progression suivant laquelle les principaux des exercices développés précédemment peuvent être exécutés en deux séances, de 4 heures chacune.

ART. 1er (*Instruction du soldat*). — Placement d'une *extrême pointe* d'avant-garde ; — formation de la colonne comme *pointe*, *tête* et *gros*. — Service de l'extrême pointe. — Formation, service et marche des diverses patrouilles.—Ennemi signalé par un éclaireur de la pointe ; — par une des patrouilles.— Marche en retraite de la colonne. — Relever les éclaireurs et les patrouilles.

ART. 2 (*Instruction de la section ou compagnie actuelle*). — Service d'exploration des patrouilles *ordinaires* (plus ou moins fortes) : bois, défilés, ponts, villages, fermes, etc. — Reconnaissance d'une gare. — Marche d'une section d'avant-garde dans le voisinage de l'ennemi. — Halte gardée. — Combat d'arrière-garde.

III. — *Instruction de la compagnie.*

Une compagnie marche *seule* ou comme *avant-garde* d'un bataillon. L'*Instruction pratique* a montré en détail pour le premier cas quel doit être son fractionnement; quant à l'autre, sa formation, déduite des indications sommaires données à l'art. 32, répond à celle de la figure 86.

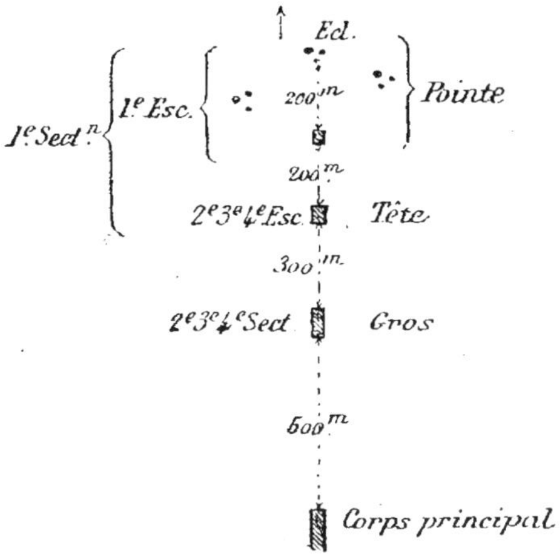

Fig. 86.

Comme le prescrit le même règlement, les différentes fractions de la colonne marchent, soit en colonne par escouade, soit par le flanc, en laissant libre un des côtés de la route, soit encore dans le même ordre, en ouvrant les deux rangs doublés.

La formation en colonne par demi-section ou par escouade donne tout d'abord moins d'allongement; mais elle est fatigante pour les soldats, de sorte qu'au bout de peu de temps elle aura produit autant d'allongement que celle par le flanc. Elle serait d'ailleurs difficile à employer sur beaucoup de routes, qui n'ont pas assez de largeur pour qu'on puisse n'en occuper qu'un seul côté. La seconde de ces dispositions a pour elle d'être la seule pratique en campagne : « Le côté droit des routes sera seul utilisé pour la marche, le côté gauche étant laissé libre pour la surveillance, la transmission des ordres et les besoins généraux de circulation » (*Instr.* du général Deligny). Si le troisième des formations indiquées est d'un usage commode dans les circonstances habituelles, il n'y a plus lieu de l'employer lors des grandes concentrations de troupes.

Nous avons aussi à mentionner la disposition qu'est appelée à prendre une compagnie servant en entier de *pointe* à l'avant-garde d'une division ou d'un corps d'armée (*fig.* 87)(1),

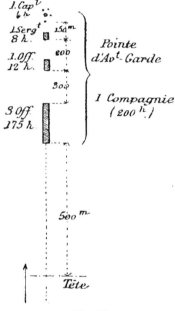

Fig. 87.

ou marchant à 250 mètres en arrière du peloton de cavalerie, et en avant du bataillon tête d'avant-garde. (*Instr. prat.* art. 67.—*Instr. min.* du 10 mai 1876).

Dans une division d'infanterie, la cavalerie fournit toujours la *pointe* et la *tête* d'avant-garde. La tête est formée d'un peloton qui détache en avant de lui, comme pointe, quatre cavaliers, sous les ordres d'un sous-officier.

Pointe. — Deux cavaliers marchent à la même hauteur de chaque côté de la route, le sous-officier et les deux autres cavaliers à 100 mètres derrière.

Tête. — Marche à 400 mètres de la pointe. Le *gros* suit à 600 mètres de la tête. (*Instr. prat. sur le serv. de la caval.*, art. 40 et 41.) — La cavalerie marche en colonne sur 4.

Quant aux exercices pratiques propres à la compagnie,

(1) *Instr.* du général Deligny, 2e série, tabl. C.

nous laisserons à l'instructeur le soin d'établir une progression pour chacun des trois articles de l'*Instruction pratique*, afin de ne pas avoir à entrer ici dans de trop longs développements. Ces exercices d'application des principes précédemment énoncés pourront être en petit nombre, et il sera très-facile à l'instructeur de les ordonner, en s'attachant surtout à introduire dans les exercices les exemples pratiques qui conviennent le mieux pour la section et la compagnie (*Instr. prat.*, 2ᵉ art. de chacune des progressions). Il ne reste plus ainsi, pour clore ce long chapitre de la *Marche*, qu'à retracer rapidement les principes qui servent de base à cette instruction en Prusse, en Autriche et dans l'armée italienne.

Service de marche dans les armées allemande, autrichienne, italienne.—Suivant le principe qui préside à toutes les marches dans l'armée allemande (1), la troupe principale doit être bien couverte, pour avoir toujours le temps de se mettre en état de défense, ou d'assurer sa retraite, selon le cas, avant que l'ennemi signalé ait pu l'assaillir.

Pour obtenir ce résultat, la troupe principale détache une *avant-garde*, une *arrière-garde* et *deux corps de flanqueurs*, que le règlement nomme patrouilles de flanc (*Seiten Patrouillen*). L'avant-garde (*Avant-Garde*) se compose de trois parties : le *gros*, la *tête* (*Hauptrupp*) et la *pointe* (*Vortrupp*) ; cette dernière détache une extrême pointe (*Spitze*), formée de trois soldats. Les dispositions de l'arrière-garde sont analogues : ses parties se nomment : *Hauptrupp*, *Nachtrupp* et *Nachspitze*.

Les patrouilles latérales (*Seiten Patrouillen*) déploient une ligne de flanqueurs qui doivent se relier avec la pointe de l'avant-garde et celle de l'arrière-garde, protégeant ainsi la

(1) *Bull. de la R. des off.*, 1873, nº 1 ; — *Rev. mil. de l'Étr.*

colonne dans toute sa longueur. Des patrouilles fournies en outre par la pointe la rattachent aux flanqueurs des *Seiten Patrouillen.* La disposition générale d'une colonne en marche est donc celle indiquée par la *fig.* 88.

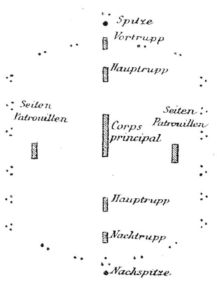

Fig. 88.

En terrain découvert, la *tête* (*Hauptrupp*) est à 400 ou 450 mètres du *gros*; la *pointe,* à une même distance plus loin, et enfin, à 150 ou 200 mètres en avant, se trouve l'extrême pointe; la distance de chacune des parties de l'avant-garde entre elles varie d'ailleurs avec la force de la colonne, la nature du pays, etc. Le service des éclaireurs est confié à la cavalerie, quand le terrain n'est pas trop accidenté.

L'extrême pointe (*Spitze*), composée de 3 h., est générale-ment commandée par un *sous-officier* (1) ou par un *Gefreite*;

(1) Ce grade, dans l'armée allemande, répond à peu près à celui de caporal chez nous.

le 3e soldat, qui veille au maintien des communications avec le *Vortrupp*, est désigné sous le nom d'homme de communication (*Verbindungsmann*) (1). Les éclaireurs doivent toujours apercevoir l'homme qui les précède ; ils sont en outre exercés à communiquer entre eux, à l'aide de signaux convenus à l'avance, pour éviter les sonneries, les allées et venues des soldats et ménager leurs forces. On exige de la *pointe* (*Vortrupp*) un service d'exploration analogue au nôtre, et dont les règles sont très-bien établies dans le règlement. Certaines prescriptions ausi impérieuses que sages sont toutefois à noter. Les rapports des éclaireurs et des patrouilles « *doivent être rigoureusement vrais et dépourvus de toute exagération, le désir de se faire valoir ne devant, pas plus que la peur, faire diminuer ou amplifier ce que l'on a reconnu.* » Ces rapports sont verbaux ou écrits, etc.

Si la colonne s'arrête, elle prend la formation à laquelle on a donné le nom de *halte gardée*. L'avant-garde est encore chargée d'ordonner les réquisitions et de faire les achats nécessaires à la colonne.

Telles sont, d'une manière générale, les dispositions qui régissent l'avant-garde d'une colonne.

Dans le sytème *autrichien*, une compagnie isolée (232 h.) détache, comme avant-garde, un *peloton* (*Zug.*), qui forme le quart de son effectif; elle marche dans l'ordre suivant (*fig.* 89). La tête d'avant-garde est formée d'un caporal et de 3 hommes ; en avant, à 100 pas, marchent deux de ses hommes, qui se suivent à 10 ou 12 pas, ou marchent de front. Un sous-officier, avec 12 à 15 hommes, forme le gros, à 75 mètres (100 pas) derrière le caporal ; il détache sur ses flancs une ou deux pa-

(1) *Journal d'un chef de compagnie*, 2e part., note du trad.

trouilles, qui sont conduites autant que possible par un *gefreite*.

Le corps principal, ou le reste du peloton, marche à

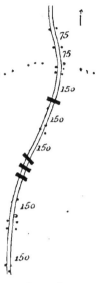

Fig. 89.

150 mètres (200 pas) du gros; il détache en arrière, et à la même distance, une arrière-garde composée d'un caporal et de 2 hommes.

Un peloton isolé (*Zug*), correspondant à notre section actuelle, suit dans sa marche une formation analogue (*fig.* 90).

Le bataillon est précédé, comme avant-garde, d'une compagnie, qui s'éclaire au moyen du premier peloton, les trois autres forment le gros de l'avant-garde; un caporal, avec 3 hommes, relie les détachés avec le corps principal. L'arrière-garde est formée d'une demi-compagnie, qui détache des patrouilles de flanc, mais toutefois sur un front moins étendu qu'on ne le pratique à l'avant-garde. Le bataillon n'a pas de flanqueurs, le corps principal fournissant les diverses patrouilles qui semblent nécessaires, etc. Telles sont les pratiques les plus essentielles du service de marche autrichien.

En Italie, l'instruction du 13 mai 1872 a posé les règles relatives aux marches (2ᵉ partie). Mais l'adoption des nouvelles formations de combat (1874) a eu pour conséquence de les faire plus ou moins modifier. Le chapitre VII de l'*Instruction provisoire*, dont il sera parlé plus loin, contient les prescriptions données à ce sujet, ainsi que l'indication des mouvements à exécuter pour passer de l'ordre de marche à l'ordre de combat (1).

L'avant-garde de la compagnie et du bataillon est portée à la moitié de son effectif, au lieu du quart. L'extrême avant-garde est composée d'une section détachant un ou plusieurs hommes en avant ou sur les flancs, pour visiter les points qui semblent suspects, et c'est le gros de l'avant-garde qui détache les explorateurs chargés de reconnaître les routes latérales. La compagnie, le bataillon et le régiment de la tête ont toujours les mêmes formations, qu'ils marchent seuls, ou qu'ils fassent partie d'une colonne plus forte. L'arrière-garde est formée d'une escouade pour la compagnie, d'une section pour le bataillon, d'un peloton pour le régiment.

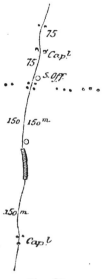

Fig. 90.

D'ailleurs, ces prescriptions n'ont encore rien de définitif, comme le prouve l'apparition toute récente, et encore inachevée, d'un nouveau règlement. Il n'y a donc pas lieu d'entrer à ce sujet dans de plus longs détails.

(1) *Rev. mil. de l'Étr.*, avril 1873, n° 94.

CHAPITRE III.

DU COMBAT.

§ 1er. — Du combat dans sa forme générale.

I. Instruction du soldat. — II. *Id.* de l'escouade ; des feux. — III. Instruction de la section. — IV. Instruction de la compagnie ; (compagnie *isolée*) ; des moments dans chaque opération ; règles relatives aux arbitres, etc. — V. (*Suite.*) (Compagnie *dans le bataillon*) ; exemples tactiques de combat du bataillon isolé ou faisant partie d'une brigade ; de combats contre la cavalerie, contre] l'artillerie (Ecole de bataillon, 2e partie). — Progression.

De la compagnie d'infanterie dans les armées étrangères (Allemagne, Russie, Autriche, Italie).

On supposera comme précédemment que la compagnie, dont l'effectif est d'environ 60 hommes, représente une section de la compagnie formée sur le pied de guerre.

Une compagnie combat en ordre déployé contre une autre infanterie, dans sa forme habituelle, ou se trouve appelée à participer à certaines opérations particulières, telles que l'attaque ou la défense d'un bois, d'un défilé, d'un pont, d'une hauteur, etc. Il y a donc une division à établir entre ces deux modes d'action très-différents l'un de l'autre. Nous envisagerons d'abord le rôle de la compagnie tel qu'il se produit au milieu d'un engagement général, sur le champ de bataille, pour en déduire les règles qui président encore à son action dans les circonstances plus particulières dont il vient d'être parlé.

L'instruction pratique comprend successivement celles du *soldat*, de l'*escouade*, de *la section*, de la *compagnie*. (On retrouvera en partie dans les pages qui vont suivre les prescriptions relatives aux exercices *en terrain varié* des écoles du soldat et de peloton. Celles-ci, en effet, bien que présentées sous une forme assez incomplète, au point de vue de l'instruction pratique, n'en sont pas moins une première *école de combat.*

I. — *Instruction du soldat.*

Le combat ne saurait être enseigné trop méthodiquement, au soldat surtout, puis aux diverses fractions, car la puissance toujours croissante des nouvelles armes, et bien d'autres causes en rendront la direction difficile, telles que l'intervention dans la lutte d'une puissante artillerie, la nécessité sur de vastes champs de bataille de combattre souvent à découvert, celle d'entrer en ligne avec des réserves peu instruites, .etc. Il faut aussi compter sur de grandes pertes dans les cadres, dès le début de l'action.

On devra donc préparer très-fortement le soldat et les cadres eux-mêmes à cette instruction, pour réagir à l'avance contre toutes ces causes de démoralisation. C'est pour cette raison que nous n'avons pas craint, dans ce qui suit, d'exposer un peu longuement tout ce qui a trait à l'*instruction du* soldat.

Le but du combat, tel qu'il se présente au soldat, consiste à chasser l'ennemi de la position qu'il occupe et à s'y établir soi-même solidement, ou bien à empêcher l'adversaire de s'approcher et de s'emparer de la position que l'on occupe soi-même (1). Mais il n'existe qu'une forme générale de combat, et nous ne pensons pas que l'on doive, comme le fait un auteur (2), enseigner au soldat la *défense* et l'*attaque* d'une position et la manière de *battre en retraite*, ces notions restent tout à fait en dehors de son rôle.

En tous cas, le succès auquel on prétend doit être préparé

(1) *Règlement d'exercices de l'infant. austro-hongroise*, titre Ier.
(2) Waldersée, *Méth. d'enseign. du comb. de tir* , p. 43.

par un tir *efficace* ; mais, comme l'adversaire, de son côté, fait usage du même moyen, il en résulte que chacun doit agir de manière à rendre les effets de son feu aussi puissants que possible, et à empêcher celui de l'ennemi de lui nuire. La première condition sera remplie si l'on donne au feu tout son développement, *aux distances qui offrent les plus grandes chances de toucher* ; la seconde, si l'*on tire adroitement parti des abris de terrain*, et si l'on sait par des mouvements habiles et inattendus *se dérober à l'action du feu de l'ennemi* (1). Tout le combat en ordre dispersé est là, et c'est dans ce sens qu'il doit être enseigné au soldat.

Pour établir la progression des art. 1 et 2, on est parti de ce principe, que le soldat en tirailleurs est appelé :

1° à s'approcher d'un adversaire plus ou moins couvert ;

2° à marcher à la rencontre d'un adversaire s'avançant contre lui ;

3° à attendre, embusqué, l'attaque de l'adversaire.

Bien que cette classification soit la plus logique et la seule appropriée à l'esprit du combat, il est cependant nécessaire, dans l'instruction, d'aborder en premier lieu ce qui ne viendrait qu'en troisième ligne.

ART. 1ᵉʳ. — *Soldat en position contre un ennemi restant en place à découvert. — Soldat en position contre un ennemi restant en place et en partie visible. — Soldat en position contre un ennemi qui s'avance sur lui. — Soldat en position contre un ennemi qui bat en retraite. — Soldat en position tirant contre des cavaliers, sur une batterie, etc. — Groupe de 3 ou 4 soldats en position contre un ennemi qui s'avance sur eux.*

La compagnie étant arrivée sur le terrain choisi par l'instructeur, celui-ci, après avoir fait former les faisceaux, ré-

(1) *Règlement d'exercices de l'infant. austro-hongr., ibid.*

partit ses 4 escouades en deux groupes, qu'il dirige chacun sur l'emplacement qui lui correspond. Il a envoyé à l'avance, à 4 ou 500 mètres, sous les ordres d'un caporal, une demi-escouade d'anciens soldats, pour figurer l'ennemi en regard de chacun des deux groupes. Le terrain affecté à cet exercice présente quelques légers abris derrière lesquels peuvent se poster les hommes.

Il s'agit d'abord de bien apprendre au soldat à choisir une position. Trois ou quatre hommes sont désignés parmi les anciens pour montrer aux jeunes soldats comment on procède ; ceux qui figurent l'ennemi ont en même temps reçu l'ordre de se poster de manière que l'un d'eux puisse bien être aperçu. L'instructeur, dans chaque groupe, donne l'ordre à un ancien soldat d'aller se poster, dans un rayon de 10 à 12 mètres, à l'endroit le plus convenable, pour agir contre l'ennemi qu'il lui désigne et qu'il a devant lui. Le soldat, en se plaçant, cherche à bien *découvrir l'ennemi*, et à avoir en avant un champ de tir *parfaitement libre*. L'homme s'étant établi dans sa position, l'instructeur s'avance, suivi des jeunes soldats, rectifie, s'il y a lieu, la position prise, et montre à ces derniers comment le soldat qui est devant eux s'est posté pour bien *découvrir l'ennemi et se dérober à sa vue; comment il estime la distance, dispose sa hausse, se découvre un peu, s'il est nécessaire, pour mieux ajuster, choisit pour tirer le moment le plus favorable, et se replace derrière son abri pour charger.* Le soldat qui est en position doit pouvoir répondre de suite sur l'estimation de la distance. L'instructeur fait alors passer chacun des jeunes soldats par le même exercice, corrige sans les toucher les fautes commises, et leur fait remarquer que, sur un adversaire debout à découvert, tout coup tiré jusqu'à 300 mètres *doit être un coup touché.* Si le terrain présente certains abris, tels qu'un arbre, un mur, etc., il est avanta-

12

geux pour le soldat de se placer pour tirer plutôt *à droite* qu'*à gauche* de ces abris, c'est-à-dire de manière à ne découvrir que la partie droite du corps.

Les hommes prennent successivement les positions *debout,* à *genou* et *couché.*

On exerce ensuite les jeunes soldats à utiliser les divers obstacles que présente le terrain (1).

Abris divers du terrain. — Pour se servir comme abri d'un *arbre* d'une grosseur suffisante, le soldat se place de manière à appuyer son coude gauche contre le tronc, l'arme étant mise en joue sur le côté droit de l'arbre. Quand celui-ci n'a qu'une mince épaisseur, on l'utilise comme point d'appui pour la main gauche, qui ne soutient pas l'arme à son centre de gravité, mais se place la paume contre le tronc, et de manière que l'arme repose entre le premier doigt et le pouce, qui la serre contre le corps de l'arbre.

Le soldat agit d'une manière analogue s'il est appelé à mettre en joue par une *fenêtre*, par un *créneau* ou par une ouverture quelconque. C'est-à-dire qu'il se place toujours *à gauche* de l'ouverture dont il doit profiter.

Derrière un *remblai* ou une *élévation* de terrain quelconque, il appuie l'arme sur la crête, et, suivant la hauteur de l'abri, prend la position à genou ou couché.

Derrière les *haies*, les *broussailles*, et au milieu des *hautes cultures*, qui n'abritent pas le tireur contre les projectiles, le soldat fera bien, une fois le coup parti, de changer de place.

A défaut d'abri, en terrain *tout à fait découvert*, prendre la position couchée, et, si le terrain le permet, placer l'extrémité du canon sur quelque petit exhaussement de terre.

(1) Waldersée, *Méth. d'enseign. du comb. de tir.*, p. 67 ; — *Règlement d'exercices de l'infant. austro-hongr.*, titre 1er.

Soldat en position contre un ennemi restant en place et en partie visible. — Cet exercice est la suite du précédent et s'exécute d'une manière semblable. Il est recommandé aux soldats de ne pas tirer au delà de 200 mètres sur des ennemis dont on ne voit que la tête, et pas davantage au delà de 300 mètres sur des hommes à moitié abrités, en raison du peu de probabilité qu'on a de les toucher. Aux bons tireurs seuls sera donné plus tard l'ordre de faire feu sur des ennemis ainsi embusqués. Car il faut dès ce moment faire comprendre aux hommes qu'ils ne doivent faire feu que s'ils ont l'espoir de toucher le but, d'après leur degré d'habileté dans le tir.

Les soldats, pour tirer, se conforment aux règles suivantes :

250 mètres : ne pas faire feu au delà de cette distance sur des tirailleurs isolés et abrités ; quand on ne voit que la tête, ne pas tirer au delà de 200 mètres ;

400 mètres : tirer sur une chaîne de tirailleurs à découvert, ou des cavaliers isolés ;

5 à 600 mètres : sur des groupes ou des soutiens massés ;

800 mètres : sur des réserves ;

1000 mètres : sur des masses ou une batterie d'artillerie.

Soldat en position contre un ennemi qui s'avance sur lui. — Les hommes qui figurent l'ennemi ont reçu l'ordre d'aller se poster en avant de chacun des deux groupes, à au moins 5 à 600 mètres ; ils ne se mettent en marche qu'au signal de l'instructeur. (Le mouvement commencé, on les arrête chaque fois, dès qu'ils ont parcouru 40 ou 50 mètres, distance qu'ils franchissent au pas de course, quand le terrain est tout à fait découvert ; ils ne tirent que lorsqu'ils sont arrêtés, et se maintiennent assez longtemps dans chacune de ces positions nouvelles, afin de bien faire comprendre aux hommes que, dans le combat véritable, une troupe, même supérieure en nombre et bien conduite, ne franchit que très-lentement l'espace qui la sépare de l'ennemi, etc.). Les jeunes soldats ne perdent aucune des observations qui leur sont faites par l'instructeur : « Le soldat placé en position « choisit de préférence pour tirer le moment où son ennemi « s'avance pour aller gagner un abri ; quand celui-ci s'est « placé lui-même en position, il attend pour faire feu qu'il se « découvre. Les hommes sont prévenus qu'ils doivent viser « de préférence les officiers et particulièrement ceux qui sont « montés. Les soldats qui sont en position n'oublient pas de « modifier successivement les hausses, etc. »

Remarque. — L'homme établi dans un poste ne pourra combattre avantageusement son ennemi en marche qu'à la condition de suivre tous ses mouvements, quand celui-ci, cherchant à gagner un nouvel abri, s'avance par une ligne quelconque plus ou moins directe. D'où, nécessité pour le soldat établi en position *de quitter momentanément ou tout à fait son abri.* Les hommes seront donc bien pénétrés de cette idée que le soldat, en se postant, ne doit pas songer seulement à se placer *plus ou moins à l'abri des coups de l'en-nemi,* mais qu'il lui faut au besoin *quitter sans hésitation l'abri le plus sûr,* pour suivre tous les mouvements de l'en-nemi et le combattre. Si, dans certains cas, le soldat doit voir sans être vu, son premier devoir *est de combattre l'en-nemi quand il le découvre.* « S'abriter n'est pas pour le sol-« dat se coucher derrière un abri pour éviter de recevoir les « coups de l'ennemi, mais seulement guetter celui-ci plus à « l'aise pour le viser et étudier la manière de l'approcher da-« vantage (1). » Aussi, les hommes établis en position ap-puient à droite ou à gauche, reculent ou avancent un peu, pour ne pas perdre l'ennemi de vue dans tous ses mouve-

(1) *Instr.* du général Deligny, 1re part.

ments, et suivre en même temps la forme du terrain. Tous les jeunes soldats passent à leur tour par cet exercice.

Soldat en position contre un ennemi qui bat en retraite. — On a donné à l'avance aux hommes qui figurent l'ennemi l'ordre de simuler une retraite au signal de l'instructeur. Ce dernier fait ensuite remarquer aux jeunes soldats que les chances pour l'homme posté d'atteindre son ennemi sont bien plus grandes, parce que celui-ci ne choisit plus aussi bien son terrain pour s'y abriter, que ses retours offensifs sont assez rares, qu'il ne peut se placer avec soin derrière ses abris, qu'il tire mal, pour plus d'une cause, etc. Le soldat qui bat en retraite a reçu l'ordre d'avoir à se baisser en marchant, de riposter à l'ennemi, mais de se hâter, de gagner la position indiquée, et, en se retirant, de ne jamais suivre une ligne droite. Tout doit donc tendre à arrêter l'ennemi et à le forcer à battre en retraite.

Soldat en position tirant contre des cavaliers, sur une batterie. — Le soldat n'étant pas appelé à agir seulement contre de l'infanterie, il faut lui donner quelques règles qui le préparent à son rôle habituel. Lui enseigner que sur des cavaliers isolés on peut tirer jusqu'à trois cents mètres, surtout dans le sens de la longueur du cheval, et que des tireurs habiles peuvent encore atteindre leur ennemi à 450 ou 500 mètres. Utiliser cette donnée pour faire tirer les hommes sur des officiers montés. Lorsqu'on se trouve en présence de la cavalerie, viser les chevaux pendant les charges, et les hommes dès que la cavalerie a fait demi-tour. Sur de l'artillerie en mouvement (1), viser toujours les attelages, même aux grandes distances. Si les pièces sont en batterie, ce sont les servants qu'il faut prendre comme point de mire. Le moment où l'on

(1) *Règlement d'exerc. de l'infant. avstro-hongr*, titre Ier.

12.

amène les avant-trains et celui où on les ôte sont les plus favorables, parce qu'alors hommes et chevaux, rapprochés les uns des autres, forment des buts de grandes dimensions.

Groupe de 3 ou 4 soldats en position contre un ennemi qui s'avance sur lui. — Cette instruction devant être une préparation à l'école d'escouade, on réunit dans la même position trois ou quatre soldats, afin de les habituer déjà à s'établir ensemble derrière un même abri. L'ennemi, représenté comme il a été dit, et déjà arrivé à la distance indiquée, a ouvert le feu. Bientôt après, l'instructeur, qui a laissé avec intention pendant quelque temps le combat dans une période d'indécision, donne au groupe qui figure l'ennemi le signal de « *en avant les renforts !* » Le chef de ce groupe, prévenu à l'avance, fait entrer en ligne 2 ou 3 hommes, qu'il avait gardés en réserve, pour donner à la chaîne la densité qu'elle doit avoir un peu plus tard. Nécessité, par suite, pour les défenseurs, *d'augmenter progressivement la vitesse de leur tir*, sans rien lui faire perdre de sa justesse, à mesure que l'ennemi se rapproche.

Les soldats étant déjà familiarisés avec ces premiers exercices, l'instructeur passe à l'exécution de l'article suivant.

ART. 2. — *Marche du soldat isolé contre l'ennemi en position et découvert ou abrité plus ou moins. — Marche en avant des éclaireurs d'escouade. — Marche d'un groupe de 3 à 4 hommes contre l'ennemi en position et découvert ou abrité plus ou moins. — Marche du soldat isolé contre un ennemi qui s'avance. — Marche du groupe de 4 hommes contre un autre qui s'avance et bat en retraite. — Position couchée*

Comme pour les exercices qui précèdent, l'instructeur, dans chacun des deux groupes d'instruction, a envoyé à l'avance 3 ou 4 anciens soldats se placer à une distance assez éloignée, 7 à 800 mètres, s'il est possible, pour y figurer l'ennemi; un signe leur indiquera qu'un seul homme d'abord, puis tous les autres successivement, doivent se montrer *à découvert* ou plus ou moins *abrités*.

Il est expliqué aux hommes, en leur montrant le point à enlever ou l'ennemi à disperser, qu'au lieu de s'avancer à peu près en ligne droite, comme on le ferait en campagne, ils ont à prendre tel ou tel sentier, afin de ne pas marcher au milieu des cultures. L'instructeur donne ensuite l'ordre à un ancien soldat de s'avancer contre l'ennemi en position, après lui avoir expliqué qu'il en est éloigné de 800 mètres. (Cet homme, désigné à l'avance, a été bien prévenu de la manière dont il doit marcher). On fait alors remarquer aux jeunes soldats que ce dernier *s'avance rapidement d'un obstacle à l'autre,* en tenant son arme horizontale; *qu'il modifie sa hausse* successivement, *accélère son feu* à mesure qu'il s'approche de l'ennemi, *ne tire* que lorsqu'il a gagné un abri, et que dans chacun d'eux *il prend la position la plus avantageuse.*

Remarque. — Exiger des hommes qu'au lieu de marcher en se baissant, *ce qui ne les préserve en rien du danger,* ils s'avancent au contraire *la tête haute, le corps droit,* quelle que soit leur allure C'est pour eux la seule manière de bien voir l'ennemi et *de juger des abris que présente* le terrain; une telle attitude ne sera pas aussi sans produire quelque impression sur l'ennemi.

L'instructeur, faisant ensuite sortir 3 ou 4 des jeunes soldats, leur ordonne successivement de s'avancer; et, tandis que chacun d'eux se met à son tour en marche, il signale aux hommes qui l'entourent les fautes commises. La manière dont le soldat s'avance étant d'une importance capitale pour le combat, il insiste avec beaucoup de soin sur les observations suivantes, que chacun des hommes doit avoir bien comprises. De 750 à 600 mètres jusqu'à 450 environ (1), où la probabilité d'être touché n'est pas encore très-grande, le tirailleur pourra se montrer un certain temps sans grand danger, même sur les espaces de terrain qui n'offrent pas d'abris; il lui sera par conséquent possible de se mouvoir assez vite et facilement avec des temps d'arrêts peu nombreux, surtout s'il est assez habile pour rendre le pointage difficile à l'ennemi, en apportant dans la direction qu'il suit et dans la rapidité de son allure une certaine irrégularité.

« Dans l'espace qui s'étend de 450 à 300 mètres de l'adversaire, il faut déjà mettre les abris à profit avec plus d'attention, parcourir les espaces découverts à une allure plus rapide, et même, selon les circonstances, suppléer aux abris qui manquent en se jetant de temps en temps à terre.

« De 300 à 150 mètres, les chances d'être touché sont très-grandes. Le tirailleur doit donc choisir des points d'arrêt assez rapprochés, se glisser de l'un à l'autre en se baissant ou en rampant; dans certains cas, il lui sera prescrit d'atteindre son but par une course rapide. » Le soldat qui s'avance audevant de l'ennemi à une distance aussi rapprochée aura donc à déployer beaucoup d'habileté, de prévoyance et de résolution; sa marche se composera ainsi de *bonds successifs*, dont l'étendue diminue successivement, et qu'il ne franchit qu'avec une lenteur de plus en plus grande.

D'un autre côté, l'homme qui représente l'ennemi a reçu l'ordre de se couvrir davantage à mesure que la distance diminue, et de ne se montrer que de temps en temps, en changeant un peu de position.

Marche en avant des éclaireurs d'escouade. — Il n'est pas

---

(1) *Règlement d'exercices de l'infant. austro-hongr.*, titre Ier.

moins nécessaire d'exercer le soldat à marcher en éclaireur, en avant de son escouade groupée ou déployée.

On fait sortir pour cela un ancien soldat, auquel il est expliqué qu'il ne doit pas se porter de suite à la distance voulue en avant de l'escouade, pour s'y placer en position; mais s'avancer en se baissant, et, avec précaution, fouiller le terrain à droite et à gauche, etc., afin d'y découvrir le point le plus avantageux où s'arrêtera l'escouade. Il faut aussi qu'au moyen de signaux convenus à l'avance, il puisse faire à l'escouade le signal : *Ennemi en vue*, et s'arrêter lui-même ou reprendre sa marche aux signaux de *Halte* et de *Marche*, faits par le caporal, de manière à suivre tous les mouvements de l'escouade. L'instructeur, ayant indiqué à ce sujet un signal très-simple pour l'*Ennemi en vue*, fait exécuter par le même ancien soldat, et ensuite par 2 ou 3 jeunes, cette seconde partie de l'exercice. Les signaux de halte et de marche peuvent être faits à l'aide de la main. — Dans la marche en retraite, l'éclaireur se replie d'une manière inverse sur l'escouade.

Marche en groupe de 3 à 4 hommes contre l'ennemi en position, et découvert, ou plus ou moins abrité. — On a pour but, dans cet exercice, d'habituer les hommes à agir de concert, tout en les exerçant à obéir plus tard à l'impulsion qui leur sera donnée par le chef d'escouade. Au signal de : *En avant*, donné par l'instructeur, les 4 hommes qui forment la ligne, et ont été placés à 6 pas environ l'un de l'autre, se mettent en marche; on les a pris parmi les jeunes soldats. Autant que le terrain le permet, ils doivent s'arrêter, s'ils sont trop en avant; repartir, s'ils sont trop en arrière, etc. Pour se conformer à ce qui a lieu dans la réalité, l'instructeur arrête ces hommes quand ils ont successivement parcouru des espaces de plus en plus petits, à mesure que diminue la distance qui les sépare de l'ennemi ; l'homme du second rang n'est plus tenu de se placer à la gauche de son chef de file ; suivant l'abri dont il dispose, il s'établit à ses côtés ou en arrière, dans un rayon de trois pas. En terrain découvert, les soldats franchissent au pas de course l'espace qu'ils ont à parcourir, et prennent de suite la position couchée. Deux hommes laissés en arrière comme renfort se portent successivement sur la chaîne, à l'un des arrêts de celle-ci, quand on s'est déjà rapproché de l'ennemi. Accélération du feu des assaillants... Les signaux de : *Halte* et de *Cessez le feu* terminent l'opération, dès que les soldats en marche sont arrivés à 200 ou 150 mètres de leurs camarades qui battent en retraite.

Marche du soldat isolé contre un ennemi qui s'avance. — Après ce qui a déjà été dit, il y a peu à ajouter au sujet de cet exercice. On recommande à chacun des deux jeunes soldats qui doivent marcher l'un sur l'autre de s'arrêter pour tirer, *quand leur ennemi est en marche*, et de ne s'avancer eux-mêmes qu'au moment où celui-ci *est sur le point de s'arrêter* pour se porter derrière un abri.

Marche du groupe de 4 hommes contre un autre qui s'avance et bat en retraite. — Ce dernier exercice permettra de passer par tous les détails déjà indiqués pour l'instruction pratique du soldat. Placer dans chaque groupe les hommes qui combattent les uns contre les autres à un intervalle de 5 à 600 mètres ; — N'attribuer qu'à l'un des partis le renfort de 2 hommes qui entre en ligne vers la fin de l'opération. Son adversaire, qui ne peut tenir et se voit sur le point d'être abordé, se décide à battre en retraite. Il profite, pour commencer son mouvement, de ce qu'il est en partie masqué par un abri. L'instructeur fait remarquer aux jeunes soldats qui l'entourent comment ils peuvent reconnaître (1), à l'affaiblissement,

_____

(1) Waldersée, *Méth. d'enseign. du comb. de tir.*, p. 84.

à la cessation du feu et à la disparition successive des défenseurs, que l'ennemi a opéré sa retraite. A une répétition
de ce même exercice, arrêter le parti qui a la supériorité du
nombre à environ 200 mètres de son adversaire, et lui faire
mettre la baïonnette au bout du canon : l'ennemi, établi sur
une position ou battant en rase campagne, le laisse s'avancer
jusqu'à une certaine distance, et bat en retraite. Arrêter l'exercice dès que son mouvement se prononce.

Position couchée. — Dans un de ces exercices, l'instructeur
habitue les soldats à prendre immédiatement la *position couchée* à son signal, après leur avoir expliqué comment cette
position les soustrait presque complétement à l'effet des feux
de salve, leur permet de laisser passer sans grand danger
une charge de cavalerie, les débarrasse aussi plus vite de la
fumée, qui tend toujours à s'élever, etc. (La théorie et la pratique sont d'accord pour en montrer tous les avantages. Non-
seulement, à partir de 200 mètres, les chances d'atteindre un
homme couché diminuent plus vite que la hauteur du but lui-
même, par suite de l'accroissement successif des angles de
chute, mais, même à 200 mètres, on est forcé de tirer un peu
au-dessous du but, c'est-à-dire *en avant*, et à une distance
qui varie suivant que le terrain monte ou descend. Aussi,
d'excellents tireurs, qui avaient mis leurs 3 balles de suite
dans une cible large et haute d'un pied seulement, et que
l'on avait dressée dans le sens de sa longueur, ont eu besoin
de 8 balles pour la toucher 3 fois, quand elle fut renversée à
la même distance, bien qu'on leur eût toujours indiqué où
portaient les coups (2)). Ces premiers exercices seront pour

(1) Ce fait, assez remarquable, est tiré d'une série d'expériences
faites en Prusse en 1872 et rapportées par le *Militair Wochenblatt*
(*Rev. mil. de l'Étr.; — Bull. de la R. des off.*, 1873, n° 36).

le soldat une très-bonne préparation à l'école d'escouade : mais il est indispensable, dès le début, de faire usage de quelques cartouches à poudre, pour bien indiquer les points les plus importants de chaque article, dût-on même limiter le nombre des cartouches à un paquet par compagnie et par séance.

Avant de partir pour un exercice de combat, les officiers s'assurent que les soldats n'ont pas de cartouches à balles dans la giberne ou dans leur poche.

II. — *Instruction de l'escouade.*

Le rôle de l'escouade dans le combat de tirailleurs a acquis une telle importance qu'il devient nécessaire d'exercer on ne peut mieux le chef de ce groupe et ses hommes à combattre en terrain varié, devant un ennemi figuré, et dans toutes les circonstances probables de la guerre. Dans l'action bien dirigée de l'escouade est en effet tout le combat. Aussi ne saurait-on trop insister sur l'enseignement pratique à donner à ce groupe, parce qu'il est la première et la seule unité dans laquelle le chef ait une action directe sur ses hommes ; l'autorité du caporal, bien employée, servira aussi on ne peut mieux à limiter l'initiative du soldat dans ce qu'elle pourrait avoir d'excessif et de dangereux. Il est en même temps indispensable de donner aux hommes une instruction pratique assez solide, pour qu'elle prépare les plus anciens d'entre eux à pouvoir prendre la direction de l'escouade si le caporal vient à être tué.

On supposera, dans tout ce qui va être dit, que l'instruction théorique et pratique des sous-officiers et des caporaux étant complète, il ne reste plus qu'à s'occuper de celle des hommes. La progression générale à suivre pour l'instruction de l'escouade est d'ailleurs donnée par l'idée qui préside à tout engagement, dans lequel, — malgré la forme unique adoptée pour le combat en ordre dispersé, — se retrouvent toujours les trois phases suivantes : *défendre une position*, — *prendre l'offensive*, — et *battre en retraite*. Mais, avant d'enseigner le combat à l'escouade, et tout en la supposant déjà très-rompue au mécanisme de l'ordre dispersé, il est tout d'abord nécessaire d'appuyer dans l'instruction sur certains détails qui complètent les prescriptions déjà posées par le règlement, et appartiennent d'ailleurs à la préparation générale du groupe pour le combat. Ils sont indiqués comme il suit dans l'exercice préparatoire donné ci-dessous.

ART. 1ᵉʳ.—*Marche en avant de l'escouade. — Feux. — Bonds successifs.— Ouvrir et resserrer les intervalles. — Marche en retraite. — Ralliements. — Rassemblements. — Relever les tirailleurs.*

La compagnie formant une section à **4** escouades, l'instructeur, pour ce premier article, fait exercer séparément chacune des escouades, en tenant compte pour les divers mouvements des recommandations qui vont être données.

Marche en avant de l'escouade. — Le terrain a été choisi de manière à donner au moins 5 ou 600 mètres à parcourir à l'escouade avant qu'elle soit arrêtée. Celle-ci marche et se déploie suivant les principes prescrits. Quand l'escouade s'arrête, les hommes peuvent se grouper à 3 ou **4** derrière un même abri, mais à condition, quand on s'est suffisamment rapproché, que chacun puisse faire usage de son arme ; ils se placent aussi à *genou* ou *couchés*, suivant le terrain, et exécutent le feu de la manière qui va être indiquée. On a soin d'habituer les hommes de l'escouade à bien s'arrêter à hauteur des éclaireurs, et un peu en arrière. Quant à ces derniers, ils ne doivent pas dans les exercices tomber de suite

13

en position devant leur escouade, mais, comme on l'a dit plus haut, fouiller le terrain à droite et à gauche, pour y découvrir le point le plus avantageux où se placera l'escouade ; c'est-à-dire marcher en se baissant, s'avancer avec précaution, etc. Dans cette marche en avant, le caporal n'a d'autre préoccupation que de trouver une nouvelle ligne pouvant le mieux servir d'abri à ses hommes. Tant que l'escouade n'est pas encore arrivée à 1000 ou 800 mètres de l'ennemi, quelques auteurs prescrivent de la faire marcher par le flanc, sur deux rangs, les rangs entr'ouverts ou réunis, pour qu'elle offre moins de prise aux projectiles de l'ennemi, surtout quand celui-ci n'a pas de troupes établies sur ses flancs.

Feux. — Le feu *ne commence* que sur l'ordre du chef d'escouade, et *cesse* aussitôt qu'il le prescrit, *quelque difficulté que l'on ait pour l'obtenir.* Insister sur ce point, et bien faire comprendre au soldat que l'ordre donné par le chef de groupe de commencer le feu n'exige pas que chaque homme tire, même s'il ne voit pas l'ennemi, mais indique seulement que les tirailleurs pourront faire feu quand ils découvriront un adversaire (2). On habituera les hommes à ne commencer jamais leur tir avant la distance de 600 mètres, et l'on insistera sur l'observation de cette règle, de manière à n'avoir pas à craindre qu'en campagne ils n'ouvrent le feu beaucoup plus tôt. On commence par un feu *lent.* L'escouade venant de se déployer, les éclaireurs ouvrent le feu sur l'ennemi ; et, aussitôt que la chaîne les a rejoints, les bons tireurs tirent à leur tour pour repérer la distance, visent les officiers, de préférence ceux qui sont montés ; leur tir est dirigé exclusivement sur la

(1) D'Arnim, 1ʳᵉ part., p. 55.
(2) Général de Bestagno, *Exerc. tact. de combat,* trad. de M. de Lort-Sériguan, p. 32.

chaîne ennemie, tandis que les tireurs ordinaires prennent en même temps pour but les divers groupes et les renforts. A ces derniers, le caporal recommande de ne pas *viser trop haut* : il y a toujours avantage à les faire tirer un peu au-dessous du but ; de temps en temps, quand la ligne est arrêtée, il fait rectifier les hausses. Les bons tireurs sont employés aussi par le chef d'escouade à tirer particulièrement sur tel ou tel but : « *tels et tels, tant de cartouches sur tel point.* » De même, il empêche les soldats de tirer quand ils ne dé-couvrent pas suffisamment leur ennemi. Le feu *rapide* précède l'attaque, et commence à la distance de 300-200 mètres, quand la ligne est sur le point d'avoir acquis la densité voulue. Il dure seulement quatre à cinq minutes. — Défense absolue aux hommes, pour l'un ou l'autre de ces feux, *de tirer en marchant.*

Quant aux feux de salve, dont il sera question plus loin, il suffira d'établir ici qu'ils seront ordonnés de préférence aux petites distances. Sur des fronts assez étendus et découverts, le chef d'escouade ne dépassera guère la distance de 600 mè-tres. Sur de faibles détachements à moitié couverts, on ne fera de salves qu'à des distances très-rapprochées. On in-tique aux hommes *la distance, le but,* et avant le commande-ment de « *feu* », le caporal les avertit de bien viser : « *Atten-tion ! Visez !* »

Bonds successifs. — L'espace à franchir d'une position à une autre ne peut excéder 40 ou 50 mètres ; s'il est quelquefois plus grand, il diminue à mesure qu'augmente la difficulté de s'approcher de l'ennemi. S'attacher, dans les exercices, à re-tenir les hommes assez longtemps sur chacune des positions nouvelles conquises à la suite de cette marche par *bonds suc-cessifs,* pour leur faire bien comprendre quelle est la marche réelle du combat, et leur faire voir que l'arrivée des renforts sur la ligne *donne seule* le signal d'une nouvelle marche en avant (1), quand il est nécessaire de renforcer la chaîne; car les nouveaux venus relèvent le moral de ceux qui sont déjà sur la ligne, et les entraînent en avant. — Si le terrain ne présente aucun abri, les soldats prennent la position couchée. On pourra parfois les exercer à faire usage de leurs outils de pionnier pour le tracé ou l'exécution d'un profil de très-faible relief.

Ouvrir et serrer les intervalles. — L'escouade ouvre les intervalles pour traverser un terrain découvert, et les resserre pour se grouper derrière un abri. Dans ce dernier cas, le caporal commanderait : « *Sur telle file appuyez !* »

Marcher en retraite. — Il est important que les hommes sachent marcher en retraite, car pour une opération de ce genre qui est forcée, il en est d'autres dans lesquelles on bat en retraite *volontairement*, quand il ne s'est agi que d'inquiéter l'ennemi, ou de connaître quelle est la force dont il dispose. Dans le premier cas, celui d'une retraite forcée, le mouvement est précédé d'un feu assez vif, pour en faciliter l'exécution; les soldats battent en retraite, par le commandement prescrit. On leur recommande de ne pas chercher à lutter pied à pied, mais de gagner rapidement, et en très-bon ordre, un prochain abri; s'il n'en existe pas, ils se couchent à terre, etc. On reviendra, du reste, un peu plus loin, sur ce mouvement, qu'il sera bon de leur faire exécuter au pas gymnastique.

Ralliements. — Les soldats, pour se rallier, sont exercés à se resserrer simplement, en restant sur un rang, de manière

(1) Généraux Ducrot, Deligny, etc.

à pouvoir ouvrir le feu de suite. On ne fera usage du ralliement en cercle que dans le seul cas d'une surprise. Les soldats exécutent alors des feux de salve ou des feux rapides.

Rassemblements. — Comme on l'a remarqué avec raison (!),
on fera un fréquent usage du *rassemblement,* qui permet de
conserver sur le soldat une action qui s'affaiblirait vite pendant le combat, si les hommes restaient toujours dispersés,
et fournit le moyen de leur donner, pendant l'action, des indications utiles pour la direction du combat. On exécute ce
rassemblement derrière quelque abri.

Relever les tirailleurs. — Opération presque impossible à
la guerre. On est à peu près forcé d'admettre que toute la
troupe engagée avec l'ennemi lutte jusqu'à la fin du combat
sans être relevée. Le meilleur moyen d'y arriver est d'exercer
fréquemment les hommes aux rassemblements.

Après avoir ainsi posé quelques principes pour cette instruction préparatoire de l'escouade, nous passerons à l'application des principales règles qui régissent le combat et sont
développées comme il suit dans un deuxième article.

ART. 2. — *Occupation et défense d'une position par une escouade en
vue de l'ennemi. — Marche d'une escouade contre une
position et enlèvement de cette position. — Marche en
retraite d'une escouade (attaque repoussée). — Attaque
de front et de flanc d'une position. — Combat de deux
escouades s'avançant l'une contre l'autre. — Rencontre
et combat de deux patrouilles de la force d'une escouade. — Attaque de cavalerie.*

La compagnie a été divisée, comme il a déjà été dit, en
4 escouades, qui reçoivent 2 à 2 l'enseignement dont il va
être parlé; il sera d'ailleurs facile de donner aux escouades

(1) *Les Tirailleurs en terrain varié,* par un chef de bataillon, p. 12.

la force de 12 à 15 hommes. Une escouade destinée à représenter l'ennemi et à agir pour le 2ᵉ exercice a été envoyée à l'avance, avec un sous-officier, à 1,000-800 mètres, si le terrain le permet, ou au moins à 500 ou 600 mètres ; on l'a renforcée de 4 à 5 hommes, pris à l'escouade qui combat contre elle.

L'instructeur donne l'ordre au chef de la 2ᵉ escouade d'aller avec ses hommes occuper telle position, pour s'y défendre dans les conditions indiquées contre tel ennemi, posté à tel endroit. Il doit y occuper un front déterminé ; l'escouade est entourée d'autres groupes, ou elle forme la droite ou la gauche de la ligne, etc. On suppose que la position est distante d'au moins 500 ou 600 mètres de l'emplacement actuel de l'escouade. Reconnaissance préalable faite à vue par le caporal ; mise en route de son escouade, qui se déploie et marche précédée d'une ou deux patrouilles ; avec celles-ci s'avance le chef du groupe dans le but de mieux reconnaître la position. (On ignore si elle n'est pas occupée par l'ennemi). La position indiquée est une hauteur, un petit bois, un défilé, etc. Précautions prises pour la marche en terrain couvert. Arrivée du groupe à quelques pas de la position : reconnaissance de ses abords par une patrouille ; position occupée par le caporal, qui répartit ses hommes derrière les abris, note les principales distances de tir du côté de l'ennemi, etc. Les hommes qui occupent la position se placent de manière à se faire un peu voir, mais de moins en moins à mesure que l'adversaire se rapproche. (Ce qui a trait à la défense est indiqué dans l'exercice suivant).

Marche d'une escouade contre une position et enlèvement de cette position.— L'escouade qui doit attaquer, étant supposée partir de la colonne de compagnie, est formée sur deux rangs, et, s'il est possible, postée derrière quelque abri. Elle se met en marche à un signal convenu ; l'instructeur s'est placé dans une position intermédiaire, entre les défenseurs et l'escouade qui attaque, afin de mieux suivre l'opération. L'escouade s'étant déployée s'avance en profitant des abris ; chaque file a entre elle, en principe, un intervalle de 6 pas ou 4^m, 50 (et qui a été ainsi réglé pour que la chaine ait la densité voulue après l'arrivée en ligne des renforts et des soutiens). Mais on ne s'astreindra pas trop à observer cette loi : car il importe avant tout que les hommes soient couverts. L'escouade étant en marche depuis quelques instants, avec ses éclaireurs en tête, le caporal l'arrête derrière un premier abri, et, désignant ses meilleurs tireurs, « tels et tels », à 800: *à 700 mètres, sur tel but*, » leur fait tirer un certain nombre de balles.

Quand la distance se rapproche, il emploie successivement les feux individuels et ceux de salve. Pour se conformer à ce qui lui a été prescrit, il marque par un temps assez long l'intervalle qui sépare chacun des bonds successifs, et les rend de plus en plus courts. De son côté, l'adversaire a fait un même emploi des feux, et l'avantage est jusque-là de son côté, les soldats n'ayant pas contre eux l'émotion qui résulte de la recherche successive des abris, et tirant à des distances déjà appréciées assez exactement.

Mais l'assaillant est un peu plus fort en hommes. (Déjà il fait entrer ses renforts en ligne; à 400 ou 300 mètres, les soutiens s'y portent à leur tour. On a eu soin de faire de chacun de ces moments le signal d'une nouvelle marche en avant; c'est ainsi que l'action se présente pour une ligne formée de plusieurs escouades, comme on l'explique aux hommes. Mais, pour reproduire ces diverses circonstances, il faudrait figurer chacun des groupes par quelques hommes, c'est-à-dire *fractionner l'escouade*, ce qui doit toujours être interdit. Le feu redouble d'intensité par suite de l'entrée en ligne des réserves et de la rapidité croissante du tir : la défense n'a d'autre rôle à suivre que d'employer de préférence les feux de salve. Bientôt, elle évacue les abris qu'elle avait occupés jusque-là en avant de la ligne de défense.

L'opération devant être suivie de l'enlèvement de la position, le chef du groupe chargé de l'attaque, quand il n'en est plus qu'à 310-200 mètres, prépare le résultat de son entreprise par un grand déploiement de feux, indique à ses soldats le point à atteindre ; puis, à 200 mètres à peu près de la ligne ennemie, après avoir fait mettre la baïonnette au bout du canon, s'élance au cri de « *En avant !* » La défense a fait appel à ses renforts : elle riposte par des feux de salve et des feux rapides aussi puissants que possible ; mais, comme elle ne peut tenir, son feu s'affaiblit peu à peu, et, bientôt elle bat en retraite par échelon, quand l'ennemi n'est plus qu'à 100 mètres environ. Les hommes qui restent momentanément sur la position cherchent à cacher ce mouvement de retraite à l'adversaire par l'accroissement de leur feu ; puis, ils s'écoulent à leur tour, sous la protection du premier échelon. Les signaux de « *halte* » et de « *rassemblement* » donnés par l'instructeur terminent l'opération. Ce dernier avait indiqué à l'avance aux défenseurs comment ils doivent préparer leur mouvement de retraite, par l'affaiblissement et la cessation du feu, et la disparition successive des hommes (1). Comme les échelons, d'après le règlement, ne doivent être formés que de grandes fractions, on expliquera à l'avance à l'escouade le but de leur emploi dans cette circonstance toute particulière.

Après l'opération, l'instructeur réunit autour de lui les

(1) Waldersée, *Méth. d'ens. du comb de tir.*, p. 84.

deux escouades, et, signalant les fautes commises, encourage en même temps le zèle des hommes dont il a pu remarquer l'intelligence. Cet exercice résumant à lui seul pour l'escouade tout l'ensemble du combat, on s'attachera à le rendre très-familier aux caporaux et aux soldats, qui, bien que très-rompus aux exercices du terrain varié, n'exécutent jamais bien divers points importants de l'école de l'escouade.

Il est très-avantageux, quand on exerce les hommes à marcher en avant, de partir d'une distance assez éloignée, et de prescrire aux caporaux qu'avant de déployer leur escouade ils la fassent marcher quelquefois par le flanc, les rangs serrés, ou plus ou moins ouverts, suivant la nature du sol.

Marche en retraite d'une escouade (attaque repoussée). — Les deux escouades étant d'*égale force*, l'instructeur fait reprendre le thème précédent, (qui se modifie en vue du résultat à atteindre par l'entrée en ligne des renforts et des soutiens de la défense, quand l'escouade qui attaque n'est plus qu'à 400-300 mètres de la position). Intensité croissante du feu des défenseurs ; affaiblissement de celui des assaillants. Le caporal chargé de l'offensive a reconnu à la puissance nouvelle du feu de l'ennemi l'arrivée de renforts : il se décide à battre en retraite. Après un feu aussi nourri que possible, il se retire par échelon, et recommande à ses soldats de ne pas chercher à lutter pied à pied, en se retournant de temps en temps pour faire feu, *mais de gagner en très-bon ordre et rapidement* un prochain abri ; s'il n'en existe pas, ils se couchent à terre ; —retraite du 2ᵉ échelon, etc. Les défenseurs, sortant de leur position, s'élancent en avant jusqu'à une certaine distance, en utilisant les abris que présentent les abords, mais évitent de se lancer trop loin à la poursuite de l'ennemi ; tandis que l'escouade regagne sa position, les meilleurs tireurs, postés

13.

derrière les abris, continuent le feu pour rendre sa démoralisation plus complète.

L'instructeur, par les signaux de « *halte* » et de « *rassemblement* », ayant réuni les deux escouades, comme il a déjà été dit, indique les fautes commises et stimule encore le zèle des hommes.

Attaque de front et de flanc d'une position. — Afin de montrer dès ce moment aux soldats l'utilité des mouvements dirigés sur le flanc de l'ennemi, l'instructeur fait reprendre l'attaque précédente, en plaçant de suite ses deux escouades à une distance assez rapprochée ; celle qui doit prendre l'offensive a été renforcée de quelques hommes. Le terrain choisi est en même temps assez couvert, afin que l'opération se présente dans les conditions les plus favorables. Quand les deux lignes ne sont plus guère séparées que par une distance de 300 mètres environ, un sous-officier ou caporal, prévenu à l'avance, se détache avec 5 à 6 hommes, et s'avance vers le flanc gauche ou droit de l'ennemi. Il dissimule sa marche avec soin, s'arrête de temps à autre, pour ne pas perdre de vue l'attaque de front, et règle son allure de manière à arriver sur la position en même temps que les soldats qui appartiennent à l'attaque principale. L'opération se termine au commandement de « *halte* » de l'instructeur. Le moment de la mise en route d'une attaque de flanc est d'ailleurs subordonné à la nature des chemins que doit suivre le détachement qui en est chargé.

Combat de deux escouades s'avançant l'une contre l'autre. — La formation de combat étant unique, la disposition de deux troupes destinées à combattre l'une contre l'autre ne présentera aucune difficulté pour l'instructeur, après tous les détails qui ont été donnés ; tandis que la description d'un engagement nécessiterait d'abord de tenir compte des incidents dus aux terrains les plus variés, ce qui serait très-long. Nous laisserons donc à l'instructeur le soin de disposer ses deux escouades suivant le terrain qu'il aura choisi, et de les faire agir d'une manière vraisemblable. Mais il importe que l'instructeur aille reconnaître d'abord son terrain, pour donner à l'action toute la physionomie d'un combat véritable, en indiquant bien à l'avance à chaque escouade comment elle doit tirer parti des accidents du sol. Nous n'ajouterons plus à ce sujet qu'une seule observation. Comme on l'a remarqué avec raison (1), on évitera de faire marcher en même temps les deux groupes à l'attaque l'un de l'autre, le combat réel ne présentant jamais cette situation. Un parti est toujours arrêté momentanément, et fait usage de ses feux, quand l'autre se porte en avant, même si les deux troupes opposées l'une à l'autre ont en même temps pris l'offensive.

Rencontre et combat de deux patrouilles de la force d'une escouade. — Bien des cas se présentent en campagne de la rencontre de ces deux groupes, et, comme on l'a déjà remarqué, proviennent le plus souvent de la direction des deux chemins suivis l'un par rapport à l'autre. De ces deux partis, par exemple, l'un s'est arrêté à quelque distance de la position ennemie, masqué derrière un pli de terrain, ou caché par quelque bouquet de bois, par des arbres bordant un chemin, par un mur en pierres sèches, par le coin d'une maison isolée ; et l'autre, envoyé aussi en reconnaissance, marche avec la formation et les précautions indiquées précédemment. Le groupe déjà posté a signalé le premier l'approche de la patrouille ennemie : il se met en mesure de l'attaquer, à l'abri de la position qu'il occupe. (Supposons qu'il s'agisse de

(1) Capitaine Borreil, *Projet d'instr. tact. de la comp. d'inf.*

quelques arbres et d'une haie bordant un chemin). Le mouvement qui se produit alors de son côté est aperçu des deux
éclaireurs de l'escouade en marche. Le caporal les suit à
quelques pas derrière avec son gros ' : il fait déployer de
suite ses hommes, qui, prévenus à l'avance, se portent rapidement en ligne, à droite et à gauche de la file des éclaireurs
de tête ; 2 soldats se trouvaient sur la droite comme patrouille
de flanc ; ils tiennent la droite de la ligne ainsi formée. Ce
déploiement a pu s'effectuer sans trop de difficulté, même
sous le feu de l'adversaire, parce que les hommes se sont
portés en ligne presque sans se montrer, et qu'à cette distance
(400-300 mètres), les meilleurs tireurs de l'ennemi, seuls, ont
ouvert le feu. Le combat s'engage. Le groupe qui s'est porté
en ligne marche en avant, tandis que l'autre utilise son abri.
Si ce dernier a d'abord l'avantage, le chef de l'autre groupe,
en se rapprochant peu à peu, déborde le flanc gauche de son
adversaire... Il sera facile à l'instructeur, pour terminer l'engagement, de s'arrêter à telle ou telle autre supposition. Des
exercices de ce genre sont d'une grande utilité, parce qu'ils
habituent les chefs de groupe à se former rapidement en
ordre de combat.

Attaque de cavalerie. — Au signal « *cavalerie* », les soldats
se rallient sur un rang ou par escouade, et exécutent des feux
de salve et des feux rapides. Avec un front restreint on ne doit
pas tirer de salve à plus de 100 mètres ni à moins de 30. Une
salve exécutée trop tôt fait moins d'impression sur les chevaux ;
et, si elle est tirée trop tard, les chevaux blessés peuvent
forcer la chaîne ou pénétrer dans le cercle et produire du
désordre.

On recommande aux soldats, pour les charges en fourrageurs, de gagner le côté droit du lancier, et le côté gauche de

tout autre cavalier, etc. Ils cherchent à donner un coup sur la tête du cheval ou à lui enfoncer la baïonnette dans le flanc, mais jamais dans la poitrine.

L'exécution de l'art. 2 n'exigera pas plus de deux séances d'exercice; mais, en raison du soin extrême que l'on doit apporter à l'instruction de l'escouade, on fera répéter deux ou trois fois à chacune d'elles les exercices dont il se compose.

Il nous reste encore à traiter de l'importante question des feux, dont il n'avait pu être parlé dans ce qui précède que d'une manière sommaire. Malgré quelques divergences d'opinion sur le meilleur emploi de tel ou tel feu, il est assez facile de bien établir les règles qui doivent prévaloir à ce sujet.

Les feux sont de deux sortes, les feux *individuels* ou à volonté, et les feux *de salve*, dits aussi à commandement. Les premiers, dont nous allons d'abord nous occuper, comprennent le feu *lent* et le feu *rapide*.

Feux individuels.—Le feu *lent* s'exécute de 600 à 200 mètres, par la majeure partie des hommes de chaque escouade, qui s'arrêtent derrière un abri, après chaque bond successif, ou se couchent en terrain découvert et font feu. Il est toujours précédé, aux premières distances (1000-800 mètres), dès que l'escouade s'est déployée, d'un feu auquel ne prennent part que les bons tireurs, ainsi qu'il a été expliqué plus haut. On exécute le feu *rapide* à courte distance, soit pour s'élancer sur l'ennemi, soit pour repousser son attaque; il ne dure que quelques minutes. Il est indispensable pour la deuxième période du combat, celle décisive, d'exercer les hommes à accélérer la cadence habituelle du feu rapide, qui est à peu près de 6 coups par minute. Tout en exigeant qu'ils ajustent avec soin, il sera facile de leur faire atteindre jusqu'à 9 ou 10 coups par minute. Du reste, quand toute la chaîne renforcée des différents groupes est sur le point d'aborder l'ennemi, il n'est plus aussi utile que le soldat ajuste bien ; il lui suffit de tirer droit devant lui en visant plutôt un peu bas, et d'exécuter un feu des plus violents. Quelques auteurs font en outre usage du terme de feu *renforcé*, par lequel il ne faut entendre que le feu rapide porté à son plus grand développement comme vitesse, et tel qu'on peut l'obtenir avec les armes à un coup.

« Le feu individuel agit par l'arrivée non interrompue des projectiles et par leur sifflement ; d'autre part, le soldat isolé peut mieux y mettre à profit son habileté dans le tir ; mais aussi le tir est souvent difficile à arrêter, et la troupe qui emploie ce genre de feu n'est plus aussi instantanément à la disposition de celui qui commande » (1).

Une troupe placée sur la défensive se servira exclusivement du feu rapide au moment où elle sera sur le point d'être abordée. Dans l'offensive, et pour la préparation de l'attaque, on l'emploiera en même temps que le feu de salve, en ayant attention à le faire converger sur le point choisi. Les soldats ont soin de bien épauler ; car, aux petites distances, un oubli de cette précaution aurait pour effet de faire relever les coups.

Feux de salve. — Le feu de salve s'emploie, *dans l'offensive*, pour porter à l'ennemi le coup décisif, dès qu'il est absorbé par l'effort de l'assaillant, et au moment où celui-ci va s'élancer de son abri. Le moment d'attaquer avec toute la ligne étant venu, agir par un grand nombre de fronts de peu d'étendue, et n'employer que des feux d'escouade et de section ou demi-section au plus. « Quand la résistance se prononce sur un point de la ligne ennemie, on dirige des feux de salve de ce côté ; on serre l'ennemi d'aussi près qu'on le

(1) *Règlement d'exerc. de l'inf. austro-hongr.*, tit. Ier, § 24.

peut, on l'entoure de feux... » (1). *Dans la défensive,* on se servira des feux de salve sur un terrain découvert, après avoir employé les feux à volonté pour la défense des positions et des obstacles situés en avant du front de bataille, et, au dernier moment, pour les retours offensifs.

Les partisans des feux de salve dans le combat en ordre dispersé sont d'ailleurs encore très-nombreux. Un auteur dont l'opinion est aussi d'un grand poids (2), remarque avec raison que, dans les feux à volonté la fumée empêchant de voir, il n'est guère possible de faire modifier la hausse au soldat, et qu'en outre la voix du chef est longtemps couverte par les détonations successives. Or, celui-ci doit toujours pouvoir se faire entendre : car une voix ferme et claire ne peut manquer d'être obéie dans la plupart des cas, surtout si le chef a toujours su bien garder sa troupe en main. Cet inconvénient n'existe pas avec les feux de salve. On a aussi remarqué, à la suite de feux exécutés en Bavière, en 1873, à l'école de tir, que l'effet des salves était généralement plus considérable que celui des feux de tirailleurs. Ces salves étaient aussi meilleures au commencement du tir qu'à la fin, attendu qu'alors les projectiles touchaient le plus souvent trop haut, ce qui se produisit à partir du quatrième coup ; effet dû surtout à l'échauffement du canon (3). « Le feu de salve agit par la masse des projectiles arrivant en même temps, et présente cet avantage que la rapidité du feu et la consommation des munitions peuvent être plus facilement réglées par le chef de peloton, et que, par conséquent, la direction du feu, aussi bien que celle de la troupe, reste confiée à une seule et même per-

(1) *Instr.* du général Deligny.
(2) Colonel Philebert, *Serv. en camp. prat.*, p. 61.
(3) *Rev. mil. de l'Étr.*, 6 mars 1874.

sonne. » (1) On exigera dans ce feu que les coups partent bien ensemble ; car s'il n'en était pas ainsi, le feu de salve dégénérerait bientôt en un feu individuel. « Les salves doivent être faites en moment convenable, autant que possible par surprise, avec calme et précision ; et alors elles sont terribles. « Aucune troupe du monde n'est capable de résister à trois salves bien visées, faites à petite distance » (2).

Le feu de salve s'emploie avec avantage, aux grandes distances, contre les troupes massées et à découvert (bataillons, escadrons, batteries), et, aux petites distances, sur de faibles détachements à découvert. Le règlement (*Ecole de comp.*, art. 335) en étend l'usage aux soutiens et aux réserves, formées sur un ou deux rangs, d'accord avec les divers auteurs.

Les feux de salve joueront encore un grand rôle dans l'avenir, quand des armées de milices se trouveront en face de troupes bien instruites. L'infanterie qui saura unir la plus grande discipline des feux à la plus grande justesse de tir, et sera bien commandée, aura toujours l'avantage. Ajoutons encore que les feux de salve, plus efficaces, plus économiques au point de vue des munitions, causent moins de désordre que les feux à volonté. Mais il est difficile de préciser jusqu'à quelle distance il faut les exiger : la manière dont une troupe sera abritée, commandée et abordée elle-même par l'ennemi influera sur l'effet de ses feux. Toutefois, on admet avec raison qu'il est impossible d'amener une fraction constituée d'une certaine importance sur la ligne des feux, dès qu'elle entre dans la zone efficace du feu de l'ennemi; une troupe ne peut donc faire de feux à commandement,

_____

(1) *Règlement d'exerc. de l'inf. austro-hongr.* (*ibid.*).
(2) Waldersée, *Méth. d'enseign. du comb. de tir.*

d'une manière générale, que derrière un abri, ou quand elle se trouve encore aux grandes distances.

Mais, dans ce cas, l'officier, qui, ayant à tirer sur un but très-éloigné mais assez compact (tel qu'une batterie, un détachement massé, etc.), choisira convenablement l'emplacement de sa troupe, et réglera ses hausses en les faisant varier en plus et en moins de la distance présumée, obtiendra, au point de vue des pertes réelles et de l'effet moral, le résultat le plus décisif. Nous pensons donc que l'on tirera toujours un grand effet des feux de salve, dont l'emploi ne doit pas être aussi limité qu'on le pense souvent. Bien des exemples tirés des deux campagnes de 1866 et de 1870 viendraient encore au besoin à l'appui de notre assertion. Les Allemands reconnaissent eux-mêmes avoir tiré un grand parti des feux de salve, à Sedan, à Villersexel (1), etc. Comme on l'a encore remarqué (2), un autre avantage de ces feux est de n'éclairer qu'un instant la position occupée, tandis que les feux individuels la précisent trop nettement. — Il serait toutefois nécessaire d'exercer beaucoup le soldat à ce genre de feux, en raison des difficultés que présente leur exécution, surtout pour les hommes du second rang, qui ont plus ou moins de peine à placer leurs armes dans le créneau ; et aussi par suite de l'appréhension qu'éprouvent les soldats de l'attente du commandement d'exécution, de la crainte de coups tirés par les maladroits, etc. Difficultés qui augmentent encore, quand on est sur un terrain plus ou moins inégal, après une marche, devant l'ennemi, avec des rangs plus ou moins serrés, etc.,

Quelques observations sur le mode d'exécution des feux

(1) *Mil. Wochenblatt* du 20 déc. 1871 (*Rev. mil. de l'Étr.*, 1872, n° 2).

(2) *Bull. de la R. des off.*, 1872, n° 34.

compléteront utilement ce qui précède : ils sont empruntés au règlement austro-hongrois, déjà cité plusieurs fois.

Dans tout combat d'infanterie, l'efficacité du feu est la force qui prépare le succès ; par suite, il faut dès le principe régler l'emploi de ce feu, en tenant soigneusement compte des circonstances, à mesure que le combat se développe et fait des progrès, qu'il augmente d'intensité, et enfin qu'il atteint sa plus grande violence... La discipline à établir sur la ligne des tirailleurs est d'autant plus nécessaire, que le soldat est plus ou moins abandonné à lui-même, quant à l'usage à faire de son arme, dès que le feu est ouvert : ce n'est que par la préparation du temps de paix qu'il est possible de lui inculquer les principes nécessaires. — Nous avons déjà établi que le soldat *ne tire jamais en marchant,* qu'il attend l'ordre de son chef pour *ouvrir le feu,* et *qu'il cesse de tirer* dès que l'ordre lui en est donné. — On s'applique autant qu'on le peut à concentrer le feu de chaque groupe sur un même point : par l'effet de feux convergents, l'assaillant compense la supériorité des abris dont se couvre le défenseur. — Le chef de groupe rappelle à ses hommes que chacun d'eux, tout en ayant de préférence l'œil sur les adversaires qui se trouvent juste en face de lui, doit encore ne pas perdre de vue ceux qui se trouvent à droite et à gauche ; souvent, en effet, il tirera avantageusement sur un adversaire placé obliquement par rapport à lui, et qui n'est pas abrité sur le côté. — Si le chef de groupe est un habile tireur, il peut de temps en temps tirer un coup de fusil, et par là exciter l'émulation de ses hommes ; mais, en dehors de cette circonstance, il est plus avantageux que les gradés portent toute leur attention à observer les résultats du feu et à le régler. — Mais, pour mettre à profit l'emploi du feu, on ne doit jamais en arriver à l'épuisement des munitions ; aussi, faut-il en toutes circonstances prévenir par une sévère discipline des feux le danger d'un gaspillage prématuré de la part des troupes, afin que le feu rapide reste borné seulement aux moments décisifs (1).

Quant à cet usage du feu, en considérant la question d'une manière générale, on peut se demander s'il n'y a pas avantage à n'engager d'abord qu'une faible partie de son effectif, pour tâter l'ennemi, découvrir ses points faibles et user sa résistance, surtout si l'on opère en terrain accidenté. D'un autre côté, en commençant ainsi par un feu lent, on éprouverait trop de pertes sur un terrain découvert, et cette manière d'agir amènerait trop promptement la réunion des renforts aux tirailleurs. Après avoir adopté d'abord en Allemagne, pour l'offensive, cette méthode du combat traînant, on a préféré depuis déployer dès le principe autant de monde qu'il est possible, de manière à pouvoir amener au feu, sous leur protection, d'autres groupes plus massés. C'est d'ailleurs de cette façon que la question a été établie dans notre nouveau règlement sur les manœuvres. L'intensité du feu augmente plus tard avec l'entrée des soutiens en ligne, et, quand elle a été portée à son plus haut point, elle précipite la crise. Le dernier rôle du feu se produit à ce moment : mais, comme il dure à peine quelques minutes, il faut en retarder le moment le plus possible. On verra en dernier lieu, après tout ce qui a trait au combat, par quels moyens on peut accroître encore cette puissance déjà si grande du feu (3e Partie).

Nous passerons maintenant à ce qui a trait à la *section*, plutôt pour aider à l'instruction des officiers et des sous-officiers que pour compléter celle des hommes, que l'on devra considérer comme à peu près terminée.

(1) *Règl. d'exerc. de l'inf. austro-hongr.*, tit. Ier, § 24.

III. — *Instruction de la section.*

Comme dans le service des *avant-postes* et dans celui de la *marche,* la section trouve une place nettement tranchée dans le *combat,* soit qu'on la considère comme partie de la chaîne, soit qu'on la prenne comme renfort, comme soutien ou partie de la réserve. Il est aussi, au point de vue du combat envisagé d'une manière générale, certaines circonstances dans lesquelles une section est appelée à agir momentanément seule : pour être envoyée en reconnaissance, pour occuper à l'avance une position, etc.

Après avoir posé les principes d'un premier exercice préparatoire, relatif au fonctionnement général de la section, nous étudierons celle-ci plus particulièrement au point de vue du combat, et en dernier lieu seront développées rapidement quelques-unes des circonstances dans lesquelles la section est appelée à agir seule.

ART. 1er.—*Marche en avant. — Renforts, soutiens. — Renforcer les escouades. — Feux. — Ouvrir et serrer les intervalles. — Ralliements. — Retraites. — Relever une ligne de tirailleurs.*

La compagnie, forte d'environ 60 hommes et destinée à former la section, a été partagée en 4 escouades. Il est supposé, pour ces notions préparatoires, que la section, qui marche déployée en entier, est appuyée, à droite ou à gauche, par une deuxième section. Les autres prescriptions du même article s'appliquent successivement à une section de renfort, à deux sections de soutien.

Marche en avant. — On ne tiendra pas, dans la marche, à occuper tous les points d'une même ligne. Eviter, au contraire, de garnir de tirailleurs les espaces tout à fait décou-

verts. Le front d'une ligne en marche, comme celui d'une position, est une succession de lignes à intervalles plus ou moins
fortes, plus ou moins compactes, suivant la configuration du
terrain (1). Au lieu de la ligne correcte que présente toujours la chaîne des tirailleurs, on s'attachera, dans les exercices, à la figurer telle qu'elle est en réalité, c'est-à-dire formée d'une succession de lignes interrompues, plus ou moins
courbes, placées plus ou moins en arrière les unes des
autres, etc. Il est bien plus avantageux, quand les hommes
sont déjà instruits, de leur donner la représentation exacte de
ce qui se passerait réellement à la guerre. Ce fractionnement
par lignes séparées se prête on ne peut mieux à la surveillance des hommes sur la chaîne, à la marche régulière par
petits échelons, soit en avant, soit en arrière; beaucoup mieux
que si les hommes se tiennent toujours sur de grandes lignes,
à hauteur les uns des autres : ce qui leur permet trop facilement de s'entraîner mutuellement à un moment donné. Bien
que les officiers n'aient pas de place fixe, il faut admettre
cependant que le chef de section marchera à quelques pas
seulement en arrière de la ligne, pour être plus à même de
juger de suite de la valeur des abris, de la manière de franchir telle partie du terrain, et de transmettre ses ordres. Les
sous-officiers se tenant à environ 10 pas en arrière des hommes,
le chef de section ne se placera pas à plus de vingt-cinq ou
trente pas de la chaîne.

Renforts, soutien. — Les hommes du renfort, pour s'abriter,
s'agenouillent ou se couchent; les placer à peu près en regard
de chacune des fractions de la chaîne. On évitera de cette
manière des mouvements de flanc trop prolongés et dangereux
pour le soldat. Mais cet espacement sera tel que les escouades

(1) Général Ducrot.

restent toujours dans la main de leur chef. Les soldats sont sur un rang; quand le terrain le permet, on rapproche autant que possible le soutien de la chaîne. Son chef, pour être toujours enseigné sur ce qui se passe sur la chaîne et du côté de l'ennemi, se tient assez en avant de ses hommes et de côté. Il sera d'ailleurs parlé plus longuement du soutien à l'art. *Compagnie.*

Renforcer les escouades. — Il est admis aujourd'hui que le renforcement ne peut se faire que par le doublement des files, parce que, dans la défensive, cette manière d'opérer est la plus avantageuse, et que, dans l'offensive, il est impossible de prolonger la ligne, ce qui serait exposer les hommes à une marche de flanc très-dangereuse (1). Les nouveaux groupes sont déployés en arrière de ceux déjà en position, et s'intercalent au fur et à mesure dans les espaces libres. Les tirailleurs déjà engagés donnent aux nouveaux venus l'indication de la hausse à employer, etc. (Toutefois, dans bien des cas du combat, on sera appelé à étendre successivement le front de la ligne, au moyen des renforts : mais il ne faudra le faire que progressivement, et d'une manière presque insensible).

Feux. — Nous ne parlerons plus des feux que pour faire remarquer qu'ils doivent cesser à *tout prix*, quand l'ordre en a été donné. Quelque difficulté qu'il y ait à arrêter le feu, nous pensons, comme on l'a dit avec raison (2), que le chef de section ne doit pas hésiter, quand les hommes

(1) Général Deligny, *Instr. pour les tirailleurs.* — « *Avec le fusil à tir rapide, on ferait éprouver de grandes pertes aux hommes marchant par le flanc sous le feu de l'ennemi.* » Von Scherff, *Et. sur la nouv. tact. de l'inf.*, 1re part., p. 49.
(2) Capitaine Borreil, *Projet d'instr prat. de la comp. d'infant.,* p. 34.

n'obéissent pas à l'ordre qui a été donné, de passer au besoin devant les tireurs. Procédé qui réussira, si on l'emploie avec énergie, mais auquel, si on le veut bien, il peut n'être pas besoin de recourir. Le meilleur moyen de prévenir tout gaspillage de munitions devant l'ennemi sera d'ailleurs d'exercer fréquemment les soldats à tirer à poudre, et de prendre certaines précautions pour la répartition des cartouches dans la giberne et dans le sac.

Ouvrir et serrer les intervalles. — Le mouvement d'*ouvrir* les intervalles n'a plus beaucoup de raison d'être, puisque le front maximum est occupé dès le début, et que l'on renforce de plus en plus la ligne par l'arrivée des renforts et des soutiens. Celui de les *serrer* ne peut davantage être conservé : les hommes étant abrités, il n'y a aucune raison de les faire se mouvoir sous le feu de l'ennemi; ce serait, du reste, un résultat difficile à obtenir. On évitera donc de se servir de ce mouvement, que l'escouade emploiera seule pour traverser un terrain découvert, ou pour grouper les hommes derrière un abri. Cependant, si l'on avait à en faire usage avec la section, veiller à ne pas mélanger entre elles des escouades différentes.

Ralliements. — Se feront de préférence en réunissant les hommes sur un ou sur deux rangs, pour l'escouade et la section. On admet même généralement qu'ils ne doivent plus donner lieu qu'à un simple resserrement des files, de manière à faire prendre à peu près aux hommes la formation sur un rang. Nous pensons, avec plusieurs auteurs, qu'il ne faut faire usage du ralliement en cercle ou en colonne que dans le cas d'une attaque par surprise, c'est-à-dire se produisant inopinément. Car plusieurs exemples de la dernière guerre prouvent suffisamment, ainsi qu'on le verra plus loin, qu'une chaîne se ralliant par un simple resserrement des files a pu repousser les attaques les mieux dirigées. Au lieu de courir pour se grouper par escouade pendant les courts instants qui précèdent la charge, les tirailleurs peuvent ainsi ouvrir le feu de loin, et, en agissant alors avec calme, lui donner une justesse qu'il n'aurait pas eue autrement.

Les ralliements se feront toujours sur la ligne de feu, jamais en arrière.

Retraites. — On insistera beaucoup dans les exercices sur cette partie de l'instruction. Les retraites sont de deux sortes : 1° On veut occuper l'ennemi pendant un certain temps, pour disparaître ensuite ; 2° on est repoussé et forcé de battre en retraite. *Dans le premier cas,* les tirailleurs battent en retraite, au signal ou sur l'ordre de l'officier, avant d'être arrivés dans la zone efficace du feu de l'ennemi ; la retraite se fait en marchant de front et au pas de course.

Aujourd'hui plus que jamais, avec la grande puissance des nouvelles armes, la retraite, *à la suite d'un échec,* sera une opération périlleuse, et par suite difficile à conduire. Nous supposerons donc que, l'attaque ayant été poussée *à fond,* on n'a d'autre parti à prendre que celui de battre en retraite. Celle-ci s'opérera toujours *au pas de course,* de manière à gagner, si l'on peut, une centaine de pas, ce qui ne demandera guère plus d'une demi-minute, chaque échelon battant en retraite à son our. Mais le mouvement devra se faire avec le *plus grand calme* ; après chaque halte, si l'on dispose d'un abri, faire feu sur l'ennemi, et se coucher à terre, si le terrain est plat et découvert. Il est d'ailleurs certain que l'ennemi, malgré toute l'activité qu'il donnera à la poursuite, ne tardera pas à perdre du terrain, parce qu'il ne se portera bientôt plus en avant qu'avec réserve, et qu'après avoir franchi une certaine distance, il s'arrêtera. Dans les exercices, les échelons seront composés chacun de deux escouades. Rendre cette manœuvre familière dans chacune des sections, en faisant bien comprendre à l'avance aux soldats que le *mouvement préci-pité* de la retraite n'exclut en rien la possibilité de l'opérer *en bon ordre*. Battre en retraite au pas serait sacrifier inutilement ses hommes.

Cette question de la difficulté d'effectuer une retraite sous le feu de l'ennemi a préoccupé assez vivement plusieurs auteurs. Le premier, à ce sujet, comme sur bien d'autres matières, le maréchal Bugeaud, recommande de « s'exercer à fuir méthodiquement, quoiqu'en désordre, et à se reformer avec promptitude. (*Aperçus sur quelques détails de la guerre*). Principe admis aujourd'hui partout. Un auteur allemand (1) indique, sur la manière de battre en retraite, 4 procédés qu'il n'est pas sans intérêt de mentionner, car, s'ils n'ont rien de bien nouveau par eux-mêmes, on peut toujours en tirer le sujet d'utiles exercices :

1° *File par file* ; les files battent en retraite isolément, sans se faire voir. Le mouvement commencerait, par exemple, par la file de droite de chaque escouade, et comprendrait la première moitié des files. (Ce mouvement n'est autre, d'ailleurs, que le *sammeln* autrichien, consistant à faire écouler en avant ou en arrière une troupe fractionnée à l'avance en groupes plus ou moins faibles V. p. 327). Ce mode de retraite s'emploiera avec avantage pour gagner du temps en amusant l'ennemi, comme dans l'évacuation d'une position menacée de front et de flanc. Il n'est d'ailleurs applicable que dans les terrains accidentés et boisés (2) ;

(1) D'Arnim, *Journal d'un chef de compagnie*, 1re part., p. 57.
(2) *Instr. ital.*, p. 161.

2° *Par escouade* ; avec indication de la distance à parcourir chaque fois, et en les prenant de deux en deux ;

3° La *retraite rapide par groupe* ou par escouade, qui ne diffère guère de la précédente ; et enfin,

4° La *retraite par rang*, le premier restant en position et tirant, tandis que le deuxième va se porter rapidement derrière un abri ; le premier ayant tiré se retire à son tour, etc. Il est recommandé, au sujet de chacune de ces formations, de désigner à l'avance les hommes ou les groupes qui forment l'avant-garde et l'arrière-garde, pour le moment où l'attaque de l'ennemi n'étant plus aussi vive, il est possible de se retirer dans l'ordre de marche. De ces trois ou quatre dispositions, les deux premières nous semblent de beaucoup les meilleures. On reviendra, du reste, plus loin sur ces retraites par échelons (*Instr. de la Compagnie*).

Relever une ligne de tirailleurs. — Ce mouvement, en principe, ne s'exécutera jamais devant l'ennemi : on le considérera donc comme impossible. Mais il ne faut pas moins y exercer les hommes, en suivant avec les quatre escouades les prescriptions données par le règlement.

Après ces premiers développements, nous passerons aux exercices qui ont plus spécialement trait au combat et sont énoncés ci-dessous, et dans lesquels on suppose encore que la section *fait partie* de la compagnie et agit d'une manière ou d'une autre dans la forme habituelle du combat en ordre dispersé (sur la chaîne, comme renfort ou partie du soutien). On a d'abord *supposé* l'ennemi : il s'agit maintenant de le *figurer* et ensuite de le *représenter*. Quelques hommes de la section à exercer (compagnie actuelle) figurent l'ennemi ; plus tard, on représente celui-ci en exerçant une autre section à combattre contre la première ; celle-ci, ou l'autre, est, suivant le cas, renforcée de quelques hommes, afin de placer les deux partis dans les meilleures conditions de vraisemblance. Afin d'éviter des longueurs inutiles, nous supposons de suite, dans les exercices de l'art. 2, que l'ennemi est représenté par une autre section. Chaque opération est surveillée par le capitaine, qui remplit au besoin le rôle d'arbitre. (Comme il s'agit seulement ici de mouvements ayant trait au mécanisme ordinaire de combat, on ne parlera que plus loin de ce qui concerne ses fonctions dans ce dernier cas). L'instructeur a fait choix du terrain qui se prête le mieux à chacune des opérations indiquées ; les officiers désignés pour y prendre part, et qui restent avec leurs compagnies, ont pu reconnaître le terrain un peu à l'avance.

Il sera facile à l'instructeur, après ce qui a déjà été dit au sujet de l'escouade, d'organiser pour le mieux chacun des exercices : nous éviterons donc d'entrer dans certains détails assez inutiles.

Art. 2. — *Occupation et défense d'une position, par une section, en vue de l'ennemi. — Marche d'une section contre une position et enlèvement de cette position. — Combat et marche en retraite d'une section (attaque repoussée). — Attaque de front et de flanc d'une position. — Combat de deux sections s'avançant l'une contre l'autre. — Attaque de cavalerie. — Amener le renfort sur la ligne de feu, le soutien sur l'un ou l'autre flanc; — rôle du soutien dans la retraite de la ligne, etc.*

Dans les divers mouvements qui sont exécutés, les chefs de section donnent rapidement aux caporaux de chaque groupe une indication générale de l'opération, de manière à laisser à leur intelligence et à leur initiative le choix du moment où ils doivent passer d'une position à une autre. En cas d'éloignement momentané de chaque groupe, le chef qui le commande est prévenu à l'avance du signal par lequel l'officier donne ses ordres.

Occupation et défense d'une position par une section en vue de l'ennemi. — La section se déploie suivant les principes indiqués dans le règlement (*Ec. de comp.*, art. 277), et l'escouade de direction marche sur le point qui lui a été désigné, après la reconnaissance sommaire que le chef de section a pu faire du terrain. On se dirige de préférence sur un saillant, une aile de la position, etc. Si la distance est grande et le sol assez accidenté, la section s'avance dans l'ordre de marche ; à la première approche de l'ennemi, elle prend l'ordre de combat ; la section marcherait encore par le flanc, sur deux rangs ou les rangs ouverts, si cette disposition était mieux appropriée au terrain. Avant d'arriver à la position, et à 100 ou 150 pas en arrière, le chef de section arrête sa troupe, envoie en avant deux ou trois patrouilles, et procède ainsi à une reconnaissance définitive, qui lui apprend que la position n'est pas occupée par l'ennemi ; un signal convenu et assez peu apparent fait connaître au chef de compagnie que la section est arrivée sur son emplacement. Ayant ensuite reconnu rapidement les abords de la position, les flancs et la meilleure ligne de retraite, l'officier procède à l'établissement de sa troupe. Il déploie un groupe ou deux, et tient le reste en soutien, massé derrière un pli de terrain ou un obstacle quelconque ; à défaut d'abri, les hommes se couchent à terre ; un ou deux hommes établis en avant de la ligne de défense veillent du côté de l'ennemi. Quelques travaux rapides sont pratiqués en avant du front ou sur l'un des flancs, en même temps que des obstacles élevés à la hâte en arrière servent à protéger la retraite, etc. Un des premiers soins du chef de section est de tracer rapidement de la position un croquis qui peut être plus tard d'une grande utilité, pour le cas où, après l'avoir évacuée, on serait appelé à la reprendre; c'est en même temps l'occasion d'un exercice très-utile pour les officiers. Supposons que la section ainsi établie soit appelée à défendre sa position.—Un combat défensif peut être divisé en cinq phases (1), savoir :

— Occupation de la position ;
— Combats et repliements successifs de la 1re ligne (chaîne et renforts);
— Mesures à prendre pour s'opposer à l'attaque principale de l'assaillant;
— Retour inoffensif ;
— Poursuite ou retraite.

1° Pour la défense d'une ligne de hauteurs, il n'est déployé qu'un petit nombre de tirailleurs ; la plus grande partie de la compagnie est tenue en ordre serré, derrière le sommet de la pente que l'ennemi doit gravir dans son attaque.

2° Dans une position dont le front est couvert d'obstacles (palissades épaisses, fossés, ouvrages de campagne, petites fermes, etc.), les tirailleurs et les renforts se bornent à repousser l'attaque par leur feu, *en restant sur place*, et le soutien ou une partie du soutien attaque l'adversaire sur son flanc, à l'improviste, quand il se prépare à franchir les obstacles. Mais, quand la position n'est pas aussi nettement tranchée (ce qui est le cas le plus habituel), une troupe habilement conduite utilise diverses autres positions (un bouquet de bois, un monticule, une petite ferme, etc.) *en se déplaçant successivement*, ou *en pivotant autour de l'une de ses ailes*, pour faire face à une nouvelle direction de l'attaque ennemie (*fig.* 91).

3° En cherchant à se protéger contre une poursuite, le chef

---

(1) *Règlement d'exerc. de l'inf. belge*. t. III (école de compagnie), p. 85.

14.

aura toujours déterminé à l'avance le point le plus convenable pour résister à une attaque de cavalerie.

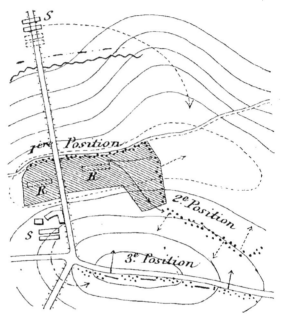

Fig. 94.

4° Pour se préparer à un retour offensif, on préférera le feu de salve au feu à volonté. En rase campagne, le retour offensif sera exécuté par toutes les forces réunies ; quand, au contraire, la section défend une position, elle opère au moyen d'une attaque de flanc qui apparaît inopinément sur le flanc de l'ennemi, au moment où celui-ci arrive à une petite distance du front. Ce mode d'attaque surprend presque toujours l'assaillant, et a l'avantage de ne pas obliger les défenseurs du front à interrompre leur feu.

Marche d'une section contre une position, et enlèvement de cette position. — Quelques hommes de la première section

(12 à 15) ont été passés à l'avance à celle qui attaque, et qui se trouve ainsi forte d'environ 70 h.; mais, dans un premier exercice, quand on n'aura pour but que de représenter le mode d'attaque, sans s'arrêter à la retraite des défenseurs, il suffira de figurer l'ennemi par quelques hommes. Au signal donné par l'instructeur, et répété de suite, la section qui s'est tenue à l'abri se déploie ou marche par le flanc, etc. Dans le premier cas, et pour rendre sa marche moins apparente à l'ennemi, elle s'avance par échelons de demi-section; si le terrain est un peu couvert, des arrêts de la ligne répétés de temps à autre aideront encore à cacher la marche de l'assaillant, qui peut espérer d'avoir en partie pour lui l'effet de la surprise. Application dans la marche des principes de détail dont il a été précédemment question, et sur lesquels on ne reviendra plus. L'attaque réussit en raison de la *supériorité numérique* de l'assaillant. Après ces quelques lignes qui n'ont trait qu'à la marche de la section, il nous faut parler de ce qui constitue réellement l'opération.

Il existe, pour la conduite normale de l'attaque, plusieurs *moments* tactiques (1), sur lesquels l'instructeur insiste avec soin pour organiser cet exercice de la manière la plus avantageuse. (On entend par *moments* les périodes successives que toute opération présente d'une manière très-marquée; ce sont les phases dont il a été parlé plus haut. V. p. 284). Ces moments sont les suivants :

— Reconnaissance de l'ennemi et du terrain ;
— Préparation tactique de l'attaque ;
— Marche en avant ;
— Développement maximum du feu à la distance voulue, et
— Occupation de la position ennemie, ou retraite et ralliement sur
  le point fixé d'avance.

(1) *Instr. tact. ital.* du 15 mai 1872, p. 173.

Après chacun d'eux, l'instructeur marque un temps d'arrêt, pendant lequel on s'efforce de bien faire comprendre aux hommes quelle est la marche de l'opération ; les défenseurs, de leur côté, ont été prévenus du moment exact auquel ils doivent se montrer.

1° La découverte des sentinelles ennemies par les éclaireurs de la section, constitue le premier moment (à 800 mètres de la position) : le chef se porte de suite auprès d'eux, pour se former une idée de la position ennemie, et la fait reconnaître par un ou deux petits groupes poussés en avant, pendant que le reste de la troupe est arrêté. Les sentinelles ennemies se sont repliées ou cherchent par leur feu à empêcher la reconnaissance. Mais, quoi qu'il arrive, et dans ce dernier cas même, qui est le plus habituel, on se rapproche de la position jusqu'à la distance de 4 à 500 mètres, et de manière à la découvrir plus ou moins.

2° Les dispositions d'attaque relatives à une compagnie se borneront à renforcer tel ou tel point de la ligne, pour diriger le plus grand effort sur une partie de la position ennemie, pendant que sur les autres on occupe les défenseurs en les trompant par une attaque feinte.

3° On se conforme pour la marche aux prescriptions déjà données. Si l'attaque feinte réussit, tandis que la véritable échoue, on appuie la première, en modifiant rapidement les dispositions qui avaient été prises d'abord. Diriger en même temps contre le défenseur une attaque de flanc, etc.

La section qui doit céder le terrain se décide à commencer son mouvement de retraite, quand, après avoir beaucoup souffert du feu de l'ennemi, elle se voit en outre exposée à une attaque de flanc qu'elle ne peut arrêter. Elle le commence *un peu avant* l'attaque à la baïonnette de l'adversaire, de manière que son premier échelon *ait le temps* de se porter en arrière de la première ligne de défense ; le mouvement a été préparé par l'effet d'une vive fusillade, qui masque la retraite des 2e et 4e escouades, sur lesquelles les autres ont appuyé à l'avance de quelques pas. Puis, quand l'assaillant vient à peine de s'élancer de sa dernière position, la 2e ligne s'échappe à son tour, au pas de course, et occupe en arrière l'emplacement qui lui est assigné (« *à temps de pas en arrière, à tel endroit* »). Cachées derrière leur abri, les deux premières escouades arrêtent un instant l'ennemi, et battent elles-mêmes en retraite derrière l'autre ligne, etc.

Combat et marche en retraite d'une section (attaque repoussée). — Une des sections a attaqué *à nombre égal :* elle est repoussée. Il se peut aussi que, dans le cas d'une certaine supériorité numérique, son échec provienne du judicieux emploi qu'a fait l'adversaire de son *soutien,* qui s'est déployé à l'une des ailes, pour résister au mouvement tournant, ou, caché dans une bonne position, sur le flanc de l'assaillant, l'a accueilli par un feu d'enfilade bien nourri, et s'est ensuite jeté sur lui à la baïonnette, etc. Ce sont là pour l'instructeur autant de combinaisons à introduire dans les exercices. Laissant à ce dernier le soin d'organiser l'opération, il nous suffira d'ajouter quelques prescriptions relatives à la manière dont la troupe traversera telle ou telle partie du terrain.

Lorsque la chaîne se retire en traversant un terrain très-couvert (bois, moissons élevées, etc.), les groupes redoublent d'attention pour rester en communication entre eux.

En quittant un bois, on s'éloigne promptement de la lisière avant que l'ennemi paraisse.

Les défilés et les passages difficiles sont traversés rapidement. On prend position à la sortie, pour arrêter par un feu vigoureux la poursuite de l'ennemi.

Un pli de terrain qui n'est pas précédé d'un champ de tir avantageux est de même traversé rapidement. On tire parti d'un terrain coupé pour arrêter la poursuite imprudente et trop vive de l'ennemi, en dirigeant sur son flanc le feu d'une subdivison embusquée, pendant que la chaîne tient solidement sur le front (1).

La retraite s'est opérée d'abord par échelon de 2 escouades; puis, quand l'ennemi a déjà ralenti un peu sa poursuite, la section passe de la formation de combat à celle de marche. Supposons que l'échelon des 3e et 4e escouades soit le plus rapproché de l'adversaire : la 1re escouade fournit l'arrière-garde (extrême-pointe de 2 hommes et du caporal, gros de 4 hommes et flanqueurs de droite et de gauche, formés chacun d'un groupe de 2 soldats); en même temps, les 4e et 3e escouade se portent en arrière au pas de course, celle-ci se laissant précéder de la 4e escouade, destinée à fournir l'avant-garde , tandis que le corps principal est formé des deux autres (3e et 2e). Chacun des groupes a été prévenu à l'avance de l'emplacement qu'il doit prendre dans la colonne. Le chef de section se tient auprès de l'arrière-garde. On admettra aussi que ce dernier a été prévenu à l'avance par l'instructeur du moment où il ne doit plus conserver le contact avec l'ennemi.

Attaque de front et de flanc d'une position.— La section qui s'est établie sur la position prendra à l'avance ses dispositions contre un mouvement tournant, soit que le parti envoyé par l'adversaire concoure à l'attaque, soit qu'il s'avance pour menacer sa ligne de retraite. Le succès, dans ce dernier cas, serait pour l'assaillant, à moins que le défenseur n'eût de suite

(1) *Règlement d'exerc. de l'inf. belge*, t. III (école de compagnie), p. 85.

replié une de ses ailes en arrière. Celui qui attaque ne doit pas non plus, pour cette manœuvre tournante, se fractionner en détachements trop faibles, qui pourraient être facilement repoussés par l'ennemi. A ces indications données à chaque parti, l'instructeur joint les prescriptions de détail nécessaires à l'exécution du mouvement. En outre, chacun des deux partis ignore l'emplacement de l'adversaire; une supériorité numérique assez grande est donnée à la section qui attaque, etc.

Combat de deux sections s'avançant l'une contre l'autre.— L'instructeur donnera tous ses soins à l'exécution de cet article, qui doit être la reproduction exacte du combat véritable. Il lui sera facile, après ce qui lui a été dit sur ce sujet, d'en régler les moindres dispositions. Chacune des sections est supposée partir de la formation de colonne. L'une d'elles a jusque-là dissimulé son emplacement à l'adversaire. Au signal du capitaine, elle débouche d'un bois, d'un pli de terrain, etc., et s'avance dans le but de se porter sur *tel point*, qu'elle doit enlever. L'adversaire ayant, de son côté, mission de garder à tout prix la même position, s'est placé derrière un pli de terrain, prêt à se déployer; les éclaireurs signalent la marche de l'ennemi : comme il ne veut pas renoncer à *l'avantage de l'offensive*, qu'il est supérieur en nombre (ou croit l'être), qu'il a des troupes fraîches, il se porte au bout de quelques instants au-devant de son adversaire, etc. L'instructeur doit avoir fait choix à l'avance de son terrain; il y amène chacun des deux chefs de section, auxquels il donne ses instructions. Car il faut éviter, pour les premiers exercices, qu'une opération mal engagée ne vienne fausser l'esprit des hommes. Si quelque faute grave se commet, il arrête l'opération par le signal « *halte !* » Chacun reste immobile dans sa position, jusqu'à ce que l'instructeur ait donné ses explications; les soldats ont l'arme au pied.

Attaque de cavalerie. — Chaque section étant supposée faire partie d'une chaine, le capitaine l'exerce à prendre ses dispositions de défense au signal de « *cavalerie!* » On admet qu'à partir de ce signal l'officier n'a devant lui, pour prendre ses mesures, qu'un temps limité par l'instructeur, une ou deux minutes, par exemple. La section est arrêtée, ou se trouve courir au-devant d'un abri; elle forme l'appui de droite ou de gauche de la chaine, ou est encadrée par les autres tirailleurs; la cavalerie charge en colonne par escadron, en ligne ou en fourrageurs, sur tel ou tel point, etc. Contre une attaque de surprise, le chef de section peut rallier ses hommes par escouade; s'il en a le temps, il reçoit les cavaliers ennemis en restant déployé, ses hommes se réunissant de manière à être à peu près sur un rang. (On suppose que le chef de section est limité à son action particulière, et n'a en rien à se préoccuper de ce qui peut advenir de renforts non encore entrés en ligne ou trop loin pour le rejoindre, et de ce qui a trait aux soutiens). Si l'effet de son feu est insuffisant à arrêter la cavalerie ennemie, surtout en cas d'une surprise, il donne rapidement à ses hommes le signal de se coucher à terre : « *Couchez-vous!* » Manœuvre qui aura pour effet d'atténuer beaucoup les pertes qu'aurait à subir l'infanterie.

Amener le soutien sur l'un ou l'autre flanc; — rôle du soutien dans la retraite de la ligne, etc. — Lors d'une attaque de cavalerie, et au début de l'attaque, le renfort est appelé à se porter de suite sur la ligne, pour occuper un point important menacé, ou donner un plus grand développement de feux sur l'ennemi. Il s'y porte en ordre plein et sur un rang. On

peut aussi le placer à l'une des ailes de la ligne, pour s'opposer à une attaque de cavalerie ou résister à un mouvement
tournant. Une fraction de soutien viendrait de même se poster sur un des flancs menacés ou sur chacun d'eux. — En cas
de retraite de la chaîne, le soutien se déploie dans une position favorable, pour ouvrir le feu dès que la première ligne
l'a démasquée, etc. Ces exercices du soutien étant d'une
grande importance, l'instructeur organisera sa ligne de bataille au moyen de 2 sections (2 compagnies), placées de
manière à reproduire telle ou telle des circonstances du
même genre qu'il voudra supposer. On réunirait alors deux
compagnies du bataillon, etc.

Nous passerons maintenant aux exercices qui s'appliquent
à une section *isolée*, que l'on peut supposer former une forte
patrouille de reconnaissance, un détachement chargé d'attaquer les avant-postes ennemis, ou remplir telle ou telle autre
mission, etc. Comme il ne s'agit pas ici de reprendre les
exercices de combat, mais seulement d'habituer les soldats
à passer rapidement de l'une à l'autre des formations qui se
présentent le plus habituellement en campagne, l'instructeur,
exerçant à part chacune des sections, n'enverra sur le terrain,
pour figurer l'ennemi, qu'un groupe de quelques hommes,
qui auront pour mission de paraître à un moment donné, et
de signaler son approche par un ou plusieurs coups de feu.

ART. 3. — *Déploiement en avant et marche d'une section isolée au-
devant de l'ennemi.— Passage à la marche en colonne.
— Reconnaissance des obstacles dans l'ordre de marche
en ligne de combat. — La section en marche se forme
en ordre de combat. — La section, se maintenant sur
le terrain qu'elle occupe, s'y établit en grand'garde.
— Attaque de la ligne des avant-postes; la section,
repoussée, se forme en colonne et bat en retraite.*

La section, ayant à déployer en avant, pourra le faire comme

15

il suit d'une manière générale. Le chef de section commande :
« *Première demi-section en avant sur l'escouade de droite, —
à tant de pas.* » Le chef de la première escouade lui fait faire
par le flanc droit, par file à gauche, et l'officier, se plaçant
auprès de lui, la dirige sur le point de droite de la position
à occuper; la 2ᵉ escouade, qui a fait par le flanc gauche et
par file à droite, marche droit devant elle. Quand elles sont
arrêtées à quelques pas de l'emplacement que doit occuper
la section, ou à la distance des feux les plus efficaces, s'il
s'agit d'une attaque, elles se déploient; la 3ᵉ forme les renforts, et la 4ᵉ le soutien (*fig.* 92). (On n'a donné cet exemple de déploiement par le flanc,
et en avant, que pour montrer
l'emploi d'une formation qui
donne moins de prise au feu
de l'ennemi).

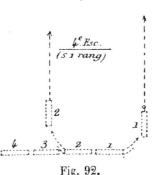

Fig. 92.

*Passage à la marche en co-
lonne.* — Ce mouvement, comme
ceux qui suivent, est facile à
exécuter : mais il faut que ces
formations, bien que très-simples, aient été rendues familières
à chaque groupe, parce qu'elles
sont d'un usage fréquent.

Une section se trouvera, en
effet, par suite de telle ou telle
circonstance qu'il est facile d'imaginer, dans une position
qui l'amène à marcher d'abord de front ou de flanc, et à se
déployer comme il vient d'être dit, ou d'une manière analogue. Elle marche en avant sur un ennemi qui vient de se montrer, puis, s'arrêtant, se met en ordre de combat. On suppose

qu'après un échange de quelques coups de feu, et avant l'entrée des renforts en ligne, l'ennemi a battu en retraite. La section, ayant à continuer sa marche, doit se mettre en colonne pour se diriger sur sa droite; elle est forte de 56 à 60 hommes, ce qui donne 12 soldats par escouade. A l'ordre donné par le chef de section, ou au signal de « *colonne de route!* », chaque escouade déployée appuie de suite sur sa file de droite; la première, prévenue à l'avance qu'elle doit former l'avant-garde, se porte rapidement sur la direction indiquée, et prend la disposition suivante, qui se rapproche beaucoup de la formation habituelle : 3 éclaireurs de tête, et, à 100 ou 150 pas derrière, un *gros* de 8 hommes, avec lequel marche le caporal, et qui détache une ou deux patrouilles de 2 hommes; en arrière, un soldat pour relier l'avant-garde en corps principal, formé des 2e, 3e et 4e escouades. L'avant-garde se met en route, et les trois autres escouades appuient rapidement à droite; aussitôt que la première voit l'avant-garde arrivée à une distance d'environ 100 mètres, elle se met à son tour en marche, etc. A la distance voulue, une arrière-garde de 6 hommes.

Reconnaissance des obstacles dans l'ordre de marche en ligne de combat. — Il a été question précédemment de la reconnaissance des divers obstacles qui se présentent dans la marche en colonne. De même, quand on s'avance en ordre déployé, pour gagner une position, et à la rencontre de l'ennemi, aux distances où l'on n'a pas encore engagé le feu, il y a lieu de fouiller *à l'avance* les divers obstacles qui se présentent devant la chaîne, et pour lesquels les éclaireurs des escouades seraient insuffisants. Une patrouille plus ou moins forte, et prise parmi les hommes du renfort, y est envoyée rapidement. (Il s'agit d'un petit bois, d'un ravin, d'une maison, etc.)

La patrouille marche dans la formation déployée dont il a
déjà été parlé; un ou deux soldats restent au dehors pour servir de communication avec la chaîne : ils font connaître de
suite par un signal au chef de la ligne que l'obstacle est *inoc-
cupé,* ou que l'ennemi *s'y trouve.* Si le point à fouiller est de
quelque étendue, la chaîne est arrêtée momentanément, etc.

La section en marche se forme en ordre de combat. — Supposons que l'ennemi paraisse en avant, dans la direction
même de la colonne : la section se forme rapidement en ordre
de combat, et d'une manière très-simple. Au premier coup
de feu, le chef de section se porte à l'avant-garde, au point
où il veut établir sa ligne, et, levant son sabre, commande
« *Déployez !* » A ce signal (qui pour une compagnie entière sera donné par le sifflet ou l'élévation en l'air du
fanion), l'avant-garde s'arrête : les quelques hommes qui
sont en tête rétrogradent, et les autres se portent au pas
de course par un à-gauche en ligne sur la direction qui

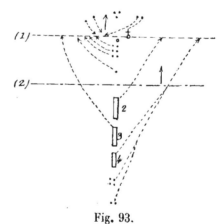

Fig. 93.

leur est tracée ; la 2e escouade se jette de suite sur la
droite, la 3e, à gauche, etc. (*fig.* 87). Suivant les obstacles

que présente le terrain, le chef de section adopterait aussi bien le front (**2**) comme ligne de combat. L'ennemi se montrant sur l'un des flancs de la colonne, les escouades se porteront de suite du même côté, par un simple déploiement des files; à défaut de sous-officiers pour les diriger, il suffit aux hommes de voir que le chef de section fait face à droite (ou à gauche). Suivant les circonstances, cet officier déploie ses 4 escouades en entier, ou garde quelques hommes en renfort et sa dernière escouade en soutien.

La section, se maintenant sur le terrain qu'elle occupe, s'y établit en grand'garde. — Le combat est engagé, et la 4° escouade est en soutien derrière le centre de la ligne, le front occupé étant d'environ 50 mètres. Après une marche de quelques pas, la section s'est arrêtée en arrière de l'emplacement dont son chef a fait choix; quelques hommes sont envoyés en patrouille, et, à leur retour, il est procédé à l'établissement de la troupe. Chaque escouade ayant été prévenue à l'avance de ce qu'elle doit faire, le chef de section donne ses ordres ou fait le signal « *grand'garde* ». Aussitôt, les 3° et 4° escouades, battant promptement en retraite, s'établissent en grand'garde sur le point qui leur a été fixé; 6 hommes de la 1ʳᵉ escouade, qui ont été désignés comme sentinelles doubles, sont conduits à leurs postes par l'officier lui-même, aidé d'un sous-officier; en arrière, s'établissent comme *petit poste* la 2° escouade et le reste de la 1ʳᵉ. Les sentinelles sont ainsi fournies chacune par 4 hommes; un service particulier y est établi pour les patrouilles rampantes, et le lendemain matin, un peu avant le jour, les 3° et 4° escouades viennent à leur tour prendre le petit poste.

Attaque de la ligne des avant-postes; la section repoussée se forme en colonne et bat en retraite. — Le chef de section a fait connaître à l'avance quelle est, en cas d'attaque, la ligne de combat, et quels points la limitent à droite et à gauche. (On suppose, pour que cette indication puisse être donnée à l'avance, qu'il s'y trouve tel ou tel point d'une facile défense, dans le cas d'une attaque de front, de flanc, etc.) ; on a aussi assigné à chaque escouade l'emplacement qu'elle y occupe. Une des sentinelles prévient par un signal de l'approche de l'ennemi, qui s'avance à peu près vers le centre de la position, et a été aperçu à une assez grande distance. Sur le signal donné par le petit poste, les sentinelles se retirent sans se montrer et viennent prendre place à la droite de la ligne, auprès de leur chef d'escouade, qui par un signe les rallie de loin ; le petit poste s'est porté rapidement sur la ligne et s'y déploie ; les 3e et 4e escouades se sont placées, l'une en renfort, et l'autre en soutien (fig. 94). La section ouvre le feu

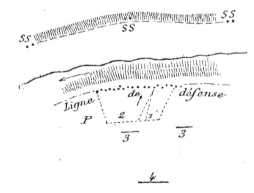

Fig. 94.

dès que l'ennemi est à bonne distance (feu des meilleurs tireurs, feux de salve, etc.) ; mais l'adversaire, supérieur en force et arrivé à une distance assez rapprochée, ne tardera pas à tenter l'attaque à la baïonnette. Il ne reste plus à la section qu'à battre rapidement en retraite. Les trois escouades étant déployées, la 4ᵉ est en soutien ; la 2ᵉ reçoit aussitôt l'ordre de gagner au pas de course tel abri en arrière ; la 4ᵉ, qui était sur un rang, s'est de suite déployée. Le feu de la défense ayant acquis une nouvelle intensité, les 1ʳᵉ et 3ᵉ escouades s'écoulent à leur tour, et vont se placer chacune auprès des deux échelons déjà formés. L'ennemi abordant alors la position, les 3ᵉ et 4ᵉ escouades se portent à leur tour en arrière, etc. Quelques instants après, la section prend sa formation d'avant-garde, comme il a déjà été indiqué. Pour le dernier exercice, l'instructeur opposera très-utilement deux sections l'une à l'autre, afin d'habituer les officiers à juger exactement du moment où ils doivent commencer le mouvement de retraite.

La facilité d'exécution de ces mouvements n'en exclut pas l'utilité, et la première condition du succès dans le combat sera, pour chaque unité, d'être habituée à passer rapidement, c'est-à-dire *sans désordre*, de l'une à l'autre de ces formations.

Beaucoup de questions peuvent encore être traitées dans ces exercices. Nous indiquerons sommairement les suivantes, qui, mieux encore que celles qui précèdent, ont trait aux incidents les plus habituels de la guerre.

Aʀᴛ. 4. — *Attaque d'un petit poste par une forte patrouille. — Rencontre d'une patrouille en station par une reconnaissance ennemie. — Rencontre de deux détachements en marche. — Placement d'un poste destiné à protéger l'établissement d'un pont ; — attaque de ce poste par un détachement ennemi. — Défense d'une ligne de chemin de fer ; — attaque par une reconnaissance ennemie, etc.*

Quelques lignes suffiront à donner les indications nécessaires au sujet de ces exercices.

On suppose pour le premier qu'il s'agit d'un pont (1). La troupe destinée à le garder, grand'garde ou détachement quelconque de la force d'une section, se place *en avant* du pont, en établissant à 400 mètres au delà un petit poste entouré de ses sentinelles. La patrouille ennemie a pour objet de reconnaître la route qui conduit au pont, et la manière dont il est gardé. Deux cas se présenteront au sujet de la rencontre des deux troupes : tout en évitant le combat, la patrouille, pour effectuer sa reconnaissance, a dû culbuter le petit poste; ou bien, comme elle n'a pu s'avancer par surprise, et qu'elle a été signalée la première par les sentinelles, le petit poste, renforcé par la grand'garde, a pris ses dispositions pour la recevoir et engager le combat. — (Notons, au sujet du premier cas, qu'une troupe est attaquée par surprise quand elle s'est laissé approcher à 200 mètres sans faire feu; elle doit alors se retirer).

Rencontre d'une patrouille en station par une reconnaissance ennemie. — Il s'agit cette fois d'une patrouille A qui a pour mission de reconnaître un village et d'y recueillir des renseignements sur l'ennemi; la reconnaissance B, envoyée dans le même but, a de plus que la précédente l'ordre de s'arrêter dans le village, pour le reconnaître à une certaine distance en avant. L'instructeur fixe les heures de départ des deux sections, de manière que la rencontre puisse avoir lieu. Celle-ci se produit suivant ces deux cas : la reconnaissance B, ayant déjà reconnu le village et envoyé 2 petites patrouilles au dehors, a fait halte et a pris une position telle, que, sans être aperçue, elle puisse facilement se porter en avant ou battre

(1) Nous empruntons cet exemple et les deux suivants au règlement italien du 15 mai, p. 197, en n'y prenant que les indications les plus essentielles.

en retraite. Il arrive alors que l'une des petites patrouilles est découverte par le détachement A, qui l'attaque, croyant n'avoir affaire qu'à un faible parti ennemi, et se heurte contre le gros de la patrouille B; — ou bien, si la petite patrouille aperçoit la première le détachement A, elle se retire, mais signale la présence de l'ennemi à la patrouille B, qui bat en retraite ou attaque, suivant la force de l'adversaire. Celui-ci, de son côté, quand il est arrivé à 2 ou 300 mètres du village, envoie une patrouille pour le reconnaître, et c'est alors que le chef du parti B se décide à attaquer ou à battre en retraite.

Dans le second cas, l'avant-garde du détachement B arrivant dans le village quand l'ennemi l'occupe déjà, ce détachement se trouve lui-même attaqué ; à moins qu'il ne prenne l'offensive, s'il est prévenu à temps : car il y a encore lieu de faire différentes suppositions, comme pour le cas précédent, etc.

Rencontre de deux détachements en marche. — Deux patrouilles de reconnaissance se rencontrent *de front*, en suivant la même route, ou *de flanc*, quand elles marchent sur deux routes qui se coupent.

On peut combiner avec ce thème l'exercice d'un passage de pont en avant et en retraite, en opérant sur un terrain assez couvert pour que le combat ne puisse être évité par l'un ou l'autre des partis. L'instructeur ordonne les mouvements des deux sections de manière qu'elles se rencontrent quand celle A a déjà passé le pont. Le parti ennemi, qui s'est aperçu que ce détachement a passé le pont, s'avance de manière à lui couper la retraite, en se portant à la dérobée sur son flanc ou sur ses derrières (*fig.* 95). D'après les dispositions prises par les adversaires, l'instructeur décide si la patrouille A peut opérer sa retraite de vive force.

15.

Placement d'un poste destiné, etc. — Nous n'avons mentionné ce cas que pour donner un exemple de plus de toutes les circonstances qui peuvent se présenter à la guerre. On agirait d'ailleurs, pour le placement d'un poste assez fort près du pont et d'un petit poste détaché, comme il a été indiqué au premier exercice de cet article. Pour disposer l'attaque, l'instructeur se guide principalement sur la direction des routes ou chemins qui aboutissent au pont.

Fig. 95.

Défense d'une ligne de chemin de fer, etc. — Une gare d'une certaine importance, au point de vue militaire, est toujours gardée par un détachement, pour assurer la protection du matériel, la soustraire aux attaques de l'ennemi, et en écarter ses reconnaissances. Le détachement qui l'occupe est disposé comme une grand'garde, du côté exposé aux attaques; mais on protége aussi la voie en arrière, à quelque distance de la station, pour empêcher que des patrouilles ennemies, principalement à l'endroit des courbes ou des plaques, ne cherchent à fermer momentanément toute issue aux locomotives, après que le fil télégraphique a été coupé, etc. L'instructeur, s'inspirant de cette première donnée, pourra organiser, entre deux sections opposées l'une à l'autre et opérant de jour ou de nuit, un exercice très-intéressant (V. précéd., ch. 2, *Reconnaissance d'une gare*).

En ajoutant encore à celles qui précèdent telle ou telle application du terrain que lui suggère son habitude de plus en plus grande de ces mouvements, il donne ainsi à chacune des sections l'instruction pratique qui peut le mieux préparer celle de la compagnie.

On aura soin, dans toutes ces opérations, d'exiger des officiers et de quelques sous-officiers des croquis *rapidement faits* des positions occupées. Le premier effet de cette pratique,—indépendamment de données très-utiles pour le chef, — sera d'habituer les officiers à juger rapidement des formes du terrain, et à en apprécier très-vite la valeur, au point de vue des opérations qu'ils sont appelés à diriger. On ne se rend, en effet, bien compte de telle ou telle partie importante d'une position, que si on a dû l'examiner avec soin pour en reproduire tous les détails.

IV. — *Instruction de la compagnie.*

Il n'y a rien ou bien peu à ajouter, dans l'ensemble, à l'exposé si remarquable de la méthode actuelle du combat donnée par le règlement. Cependant, il nous semble utile, pour justifier les détails dans lesquels nous entrerons, de faire remarquer que la puissance croissante des effets du fusil d'infanterie tendant à rendre le combat de plus en plus difficile à diriger, il convient de préparer les compagnies par de nombreuses applications aux circonstances encore assez variées qui se présenteront à la guerre. Une grande habitude de ces exercices pratiques peut seule donner aux soldats et aux cadres le moyen de réagir par leur solidité contre l'effet dissolvant d'un tir auquel il est difficile de résister, et dont les conséquences fâcheuses sont en grand nombre : pertes énormes, subies par la première ligne, et effet moral qui en est la suite ; — nécessité pour les soutiens d'entrer promptement en ligne, pour ne pas subir ces mêmes pertes avant d'avoir combattu ; — attaques précipitées, par l'arrivée de ces renforts ; — *fragilité morale* de ces longues et minces lignes de tirailleurs, qui forment, sans soutien immédiat, la véritable ligne combattante; — difficulté pour les troupes de rester en communication avec leur commandement; — rapidité avec laquelle la ligne de tirailleurs ressent les impressions les plus contraires (mouvements offensifs ou retraites désordonnées), etc. (1). D'où la nécessité de se préparer au combat par l'étude pratique et raisonnée de ses moindres circonstances. On peut d'autant mieux y parvenir, que la formation usitée pour le combat est unique, et qu'elle doit aussi l'être : car « il existe un type unique, une formation normale, qui sera la meilleure dans l'immense majorité des cas... » (général Lewal). Telle est la formation de combat que nous donne le règlement, et qui, bien qu'elle ait besoin d'être complétée par certains développements, s'applique à tous les cas, qu'il s'agisse du combat dans sa forme générale ou de la défense et de l'attaque d'une position. Cette forme unique est bien celle de tout engagement : car le résultat cherché ne s'acquiert qu'au prix de succès et de revers alternatifs, qui font que l'offensive et la défensive se succèdent souvent sans transition. Il faut en même temps admettre, ce qui est d'ailleurs exact, que la forme du combat en ordre dispersé est aujourd'hui bien établie, et consacrée par tous les enseignements officiels d'une manière définitive et à peu près uniforme. Si les Allemands, d'après leur propre aveu, ont commis de grandes fautes de tactique dans la première partie de leur campagne de 1870-71 (2), si depuis ils ont modifié leurs idées au sujet du combat en ordre dispersé, ils s'en tiennent au-

---

(1) Ces observations sont tirées du compte rendu donné par le *Bull. de la R. des off.*, (1872, p. 974), d'un article remarquable inséré dans le n° 10 du *Militair Wochenblatt*, sous ce titre : *De l'attaque de front de l'infanterie* (1871).

(2) V. Scherff, 1re partie. — Pr. Guill. de Wurtemberg. — Bogulowski, etc.

jourd'hui à une forme générale et définitive ; un même esprit a présidé à la rédaction des règlements de manœuvre étrangers (belge, austro-hongrois, etc.). Si l'on objectait contre cette pratique indispensable des exercices de combat la difficulté qui existe presque partout de trouver les terrains nécessaires, nous ajouterions encore que le mécanisme de beaucoup de ces mouvements peut très-bien être enseigné sur les terrains les moins accidentés.

Suivant l'ordre déjà établi, nous débuterons par un exercice préparatoire, dans lequel pourront être mis en application certains principes assez essentiels à noter, et qui forment le complément des observations déjà données sur le combat en ordre dispersé. On suppose que, pour cet exercice et les suivants, les quatre compagnies du bataillon sont réunies, de manière à n'en former qu'une seule, dont l'effectif est à peu près celui du pied de guerre (230 à 220 h.). Bien que dans la plupart des cas la compagnie soit appelée à combattre au milieu d'autres unités de même force, il est admis ici qu'elle agit isolément contre l'ennemi, afin de pouvoir mieux retracer l'idée qui préside au combat. On ne peut, du reste, la préparer à son rôle dans le bataillon que par une instruction particulière.

Art. 1er. — *Préliminaires. — Déploiements. — Emploi du terrain. — Marche. — Echelons. — Feux. — Renforts. — Soutien — Réserve. — Attaque à la baïonnette. — Retraite (volontaire), (forcée). — Poursuite de l'ennemi. — Ralliements. — Munitions. — Nécessité des appels pendant le combat. — Fanions à donner aux compagnies.*

Avant d'entrer dans les détails qui vont suivre, nous croyons utile de rappeler que le combat a commencé par l'action de l'artillerie, qui, aux distances de 2,500 ou

2,000 mètres, tire sur l'infanterie qu'elle a devant elle, avant que celle-ci ait pu se déployer, ou répond au feu de l'artillerie ennemie. Pendant cette préparation de la lutte, l'infanterie, se déployant à son aise, arrête ses premières dispositions. Soit qu'elle prenne l'offensive ou qu'elle réponde à l'attaque de l'ennemi, après la reconnaissance de la position qu'occupe ce dernier, de sa force, etc., le commandant de la compagnie indique aux officiers son plan d'attaque en peu de paroles, claires et précises ; quelquefois, il le fait connaître aux soldats, pour mieux les enlever, quand l'idée en est telle qu'ils puissent la saisir de suite. Aux officiers seuls, il indique sa ligne de retraite. Souvent, il n'engagera qu'une faible partie de ses hommes pour tâter l'ennemi, et ne pas lui laisser découvrir sa force véritable, tandis que, dans d'autres circonstances, il agira de suite vigoureusement. Il évite de donner à ses tirailleurs une direction parallèle à celle de l'ennemi, s'il s'agit surtout d'une ligne un peu étendue ; celle-ci est disposée un peu obliquement, de manière à déborder insensiblement le flanc de l'ennemi ; il peut encore, en renforçant peu à peu ses ailes, tenter une attaque enveloppante, etc.; il sera bon, toutefois, que son intention ne s'accuse pas dès le début. Comme une attaque seule réussit rarement, à une attaque directe ou de front il joindra une démonstration sur l'un des flancs de l'ennemi, s'inspirant à ce sujet des dispositions prises par ce dernier, ou de la nature du terrain.

Déploiements ; — emploi du terrain. — Rien à ajouter aux prescriptions du règlement sur le mode habituel de déploiement, et au sujet d'une compagnie isolée (art. 321 et 324).

Les avantages que présente le terrain sont mis à profit pour l'établissement de la ligne de tirailleurs, autant qu'ils n'empêchent pas de tirer du feu le meilleur parti possible. *En plaine découverte*, la compagnie est tenue plus groupée, jusqu'à ce que le moment soit venu de donner à l'efficacité du feu son complet développement ; *en terrain accidenté*, les distances entre les échelons se modifient suivant les accidents du sol, mais on a surtout soin de tenir la réserve assez rapprochée, quand on ne l'expose pas à subir des pertes inutiles ; *en terrain tout à fait couvert*, les distances sont plus rapprochées entre les échelons, et l'on veille à relier entre elles les portions isolées de la ligne de tirailleurs ; on porte toute son attention sur la *sûreté des ailes*, attendu qu'un terrain très-couvert favorise les mouvements tournants (1).

Marche. — La compagnie entre en action pour le combat en partant de la formation en colonne, à la suite d'une marche, comme fraction d'avant-garde, etc. Une fois engagée et ses trois lignes constituées, la troupe avance, recule ou se maintient en position ; des modifications insensibles dans la direction permettent d'amener la compagnie sur le terrain choisi.

Echelons. — Si la succession des efforts progressifs obtenus dans le mode actuel de combat est due à la formation que nous connaissons, elle ne se complète toutefois, comme l'a très-bien fait voir le général Lewal (*Tact. de combat*), que par l'ordre échelonné. « Cet ordre réunit en effet les avantages de l'ordre déployé et ceux de l'ordre successif, sans en avoir les inconvénients. Avec la portée des armes nouvelles, il donne autant de feux qu'une ligne déployée, car ce n'est plus qu'une question de hausse. Il favorise les efforts successifs ; car, en diminuant le front de chaque fraction, il facilite les mouvements ; et, en isolant les éléments, il les rend plus libres, et partant plus rapides. D'un autre côté, la distance d'un élé-

(1) *Règlement d'exerc. de l'inf. austro-hongroise*, tit. III, § 39.

ment à l'autre pouvant varier dans une certaine limite, on a toute commodité pour se placer selon le terrain... Le grand et le principal avantage des échelons est le flanquement qu'ils procurent, l'appui qu'ils donnent aux attaques comme à la défense. » C'est surtout au point de vue du feu que se reconnaît toute l'utilité de cette formation, comme le fait encore ressortir le même auteur. Dans l'attaque, le mouvement est forcément rapide pour gagner une nouvelle position : mais la troupe qui s'avance à découvert et sans tirer se trouve dans une condition défavorable. « Il faut donc que certaines portions restent en position et redoublent le feu, pendant que d'autres se portent en avant. C'est la seule manière d'aider et de faciliter le mouvement ; puis, quand le premier échelon est établi et embusqué, le second se porte à sa hauteur et le dépasse, protégé à son tour par le feu du précédent... » Cette marche par échelons est d'ailleurs prescrite par le règlement : « Lorsque le mouvement en avant devient difficile, la marche s'exécute par fraction ; le feu des fractions restées de pied ferme protégeant celles qui se portent en avant... » Quant à ce terme de *fraction* qu'emploie le Règlement sans bien le définir, nous pensons que la meilleure à adopter dans le fort du combat est celle d'une demi-section, et au plus d'une section.

Feux. — Après ce qui a été dit précédemment sur les feux, nous n'avons plus à présenter à ce sujet que des observations générales (1). Les moments où le feu de la chaîne doit produire le plus grand effet sont les suivants :

1º *dans l'attaque* : pour chasser le défenseur du point choisi par l'assaillant ; — pour aider à la poursuite de l'ad-

(1) Nous les tirons du *Règlement austro-hongrois*, dont il a été déjà parlé.

versaire en retraite, après l'attaque réussie ; — pour arrêter et repousser l'ennemi, après une attaque qui a échoué ;

2° *dans la défense* : au moment où l'ennemi, marchant à l'assaut, pénètre dans la zone du tir à bonne portée, le feu doit atteindre son maximum d'intensité et de rapidité à ce moment, et un peu avant le choc des deux partis ; — pour disperser ou anéantir un ennemi dont l'attaque a échoué ; — quand on bat soi-même en retraite, pour arrêter un ennemi qui poursuit ;

3° Enfin, *en toute circonstance*, lorsque de grands détachements, des colonnes ou des batteries sont, à découvert, à bonne portée, ou peuvent être surpris dans leur marche, etc. Les feux de salve ne sont fournis que section par section. Si la compagnie est formée en carré ou en cercle, pour se défendre contre la cavalerie, les salves sont commandées par le chef de compagnie lui-même, afin que l'unité de commandement concoure au maintien du calme et de l'ordre dans la troupe.

Un dernier mot, au sujet de la distance à laquelle doit commencer le feu des tirailleurs. Celle indiquée par le règlement (600 m.) n'aurait rien que de très-admissible si l'ennemi se montrait par groupe assez nombreux, et sans être abrité : mais il en sera rarement ainsi, et, à défaut d'abri, l'adversaire sera toujours couché. D'où, peu de chances de l'atteindre. Nous pensons donc que cette limite de 600 mètres (qui ne peut avoir rien de fixe) doit être un grand maximum.

Renforts. — Il a déjà été dit que l'entrée en ligne d'un renfort marquait un progrès en avant. En effet, quand on renforce les tirailleurs, les nouveaux venus entraînent les autres : car il est souvent difficile de faire sortir les hommes de leurs abris pour les faire marcher à découvert. « Pour renforcer, on intercalera successivement une escouade nouvelle entre deux déjà déployées ; il ne se produira ainsi aucun mouvement d'appui d'un bout à l'autre. Les deux escouades entre lesquelles se placera la nouvelle n'auront qu'à se resserrer par des mouvements peu apparents » (1). Les renforts sont quelquefois employés à soutenir la ligne déployée, en s'y portant par petites fractions, qui restent *sur un rang*, et font des feux de salve.

Pour la disposition à donner aux renforts en arrière de la chaîne, on se laisse avant tout guider par la nature ou le nombre des abris qui s'y trouvent. Le renfort peut donc être formé par le flanc, sur deux ou quatre rangs, ou rester à rangs serrés, en ouvrant ses files, ou encore être disposé sur un rang, etc. La formation adoptée ne doit être conservée qu'autant qu'elle répond aux conditions du moment ; on la remplace par une autre, dès que ce changement paraît répondre à la nouvelle tournure du combat.

Soutiens. — Le soutien a un rôle très-important à remplir, qui exige de celui qui le commande une grande initiative. Il est destiné, d'abord, à renforcer la chaîne, à laquelle il fournit des escouades qui s'intercalent dans les intervalles de la ligne, pour y faire, dans l'ordre serré et sur un rang, des feux de salve ou des feux rapides ; il se porte pour cela en avant, à peu près sur l'emplacement des renforts, qui sont déjà sur la chaîne. La seconde moitié du soutien, formée également sur un rang, reste en arrière, prête à agir sur l'un ou l'autre flanc, et en supposant même que la ligne ait encore sa réserve en arrière. Mais son rôle n'est pas seulement de concourir aux attaques de front : on dispose encore le sou-

(1) *Instruct.* du général Deligny.

tien sur une des ailes, pour permettre à la ligne de résister à un mouvement tournant, et prendre l'ennemi lui-même en flanc; — on le porte aussi sur l'un ou l'autre des flancs, formé sur un rang, ou disposé en groupes par escouades ou demi-sections, pour résister à une attaque quelconque ou à une surprise de la cavalerie; — on l'emploie pour tenter à l'improviste une pointe sur le flanc ou les derrières d'une position qu'il s'agit d'enlever; — on l'utilise pour des retours offensifs; — on le cache, quand le terrain s'y prête, dans quelque bonne position sur le flanc de l'assaillant, etc.

Réserve. — La réserve, avant de concourir à l'attaque finale, a pour rôle de faire échouer les mouvements tournants de l'ennemi, de s'opposer à des attaques de flanc, de renouveler l'attaque que l'on veut faire réussir à tout prix, d'assurer la retraite, en recevant les troupes battues, et enfin d'inspirer une grande confiance aux troupes placées devant elle. Si la réserve a sa part faite à l'avance dans la densité à donner à la chaîne pour le moment de l'attaque, il faut aussi l'habituer à s'y porter parfois en partie, et à rangs serrés (sur un rang), pour y faire des feux de salve. Aussi, pendant les derniers temps d'arrêt qui précèdent le moment de l'attaque, elle continue son mouvement en avant, de manière à pouvoir concourir à l'action sans retard et de la manière la plus avantageuse.

La place de la réserve est derrière les ailes, puisque tout le danger d'une attaque est aux flancs; cependant on la dispose habituellement derrière le centre de la ligne, surtout pour ne pas la fractionner. Il nous semble qu'elle devrait être, ou placée derrière chaque aile, ou portée sur le point où sa présence est le plus nécessaire. Réserver sa place derrière les ailes, dans le cas seul de la défensive, n'est pas répondre à une formation générale, puisque, dans le combat, la défensive ou l'offensive n'existent pas d'une manière absolue, si ce n'est dans le cas particulier de la défense d'une position.

Attaque à la baïonnette. — Il n'y a rien ou bien peu de chose à ajouter aux prescriptions déjà connues. Insister seulement sur ce point, dont les explications qui doivent être données à la troupe et aux officiers, que si la baïonnette peut aider à compléter un succès bien préparé par les feux, les attaques à l'arme blanche, quand elles sont prématurées et téméraires, n'entraînent que du désordre et de grosses pertes, et se changent facilement en revers (1). Le chef de la ligne, après avoir indiqué le premier point à gagner sur la position ennemie, donne le signal, etc. Les officiers, qui n'ont pas dû se prodiguer pendant la première partie du combat (2), donnent alors l'exemple du plus grand courage. Les soldats ont été prévenus à l'avance qu'à cette distance si rapprochée ils sont presque à l'abri du feu, qui est moins dangereux qu'aux distances moyennes. On doit pousser la charge *à bout* et la reprendre de nouveau jusqu'à ce qu'elle réussisse ; car il y a plus de danger à battre en retraite qu'à s'arrêter, quelles que soient les pertes.

Si la troupe se pelotonne, n'avance plus, et si les officiers sont impuissants à ramener les troupes au feu, il n'y a plus qu'une ressource momentanée à employer (3), celle de faire coucher les soldats, au signal du chef. En reprenant ainsi la direction de la troupe, on donne à la réserve le temps d'arriver, si elle n'a déjà rallié; et, avec ou sans réserve, on tente un suprême effort. On a échoué de nouveau ; il ne reste plus qu'à opérer la retraite.

(1) *Instr. ital.* du 15 mai 1872, art. 106.
(2) Colonel Philebert, *Serv. en camp. prat.*
(3) Cap. Borreil, *Projet d'instr. tact.*, etc., p. 73.

Retraites (volontaire), — *(forcée).* — La première ne présentant aucune difficulté, nous passons de suite à la seconde. De toutes les prescriptions assez vagues données sur cette importante question on ne peut tirer que ce peu de règles *générales* : établir dans une position reconnue à l'avance, en arrière, la portion de réserve que l'on a gardée, et, après un dernier effort tenté sur l'assaillant ou une nouvelle intensité donnée au feu, prescrire la retraite, qui s'effectue par fractions se portant en arrière du soutien, ou par l'écoulement successif sur la même position d'un certain nombre de files par escouade. Mais, si l'on suppose une ligne plus ou moins démoralisée, et sans réserve, aux prises dans un combat corps à corps avec un ennemi nombreux, qui commence déjà à la refouler, etc., les auteurs, même les plus autorisés, ne trouvent aucun moyen efficace à indiquer pour sauver la situation : « Si la disproportion numérique est trop accusée, ou si l'éloignement de la réserve (ou du secours à attendre) est trop considérable, il ne reste plus rien à faire, qu'à laisser s'écouler le torrent des fuyards. On prend une position de flanc défensive, et les troupes fraîches entreprennent pour leur propre compte de rétablir l'équilibre rompu par une action offensive ou défensive... » (1). — La grande difficulté des retraites consiste à choisir le moment favorable pour les commencer; choix qui dépend du tact et de la sagacité du chef. Exercer les hommes à ne pas s'arrêter pour tirailler derrière des abris plus ou moins avantageux, mais à se porter rapidement en arrière, sur une position indiquée à l'avance, et telle qu'elle permette d'opposer à l'ennemi une résistance sérieuse (2).

(1) V. Scherff, *L'inf. sur la place d'exerc. (Rev. milit. de l'Etr.,* n° 242).

(2) *Instr. ital.,* p.161.

On s'attachera donc à rendre très-familiers aux compagnies ces exercices de retraite, dans lesquels, en les faisant combattre l'une contre l'autre et en s'efforçant de se tenir aussi près que possible de la réalité, on recherchera quelle peut être la meilleure disposition à adopter. Le soldat y gagnera toujours d'avoir une certaine expérience de mouvements qu'il faut prévoir, en raison du grand effet des armes actuelles.

Poursuite de l'ennemi. — Il n'y a à rappeler sur ce sujet qu'une prescription bien connue , celle de ne pas s'engager trop loin, tout en donnant la plus grande vigueur à la poursuite, parce que la retraite de l'ennemi peut bien être un stratagème destiné à faire réussir quelque embuscade. Dans la poursuite, faire un grand usage de feux de salves. Ne pas négliger, dans les exercices, de passer par cette partie du combat, pour exercer les hommes à se rassembler rapidement, au signal de leur chef; et, en même temps, pour habituer les poursuivants à la prudence nécessaire, faire cacher un détachement qui soutienne le groupe en retraite.

Ralliements. — Les ralliements, *dans la plupart des cas*, ont lieu par un simple resserrement des hommes, et sur l'ordre de l'officier; les renforts, pour l'exécution des feux de salve, se portent sur la chaîne, déployés en partie ou formés en escouades sur un rang; le soutien, ou rejoint la ligne, ou se porte au pas de course sur le flanc menacé. Sur la chaîne, il est formé sur un rang, et, aux ailes, il est, partie déployé sur un rang , partie rallié par escouade, demi-section ou section , chacune de ces formations se prêtant au besoin un mutuel appui. La réserve se rapproche de la ligne et se porte vers le flanc menacé. — Il est toujours avantageux de laisser à une charge de cavalerie un espace libre par lequel elle puisse s'écouler , entre les intervalles des groupes de la chaîne) **(1)**. — On a déjà fait remarquer qu'au lieu de courir pour se grouper par escouade ou par demi-section, pendant les courts instants qui précèdent la charge, les tirailleurs, en restant ainsi formés, peuvent ouvrir le feu de loin, et, en agissant avec ce calme, lui donner une justesse qu'il n'aurait pas autrement. En outre, comme la cavalerie est exercée aujourd'hui à franchir au galop de charge des espaces très-étendus, dans le but d'éviter en partie les effets du tir de l'infanterie, le temps manquera plus que jamais pour prendre telle ou telle formation; il faut aussi compter qu'elle agira presque toujours par surprise. D'un autre côté, comme l'action de l'artillerie précède la charge, un groupement plus complet offrirait un but trop visible aux projectiles. Une ligne de tirailleurs chargée par la cavalerie ennemie doit donc l'accueillir en restant déployée : cette opinion est celle des auteurs les plus accrédités (général Lewal, Bogulawski, etc.). Si, à la bataille de Gravelotte, la cavalerie prussienne, cherchant à arrêter à tout prix le mouvement offensif de notre armée, parvint à dépasser la ligne des tirailleurs français, et pénétra même un instant jusqu'aux soutiens, il faut ajouter que nos troupes avaient épuisé en partie leurs munitions. A Beaumont, une compagnie d'infanterie prussienne reçoit en restant déployée, et repousse en lui infligeant de grandes pertes, la charge très-bien conduite du 5e cuirassiers, etc. Si la ligne est surprise par la cavalerie à très-petite distance, elle se couche à terre et laisse passer la charge, qui ne lui fait que très-peu de mal; la cavalerie pourra passer un instant sur une bonne infanterie, mais il lui sera bien difficile de l'anéantir.

Munitions. — Le nombre des cartouches à allouer à chaque

(1) *Règlement d'exercices de l'inf. belge*, t. III (Éc. de comp.).

soldat, à l'entrée en campagne, a été fixé à 280 par homme (1), dont 83 sont portées par le soldat, et le reste complété par le parc de réserve. Les troupes de seconde ligne sont réapprovisionnées par les parcs de division, et les tirailleurs, par leurs soutiens ou leurs réserves. Mais si la question du réapprovisionnement des troupes pendant le combat, en plus de la quantité que portent avec eux les soldats, est depuis longtemps encore à l'étude, elle vient toutefois de recevoir une première solution.

D'après l'*Instr. prov. sur le serv. de l'artill.* du 10 avril 1876 (p. 11 et 28), les 2 sections de munitions d'infanterie du corps d'armée comprennent, en tout, 54 caissons mod. 1858. Pendant le combat, elles sont placées à 1500 mètres des premières pièces mises en batterie; un certain nombre de caissons s'en détachent, pour aller près des corps de troupes, réapprovisionner les *voitures de bataillon*, qui sont attelées par les soins de l'infanterie et renferment un premier approvisionnement de cartouches. Le transbordement des munitions se fera sans doute au moyen de sacs marqués à l'avance aux numéros des compagnies, ou simplement avec des toiles de tente. Un fanion, le jour, ou une lanterne de couleur, la nuit, distingueraient au besoin les caissons d'infanterie.

En Russie et en Allemagne, 1 voiture par compagnie transporte dans plusieurs caisses un nombre donné de cartouches par homme. Ce chiffre est de 25 en Prusse, en plus des 80 que chaque soldat porte sur lui (40 dans sa cartouchière et 40 dans le havre-sac). On avait adopté, en 1873, en Allemagne, pour la distribution des cartouches aux combattants, de grands sacs en treillis contenant chacun 500 cartouches,

(1) *Observations sur le service de l'artillerie en campagne*, Minist. de la guerre, 1869.

et au nombre de 3 par compagnie. Deux ou trois hommes, désignés à l'avance dans chaque compagnie pour le service du réapprovisionnement, y étaient exercés en temps de paix.

Nécessité des appels pendant le combat. — Fanions à donner aux compagnies.—La nécessité d'un appel, fait avant et après le combat, sur l'emplacement même qu'occupe la troupe, et suivi en cas d'absence des hommes d'une répression sévère et immédiate, a été présentée par divers auteurs. Une telle prescription n'a rien de nouveau, car elle est implicitement réglementaire (art. 135 de l'*Ordon. sur le serv. en camp.* du 3 mai 1832) ; mais elle doit être mentionnée avec soin dans la réglementation du combat en ordre dispersé, qui ne permettra plus aussi facilement qu'autrefois aux cadres de retenir dans le rang les militaires placés sous leurs ordres.

On a plusieurs fois signalé, en effet, le désordre qui s'est produit dans nos lignes de tirailleurs pendant la dernière campagne, en raison du laisser-aller auquel prêtait cette manière de combattre, et surtout par suite du manque de précautions prises à l'égard des hommes. Voici comment s'exprime à ce sujet un des officiers de l'armée de Metz (1) : « Au milieu du pêle-mêle dans lequel étaient confondus les régiments, les brigades et les divisions, on ne voyait que des groupes d'officiers courant dans toutes les directions, cherchant leurs hommes, et qui, fatigués de recherches et de cris inutiles, combattaient enfin avec la première fraction qu'ils rencontraient, ou qu'ils parvenaient à réunir péniblement. Et cela, parce que les soldats, par suite de l'absence complète de réglementation et de pénalité dans le combat, abandonnent les premières positions qui leur ont été assignées, pour ne plus combattre qu'à leur guise. » C'est donc avec raison que

(1) *Bull. de la R. des offic.*, avr. 1874, p. 309.

16

l'on a proposé un système d'appels par escouade, destiné à prévenir le retour de semblables abus (1). Toutefois, il est bon de noter que les Allemands ont aussi fait pour leurs propres troupes les mêmes observations.

Nous trouvons aussi excellente, à plus d'un titre, la proposition qui a été faite par M. le général Lewal, de donner à chaque compagnie du bataillon un fanion différent, qui, placé à la réserve ou suivant de près le capitaine, permettrait aux hommes de rallier de suite leurs compagnies. En même temps, le chef de bataillon suit beaucoup mieux l'action de ses compagnies, et se trouve à même de les diriger à chaque moment du combat; par ce moyen, on empêche encore les compagnies d'un même bataillon ou de bataillons voisins de se confondre entre elles.

Après les exercices préparatoires qui viennent d'être exposés, on passera à ceux qui doivent être la représentation du combat véritable. Nous distinguerons deux cas : la compagnie *agit seule ;* elle *fait partie d'un bataillon.*

Compagnie isolée. — L'instructeur exerce en premier lieu chacun des *pelotons* (deux compagnies réunies), en figurant d'abord l'ennemi par quelques hommes, puis en les opposant l'un à l'autre. Nous n'indiquerons à ce sujet aucune progression ; car, après avoir repris quelques-uns des exercices de *section,* on exécutera les divers mouvements combinés de *marche,* d'*avant-postes* et de *combat* dont il a déjà été parlé; — Les petites opérations de la guerre, qui sont expliquées un peu plus loin (V. § 2), fourniront aussi à l'instructeur le sujet d'exercices très-intéressants. Ce dernier a soin de faire bien marquer les quelques *moments* principaux pendant lesquels l'action se transforme d'une manière particulière (trois

(1) Cap. Borreil, *Proj. d'instr. tact.*

ou quatre en moyenne). Les données les plus simples peuvent faire le sujet de questions très-variées, que le défaut d'espace ne permet pas de développer, même très-sommairement : *un peloton en marche est attaqué sur son flanc par un autre, posté à l'avance ; — un peloton établi sur un point important, à la jonction de deux routes, par exemple, est attaqué sans succès de front par un autre, etc.* (1).

Nous arrivons maintenant à la compagnie elle-même. Les quelques exercices dont on indique ci-dessus la progression s'appliquent aux deux cas traités successivement dans les exercices : *la compagnie agit en entier contre un ennemi figuré par quelques hommes ; — deux compagnies agissent l'une contre l'autre.* Comme il eût été aussi trop long d'entreprendre le développement de chacun des exercices, on s'est borné à en donner l'exposé en quelques lignes, en laissant à l'instructeur le soin d'entrer lui-même tout au long dans les explications qui précèdent utilement chaque opération sur le terrain.

Art. 2. — *Une compagnie en marche se forme dans l'ordre de combat. — Attaque de l'ennemi sur tout le front de la ligne, et bientôt sur un des flancs (attaque réelle). — Attaque dirigée sur l'ennemi, aussitôt qu'il paraît à bonne distance (combat lent). — L'ennemi attaque en ne montrant que peu de troupes. Bientôt renforcé, il oblige la chaîne à reculer de quelques pas, etc. — La compagnie marchant dans l'ordre de combat, est attaquée subitement par la cavalerie. — Compagnie servant de soutien à une batterie dont la position est figurée sur le terrain.*

Ce mouvement s'exécute d'une manière analogue à celui qui a déjà été indiqué. On suppose que l'instructeur ait choisi comme ligne de bataille le front qui est en avant de la *tête.*

(1) V. dans le *Bull. de la R. des Offic.* (10 juill. 1875) un exemple très-bien développé de ce dernier cas.

Celle-ci se déploie sur la gauche, tandis que l'extrême-pointe et la pointe viennent former la chaîne sur sa droite ; *le gros*, se portant rapidement sur la ligne, se déploie moitié à gauche, moitié à droite. Le corps principal s'est avancé de son côté au pas de course : la deuxième compagnie forme les *renforts*, qui se placent sur un rang en quatre groupes distincts derrière la chaîne ; les troisième et quatrième sections constituent *le soutien*, qui, formé en deux groupes distincts, se place du côté des ailes. Une compagnie formant l'avant-garde d'un bataillon prendrait de la sorte ses dispositions de combat.

Comme complément à cet exercice, on supposerait ensuite que la compagnie, après avoir repoussé l'ennemi, occupe la position sur laquelle elle se trouve et se place en grand'garde : les première et deuxième sections forment les *petits postes*, et les troisième et quatrième, la *grand'garde*, etc.

Attaque de l'ennemi sur tout le front de la ligne, etc. — *Crochet défensif* sur l'aile menacée ; le renfort s'est déjà porté sur la chaîne. Une moitié du soutien déborde peu à peu l'aile menacée, pour prendre l'ennemi en flanc : feux de salve par escouade ; le reste, formé sur un rang et couché à terre, est à proximité pour agir au besoin. — L'ennemi exécute lentement sa retraite.

Attaque dirigée sur l'ennemi, aussitôt qu'il paraît à bonne distance (combat lent). — Une section en chaîne ; renforts successivement engagés sur les ailes : *attaque enveloppante*. L'ennemi, inférieur en forces, se retire ; quelques pièces qui tirent d'écharpe protègent sa retraite.

L'ennemi attaque en ne montrant que peu de troupes, etc. — Arrivée sur la ligne des renforts et d'une partie du soutien, qui s'y intercale par fractions sur un rang (escouades ou demi-sections), pour y faire des feux de salve ; conversion d'une partie de la chaine, afin d'obtenir des feux convergents. L'ennemi recule à son tour de quelques pas ; mais bientôt il reprend l'offensive, à la faveur d'une attaque sur le flanc gauche, contre laquelle le soutien n'a pas agi assez à temps. La compagnie est bientôt forcée à battre en retraite ; poursuite assez active de la part de l'ennemi.

La compagnie, marchant dans l'ordre de combat, est attaquée subitement par la cavalerie. — Au signal « *cavalerie !* » donné par l'instructeur, les hommes de la chaine rectifient leur position, et les renforts s'intercalent rapidement au milieu d'eux, sur un rang et par escouade, prêts à faire des feux à volonté ou de salve à genou ; le soutien se rapproche au pas de course. Celui de droite se porte sur ce flanc, qui vient à être menacé, et s'y forme, partie par escouades ralliées en cercle, et partie par escouades déployées, qui se placent entre les deux autres, etc. La seconde moitié du soutien appuie vers le centre.

Compagnie servant de soutien à une batterie dont la position est figurée sur le terrain. — Cette question est traitée plus loin assez longuement (*de l'Artill.*, § 3), à la suite de toutes celles qui ne se rattachent pas à la forme habituelle du combat. Mais il est nécessaire d'indiquer dans les exercices comment une opération de ce genre se pratique habituellement. Pour cela, l'instructeur figure sur le terrain, au moyen de quelques hommes, l'emplacement de la batterie, qui occupe un emplacement maximum de 90 mètres, et, en arrière, celui de la réserve de batterie. La quatrième section, qui la couvre, détache deux escouades pour veiller sur le flanc droit de la batterie, etc.

A ceux qui précèdent nous joindrons encore l'indication

16.

abrégée de quelques exercices que l'instructeur pourra modifier et compléter à sa guise.

ART. 3. — Attaque de l'ennemi sur l'une des ailes. Le renfort s'est porté de ce côté sur la chaîne, partie pour renforcer, partie pour fournir des salves ; la moitié du soutien s'est placée en crochet à l'aile menacée. Successivement renforcé par le reste du soutien, le crochet se redresse de manière à prendre une position enveloppante, ou plutôt à former un crochet offensif contre la droite de l'ennemi. L'ennemi commence à rompre : mais le secours d'une charge en fourrageurs (promptement repoussée) lui permet d'opérer lentement sa retraite. Le soutien revient à sa position primitive.

— Attaque en colonne de la cavalerie sur le front et sur une des ailes. Sur le front, les tirailleurs se resserrent, les renforts entrent en ligne et font par escouade des feux de salve. A l'aile droite, la moitié du soutien placé en crochet défensif, se rallie de suite en groupes d'escouade ; le reste du soutien s'y étant porté en même temps, quelques escouades viennent s'intercaler en ordre serré sur un rang, entre chacun des groupes ralliés du soutien. La cavalerie repoussée se retire. Mais l'infanterie ennemie s'est rapprochée pendant ce temps; elle ouvre un feu violent sur le front. Rôle défensif du soutien, retraite de l'ennemi, etc.

— Renforcement successif de la chaîne, sur laquelle, en vue d'une attaque, se sont déjà portés le renfort et la moitié du soutien; la subdivision de direction est conduite sur le point d'attaque choisi. En même temps, le reste du soutien s'avance déployé, se rapproche de la chaîne et se tient prêt à servir de réserve. Indication du point de rassemblement, sur la position, et, en arrière, en cas d'insuccès. Attaque repoussée; signal donné à ce sujet par l'instructeur.

— L'ennemi, supérieur en nombre, attaque après avoir renforcé sa chaîne ; en même temps, il déborde sur la droite. Les renforts et la moitié du soutien étant déjà entrés en ligne, le reste du soutien se porte sur l'aile menacée, qu'elle dégage par cette diversion; mais l'ennemi a de nouveau renforcé et étendu sa chaîne... La ligne commençant à rompre, il faut battre en retraite. Telle et telle section sur les ailes rompent successivement et se rassemblent sur un rang en marchant, pour prendre une position défensive en arrière ; le centre de la ligne rompt à son tour, quand il peut être protégé par la retraite des deux échelons, etc.

— Même opération, avec combinaison d'un mouvement sur le flanc de l'ennemi. Assaut et poursuite de l'ennemi, etc., etc.

L'instructeur, dans tous ces mouvements, s'exerce surtout à faire agir le soutien de telle ou telle manière, pour le porter sur la chaîne, l'employer à une attaque de flanc sur la position ennemie, etc. Car il est évident que le combat ne se bornera pas à la seule action des deux chaînes l'une contre l'autre.

Après avoir figuré l'ennemi par quelques hommes, on fera combattre deux compagnies l'une contre l'autre. Dans ce cas, deux des bataillons actuels ayant été formés en deux compagnies, chaque chef de bataillon donnera à son tour, et à l'avance, le programme de l'opération, de manière que les capitaines puissent aller reconnaître le terrain ; quand les compagnies ont déjà quelque habitude de ces mouvements, le programme en est arrêté, séance tenante, au moment même de l'opération.

On n'a pu tenir compte jusqu'ici de l'action particulière de l'artillerie, parce qu'avec une unité aussi faible que celle qui nous occupe, son rôle ne peut être facilement apprécié.

(Pour le cas d'une compagnie *faisant partie du bataillon*, V. plus loin, p. 290).

Observation. — Remarquer que les formations d'*avant-postes*, de *marche* et de *combat* ne sont pas dans la réalité aussi séparées les unes des autres qu'il a été nécessaire de l'établir, pour poser des règles générales ; c'est-à-dire, par

exemple, qu'une troupe marche à l'occasion dans une formation de combat, ou plus ou moins suivant celle d'avant-
postes, quand elle est à proximité de l'ennemi.

Ce qui s'explique très-bien, puisqu'il s'agit de gagner du
temps, et qu'avec l'une ou l'autre de ces dispositions aucune
surprise n'est à redouter.

Des divers moments dans chaque opération. — Toute opération est naturellement divisée en plusieurs phases ou *moments,* parce qu'elle ne se suit pas d'un seul trait, et que l'action passe par certaines périodes. Ainsi, dans l'attaque d'une
position, l'occupation successive d'abris ou de lignes principales marque pour l'assaillant un moment distinct dans l'action générale; dans une attaque de flanc, on trouve également
ment trois phases bien indiquées : le moment du départ de
la fraction détachée; — celui où, atteignant un point assez
rapproché, elle prépare son attaque, — et enfin, celui qui
marque l'arrivée du groupe sur la position.

Toute autre opération présente encore ces trois ou quatre
moments bien marqués; et ce ne sont là que les plus indiqués, car dans toute action ces moments sont, en général, au
nombre de cinq à six. Mais l'instructeur, qui s'attache surtout à les rendre très-apparents, n'en augmente le nombre
que successivement, à mesure que les troupes sont de plus en
plus exercées.

L'observation de ces *moments* est aussi un excellent moyen
de bien faire comprendre à tout le monde, et surtout aux
cadres, le véritable esprit des opérations, *qui doivent toujours avoir un sens,* et qui l'ont, quand on se conforme à cer-

(1) Les officiers trouveront à ce sujet d'utiles indications dans l'ouvrage du major Helvig, *Exemples tactiques,* 1re partie (le bataillon).

taines lois très-judicieuses qui justifient très-bien le succès de l'un ou de l'autre parti.

Pour marquer la fin de la première phase, l'instructeur ou l'arbitre fait sonner *halte!*: le signal de *en avant!* fait reprendre l'opération. Dans l'intervalle, il a fait part aux officiers de ses observations sur les fautes commises, ou sur tout autre point.

Règles relatives aux arbitres. — Pour tout ce qui a trait à la préparation et à la direction de ces exercices, le lecteur se reportera aux articles 326-329 de l'*École de compagnie*. Toutefois, aux quelques règles qu'on y a posées pour servir de guide aux arbitres, nous croyons utile d'ajouter, sur le même sujet, les excellents préceptes qui suivent (1) :

1° Une troupe attaquant de front une troupe d'égale force, et dans une bonne position défensive, ne peut l'en déloger.

2° Quelle que soit la force d'une troupe (la proportion n'étant pourtant pas exagérée), elle ne pourra se maintenir sous des feux croisés.

3° Battra également en retraite toute troupe qui, n'ayant pas su prendre à temps ses dispositions contre un mouvement tournant, aura laissé menacer fortement sa ligne de retraite.

4° Un assaillant sera facilement repoussé, quand, après avoir voulu tourner ou envelopper l'ennemi, il se sera fractionné en groupes trop faibles; permettant ainsi à ce dernier de le battre en détail et de le couper à temps pour l'anéantir.

5° Une attaque est réputée faite par surprise, quand l'as-

(1) Empruntés à l'ouvrage du général Béstagno, *Exerc. tact. de combat*, trad. de M. de Lort-Serignan, p. 26 et suiv., et à l'*Instr. ital.* du 15 mai 1872, art. 107.

saillant arrive à 200 mètres de l'ennemi sans avoir été déjà reçu à coups de fusil.

6° Une attaque à la baïonnette qui ne serait pas précédée d'un feu vif et rapproché, de nature à troubler et à mettre en désordre l'adversaire, ne peut être justifiée que s'il s'agit de surprendre l'ennemi, ou de s'emparer rapidement d'une position qu'il n'est pas encore parvenu à occuper entièrement, etc.

Suivent, dans les ouvrages cités, d'autres préceptes qu'il est également bon de noter : l'arbitre déclare hors de combat les fractions qui font feu sur l'ennemi à moins de 100 m., ou commencent une attaque à une distance plus faible, et celles qui ont consommé leurs munitions ; — en aucun cas, on ne fait de prisonniers de guerre, etc. Mais nous ne partageons pas cette opinion de l'auteur des *Exercices tactiques*, qui veut qu'une troupe, prise entre deux feux et déclarée hors de combat, le soit *en partie* seulement, et pour le quart ou la moitié au plus de son effectif, surtout si cet effectif est assez fort. Il ne s'agit plus aujourd'hui, comme avec les anciennes armes, d'un feu lent, qui faisait supporter à une troupe, par un combat de quelques heures, des pertes en somme assez grandes, mais qu'elle subissait jusqu'au bout, parce qu'elles étaient *successives*, et chaque fois assez faibles. Avec le feu des armes actuelles, qui inflige à l'adversaire des pertes *énormes* en moins d'*une minute*, l'*effet moral* qui en résulte est tel, que la meilleure troupe ne peut tenir et se débande, malgré tous les efforts de ses cadres. Certains faits assez connus de la campagne de 1866 le prouvent très-suffisamment. — Toutes ces indications doivent être méditées avec soin par les officiers, qui se seront ainsi bien pénétrés à l'avance des principes d'après lesquels ils sont appelés à juger les diverses opérations.

Des fautes qui se commettent le plus souvent dans les exercices. — Pour mettre les officiers en garde contre quelques-unes de ces fautes, nous terminerons tout ce qui a trait au même sujet par plusieurs observations tirées de l'*Instruction italienne* (p. 146).

Dans un terrain couvert, ne jamais manquer de s'éclairer devant soi et sur ses flancs ;

Eviter de maintenir une troupe à rangs serrés et découverte dans la zone de la portée efficace des coups directs à son adresse ;

Eviter d'exposer aux atteintes de l'ennemi une troupe couverte en avant par une autre, et qui n'a pas ainsi la possibilité d'agir ;

Ne pas laisser une troupe en colonne exposée au feu de l'ennemi ;

Eviter de consommer inutilement ses munitions, en tirant hors de portée ou sans voir l'ennemi, et aussi d'accélérer son feu sans nécessité, en tirant contre un ennemi éloigné, peu nombreux, et qu'il suffit de tenir à distance ;

Dès le commencement d'une action, ne pas rester dépourvu de réserve ;

Eviter d'exécuter une attaque non préparée par le feu, à moins que l'adversaire n'ait pris des dispositions assez mauvaises pour justifier une semblable tentative ;

Ne jamais charger de front une infanterie en bon ordre et pouvant faire usage de son feu, sans la faire en même temps charger de flanc ;

Eviter d'occuper une position qui ne permet pas de s'y établir dans la formation voulue et d'en déboucher facilement, etc.

Les exercices de combat ne seront vraiment profitables que

si les officiers observent en outre certains principes (1).

Parmi les différents partis à prendre, choisir en temps utile le plus convenable, et l'appliquer *de suite*, avec *résolution et vigueur* ;

Ne jamais donner d'ordre au hasard , et sans un motif qui le rende nécessaire ; et, quand il en faut donner, le faire en termes brefs et précis ;

Bien adapter les ordres , les mouvements et les opérations tactiques aux circonstances de lieu et de temps ;

Maintenir constamment dans les mouvements l'ordre le plus parfait, comme on l'exige des troupes sur un terrain de manœuvres, et le rétablir quand les difficultés du terrain et les crises du combat ont pu le troubler ;

Dans l'attaque d'une position , quand le défenseur ne se croit pas obligé de se retirer , et , d'autre part, que l'assaillant juge qu'il est en force pour enlever la position, celui-ci s'arrête à 100 mètres , et se met au repos , jusqu'à ce que le juge du camp ait prononcé; de même, deux troupes, s'avançant l'une contre l'autre , sans qu'aucune d'elles se croie obligée d'abandonner son mouvement offensif, s'arrêteront en gardant entre elles cette même distance (2).

Malgré la difficulté que rencontre presque partout l'application de ces exercices , en raison du peu de terrains disponibles, nous ajouterons cependant qu'avec une volonté bien ferme on peut en reproduire une partie , et qu'il est utile d'exécuter, même sur des terrains habituels d'exercice , une partie des mouvements qui sont compris dans les art. 2 et 3. Il ne faut pas oublier non plus qu'on a encore à lutter contre

(1) *Ibid.*, p. 150.
(2) *Ibid.*, p. 19. — V. dans la même *Instruction*, comme données intéressantes sur la question, ce qui a trait aux manœuvres *obligatoires*, *demi-libres* ou *libres* (p. 15); *id.*, p. 186, pour divers exemples d'exercices.

l'inexpérience des officiers, un peu rebelles à ces nouveaux mouvements, et disposés les premiers à exagérer ce manque de terrains, le plus souvent, parce que, n'ayant aucun guide à suivre, ils ne savent qu'ajouter à la progression du règlement. Les difficultés que l'on soulève parfois à ce sujet n'ont rien de bien sérieux. Ces exercices, dit-on, sont rendus impraticables par la grande différence qui existe entre le complet du pied de guerre et l'effectif si réduit du temps de paix: cependant, on a vu déjà que les compagnies, dans l'instruction pratique, peuvent constituer chacune des *sections* bien instruites; et rien n'empêchera que les officiers, par la réunion des quatre compagnies d'un bataillon, ne soient capables, au moment voulu, de commander la *compagnie* du pied de guerre. Il est à remarquer, d'ailleurs, que la compagnie prussienne n'est pas, en temps de paix, d'un effectif plus élevé que la nôtre (1). Dans les manœuvres d'automne, on n'opère en Allemagne qu'avec des compagnies de 120 ; les pelotons ont 40 hommes au lieu d'en compter 80 (2). Nous sommes persuadé qu'avec une bonne impulsion dans le sens des nouvelles manœuvres on verra de moins en moins mettre en avant la raison du manque de terrain, et que les officiers seront les premiers à y prendre goût. Pour cela, donner aux officiers, comme il a été déjà dit, un levé très-exact du terrain environnant, au point de vue des chemins et des sentiers, et leur bien expliquer à l'avance le détail des premières opérations. Ces derniers trouveront d'ailleurs d'excellentes indications dans les divers ouvrages mentionnés précédemment, et en tête desquels nous placerons l'ouvrage du major d'Arnim, les *exercices tactiques* du général de Bestagno, la *Méthode d'in-*

(1) Le major d'Arnim, dans le *Journal d'un chef de compagnie*, ne suppose jamais pour ses exercices qu'il y a plus de 75 à 80 hommes.
(2) *Rev. milit. de l'Etr.*, pass.

17

struction pratique de M. le colonel Philebert, le *Service en campagne pratique* du même auteur, l'*Instruction de la compagnie
pour le combat*, du colonel Campe (1), les *Exemples tactiques*
d'Helvig (2), les *Tirailleurs en terrain varié*, par un chef de
bataillon, etc.

V. — *Instruction de la compagnie* (suite).

Exemples tactiques de combats du bataillon isolé ; — faisant partie
d'une brigade ; — de combats contre la cavalerie ; — contre l'artillerie
(Ecole de bataillon, 2e partie).

L'instruction des compagnies ne sera considérée comme
à peu près complète que si l'on ajoute à ce qui précède quelques indications générales sur leur rôle dans le combat du
bataillon, pour lequel la formation générale est la suivante
(art. 103) : 2 compagnies *en chaîne*, détachant en arrière les
renforts et les *soutiens*, et 2 compagnies formant la *réserve ;*
on part habituellement de la *ligne de colonnes de compagnies.*
Nous les donnons d'une manière très-succincte, et en réduisant
autant que possible chacun des *moments.* Dans les divers
exemples qui vont être indiqués, le bataillon est d'abord *isolé ;*
il est ensuite considéré comme faisant partie *d'une brigade.*

Bataillon isolé. — 1° *Offensive.* — Les compagnies se trou-

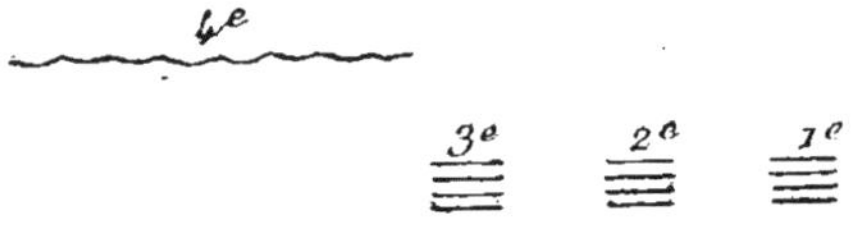

Fig. 96.

vant en ligne de colonnes à intervalles de déploiement, une
seule a été déployée au début de l'action (*fig.* 96).

(1) Une traduction de cet ouvrage vient de paraître à la librairie
Dumaine.

(2) Il serait à désirer, au sujet de ce dernier ouvrage, que l'on pût
appliquer le même genre d'études à la *compagnie*, en développant un
peu plus chacun des moments de l'exercice : là serait le meilleur guide

2° moment : une autre employée à étendre la chaîne (*fig. 97*) :

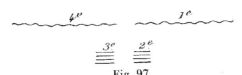

Fig. 97.

3° moment : une 3° compagnie employée à étendre encore la ligne, ou à faire un moment de flanc, etc. (*fig. 98*).

Fig. 98.

2° *Défensive.* — Une compagnie occupant le front, deux sont en soutien et une en réserve (*fig. 99*).

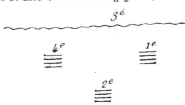

Fig. 99.

Deux compagnies tenant le front de la position, une est placée comme appui d'une aile, et une en réserve; etc.

3° *Combat traîné en longueur.* — Une compagnie déployée en chaîne, les divers échelons n'étant engagés que successivement, et suivant les phases d'un combat pour lequel il peut être fait des suppositions très-variées (combat lent sur le front, attaque vigoureuse sur l'une des ailes ennemies, quand

à mettre entre les mains des officiers. — A consulter encore *les Conséquences tactiques de la campagne* 1870-71, par le major Bogulawski : *Taktische Folgerungen aus dem Kriege 1870-71* ; Berlin; 1872.

le moment en est venu ; — Combat lent et mouvement enveloppant, comme préparation à une attaque de flanc, etc.).

Autres exemples. — 1° *Combat défensif.* — Le bataillon est dans sa formation habituelle de combat. Attaque vigoureuse de l'ennemi, qui commence à faire plier toute la ligne.

2ᵉ moment : les tirailleurs rétrogradent peu à peu sous le feu de l'ennemi, et vont s'établir sur la ligne des soutiens, qui prennent part au feu ; quelques escouades, restant sur un rang, font des feux de salve (*fig.* 100).

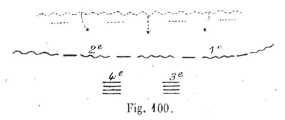

Fig. 100.

3ᵉ moment : les compagnies de réserve se sont déployées, tandis que la chaîne s'écoule sur ses côtés, pour se reformer en arrière (*fig.* 101).

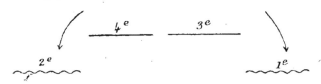

Fig. 101.

4ᵉ moment : retour offensif ou retraite, etc.

2° *Combat offensif.* — 1ᵉʳ moment : Arrivé à 500 ou 400 mètres de l'ennemi, le bataillon engage le feu, les hommes étant postés ou couchés ; on a successivement fait entrer en ligne les renforts et les soutiens.

2ᵉ moment : les deux compagnies de réserve, pour l'attaque décisive, se déploient en restant sur 2 rangs, et, dès que les tirailleurs les ont démasquées, ouvrent le feu sur l'ennemi, en faisant usage des feux de salve (*fig.* 102).

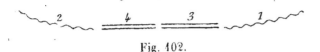

Fig. 102.

3ᵉ moment : après l'exécution des feux, la 4ᵉ compagnie bat en retraite de quelques pas, et se forme sur un rang, pour constituer la réserve ; la 3ᵉ se déploie insensiblement, pour occuper tout le centre de la ligne.

4ᵉ moment : assaut. L'attaque réussit.

Supposons maintenant le passage par un bataillon d'un pont ou d'un défilé, à flancs inaccessibles, en avant et en retraite, et en présence de l'ennemi.

1° Passage d'un pont *en avant*. Le bataillon marche dans sa formation de combat.

1ᵉʳ moment : la chaîne, se portant à droite et à gauche du pont, continue à faire feu sur l'ennemi (*fig.* 103).

2ᵉ moment : les soutiens passent le pont au pas de course, la baïonnette en avant (en dégageant le milieu du pont), et se déploient à droite et à gauche du débouché.

3ᵉ moment : la réserve (3ᵉ et 4ᵉ compagnies), ayant à son tour franchi le pont, se déploie sur deux rangs ; en même temps l'ancienne chaîne, qui a suivi derrière, se rassemble

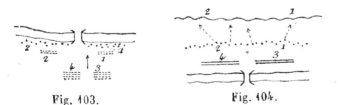

Fig. 103.   Fig. 104.

en avant du pont, pour former les soutiens de la chaîne actuelle (*fig.* 104).

4ᵉ moment : renforcée en arrière par ses soutiens, la nouvelle ligne se porte en avant; la réserve prend une position de rassemblement (*fig.* 105) :

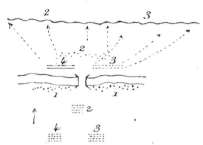

Fig. 105.

Le mouvement s'exécutera plus facilement si l'on marche avec une seule compagnie en chaîne.

1ᵉʳ moment : la chaîne (1ʳᵉ compagnie) se porte à droite et à gauche du pont.

2ᵉ moment : le soutien (2ᵉ compagnie) passe le pont au pas de course, et se déploie au débouché.

3ᵉ moment : la réserve (3ᵉ et 4ᵉ compagnies) ayant passé le pont, le soutien (2ᵉ compagnie) se porte en avant.

4ᵉ moment : envoi de la 3ᵉ compagnie en chaîne.

5ᵉ moment : la 1ʳᵉ passe le pont et se place en réserve auprès de la 4ᵉ, qui s'est reformée en colonne de compagnie.

2° *En retraite.* — Les deux premières compagnies sont en entier sur la chaîne; la 3ᵉ forme les soutiens, et la 4ᵉ la réserve (*fig.* 106).

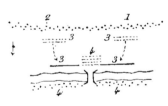

Fig. 106.

1ᵉʳ moment : la compagnie de réserve (4ᵉ) bat. en retraite, traverse le pont, et se déploie en chaîne sur chaque côté de la rive.

2ᵉ moment : les soutiens rétrogradent à leur tour, et se forment sur un rang, au débouché du pont.

3ᵉ moment : La chaîne (1ʳᵉ et 2ᵉ compagnies), battant en retraite vivement, traverse le pont, et se rassemble pour former la réserve.

4ᵉ moment : le soutien (3ᵉ compagnie), passant à son tour le pont, vient se placer en arrière de la chaîne, etc. (*fig. 107*).

Si 3 compagnies étaient déjà entrées sur la chaîne avant que la retraite commence, l'opération présenterait plus de difficultés ; car il faudrait s'efforcer de rallier successivement en arrière chacune des sections de la

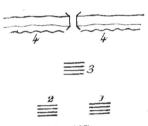

Fig. 107.

compagnie destinée à former le soutien, base du mouvement de retraite. Ces exercices se représenteront d'ailleurs très-facilement sur le terrain ; on en fera aussi varier les circonstances pour tout ce qui a trait à ces mouvements de retraite, qui sont si difficiles à exécuter devant l'ennemi.

Bataillon faisant partie d'une brigade.— Les exemples qui y ont trait sont développés un peu plus loin.

Combat contre la cavalerie.—Le bataillon, qui se trouve déployé, n'a pas eu le temps de se former en colonne. Dispositions

Fig. 108.

prises : la gauche appuyée à un obstacle, et la compagnie de droite formée en colonne contre la cavalerie (*fig. 108*) :

— l'ennemi attaquant sur les flancs et en arrière, le second rang a fait demi-tour (*fig.* 109). — (V. plus loin, p. 302).

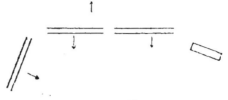

Fig. 109.

Combat contre l'artillerie. — Quand le bataillon, dans une position d'attente, ne trouve pas une protection suffisante dans le terrain, on fait coucher les hommes. (Le second rang s'est porté à 3 pas en arrière du premier, et les officiers montés ont mis pied à terre).

Pour les quelques exemples qui suivent (et sont tirés de l'ouvrage d'Helvig), on s'est surtout appliqué à réduire le nombre des *moments* tactiques, dans le but d'obtenir plus de concision, et aussi, parce que plusieurs de ceux indiqués par cet auteur ne constituent pas toujours un moment réel. Tels sont les mouvements qui ont trait à l'entrée sur la chaine des renforts et des soutiens; lesquels ne représentent pas une formation nouvelle par rapport à la précédente, puisqu'ils sont la conséquence forcée de tout engagement.

Bataillon isolé. — 1° *1 bataillon contre 1 bataillon.* — Rencontre de l'ennemi par le bataillon, qui s'avance en ligne de colonnes de compagnies, précédé d'une compagnie en avant-garde (*fig.* 110).

2e moment : déploiement de la compagnie d'avant-garde en tirailleurs ; la 4e compagnie se porte en avant comme soutien (*fig.* 111).

3e moment : l'aile gauche cédant devant l'effort que fait

l'ennemi à son aile droite, la 4ᵉ compagnie se déploie pour étendre la ligne ; les 3ᵉ et 2ᵉ se rapprochent.

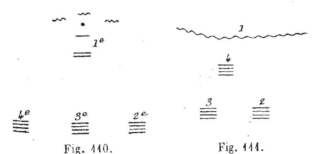

Fig. 110.   Fig. 111.

4ᵉ moment : déploiement à l'aile gauche de la 3ᵉ, qui forme un crochet offensif contre l'ennemi ; feux de salve ; etc.

5ᵉ moment : déploiement de la 2ᵉ sur la droite de la chaîne ; attaque enveloppante. Assailli fortement sur son aile droite, et surpris par une attaque faite au moment opportun sur son aile gauche, l'ennemi cède et bat en retraite.

2° 1 *bataillon contre* 1 *bataillon*. — Rencontre par l'ennemi de notre avant-garde, qui se déploie.

2ᵉ moment : l'attaque se prononçant sur notre droite, la 2ᵉ compagnie prolonge la chaîne.

3ᵉ moment : conversion des deux ailes, pour obtenir des feux croisés sur l'ennemi, qui semble menacer notre centre.

4ᵉ moment : entrée en ligne, et en ordre serré, des 3ᵉ et 4ᵉ compagnies, qui font des feux de salve.

5ᵉ moment : le centre ennemi recule, mais il prononce une

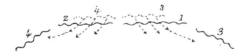

Fig. 112.

attaque vigoureuse contre nos deux ailes ; retour en arrière des 3ᵉ et 4ᵉ, et crochets défensifs aux ailes (*fig.* 112) ; mouve-

17.

— 298 —

ment de retraite de notre ligne pendant quelques pas.

6ᵉ moment : la 3ᵉ compagnie se porte sur notre droite, en même temps que la 4ᵉ se déploie à gauche, pour agir vivement sur la droite ennemie.

7ᵉ moment : celle-ci cédant, retraite de l'ennemi, etc.

3° 1 *bataillon contre 6 compagnies.* — Approche de la ligne ennemie ; notre formation est celle habituelle : 2 compagnies en chaîne (1ʳᵉ et 2ᵉ).

2ᵉ moment : la 4ᵉ compagnie en tirailleurs sur la droite.

3ᵉ moment : l'ennemi paraissant vouloir attaquer notre aile droite, la 3ᵉ se porte de ce côté pour soutenir la chaîne.

4ᵉ moment : l'attaque de l'ennemi se prononce contre chacune de nos ailes ; il a deux compagnies en chaîne et deux à chaque aile. La 3ᵉ compagnie s'étant déployée, tout l'échelon de droite se lance contre la gauche ennemie (*fig.* 113) ; mais celle-ci l'arrête dans son mouvement en avant.

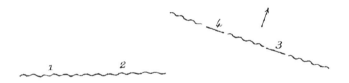

Fig. 113.

5ᵉ moment : en même temps, l'ennemi presse fortement notre aile gauche : la 1ʳᵉ forme un crochet défensif, et les 3ᵉ et 4ᵉ compagnies se portent de ce côté sur la chaîne.

6ᵉ moment : attaque enveloppante de l'adversaire, qui force le bataillon à battre en retraite, etc.

4° 1 *bataillon contre 3 compagnies.* — Le bataillon étant en position de repos et couvert par 1 compagnie, les sentinelles de droite sont repoussées par des tirailleurs ennemis (*fig.* 114).

2ᵉ moment : 2ᵉ compagnie déployée sur la droite.

3ᵉ moment : l'ennemi ayant renforcé sa chaîne, la 1ʳᵉ com-

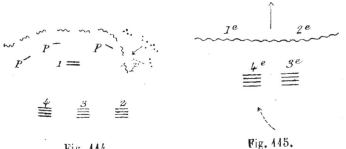

Fig. 114.   Fig. 115.

pagnie se rallie et prolonge la ligne déjà établie ; les 3ᵉ et 4ᵉ ont suivi le mouvement (*fig. 115*).

4ᵉ moment : nos deux ailes ayant cédé un instant sous l'effort de l'adversaire, et formé chacune un crochet défensif, on fait entrer en ligne les 3ᵉ et 4ᵉ compagnies, pour l'attaquer sur son centre.

5ᵉ moment : attaque sur le centre ennemi, en même temps que sur ses ailes, les deux nôtres s'étant peu à peu redressées en s'étendant : les 4 compagnies du bataillon ont pris la disposition suivante (*fig. 116*).

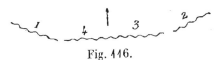

Fig. 116.

6ᵉ moment : l'ennemi recule et commence sa retraite, etc.

Bataillon dans une brigade (2ᵉ bat. de la 1ʳᵉ ligne). — *Action offensive.* — Le bataillon se porte sur le point qui lui a été indiqué dans l'ordre suivant (*fig. 117*) : les deux artilleries sont aux prises l'une contre l'autre.

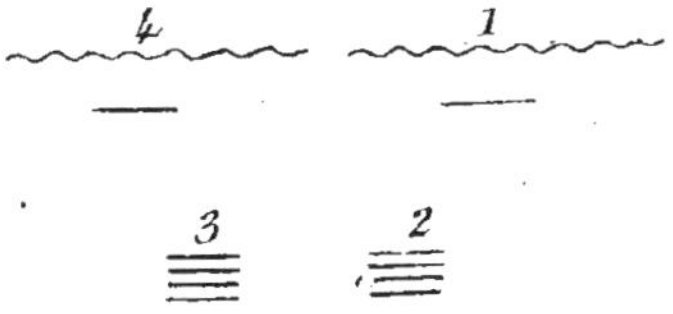

Fig. 117.

2e moment : la ligne est arrêtée à 700 ou 800 mètres de la position ennemie et subit le feu à mitraille de son artillerie ; les 3e et 2e compagnies se couchent.

3e moment : le feu de mitraille de l'artillerie ennemie étant surtout très-marqué contre l'aile droite, la 2e s'avance pour s'y établir ; la 3e se rapproche de la chaîne, de manière à n'en être plus qu'à 250 mètres environ.

4e moment : tandis que la compagnie de droite se heurte à une résistance très-éner- gique, celle de gauche gagne du terrain : le commandant du bataillon se décide alors à porter son aile gauche en avant (*fig.* 118).

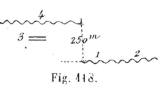

Fig. 118.

5e moment : le bataillon qui est à notre gauche menace l'aile droite ennemie, en même temps que celui de droite gagne un peu de terrain : le chef du bataillon ordonne un crochet offensif à gauche, et fait avancer son échelon de droite (*fig.* 119).

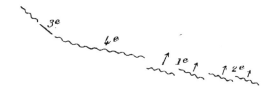

Fig. 119.

6e moment : l'aile droite ennemie et le centre commençant à plier, le chef de bataillon ordonne l'attaque, qui réussit en partie, car la gauche ennemie tient encore.

7e moment : mais le mouvement du bataillon de droite la force à son tour à battre en retraite.

2e bataillon de la 1re ligne. — Action défensive. — Le

bataillon occupe dans l'ordre suivant (*fig.* 120) la position qui lui a été assignée.

2ᵉ moment : l'ennemi a fait reculer par ses projectiles le bataillon qui est à notre droite, en même temps que son infanterie s'est rapprochée à 700 mètres; crochet défensif à droite.

3ᵉ moment : attaque de l'ennemi sur notre droite; la 2ᵉ compagnie renforce le crochet défensif (*fig.* 121).

Fig. 120.   Fig. 121.

4ᵉ moment : l'ennemi, ayant subi de grandes pertes, renonce à son attaque sur notre droite; il s'est avancé jusqu'à environ 600 mètres de la position; la 1ʳᵉ compagnie se rassemble en arrière.

5ᵉ moment : marche en avant de la chaîne ennemie, qui a été renforcée, et ouvre un feu violent. Les dernières escouades de renfort se portent sur la ligne, et les 1ʳᵉ et 3ᵉ compagnies se déploient pour s'y établir, et y faire à la fois des feux de salve et des feux rapides (*fig.* 122).

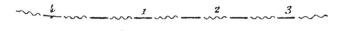

Fig. 122.

6ᵉ moment : l'adversaire est arrêté dans son mouvement en avant et ne peut se lancer à l'attaque, par suite des pertes subies; il bat en retraite, etc., etc.

Dispositions prises contre la cavalerie :

1° *Pendant le combat (fig. 123).*

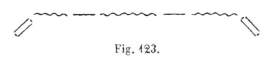

Fig. 123.

2° *Pendant la retraite (fig. 124).*

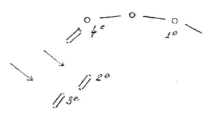

Fig. 124.

3° *Pendant la retraite.* Les compagnies ont pris position comme bataillon d'arrière-garde.

Fig. 125.

Charge de fourrageurs contre les sentinelles ; les 1re et 4e compagnies forment la colonne (*fig.* 125).

Fig. 126.

4° Contre une attaque de plusieurs escadrons, etc. (*fig.* 126).

Cette action de la cavalerie ennemie contre l'infanterie ne s'exerçant pas isolément, il serait aussi nécessaire de présenter le développement, même succinct, de quelques-unes des circonstances dans lesquelles elle se produit. On se bornera à un ou deux exemples (1).

1° Un bataillon désigné pour couvrir le flanc droit d'un gros corps de troupes marche dans l'ordre suivant (*fig.* 127). Les éclaireurs ennemis se montrent sur le flanc droit des compagnies portées en avant; ils sont suivis d'un détachement de cavalerie, qui s'avance au trot. Chaque groupe de 2 compagnies, se formant en colonne double, fait face à droite, déploie ses tirailleurs, et se porte en avant. La cavalerie ennemie se déploie : derrière

Fig. 127.

sa droite se montre un détachement d'infanterie; elle se porte à gauche et semble vouloir attaquer notre aile droite. Attaque de l'infanterie contre les 1ʳᵉ et 2ᵉ compagnies ; de la cavalerie contre l'aile droite, etc., etc., (*fig.* 128).

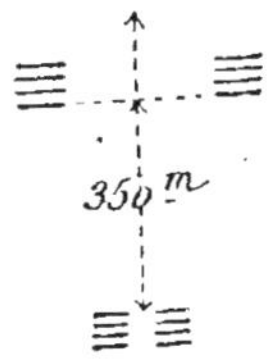

2° Le bataillon a pris position *comme arrière-garde d'une colonne.* La pointe (1 escadron) d'une avant-garde ennemie se heurte à nos tirailleurs, et les charge en four-

Fig. 128.

rageurs. Cet escadron, qui s'était avancé pour reconnaître notre force, bat en retraite : mais 3 autres escadrons ennemis se rapprochent au trot. Tandis qu'ils attaquent et sont repoussés, l'infanterie ennemie s'est avancée, etc. (*fig.* 129).

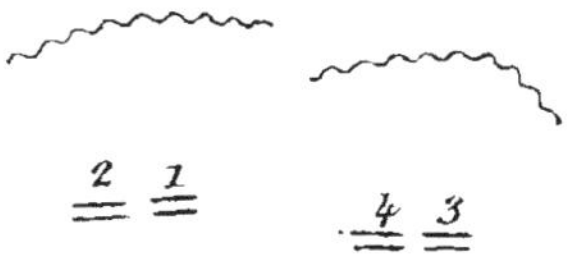

Combat contre l'artillerie. — On ne peut non plus bien figurer l'action de l'artillerie qu'à la condition de reproduire

(1) Helvig, 9ᵉ et 10ᵉ *Exemples.*

l'ensemble des circonstances au milieu desquelles elle agit. Un ou deux exemples suffiront également à montrer comment son intervention se produit, et de quelle manière l'infanterie est appelée à lutter contre elle (1).

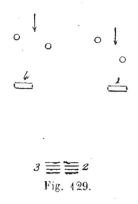

Fig. 129.

1° Le bataillon reçoit l'ordre de repousser une batterie qui couvre de feux, à 1,300 mètres, l'aile gauche d'une brigade, et gêne ainsi sa marche en avant. Le bataillon s'avance en ligne de colonnes de compagnies, à intervalles de déploiement. (Le soutien de la batterie ennemie a pris position à 500 pas environ à droite, et en avant de cette batterie, et ouvre un feu lent contre nos colonnes de compagnie). On se propose d'attaquer et d'occuper ce soutien par des forces supérieures, tandis que le reste du bataillon sera employé à couvrir de projectiles les servants et les attelages, pour forcer la batterie à s'éloigner, en même temps qu'en se rapprochant peu à peu on cherche à s'emparer en totalité ou en partie de la batterie. Les trois compagnies de gauche sont désignées pour agir contre le soutien ; la 1re attaque la batterie.

Le soutien ennemi, qui a été renforcé, se porte en avant, dans le but d'attaquer l'aile gauche du bataillon ; crochet défensif formé par la 4e compagnie, feux de salve : l'infanterie ennemie est arrêtée dans sa marche. De son côté, la 1re compagnie, arrivée à 650 mètres de la batterie, ouvre sur elle un feu intense qui la force à s'éloigner.

2° Le bataillon est au centre de la 1re ligne d'une brigade

(1) Helvig, 11e et 18e *Exemples*.

qui marche en avant. L'ennemi, en retraite, s'arrête sur une position favorable, où il est recueilli par des troupes fraîches, et démasque une batterie sur son centre. Le bataillon marche en avant avec 2 compagnies en tirailleurs et soutiens, et les 2 autres comme réserve ; arrivé à **1,100** mètres de la batterie, il subit des pertes tellement grandes, que son chef le fait déployer entièrement en tirailleurs ; les 2 dernières compagnies restant à la distance où elles se trouvent. Chargé d'enlever la batterie, le bataillon s'en rapproche vivement à 800 ; comme il reçoit presque exclusivement le feu de la batterie, il s'arrête, et ordonne aux 2 compagnies déployées en arrière de se rapprocher de la chaîne jusqu'à 80 mètres environ ; ces compagnies se couchent. Il commence alors sur la batterie un feu de salve par section. Tandis que la batterie se porte en arrière pour chercher un abri, les 2 compagnies de la 2e ligne se jettent rapidement à 150 mètres en avant, et ouvrent le feu à leur tour. L'infanterie ennemie, qui est à la gauche de la batterie, fournit de son côté un feu efficace contre notre aile droite. Le commandant du bataillon se décide alors à poursuivre l'attaque avec son aile gauche, qui a moins à souffrir du feu ennemi. La batterie accélère son feu : mais déjà elle se dispose à amener ses avant-trains. Quelques attelages sont mis en désordre, etc. A ce moment, un escadron ennemi, caché jusque-là, s'élance pour charger : il est repoussé ; mais la batterie a trouvé le temps de se retirer.

Quelques indications relatives aux commandements ou signaux qui peuvent être faits d'une manière quelconque à chaque compagnie d'un bataillon au moment du combat sont le complément naturel de ce qui précède ; on s'est borné à mentionner les principaux :

Telle compagnie : *Chaîne!* telle, *soutien !* telles, *réserve !*

Telle compagnie : *Crochet* défensif, offensif à telle aile ! — *Soutien* sur la chaîne ; *déployé*, ou *sur un rang !* — Prolonger la chaîne à droite ! — Un quart, un huitième de conversion à droite ! — (feu lent), — *Feu rapide !* — *Salves.*

Telle compagnie : *Sur la chaîne*, pas de course ! — *Ennemi à droite !*

Telle compagnie (réserve) : *En avant !* — *Halte !* — *Crochet* à droite ! — *Déployez !* — *Sur un rang !* etc.

Telle compagnie : *Retraite :* lentement ! — Vite en retraite, jusqu'à tel endroit ! — Echelon *par section !* etc. Rassemblement en marchant (*sur un rang*) ! Halte !

Telle compagnie : D'arrière-garde ! etc.

Telle compagnie : *Cavalerie :* (à l'aile droite) — tels groupes de ralliement ! — Salves par demi-section ! — Un peloton de réserve ! etc., etc.

Progression. — Comme celles déjà données pour les *avant-postes* et pour le service de *marche*, elle ne comporte que l'énoncé de quelques exercices principaux.

I. — *Instruction du soldat* (1 séance de 4 heures).

Soldat en position contre un ennemi restant en place, et découvert ou en partie visible.

Soldat en position contre un ennemi qui s'avance sur lui.

Groupe de 3 à 4 soldats en position contre un ennemi s'avançant sur eux.

Marche du soldat isolé contre l'ennemi en position, et découvert ou plus ou moins abrité.

Marche en avant des éclaireurs d'escouade.

Marche du soldat isolé contre un ennemi qui s'avance.

Marche du groupe de 3 à 4 hommes contre un ennemi en position, s'avançant et battant en retraite.

Tir sur un ennemi couché.

II. — *Instruction de l'escouade* (une séance de 4 heures).

Occupation et défense d'une position par une escouade en vue de l'ennemi.

Marche d'une escouade contre une position et enlèvement de cette position.

Marche en retraite d'une escouade (attaque repoussée).

Attaque de front et de flanc d'une position.

Combat de 2 escouades s'avançant l'une contre l'autre.

Rencontre et combat de 2 patrouilles de la force d'une escouade.
Attaque de cavalerie.

III. — *Instruction de la section* (2 séances de 2 heures chacune ; — 2 de 4 heures.

Art. 1er.   1 séance de 2 heures.

      Marche en avant.
      Feux
      Renforcer les escouades.
      Ralliements.
      Retraites.

Art. 2.   1 séance de 2 heures.

      Déploiement en avant et marche d'une section isolée au-devant de l'ennemi.
      Passage à la marche en colonne ; — la section se forme en ordre de combat.
      La section se maintenant sur le terrain qu'elle occupe, s'y établit en grand'garde.
      Attaque de la ligne des avant-postes ; — la section repoussée se forme en colonne et bat en retraite.

Art. 3.   2 séances de 4 heures.

      Occupation et défense d'une position par une section en vue de l'ennemi.
      Marche de front et de flanc d'une section contre une position et enlèvement de cette position ; retraite des défenseurs.
      Reconnaissance des obstacles dans l'ordre de marche en ligne de combat.
      Marche en retraite d'une section (attaque repoussée).
      Combat de deux sections s'avançant l'une contre l'autre.
      Attaque d'un petit poste par une forte patrouille.
      Rencontre et combat de deux reconnaissances ennemies.
      Amener le soutien sur l'un ou l'autre flanc ; — le faire agir dans la retraite de la ligne.
      Attaque de cavalerie.

IV. — *Instruction de la compagnie.*

L'instructeur réglera lui-même la série des exercices, pour 2 pelotons et pour les 4 compagnies du bataillon.

Trois séances de 4 heures chacune suffiront pour donner aux compagnies une instruction assez complète.

V. — *Instruction de la compagnie* (suite). — (*École de bataillon, 2e partie.*

Exemples tactiques du bataillon isolé ; — faisant partie d'une brigade : — de combats contre la cavalerie ; — contre l'artillerie.

Quelques notions succinctes sur l'organisation et la tactique de la *compagnie* dans les principales armées européennes termineront tout ce qui vient d'être exposé sur l'instruction pratique et la manière de combattre actuelle de l'infanterie.

DE LA COMPAGNIE D'INFANTERIE DANS LES ARMÉES ÉTRANGÈRES.

ALLEMAGNE : *Formations de combat du bataillon et de la compagnie;— colonnes de compagnie. Avantages et inconvénients de cette formation.* — L'armée allemande (1) (*armée active*) comprend, en outre de la garde prussienne, qui forme 8 régiments et 2 bataillons, l'un, de Chasseurs (*Jäger*), et l'autre, de Tireurs (*Schützen*) :

20 régiments de *Grenadiers*, dont 12 Prussiens.
13   *id.*   de *Fusiliers*,   — 11   *id.*
106   *id.*   d'*Infanterie*,   — 70   *id.* et
26   *id.*   de *Chasseurs* ou de *Tireurs*, dont 11 Prussiens.
(Les fusiliers et les chasseurs sont considérés comme troupes légères).

En tout, 469 bataill. d'inf. (art. 2, loi du 2 mai 1874).

Sur le pied de guerre, l'effectif de tout régiment d'infanterie est d'un peu plus de 3,000 h.; chaque régiment se compose de 3 batail., et ceux-ci, de 4 comp. à 250 h.

État-major du bataillon : 1 *major*, commandant, et 1 *lieu-*

(1) La loi relative à la constitution militaire de l'empire d'Allemagne a été promulguée le 2 mai 1874, sous le titre de *Reichs-Militairgesetz*. Comme son caractère est surtout celui d'une loi organique, elle n'a rien changé, pour l'infanterie, aux ancien tableaux d'effectif.

tenant-adjudant ; 1 sous-officier secrétaire, 1 tambour-maître, 2 médecins, 1 comptable (*Zahlmeister*), 1 armurier, et 7 chevaux.

Effectif du bataillon *sur le pied de paix* (état-major compris) : 18 officiers, 514 hommes de troupe, 24 non-combattants et 7 chevaux.

Effectif de la compagnie *sur le pied de paix* : 4 officiers, 128 hommes dont 13 sous-officiers, 1 infirmier et 3 ouvriers non-combattants :

Capitaine.	1
Premier lieutenant	1
Seconds lieutenants.	2
	4

Sous-officiers porte-épée :

Sergent-major (*Feldwebel*).	1
Vice-feldwebel.	»
Enseigne porte-épée (*Portepee Fähnrich*)	1
Sergents (*Sergeanten*), dont un *vice-feldwebel*. . . .	4
Sous-officiers (*Unterofficiere*).	7
Gefreite.	12
Clairons, fifres ou tambours (*Spielleute*).	4
Soldats, grenadiers, etc., (*Gemeine*)	99
	128

Effectif *sur le pied de guerre* : 5 officiers, 250 hommes de troupe et 3 non-combattants (20 sous-officiers, 6 tambours ou clairons, 224 soldats, 1 infirmier, 2 soldats du train (1), ou ordonnances du capitaine, auquel il est donné 2 chevaux. Le nombre des *Gefreite*, de 12 a été porté à 24).

Après le grade de *Feldwebel*, qui correspond à peu près à celui de sergent-major, vient l'emploi de *Vice-feldwebel*, donné au plus ancien sergent de chaque compagnie, lorsque ce sous-

_____

(1) *Annuaire d'art, de sciences et de technologie militaires* (Belge), 1873, p. 7.

officier, ayant servi au moins quinze ans, présente les capacités nécessaires pour remplacer le *feld-webel* dans son service, sauf en ce qui concerne la comptabilité.

Il faut, pour être nommé porte-épée fœhnrich (enseigne ou aspirant officier), avoir satisfait à certains examens assez élevés, et avoir servi six mois ; mais on arrive rarement à ce grade avant un an de service. Les sous-officiers et soldats de 17 à 23 ans peuvent être nommés porte-épée fæhnrich ; les cadets ont aussi à passer par ce grade. Il existe une place de porte-épée fæhnrich par compagnie d'infanterie, escadron de cavalerie et batterie montée d'artillerie ; le titulaire de l'emploi prend rang après les feld-webel et les vice-feld-webel.

La compagnie, commandée par un capitaine monté, se divise en 2 pelotons (*Zug*), ceux-ci en demi-pelotons, et chacun d'eux en demi-sections.

La formation de l'infanterie, d'après le dernier règlement d'exercices (3 août 1870), est restée sur trois rangs, le 3e rang étant destiné à fournir les tirailleurs ; on ne passe à la formation sur deux rangs qu'au moment du combat. Les bataillons de chasseurs, seuls, se forment sur deux rangs.

La disposition fondamentale de l'infanterie (1) est la *colonne de compagnie*, formée des 2 pelotons placés à six pas l'un derrière l'autre, et ayant à la même distance en arrière son peloton de tirailleurs formé des hommes du 3e rang. En partant de l'ordre déployé, et si l'on suppose que la compagnie appartient au bataillon (la 2e compagnie, par exemple), cette formation se fait comme l'indique la fig. 130. Les pelotons de tirailleurs se trouvent ainsi placés, ceux qui sont à la droite du drapeau, derrière les pelotons impairs de leurs

_____

(1) Les renseignements qui suivent sont tirés pour la plupart de la *Rev. milit. de l'Etr.*, 21 mars 1872, nᵒˢ 25, 26, 31 et 32.

compagnies, et ceux qui sont du côté opposé, derrière les
pelotons pairs (*fig.* 131).

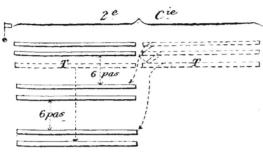

Fig. 130.

On forme aussi les compagnies, non plus par pelotons entiers, mais en demi-pelotons. Les trois pelotons primitifs

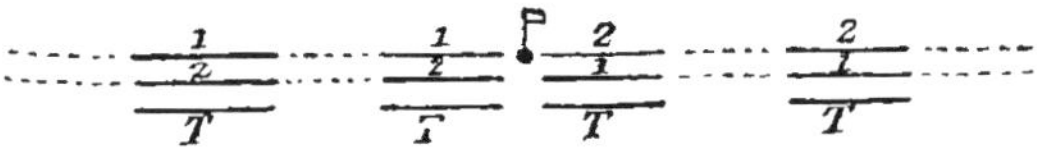

Fig. 131.

sont commandés par le **1er** lieutenant, le **1er** et le **2e** second-
lieutenant; le **3e** second-lieutenant, le *feld-webel* et le *porte-
épée fähnrich* comman-
dent les trois autres
demi-pelotons.

La formation de com-
bat la plus usitée est
la suivante, dans la-
quelle on place les sou-
tiens et la réserve sui-
vant l'une ou l'autre
des deux positions in-
diquées (*fig.* 132).

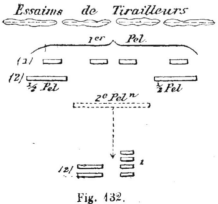

Fig. 132.

La *colonne d'attaque* pour le bataillon correspond à peu près à notre ancienne colonne double. Les pelotons sont serrés en masse, entre le 3ᵉ et le 2ᵉ d'une part, et entre le 6ᵉ et le 7ᵉ de l'autre; il reste au milieu un intervalle de deux pas, dans lequel se placent, sur un rang, les tambours, clairons et fifres. On a ainsi quatre échelons de deux pelotons chacun (*fig.* 133).

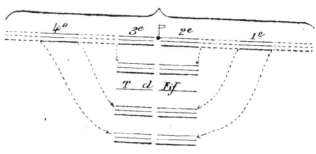

Fig. 133.

Un bataillon en colonne simple (à distance entière) a ses tirailleurs placés à hauteur de la subdivision de tête; à sa droite, si l'on a rompu à droite; à sa gauche, si l'on a rompu à gauche. De telle sorte que les subdivisions, de deux en deux,

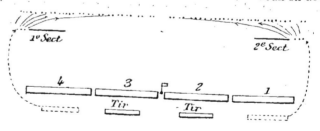

Fig. 134.

sont ainsi formées de deux pelotons accolés l'un à l'autre. Les pelotons de tirailleurs se trouvent placés sur le flanc extérieur par rapport à la nouvelle ligne de bataille. Ils prennent ainsi dans la formation en bataille la disposition suivante (*fig.* 134), sur laquelle on voit en outre comment se déploient habituellement les pelotons des ailes. Telles sont les principales formations de l'ordonnance. Il reste maintenant à examiner comment on engage le combat, pour lequel, en principe, on part toujours de la colonne de compagnie par peloton. Considérons d'abord une compagnie isolée :

1° Le peloton de tirailleurs, se portant en avant, fait déployer l'une de ses sections, la seconde restant en soutien à cent cinquante pas environ. Au commandement ou au signal de : *En tirailleurs!* les tirailleurs déploient par demi-section (escouade), sur la file du centre, chaque file étant séparée l'une de l'autre par un intervalle de six pas. Une demi-section (7 à 12 hommes) forme un groupe, commandé par un *sous-officier* (grade qui répond à peu près chez nous à celui de caporal, tandis que le *sergent* est l'équivalent de notre sous-officier). La réunion d'un ou plusieurs groupes forme un essaim (*Schwarm*) ; de grands essaims, composés de pelotons entiers, sont au besoin commandés par des officiers (1). Si la colonne est formée de demi-pelotons, le 6e demi-peloton se porte en avant, se déploie, et fournit son soutien ; si tout le peloton vient à être déployé, la compagnie forme elle-même le soutien. Les circonstances rendant nécessaire de renforcer encore la ligne, les soutiens, les demi-pelotons destinés à ce service sont pris à la subdivision qui est en queue de la colonne ; enfin, si toute la compagnie est à peu près employée en entier à former la chaîne, on doit laisser au moins une section en ordre serré derrière le centre ou derrière une des ailes.

_____

(1) Les auteurs militaires allemands ont plusieurs fois demandé que le peloton lui-même remplaçât l'essaim comme unité de tirailleurs. Ce terme d'essaim a d'ailleurs une signification assez vague, et qui ne correspond à aucune évaluation tactique.

18

2° Le combat du bataillon est toujours engagé par 2 compagnies, en général celles des ailes, les 1ʳᵉ et 4ᵉ, qui fournissent en même temps les soutiens; les deux autres restent en réserve. Cette formation est à très-peu près celle de la figure 135, au début du combat; car les soutiens ne tardent pas à être formés sur un rang ou à prendre telle disposition qui les protége mieux contre l'effet des projectiles.

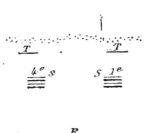

Fig. 135.

Le nouveau règlement du 1ᵉʳ mars 1876 (1), tout en maintenant l'emploi des colonnes de compagnies comme formation la plus habituelle pour le combat du bataillon, et, après avoir indiqué la disposition préparatoire, appelée *Gefechts-Aufstellung,* pour laquelle le bataillon est déjà d'une manière générale, formé sur deux rangs, mentionne encore celle dite *Gefecht-Formation,* ou dispositif de combat proprement dit, qui comporte une *avant-ligne* (*Vortreffen*) et une ligne principale (*Haupttreffen*). Les tirailleurs, (1ᵉʳ et 2ᵉ pelotons) couvrant le front entier du bataillon déployé (340 pas environ pour le pied de guerre), les compagnies des ailes se portent vis-à-vis de l'emplacement du 2ᵉ et du 7ᵉ peloton du bataillon en bataille, pour former l'avant-ligne, tandis que les deux autres compagnies, réunies en demi-bataillon, ou séparées, constituent la ligne principale. Pour les exercices, on recommande d'adopter, en général, entre les échelons, les distances suivantes :

Chaîne (2 pelotons) }	150 pas.
Soutiens (id.) }	
Avant-ligne (2 compagnies).	100 id.
Ligne principale (id.).	150 id.

(1) *Rev milit. de l'Etr.,* n° 138.

Pour remédier aux inconvénients signalés plus loin, au sujet des colonnes de compagnie, le même règlement prescrit aux commandants des compagnies de s'efforcer de rallier le bataillon, dès que leur mission est remplie; les chefs de bataillon doivent eux-mêmes veiller sans cesse à ne pas laisser les troupes leur échapper. On fait dans le combat la combinaison la plus utile des deux ordres *dispersé* et *serré*... Pour la défensive, l'infanterie tire le meilleur parti du terrain, mais en évitant de faire trop usage des tranchées-abris, pour lesquelles on ne s'arrête qu'aux profils qui suffisent à masquer les troupes couchées. Dans l'attaque, le but immédiat à atteindre est d'amener les lignes de feux à distance efficace de l'adversaire, etc., etc.

On a pour principe, dans le nouveau règlement comme dans l'ancien, de ne jamais employer dans le combat en ordre dispersé plus de monde que n'en exigent le terrain et la force de l'ennemi. Le tirailleur doit s'attacher à tirer juste plutôt qu'à tirer beaucoup; les officiers et les sous-officiers surveillent les hommes, pour qu'ils visent bien et ne tirent pas de trop loin. Avec l'ancien fusil à aiguille, le règlement prescrivait de ne pas faire feu à plus de 300 pas (240 m.) sur des hommes isolés; mais on peut tirer jusqu'à plus de 600 pas (480 m.) sur des fronts plus considérables, des colonnes, de l'artillerie, etc. Une ligne qui marche en avant n'est renforcée que dans le cas où elle rencontre une résistance qui la force à s'arrêter; en règle générale, la troupe désignée pour renforcer les tirailleurs est employée à prolonger la ligne; ce qui est avantageux dans le cas surtout de l'attaque, et pour tourner l'ennemi ou détacher sur ses flancs une subdivision qui l'inquiète en formant une nouvelle ligne de feux, etc. Telles sont les idées principales qui dominent dans l'enseignement du combat en tirailleurs, et avaient déjà été émises par l'ancien règlement, duquel, en ce qui nous concerne, le nouveau diffère très-peu.

On a pu remarquer (1), en suivant les manœuvres exécutées par les troupes allemandes, dans les départements occupés en 1872 et en 1873, que leur manière d'engager et de soutenir le combat ne différait que très-peu de celle qui vient d'être indiquée. D'ailleurs, une latitude assez grande était laissée à cet égard à chacun des chefs, et il en est encore aujourd'hui de même. Les observations qui ont été faites sur la tactique de l'infanterie peuvent se résumer de la manière suivante.

Dans les manœuvres de régiment, la ligne des tirailleurs étant engagée, et les soldats déployés à deux pas les uns des autres, quelques soutiens se portaient au pas de course vers les ailes de la chaîne, qu'ils contribuaient à étendre; puis, le restant des soutiens s'avançait en bataille et prenait position sur la ligne des tirailleurs, où ils exécutaient des feux de salve. Les *soutiens*, placés à 200 mètres, marchaient tantôt par le flanc, tantôt en bataille, et se tenaient généralement à genou ou couchés (2). Quelquefois, ils formaient une ligne de quatre groupes ou sections marchant à intervalles de déploiement. La *réserve*, composée des deux dernières compagnies du bataillon, et formée en deux colonnes de pelotons, était disposée en arrière des ailes. Elle suivait les mouvements par le flanc, ou se portait quelquefois sur deux ou quatre rangs sur la chaîne, pour y exécuter des feux à commandement; on la plaçait à peu près à 200 mètres en arrière des soutiens.

· Le corps principal ou le *gros* était formé des deux autres bataillons, disposés sur une seule ligne, en colonnes de com-

---

(1) *Rev. milit de l'Etr.*, n°. 138.

(2) Ils ne marchent par le flanc que d'une manière exceptionnelle. (D'après un ordre du cabinet, mars 1873). — *Rev. milit. de l'Etr.*, 11 mai 1874.

pagnie. Partout on put ainsi remarquer que cette dernière formation était bien l'unité de combat de l'armée allemande.

On a souvent fait ressortir tout l'avantage des colonnes de compagnie par rapport au bataillon. Plus mobiles que ce dernier, plus faciles à abriter, elles se prêtent aussi très-bien à la reconstitution de cette dernière unité. Dans la retraite, par exemple, la colonne de compagnie est d'un emploi très-avantageux, jusqu'au moment où, parvenu en dehors du feu de l'ennemi, le commandant veut reformer la colonne d'attaque pour un retour offensif. Ce fractionnement en colonnes de compagnie, dont la force est déjà assez grande, permet au bataillon seul de ne pas engager plus de forces qu'il n'en faut pour atteindre le but que se propose son chef (1). On peut commencer le combat avec une compagnie seulement, qui ne déploie qu'un peloton, en tout ou en partie, etc. Un dernier avantage des colonnes de compagnie est de ne donner rien à craindre de la cavalerie, quand elles ne sont pas trop éloignées l'une de l'autre, etc.

Cette formation présente aussi ses inconvénients, comme les Allemands l'ont reconnu plus d'une fois. Les ordres de bataille primitifs se brisent et se fractionnent outre mesure. Par suite, les mouvements n'ont plus ni unité ni ensemble; les combats s'individualisent dans des proportions souvent inquiétantes; des petites colonnes se portant quelquefois arbitrairement sur des positions qu'il leur semble avantageux d'occuper, des compagnies des mêmes bataillons se trouvent souvent agir sur des points opposés, en même temps qu'elles sont séparées par des compagnies ou des bataillons d'autres corps. « La dernière campagne a prouvé, dit un officier prussien, combien nos colonnes étaient maniables : mais elle

(1) *Rev. mil. de l'Etr.*, n° 26 (6 mai 1872).

18.

nous a montré que les chefs laissent trop facilement les hommes s'échapper de leurs mains... Dans une affaire malheureuse, cela pourrait devenir très-dangereux; quoiqu'il faille reconnaître que nos soldats savent se rallier très-vite... » (1). D'autres inconvénients, relevés encore par les Allemands, à la suite de la dernière guerre, tiennent plus au genre de combat lui-même qu'à la formation adoptée. C'est ainsi qu'ils ont signalé la tendance trop grande des soutiens, et quelquefois même des réserves, à se porter d'eux-mêmes sur la chaîne, sans attendre le moment favorable pour prendre part à l'action, etc. (2). Comme nous, ils ont reconnu que, souvent, les officiers généraux, les colonels et les chefs de bataillon, ne *pouvant plus suivre toutes les subdivisions au milieu d'un engagement un peu confus, mettaient pied à terre, et se faisaient commandants de la première compagnie qui se trouvait à leur portée.* Mais, si l'on est heureux de trouver dans leurs écrivains la preuve que les Allemands, eux non plus, n'ont pas échappé à ces difficultés du combat en ordre dispersé, il faut aussi reconnaître que nos voisins ont fait depuis la guerre de grands progrès dans la nouvelle tactique, à laquelle leurs cadres et leurs soldats semblent on ne peut mieux exercés.

Pour compléter ce qui précède, nous mettrons sous les yeux du lecteur quelques lignes d'une *Instruction* donnée au moment de la campagne à l'infanterie allemande du 2e corps, pour la manière dont elle aurait à combattre l'infanterie française (3)... « Les Français comptent principalement sur l'effi-

(1) *Allgemeine militær Zeitung*, 1871, n° 33.
(2) Bogulawski, *Taktische Folgerungen*, etc.
(3) *L'infanterie, l'artillerie et la cavalerie prussienne dans le combat et hors du combat*, par le général russe *Zeddeler*. (*Rev. mil. de l'Etr.*, n° 100, 1873).

cacité de leur tir rapide et à longue portée. Aussi, devrons-nous marcher à l'ennemi par colonnes précédées d'un petit nombre de tirailleurs. A 1200 mètres, on prendra l'ordre de combat. Quand on arrivera à bonne portée, les tirailleurs ouvriront un feu bien nourri; les colonnes s'approcheront graduellement, couvertes par leur feu, jusqu'à 150 mètres, et s'élanceront ensuite sur l'ennemi, au cri de « *hurrah !* » Dans la défensive, les colonnes de compagnie seront employées suivant les principes du règlement, et l'on répondra à l'attaque des Français par un tir posé et bien dirigé. Lors de leurs premières salves, les hommes se coucheront; ou bien, profitant de la fumée qui empêche l'ennemi de voir ce qui se passe, ils courront en avant pour se rapprocher de lui. — On évitera de faire former le carré, pour s'habituer à recevoir la cavalerie dans quelque formation que l'on soit, avec la seule prescription de couvrir ses ailes. — Lors d'une attaque de notre cavalerie contre l'infanterie, notre infanterie suivra rapidement derrière la cavalerie... Employer tous les moyens pour entourer l'ennemi... »

Si tous ces préceptes sont excellents, on voit par cet emploi des colonnes pour l'attaque que les Allemands n'étaient pas encore bien préparés au nouveau mode de combat, dont l'adoption ne tarda pas à leur être imposée par la puissance irrésistible des nouvelles armes à feu.

Russie : *Organisation et mode de combat de l'infanterie.* — *De la compagnie;* — *ses effectifs* (1). — L'armée *de campagne,* qu'il faut distinguer des troupes *de réserve,* de celles *de remplacement,* des troupes *locales* (de forteresse, de frontière) et

(1) La loi de réorganisation de l'armée, qui date du 1er janvier 1874, n'a été mise en vigueur qu'à partir d'octobre 1874. — *Rev. mil. de l'Etr.,* 26 mai 1874 et octobre.

de celles *irrégulières*, se compose, pour l'infanterie, de 528 bataillons, répartis dans 14 corps d'armée à 3 et 2 divisions. On compte, pour la Russie d'Europe, 139 régiments et 24 bataillons de chasseurs ; et en tout 164 régiments et 32 bataillons de chasseurs. En principe, chaque régiment est à 4 bataillons, et, sur le pied de guerre, à l'effectif de 4,137 combattants et 233 non-combattants ; mais, à l'exception de la Garde et de l'armée du Caucase, le plus grand nombre des régiments n'est encore qu'à 3 bataillons et à l'effectif de guerre de 3,142 combattants et 159 non-combattants.

Le bataillon, qui était à 5 compagnies (4 de ligne et 1 de tirailleurs), ne doit plus en avoir que 4, depuis la fin de l'année 1875 ; il est commandé par un major, *maïore*, secondé d'un *adjudant de bataillon*, du grade de lieutenant, et pris dans les compagnies. Il y a par bataillon, et sur le pied de guerre, 2 voitures de munitions et de vivres, attelées de 4 chevaux.

La compagnie, *rota*, est commandée par un capitaine (*kapitane*), *non monté*, et qui a sous ses ordres un lieutenant (*paroutchick*), un sous-lieutenant (*padparoutchick*) et un enseigne (*proparchtchick*). Elle est divisée, pour les manœuvres et l'administration, en 2 pelotons (*svode*), et en 4 demi-pelotons (*polou-svode*), commandés par les sous-officiers *anciens* ; chaque demi-peloton forme 2 escouades (*omdiélinié*), que commandent les sous-officiers *jeunes*, appelés aussi *kapralnyi*, et, au besoin, quand ces derniers manquent, les *efreitor*, qui correspondent aux *gefreite* allemands. Il y a en outre par compagnie un *kaptien armouc*, ou sergent chargé du matériel, de certains détails relatifs à la discipline, etc. Les effectifs des régiments et des compagnies sont basés sur 4 positions différentes, qui sont : *le pied de guerre*, le pied de paix *renforcé*, le pied de paix *ordinaire*, et le pied de *cadres*.

Nous indiquons ci-dessous les effectifs correspondants pour une compagnie, et en regard la décomposition de l'effectif du pied de guerre pour cette même unité :

Compagnie russe :		G.	P.R.	Ord.	Cadr.
Officiers.		4	3	3	2
Hommes de troupe. . . .	209	193	147	145	77
Id. sans armes. . .		16	12	8	4
Infirm. (feldsher).		1	1	1	1
Soldats du train.		2	2	1	1
Chevaux.		8	6	3	2
Voitures { munit.		1	1	»	»
provis		1	1	1	1

Effectif du pied de guerre :

Capitaine.	1
Lieutenant	1
Sous-lieutenant.	1
Enseigne.	1
	4

Feldwebel.	1
Sous-officiers *anciens.*	4
Kaptien armouç.	1
Sous-officiers jeunes	12
Clairons ou tambours (*barabainchik*).	4
Efreitors.	16
Engagés volontaires	4
Soldats (*viadovoï* ou *sôeudate*).	154
Non armés.	16
	209

Les bataillons de chasseurs, de 4 compagnies, comportent sur le pied de guerre un effectif de 855 combattants et de 96 non-combattants. L'infanterie se forme sur deux rangs.

Le bataillon, pour le combat, est disposé sur trois lignes : la chaîne, la ligne des soutiens et la réserve ; le déploiement en tirailleurs se fait par groupes de **4**, dits camarades de combat. En arrière de la chaîne sont placés comme soutiens.

en ordre déployé et sur un rang, les seconds pelotons des deux premières compagnies ; les deux autres, disposés en colonne serrée par peloton, forment la réserve. On procède dans le combat, pour l'attaque et la défense, d'une manière analogue à celle que prescrit notre règlement. Avec l'ancienne formation, la 5ᵉ compagnie, celle de tirailleurs, ou une fraction de cette compagnie, se portait en avant de la position occupée par le bataillon, dans le but de faire subir à l'ennemi un feu plus prolongé, et de l'amener prématurément à déployer ses forces et à dévoiler ses intentions. Les tirailleurs marchent sur l'adversaire rapidement, et, autant que possible, sans faire feu, jusqu'à la distance à laquelle le tir devient efficace, c'est-à-dire à environ 600 pas (450 mètres) ; arrivés là, ils prennent position, et ouvrent le feu. Pour continuer leur marche, les tirailleurs s'avancent en échelons par demi-pelotons, et par bonds successifs de 50 à 80 pas ; après chaque bond, on fait feu sur toute la ligne. Le renforcement s'effectue de manière qu'il y ait 6 pas par groupe de 4 hommes ; les compagnies qui sont en réserve suivent les deux premiers échelons à 300 pas, et, pour le commencement de l'attaque, s'en rapprochent à 150.

La dernière position des tirailleurs se prend à environ 300 ou 200 pas de l'ennemi. On exécute alors un feu rapide, qui ne peut pas durer plus de 5 minutes ; vers la fin de ce feu, les soutiens se rapprochent de la chaîne ; quand ils n'en sont plus qu'à 30 pas, on fait sonner *l'attaque*. Le signal en est donné lorsque la chaîne se trouve à 100 pas de la position à enlever : tout le monde se porte en avant, tambour battant ; quand on est arrivé à 50 pas, le chef commande : *croisez la baïonnette*, et, à 30 pas, il lance le cri de *hurrah !* que répètent les soldats en s'élançant sur la position ennemie.

Quant à la défense, comme on ne peut repousser l'ennemi

avec des feux seulement, il faut soi-même passer à l'offensive
et choisir pour le faire le moment le plus défavorable pour
l'assaillant. Pour réunir ces deux conditions essentielles de la
défense, on disposera : 1° d'une chaîne épaisse de tirailleurs
(1 homme par pas), et 2° de fractions de troupes en ordre
serré, prêtes à prendre l'offensive. Les défenseurs ouvrent le
feu aux grandes distances, en ayant soin de l'accélérer au fur
et à mesure que l'ennemi s'avance, et quand celui-ci occupe
sa dernière position, la chaîne ouvre le feu rapide; et, lorsque
l'assaillant prononce son attaque, la ligne de feux de la défense
est renforcée par les soutiens, qui alors peuvent exécuter des
feux de salve, etc., etc.

Les principes de l'ordre dispersé et la manière d'engager
le combat ne diffèrent, comme on le voit, que bien peu de
ce qui se passe ailleurs. Toutefois, bien que le règlement
russe accorde à la compagnie une assez grande indépendance, celle-ci n'est pas à comparer avec la liberté d'action
des compagnies prussiennes, au point de vue tactique, et
dans la limite du rôle assigné au bataillon.

AUTRICHE : *Organisation et mode de combat de l'infanterie* (1). — D'après l'organisation la plus récente (19 avr.
1876), l'infanterie autrichienne de l'armée *active*, répartie en
36 divisions et 72 brigades, se compose de 80 régiments de
ligne et de 40 bataillons de chasseurs à pied (2).

Sur le pied *de paix*, le régiment comprend 5 bataillons ac-
tifs et 1 de dépôt à 5 compagnies ; les 3 premiers constituent

(1) *Rev. mil. de l'Etr.*, n° 94; — *Id.* oct. 1876, n° 324, d'après
l'ouvrage ayant pour titre *Kriegsmacht Oestreichs* et la *Wehrzeitung* du 5 juill. 1876. — *Règl. de l'exerc. de l'inf. austro-hongroise*,
(1874).

(2) D'après une autre évaluation, l'armée active comprendrait 3 ou
4 *armées*, 13 *corps d'armée* et 42 divisions d'infanterie.

la portion mobile du régiment, tandis que les 4e et 5e forment le *régiment de réserve*. Ce qui donne pour le régiment sur le pied *de guerre*, au moyen du dépôt, l'organisation suivante :

1 régiment à 3 bataillons (2,904 hommes de troupe);
1 id. de réserve à 2 bataillons (1,904 hommes de troupe);
Un 6e bataillon de dépôt, à 4 compagnies, et
1 compagnie de dépôt.

Les bataillons de chasseurs, qui sont à 5 compagnies, forment sur le pied *de guerre*, par une organisation analogue :

1 bataillon à 4 compagnies ;
2 compagnies de réserve (par le dédoublement de la compagnie de dépôt) ; et
1 compagnie de dépôt.

L'armée active, comme régiment, compte donc pour l'infanterie :

80 régiments à 3 bataillons ;
80 id. id. (avec le 6e bataillon), et
80 compagnies de dépôt.

Elle comporte, en outre, pour les chasseurs :

60 bataillons (au moyen de 2 compagnies de réserve de chacun des 40 bataillons).

A ces forces, il faut ajouter celle des landwehr (*cisleithane*, et hongroise ou *honved*), ainsi que les tirailleurs du Tyrol et du Vorarlberg.

Chaque bataillon actif se compose de 4 compagnies, numérotées pour les 5 bataillons de 1 à 20; il est commandé par un *major*, à l'exception du 1er, qui est sous les ordres du lieutenant-colonel. Un *adjudant de bataillon*, du grade de lieutenant et monté, est adjoint à chaque major ou lieutenant-colonel.

Sur le pied de paix, les compagnies des 3 premiers bataillons ont un effectif de 3 officiers et de 92 hommes; celles des 4ᵉ et 5ᵉ bataillons n'ont que 71 hommes. L'effectif des premières se décompose ainsi qu'il suit :

Capitaine (*Hauptmann*)	1
Premier lieutenant (*Ober-lieutenant*)	1
Lieutenant	1
Cadet (*Kadette*)	1 (non armé).
Sergent-major (*Feldwebel*)	1
Sergent-major *comptable*	»
(Rechnungs-Feldwebel)	1 (non armé).
Sergents (*Zugführer*)	4
Caporaux (*Korporale*)	5
Gefreite	5
Soldats	70
Tambours, clairons	2 (non armés).
Ordonnances d'officiers	3 *id.*

Les cadets font le service de sous-officiers et peuvent être commissionnés aspirants-officiers.

Sur le pied *de guerre*, la compagnie est portée à 4 officiers et 232 hommes, comme l'indique le tableau ci-dessous :

Capitaine	1
Premier lieutenant	1
Lieutenants	2
Cadet	1
Feldwebel	1
Id comptable (non armé)	1
Sergents	4
Caporaux	12
Gefreite	18
Soldats	180
Tambours	2
Clairons	2
Pionniers	4
Brancardiers (*Blessirten-Træger*)	3
Ordonn. d'offic	4
	232

(non armés 15)

Les compagnies de chasseurs, un peu plus fortes en temps

19

de paix, comptent sur le pied de guerre 16 caporaux, au lieu de 12 ; la désignation de certains gradés n'est pas non plus tout à fait la même, etc.

La compagnie d'infanterie se forme sur deux rangs, et comprend 4 pelotons (*Zug*), qui se subdivisent chacun en 2 demi-pelotons, et ceux-ci en deux groupes ou essaims (*Schwaerme*); ces groupes sont la réunion de *paires de files* (*Rottenpaaren*), qui correspondent chacune à nos anciens camarades de combat. La force de ces groupes, dont le nombre est de 16, varie de 12 à 13 hommes, pour l'effectif du pied de guerre ; le demi-groupe est commandé par un gefreite, qui est en même temps chef de patrouille (*Patrouille-Fuhrer*); 4 caporaux forment les deux files extrêmes de chaque peloton. Celui-ci est commandé par un officier ou un cadet.

La colonne de compagnie est aussi pour l'unité qui nous occupe le point de départ de toute disposition de combat ; elle se forme sur le 2e peloton d'une manière analogue à la nôtre ; les tambours et les clairons prennent place entre la 2e et la 3e subdivision.

La formation habituelle du régiment dans les manœuvres est celle dite *concentrée*, dans laquelle les 3 bataillons sont serrés en masse, à douze pas d'intervalle (9 mètres). Dans chaque bataillon, formé en colonne serrée, la droite en tête, les quatre pelotons de la compagnie sont sur deux rangs, le deuxième à *six pas* du premier, et chaque peloton à trois pas l'un de l'autre (1).

. D'autres formations du bataillon et de la compagnie n'offrant que peu d'intérêt, parce qu'elles sont assez semblables

(1) *Rev. mil. de l'Etr.*, 13 mai 1876. — D'après le compte rendu des manœuvres autrichiennes de 1875, par le lieutenant-colonel *Kuhne* (*Milit. Wochenblatt*).

à tous les mouvements du même genre, nous arrivons de suite à une disposition particulière au règlement austro-hongrois; non qu'elle soit nouvelle, mais en raison du soin que l'on a pris de la réglementer, et de l'avantage que l'on tirera de son emploi dans certains cas. Il s'agit du *sammeln* (*rassemblement*, ou plutôt *écoulement* pour se rassembler en avant ou en arrière). Lorsqu'une fraction de troupe quelconque se trouve, par exemple, placée à couvert dans une position, et qu'il s'agit de la porter sur une autre, sans l'exposer à subir de grandes pertes, au lieu de la faire marcher de front, par le flanc, etc., on la fractionne à l'avance, et l'on fait *écouler* les hommes successivement, par file, par tel ou tel groupe, de cette position sur la suivante. Le chef a en même temps indiqué tout d'abord le point de rassemblement, l'allure à prendre, etc. Il y a aussi le *sammeln* en arrière de la position occupée.

Le combat en tirailleurs ne présente aucune particularité qui mérite d'être signalée. La chaîne s'avance par bonds successifs, avec un *soutien* et une *réserve*; on fait usage du feu individuel, du feu rapide, dont la durée ne doit pas excéder trois minutes, et des feux de salve, auxquels le règlement accorde une assez grande place. On donne l'assaut (*sturm*) à cent pas environ de la position ennemie, et au cri de *hurrah !* — L'emploi du sifflet est prévu; mais rien n'indique comment on en doit faire usage.

ITALIE : *Organisation et mode de combat de l'infanterie.* — L'infanterie italienne se compose de :

80 *régiments de ligne*, dont 2 de grenadiers (*granattieri*) qui restent à Rome;
10 *régiments de bersaglieri;*
176 *compagnies* ou états-majors *de dépôt*, et de
14 *bataillons alpins.*

(1) *Rev. mil. de l'Etr.*, 1873, n°ᵒˢ 93, 94 et 104.

Les régiments *de ligne* sont à 3 bataillons de 4 compagnies, plus 1 de dépôt. Un *major* (*maggiore*), secondé d'un *lieutenant adjudant-major*, commande le bataillon, qui compte aussi un adjudant, désigné sous le nom de fourrier-major (*furiere-maggior*). Le 1er bataillon est placé sous les ordres du lieutenant-colonel.

Effectif, en temps de paix, comme troupe, pour le régiment : 1,245 hommes.

La compagnie, sur le pied *de paix*, est ainsi composée :

Capitaine (*capitano*)	1
Lieutenant (*tenente*)	
Sous-lieutenant (*sotto-tenente*) }	3
Sergent-major (*furiere*)	1
Sergents (*sergenti*)	4
Caporaux (*caporale*)	8
Appointés (*appuntati*)	6
Clairons (*trombettieri*)	2
Elèves-clairons	2
Sapeurs (*zappatori*)	2
Elève-sapeur	1
Soldats (*soldati*)	73

Elle se divise en 2 pelotons (*pelotone*), le peloton, en 2 demi-pelotons (*squadre*), commandés chacun par 1 sergent, et le demi-peloton, en 2 escouades (*squadriglie*). Le sergent-major est chargé de la discipline et de la comptabilité; un des sergents lui est adjoint pour les écritures. Deux caporaux, dits *majors*, remplissent au besoin les fonctions de sous-officier.

Sur le pied *de guerre*, la compagnie comprend 5 officiers et 200 hommes ; mais elle doit pouvoir être portée à 250 hommes.

Son effectif est ainsi réparti :

Officiers. 5
Sous-officiers. 9
Caporaux. 24
Soldats. 170

Au-dessus de 100 hommes, elle forme 3 pelotons, et, quand son effectif dépasse 150, elle en compte 4, commandés chacun par un officier.

Les *régiments de Bersaglieri* sont à 4 bataillons de 4 compagnies, plus 1 de dépôt; leur effectif du pied de paix, comme troupe, est de 1,626 hommes. Il n'y a du reste aucune différence dans la composition des compagnies.

Quant aux effectifs *de guerre* des divers régiments, ils sont réglés par des dispositions spéciales (1).

Les *Compagnies de dépôt* sont attachées en plus ou moins grand nombre à des *districts militaires,* qui sont des centres de mobilisation et d'instruction, et ont chacun un état-major analogue à celui des régiments.

Les *Compagnies alpines* (2), créées en 1872 pour la défense des vallées qui donnent accès en Italie, et primitivement au nombre de 24, sont, depuis le 1er janvier 1875, formées en 14 *Bataillons alpins*, dont 7 fournis par l'armée permanente, et 7 par la milice mobile. Elles ont conservé leurs numéros dans les bataillons, formés à 3 et 4 compagnies ; les capitaines sont montés.

---

(1) Chaque escouade (1/2 peloton) de la compagnie italienne est pourvue d'une lanterne, qu'un soldat porte au bout de son fusil. Dans les marches de nuit, et quand on est loin de l'ennemi, on allume ces lanternes, qui se placent, dans les haltes, sur la ligne des faisceaux. On en fait aussi usage dans les campements, et par les nuits obscures. Placées sur des faisceaux isolés, elles servent à éclairer les rues du camp, les abords des feuillées, etc.

(2) *Rev. mil. de l'Etr.*, 4 déc. 1875, n° 275.

Compagnies. — Leur effectif est le suivant :

	Pied de paix.	Pied de guerre.
Officiers	4	6 (dont 1 médecin).
Sous-officiers	5	9
Caporaux.	10	23
Clairons.	3	5
Sapeurs	8	20
Appointés	6	16
Soldats.	68	171
Infirmiers	»	6
	100	250

Bataillons. — Commandés par un major, auquel il est donné, en temps de guerre, un lieutenant adjudant-major, pris dans une des compagnies.

Les 7 bataillons de milice sont organisés d'une manière analogue, mais avec des effectifs un peu moindres; ils portent, ainsi que leurs compagnies, les mêmes numéros que les bataillons permanents qu'ils sont appelés à doubler. On trouve ainsi que les troupes alpines mobilisées peuvent mettre sur pied.

	Officiers	Troupes
7 bataillons permanents.	158	6,000
Id. de milice.	158	4,000

La tenue des bataillons alpins ne diffère de celle de l'infanterie que par la coiffure, formée d'une espèce de chapeau tyrolien.

Quelques indications sur la manière de combattre de l'infanterie italienne compléteront utilement ce qui précède.

L'*Instruction provisoire* (mars 1873) (1) a établi pour la

(1) L'ancien règlement d'exercices de 1869 est devenu, après modifications successives, celui du 31 août 1874, et, plus récemment, du 30 juin 1876.

première fois les nouveaux principes qui doivent présider au combat en ordre dispersé. Un quart de la compagnie (1 peloton) est déployé en tirailleurs, le second quart en *soutien*, à 200 mètres environ en arrière de ceux-ci, avec une réserve (*gros*) formée de 2 pelotons, et placée à la même distance du dernier échelon ; la chaîne se déploie de manière à tenir le front du bataillon. Pour la formation de ces trois échelons, on part aussi de la colonne de compagnie. — Quand l'escouade se déploie, les chefs de file ne peuvent s'espacer à plus de trois pas ; l'homme du second rang se place à la gauche de son camarade ; cependant, toute l'escouade peut être réunie en un seul groupe, pour profiter des abris du terrain. D'après une instruction plus récente, les escouades ne sont jamais contiguës, mais séparées les unes des autres par des intervalles de quelques pas, de manière à former une série d'anneaux parfaitement distincts. Ce qui, pour le renforcement de la chaîne, ne donne pas à craindre de mêler ensemble des hommes d'escouades différentes.

Les tirailleurs ne doivent exécuter le feu que de pied ferme ; on recommande aux hommes qui ne voient aucun ennemi de ne pas tirer ; tous les mouvements s'exécutent au pas de course, par bonds successifs, les tirailleurs parcourant chaque fois un espace de 60 mètres au plus, pour ne pas perdre haleine, et s'avançant ainsi d'abri en abri, ou se couchant à terre quand ils s'arrêtent en terrain découvert. Les escouades, lorsqu'elles sont toutes les deux déployées, marchent deux par deux, et par échelon, le feu de l'une protégeant la marche de l'autre ; si l'une s'avance comme soutien, elle se tient derrière la première, dans la formation qui lui permet le mieux d'utiliser les abris du terrain, etc.

L'instruction dont il a été parlé venait à peine de paraître, que déjà quelques modifications étaient apportées aux dispo-

332 — 332 —

sitions précédemment indiquées. On posait en principe, dans une nouvelle *Note* (1er mai 1873), que, le feu ne devant pas avoir dès le début son maximum d'intensité, il suffisait de déployer d'abord un demi-peloton (escouade), l'autre se tenant en arrière, *comme renfort*, en ordre serré, et prêt à entrer en ligne. Tandis que ce premier peloton ne déployait que sa première escouade, en gardant l'autre en renfort, à 50 ou 100 mètres en arrière de la ligne de tirailleurs, l'autre moitié de la chaîne était formée par une escouade d'un autre peloton. On avait ainsi, pour la formation normale d'une compagnie en ordre de combat :

1° Une *chaîne*, composée de 2 *sections* (escouades) appartenant à des pelotons différents, et espacées entre elles de l'étendue qu'occuperait une autre section en tirailleurs ;

2° Une ligne de *renforts*, formée de 2 autres escouades, chacune d'elles se plaçant en général derrière le centre de la chaîne formée par l'autre escouade du même peloton ; et

3° Deux pelotons de *soutien*, en ligne, en colonne, par le flanc, etc , et à 150 mètres derrière le centre de la chaîne.

Pour le bataillon de première ligne, la formation normale consistait à avoir sur le front 2 compagnies accolées, déployant chacune un peloton et fournissant leurs *renforts*, 1 peloton ; leurs *soutiens*, 2 pelotons, et appuyées en arrière par une réserve ou *gros*, composée des 2 autres compagnies. On voulait ainsi « retarder le mélange des unités tactiques, faciliter la direction de la compagnie, en diminuant son front d'action, et donner un élément de plus au combat en profondeur par la création des renforts (1) ». Pour le bataillon, en portant de suite deux compagnies en avant, on avait également pour but de ne pas laisser à un seul capitaine la direc-

(1) *Rev. mil. de l'Etr.*, 11 nov. 1876, n° 324.

tion d'un front aussi étendu. L'adoption de ces quatre échelons successifs, qui pouvaient être ramenés à trois, par la fusion, au moment opportun, de la chaîne et des renforts en une seule ligne, donnait au mode de combat du bataillon une grande élasticité : mais, à la suite d'expériences faites dans les corps, plusieurs rapports se prononcèrent contre cet ordre de combat, qui, en donnant lieu à un grand éparpillement de forces, dès le commencement de l'action, rendait difficile le maintien de l'ordre, exigeait des cadres nombreux et bien exercés, etc.

Aussi, dans une note plus récente (4 mars 1874), on s'efforça de montrer que les prescriptions précédentes n'avaient rien d'absolu; que l'on avait mal compris le rôle du renfort, qui devait être considéré seulement comme un moyen de soustraire à l'action directe du feu les hommes momentanément inutiles sur la chaîne; au lieu de s'en servir au moment voulu, on en exagérait l'importance, en le maintenant dans sa position au delà du temps nécessaire. Dans les circonstances où il serait nécessaire de donner dès le commencement du combat une grande intensité au feu des tirailleurs, on pourrait porter le peloton en entier sur toute la chaîne : dans les cas habituels, on ne déplacerait qu'un demi-peloton, l'autre moitié restant réunie au *soutien*. La ligne des renforts avait ainsi disparu. Quant à la distance du soutien à la chaîne, qui se trouvait primitivement de 200 à 250 mètres, elle était maintenue telle ; mais, pour un peloton isolé, on pouvait la réduire, etc. Il en est de même pour le bataillon : les deux compagnies formant la chaîne fournissent leurs soutiens, en arrière desquels sont les 2 compagnie du gros ou de la réserve ; mais il est des cas où l'on ne déploiera qu'une compagnie, etc.

Un nouveau règlement de manœuvres, en date du 30 juin 1876, a consacré l'adoption des 3 échelons, en maintenant la suppression des renforts, et augmente en même temps la profondeur normale de la formation, devenue la suivante : de la chaîne aux soutiens, 200 mètres, et 250 mètres des soutiens au gros. Des trois *Parties* dont se compose ce règlement, la plus importante, qui a pour titre : *Instruction pour l'application du règlement d'exercices et d'évolutions de l'infanterie*, n'a pas encore paru (1).

L'instruction provisoire avait posé pour le combat (ch. VIII) quelques règles excellentes, que nous croyons utile de reproduire en partie :

« Tout combat, selon les circonstances dans lesquelles il est engagé, et suivant le but qu'on se propose, présente un des caractères suivants : il est *offensif*, *défensif* ou *traîné en longueur*... De ces trois formes de combat, on préférera, si on le peut, la première, c'est-à-dire l'offensive, pour les raisons suivantes :

1° Le but qu'on doit toujours se proposer en combattant est de concentrer des forces supérieures sur le point décisif; le meilleur moyen d'y parvenir consiste évidemment dans l'initiative des mouvements;

2° Celui qui attaque sait d'avance ce qu'il veut et ce qu'il doit faire ; il peut réunir à son aise toutes ses troupes sur le point où il veut opérer ;

3° Quand on se tient au contraire sur la défensive, il faut nécessairement subordonner ses mouvements à ceux de l'assaillant, lequel, par plusieurs attaques simultanées, peut induire l'adversaire en erreur sur le véritable point de l'attaque. La défense purement passive ne produit aucun résultat utile. Pour être efficace, elle doit se combiner avec l'offensive, ou être suivie de l'offensive. »

(1) *Rev. mil. de l'Etr.*, n° 324.

§ II. — Des petites opérations de la guerre.

Combats de hauteurs ; — de villages, de fermes ; — de défilés, de ponts ; — embuscades, surprises ; — défense et attaque des convois ; — escorte et attaque des trains. — Combats de rues. — Défense et attaque des retranchements.

Nous n'envisagerons chacune de ces opérations qu'en ce qui concerne la compagnie d'infanterie, c'est-à-dire en faisant abstraction dans la plupart des cas de la part qu'ont à y prendre la cavalerie et l'artillerie, afin de rester davantage dans les limites de cet ouvrage, et d'en écarter toutes les généralités sans valeur par elles-mêmes, ou ne se rapportant en rien à l'unité qui nous occupe. Les quelques pages qui suivent ne sont destinées d'ailleurs qu'à servir de complément aux articles I à IV du chapitre II de la deuxième partie de *l'école de compagnie.*

I. — *Combat de hauteurs.*

Défense. — La crête est occupée par une ligne de tirailleurs, qui s'embusquent pour le mieux à quelques pas en arrière; si les abris leur font défaut, ils creusent une légère tranchée. Toutefois, on n'a recours à ce travail que si le terrain est peu élevé, et la crête, par suite, mal indiquée. Au début de l'action, il n'est placé qu'un petit nombre de fantassins sur la crête, le défenseur ne devant renforcer la chaîne que lorsqu'il a reconnu la direction de la véritable attaque. La crête est alors fortement occupée ; aussi, dans beaucoup de circonstances, on accroîtra l'efficacité du feu aux points favorables, en y portant des subdivisions à rangs serrés. Les *soutiens,* qui stationnent assez près de la ligne des tirailleurs pour la secourir promptement en cas de besoin, ne doivent pas être aperçus de l'ennemi, quand ce dernier marche en avant. La pente ne sera pas occupée, si elle est battue par le feu de l'infanterie disposée sur le haut, ou ne présente pas d'obstacle avantageux à tenir. En n'observant pas ce principe, on gênerait l'action du feu en avant du front; la retraite des troupes avancées serait compromise, et les assaillants et les défenseurs feraient simultanément irruption dans la position. Si la pente présente des points d'appui, tels que des bouquets d'arbres, des fermes, des jardins, etc., dont l'ennemi pourrait tirer parti, on les occupe au moyen de petites fractions, qui surveillent l'approche de l'assaillant et l'empêchent de s'en emparer. Les troupes avancées ne doivent pas faire une défense prolongée, à moins que les points d'appui ne soient situés près de la crête; elles se retirent, au contraire, en temps opportun, pour ne pas gêner le feu des tirailleurs disposés sur le front de la position. La *réserve* a été placée en arrière de la crête, sur le point le plus avantageux, mais assez près du sommet, pour pouvoir tomber sur l'assaillant, quand il se présentera hors d'haleine et en désordre. Au moyen de réserves, placées également en arrière, on garde les *flancs* que des obstacles naturels ne mettraient pas à l'abri d'une attaque.

La disposition indiquée précédemment pour la défense du front concilie d'ailleurs deux opinions assez différentes l'une de l'autre, parce qu'elles sont chacune trop exclusives. Les abords d'une position, disent certains auteurs, pouvant être battus très au loin avec les nouvelles armes, on placera les tirailleurs sur le front seul de la position à défendre; les troupes ainsi postées n'ont pas à craindre les effets de la démoralisation, pour le cas où elles auraient à perdre plus ou moins de terrain et à être ramenées en arrière. D'autres, avec plus de raison, veulent que les défenseurs soient, au contraire, placés sur les abords de la position, mais en évitant de leur faire occuper des points situés trop en avant du front. « La défense du front de la position doit être organisée en avant, aussi loin que possible. On fait choix de quelques points avancés, autour desquels on accumule tous les moyens de résistance employés à la guerre; on les fait solidement occuper... » (1).

Quand l'ennemi s'avance pour attaquer la position, les défenseurs, cachés derrière les abris, l'accueillent par des feux de salve bien ajustés et par un feu rapide des plus vifs, au moment où il fait mine de tenter l'assaut. Retour offensif ou contre-attaque, qui ne doit pas dégénérer en une poursuite intempestive ; celle-ci n'est poussée à fond que si l'on est certain *que toutes les réserves de l'ennemi ont été engagées.* Quand l'occasion s'en présente, il est aussi fait usage de contre-attaques *partielles,* qui doivent être subites et rapides, et fournir sur le flanc de l'adversaire un feu imprévu et à petite portée. Mais on ne doit pas les pousser jusqu'à la mélée et à la poursuite; une contre-attaque pareille se replie dans tous les cas, et pour éviter à son tour d'être tournée, si elle n'a pas réussi. Il y aurait encore lieu de présenter plus d'une observation relative à la défense, au point de vue tactique : nous renvoyons le lecteur à l'*Instruction italienne,* qui donne (p. 172) d'utiles indications que nous ne saurions reproduire ici.

Attaque. — Comme il a déjà été dit, la marche de l'attaque comprend, en général, les moments suivants : *Reconnaissance de l'ennemi et du terrain, — préparation tactique de l'attaque, — marche en avant, — développement maximum du feu, à la distance voulue, — occupation de la position ennemie,* ou *retraite et ralliement sur le point fixé d'avance.*

(1) *Instr.* du général Deligny (1874).

L'attaque est dirigée contre les points que domine le terrain, ou contre les angles très-saillants de la crête, sans parler de ceux qui ne sont protégés par aucune défense naturelle ou artificielle. Pendant la marche, on renforce tel ou tel point de la ligne, pour diriger le plus grand effort sur une partie de la position ennemie, pendant que sur les autres on occupe les défenseurs en les trompant par une attaque fausse. Les troupes employées aux attaques simulées s'efforcent de paraître plus considérables qu'elles ne le sont... L'attaque décisive se produira avec avantage par *surprise*, c'est-à-dire que, si elle ne peut se démasquer à l'improviste, elle cherchera à agir par une direction imprévue. Il faut aussi ne pas oublier que dans plus d'un cas la cessation du feu et la retraite de l'ennemi ne seront qu'une feinte pour attirer l'adversaire dans une embuscade, surtout s'il n'a pas cédé devant une surprise.

On hâte le moment de la retraite, si le terrain que l'on a à parcourir est découvert, et lorsqu'on s'aperçoit qu'il se prépare quelque mouvement tournant dont on a à craindre trop promptement les effets.

II. — *Combat de bois.*

Depuis l'adoption du combat en ordre dispersé, la guerre des bois a pris une importance extrême, qui provient de la même cause, l'impossibilité de rester à découvert sous le feu d'un ennemi abrité. Il a déjà été remarqué que les bois permettent aux troupes qui les occupent de voir sans être vues et de masquer leurs mouvements, tandis que celles qui les attaquent ont à combattre à découvert un ennemi invisible; — en outre, ils affaiblissent l'effet de son feu. On a aussi établi (1)

(1) *Revue de Streffleur*, janv. 1876; confér. de M. le lieutenant-colonel Janski.

qu'ils constituent un obstacle aux mouvements de l'ennemi, en le forçant à rompre l'ordre serré. Nous trouvons cette raison beaucoup moins vraie que les précédentes, parce qu'aujourd'hui toute attaque ne peut plus se produire que dans l'ordre dispersé. (De même que pour la défense : mais celle-ci a pour elle l'avantage d'abris reconnus à l'avance et par suite mieux utilisés). Les bois présentent encore cet avantage d'avoir presque toujours un commandement sur le terrain avoisinant.

Remarque. Une portion de bois isolée du front général de défense est nuisible, parce qu'elle est exposée au feu concentrique de l'assaillant. On évite de l'occuper, si elle est peu éloignée, tandis qu'on doit y loger quelques défenseurs pour en écarter l'ennemi, quand elle est de quelque étendue, et située à une certaine distance de la lisière.

On compte dans le combat de bois trois phases principales : l'attaque ou la défense de la *lisière* ; — la lutte dans l'*intérieur*, pour s'emparer de certaines parties ou les conserver ; — et le combat au *débouché*.

1° La première action est la plus importante, dans les grandes opérations comme dans les petites, et il est admis avec raison que le gain ou la perte de la lisière décide ordinairement de l'issue du combat ; mais, au début, toutes les chances *sont pour le défenseur* « qui a l'avantage de combattre à couvert, en gardant un champ de tir favorable. » Cette importante question, pour être traitée avec tous les détails qu'elle comporte, demanderait à être appuyée de divers exemples, pris sur des bois d'étendue et de dispositions intérieures variables. Ne pouvant entreprendre ici un tel travail, nous nous bornerons à quelques observations, en renvoyant le lecteur à l'art. 251 de l'école de compagnie, dans laquelle cette question est traitée assez longuement.

Défense. — Avantages pour la défense d'un terrain allant légèrement en pente ; — d'une lisière nettement tracée par de gros arbres, limitée par un fossé, présentant certains points assez fourrés pour qu'on puisse négliger de les occuper, et offrant des angles rentrants favorables au flanquement des angles saillants ; de clairières et de taillis parallèles au front primitif, qui peuvent être défendus successivement comme une nouvelle lisière ; — et aussi de chemins ou de voies de communication à l'intérieur, qui permettent de se porter sur tous les points menacés, etc. — Nécessité, surtout pour le défenseur, d'une reconnaissance faite avec beaucoup de soin, et appuyée d'un croquis très-explicite.

La lisière est fortifiée par des barricades, des tranchées et des abatis, placés sur les points que l'on suppose devoir être attaqués de préférence, et vers les saillants ; en même temps, on établit rapidement, par l'ouverture de sentiers, les communications dont on a besoin, *car il importe de pouvoir toujours renforcer les hommes postés sur la lisière.* Comme les soutiens ont peu à souffrir du feu de l'ennemi, on les rapproche autant qu'il est possible de la chaîne ; la surveillance pendant le combat étant assez difficile, les renforts et les soutiens sont fractionnés à l'avance en petits groupes. En raison de l'importance que présente le combat sur la lisière, il faut que les instructions données au chef qui la défend lui indiquent bien s'il doit y tenir pendant un temps donné, ou la garder à tout prix (1). L'ennemi se présentant à la lisière, l'accueillir très-vigoureusement et avec des troupes toujours fraîches ; — à l'intérieur, empêcher les mouvements tournants au moyen de fractions désignées à l'avance dans la réserve ; utilité pour le défenseur d'une embuscade ou de coupures qui lui permettent une longue résistance, etc.

(1) Rüstow, *La petite guerre,* p. 260.

Lorsqu'on veut défendre un bois, il faut réduire le plus possible le front occupé par les troupes ; les endroits marécageux, les cours d'eau, les contre-forts escarpés, qui ont une direction perpendiculaire au front, le limitent avantageusement. On pourra ainsi, au début du combat, n'avoir pas plus de 4 hommes pour environ 20 pas de ligne des tirailleurs. Deux sections (120 h.) placées sur la lisière y tiendront donc un front de 300 pas (1). — Un auteur (2) recommande l'emploi d'un feu de salve flanquant, exécuté par une des fractions, qui sort à quelque distance de la lisière, et en faisant observer que ce feu a été exécuté avec succès dans un des combats de la campagne de 1866. Nous pensons qu'il n'y a eu dans cette circonstance que l'effet heureux d'une surprise, et qu'il n'y a pas lieu d'en préconiser davantage l'emploi.

Attaque. — L'attaque véritable est dirigée sur les saillants, et vers les parties de la lisière dont on peut s'approcher à couvert. En s'attaquant aux saillants, les tirailleurs prennent ainsi de côté ceux qui cherchent à se cacher derrière les arbres, et surtout ils abordent un secteur sans feu. Pour s'approcher du point d'attaque, on profite de tous les avantages du terrain, en se glissant le long des haies et des fossés, et en se couvrant des moindres plis du sol. Une fausse attaque a en même temps pour but de diviser l'attention de l'ennemi ; mais elle doit être exécutée assez vigoureusement pour devenir au besoin une attaque véritable, si l'on parvient à enlever une partie de la lisière. L'assaillant, ayant réussi à s'emparer de la lisière, tâche de rompre la ligne de feu du défenseur, et de le couper en plusieurs tronçons ; il profite d'une clairière pour rallier sa troupe, en l'arrêtant momentanément derrière

(1) Rüstow, *Petite guerre,* p. 261.
(2) *L'infanterie prussienne, par un officier prussien,* trad. de M. le comm Schenk, Paris, 1870, p. 92.

quelque abri, etc. Le plus souvent, l'ennemi parviendra à pénétrer dans l'intérieur du bois par un chemin ou sentier dont il aura forcé l'entrée : le défenseur, abandonnant alors la lisière, occupera une position parallèle en arrière, ou tentera un mouvement offensif avec sa réserve, si le terrain lui permet d'agir avec avantage. D'ailleurs, le défenseur prolongera d'autant plus sa résistance qu'il sera mieux gardé sur ses flancs.

Quant à la manière de concevoir et de disposer l'attaque, on suppose (ce qui est le cas le plus habituel) que l'assaillant, s'avançant dans l'ordre de route, ses éclaireurs ont signalé le voisinage d'un bois, que traverse le chemin suivi par la colonne, et qui présente deux ou plusieurs saillants. (Le bois est occupé). Comme l'ennemi n'a garde de se laisser voir, la colonne, qui s'était arrêtée un instant pendant la reconnaissance de son extrême pointe, reprend sa route en dirigeant sa marche sur le saillant principal, en même temps que sur celui qui est le plus voisin du chemin. A 500 mètres environ de la lisière, les défenseurs ouvrent tout à coup le feu sur la colonne, qui se forme rapidement en ordre de combat, et marche dans cette formation, et de manière à faire une attaque enveloppante. Si la lisière est bordée de gros arbres, ou paraît très-touffue, il n'y a guère lieu de répondre au feu de l'adversaire, si ce n'est pour occuper la défense, et favoriser ainsi la marche de sa ligne; en s'avançant, on a renforcé les escouades qui ont un saillant pour objectif. L'assaillant, parvenu à 100 mètres environ de la lisière, prépare son attaque par un feu très-vif, s'il dispose de quelques abris, ou s'élance de suite à la baïonnette sur les points donnés comme objectifs. Les recommandations nécessaires ont été faites à l'avance aux hommes, pour que, en cas de succès, ils ne s'avancent pas trop; qu'ils se relient toujours entre eux, etc.

L'aspect d'un bois attaqué par une compagnie de 250 hommes et défendu par une troupe de force à peu près égale sera le plus souvent celui de la *fig.* 136. L'attaque prin-

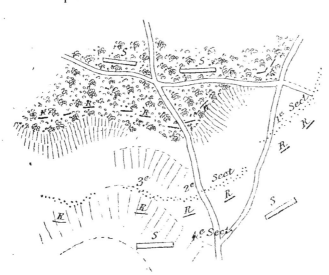

Fig. 136.

cipale est dirigée sur le saillant que traverse la route ; sur la droite, et contre un autre saillant, on tente en même temps une seconde attaque ; comme, sur la gauche de la position, la lisière est fortement occupée, et qu'en outre cette partie du bois est située sur une hauteur, on s'est borné à déployer de ce côté deux ou trois escouades, en prévision de quelque retour offensif des défenseurs, etc.

Presque toujours le soin d'attaquer un bois appartient à l'avant-garde, et celle-ci, ou cherche à l'enlever de vive force, pour ne pas retarder la marche de la colonne, ou n'a d'autre but que de contenir l'ennemi, afin de permettre à la colonne de tenter en quelque autre point l'attaque qui doit être décisive.

2° Il y aurait beaucoup à dire pour le combat *à l'intérieur*, au point de vue des communications et de la mise en état de défense de certaines parties du bois ; mais il faudrait pouvoir traiter la question au point de vue de bois assez différents les uns des autres, et pour chacun d'eux baser les développements sur une figure particulière. Ne pouvant entrer dans ces détails, et pour éviter trop de généralités, nous ajouterons seulement que le combat consiste surtout pour le défenseur à prendre successivement position derrière de nouveaux fronts, qui lui donnent l'avantage sur un ennemi s'avançant plus ou moins à découvert ; chacune de ces positions, choisie en arrière d'espaces dégarnis, étant chaque fois pour lui comme une nouvelle lisière.

Il prolonge encore sa défense en s'établissant derrière plusieurs coupures ou tranchées.

3° Le défenseur qui n'a pu tenir contre son adversaire l'attend au *débouché*, pour le faire tomber dans une embuscade. Car tous ses efforts tendent à ne pas être rejeté en dehors du bois. S'il prévoit qu'il ne pourra résister (vu que l'assaillant a presque toujours pour lui l'avantage du nombre), il prépare son mouvement pour s'éloigner rapidement de la lisière, et assurer sa retraite en prenant une forte position en dehors, etc.

III. — *Combat de villages.*

L'importance des villages dans la petite guerre vient principalement de ce qu'ils sont situés sur les routes que suivent les colonnes. Il arrive ainsi, dans une retraite, qu'une arrière-garde, s'arrêtant en avant d'un village, cherche à en défendre les abords, pour donner un peu d'avance au gros de la colonne ; d'autres fois, c'est une avant-garde qui occupe un village pour y repousser une attaque de l'ennemi ; car les maisons forment des obstacles à la vue et au feu, et les rues

sont autant de défilés et de passages. Les villages servent de
lieu de repos aux troupes qui s'y ravitaillent ; ils commandent
le passage des cours d'eau, etc. (1).

Toute opération de ce genre est précédée d'une reconnaissance, portant d'abord sur la forme générale qu'affecte le
village. Celui-ci ne sera d'une défense avantageuse que si, les
rues venant aboutir à une place centrale, sa forme est à peu
près carrée ou circulaire. Dans les deux cas, la rue principale,
qui n'est autre que la direction même de la route, est coupée
à angle droit par un ou plusieurs chemins. La reconnaissance
est ensuite dirigée vers la *lisière*, formée par les jardins ou enclos qui bordent au dehors les dernières maisons du village,
et sont limités par des murs, des haies, etc.

Défense. — Eviter d'employer trop de monde à la défense
d'un village ; ne garnir que la lisière, en occupant fortement
les points qui commandent les principaux débouchés. Quand
le village est traversé par un cours d'eau parallèle au front,
on ne défend, dans certains cas, que la partie qui est située
en deçà, etc. On ne peut, du reste, poser à l'avance de règles
bien précises, en raison de la grande variété de formes
qu'affectent les diverses localités. Les principales dispositions
à prendre sont les suivantes. Partager les troupes destinées à
la défense même du village en trois parties à peu près égales :
la première, affectée à la défense de la lisière, la seconde,
destinée à fournir les renforts, et la troisième, les soutiens et
la garnison du réduit.

Une réserve, composée de troupes de toutes armes, est placée à couvert *derrière le village,* ou, si le terrain y force, *en
arrière* et *sur le côté* (2). Elle est destinée à soutenir les

(1) Rüstow, *Petite guerre*, pass.
(2) Gén. Roth de Schreckenstein ; *Conférences*, etc.

troupes du village et à les relever, si le combat se prolonge beaucoup ; à repousser les attaques de flanc, et à menacer elle-même les flancs de l'assaillant ; à reprendre rapidement le village, si l'ennemi réussit à l'occuper. - On divise à l'avance le village en quartiers ou *secteurs*, pour donner plus d'ordre à la défense ; chacun d'eux peut-être occupé par une compagnie d'infanterie.

Tous les efforts de la défense se portent sur la lisière. Les routes qui donnent accès à l'intérieur ayant été barricadées, on pratique des créneaux aux murs des jardins extérieurs, et l'on met les haies en état de défense ; les cours d'eau que l'on trouve en bas de la plupart des villages formeront une très-bonne ligne, s'ils ne sont pas bordés de trop près par les murs ou les haies qui limitent la lisière, etc. Il faut avoir en même temps bien soin de détruire tous les obstacles qui gêneraient la vue du côté de l'assaillant. La lisière est ensuite garnie fortement de tirailleurs et de renforts placés à proximité. Si l'on vient à battre en retraite, on interdit aux soutiens ou réserves intérieures l'accès du réduit, pour éviter toute cause de désordre ; ces soutiens ou réserves se retirent sur le point qui leur a été indiqué à l'avance au dehors.

On place, quand on le peut, quelques pièces en première ligne dans les endroits les plus favorables à leur action, comme les entrées, les carrefours. Si la forme du terrain le permet, le mieux à faire est de disposer les pièces qui doivent défendre le village sur les côtés, en les protégeant par des obstacles d'une facile défense ; celles destinées à appuyer la réserve sont placées en arrière.

Attaque. — Elle ne doit être tentée que si l'on a une grande supériorité de forces. On attaque un village par des colonnes de compagnie, reliées entre elles par de fortes lignes de tirailleurs, et précédées d'une chaine ; des tirailleurs suivent également en queue, pour attaquer quelques maisons, des points fortifiés, etc. Il ne faut d'ailleurs employer à l'attaque que le nombre de troupes nécessaire, afin d'éviter le désordre, qui est souvent une suite de ce genre de combats.

Les troupes qui entament l'attaque ne doivent pas se contenter de s'emparer des issues : elles cherchent à traverser le village jusqu'à l'enceinte opposée ; les fractions qui viennent ensuite ont pour mission d'occuper sans délai tous les débouchés conquis, et de poursuivre avec la plus grande vigueur l'enlèvement des points fortifiés dans l'intérieur du village. Si l'ennemi est forcé de se retirer, en ne laissant que la garnison des réduits, il faut se garder de le poursuivre au delà des limites du village, mais s'empresser d'occuper solidement la lisière et de la mettre en état de défense. Ce n'est qu'ainsi qu'on s'assurera de la possession définitive du village, surtout si les réserves de l'ennemi sont placées dans une position inattaquable, et tentent à leur tour de reprendre le village, pour délivrer les garnisons des réduits. On se fait suivre d'une réserve suffisante, destinée à recevoir les troupes qui subiraient un échec. En même temps qu'on attaque le village, on aborde les troupes de réserve placées au dehors par l'ennemi.

On ne peut entrer à ce sujet, et surtout en traitant la question d'une manière générale, dans plus de détails relativement au rôle de la compagnie d'infanterie ; il nous suffit de donner quelques indications utiles qui permettent de saisir l'ensemble de l'opération. La grande diversité de formes que présentent les villages ne permet guère, en effet, d'établir *à priori* le meilleur système de défense pour chacun d'eux ; et, d'un autre côté, nous croyons mauvais de prendre comme exemple à développer en détail le cas d'un village *fictif*, toujours disposé très-avantageusement pour l'un ou l'autre des deux cas de la défense ou de l'attaque. On a préalablement traité la même question au tableau, en prenant pour exemples les dispositions que présentent tels ou tels villages, dont les plans se trouvent sur certaines cartes, et pour lesquels il existe des relations d'attaque et de défense plus ou moins connues. Remarquer à ce sujet que les villages de forme allongée sont également susceptibles d'une bonne défense, quand celle-ci a été bien comprise (1). Ce qu'il y a alors de mieux à faire est de reconnaître, en compagnie des officiers, tel ou tel village, et, après en avoir fait sur place un croquis rapide, de leur exposer le système de défense ou d'attaque qui s'y applique le mieux.

Dans les reconnaissances faites sur le terrain, le capitaine apprend à ses officiers à discerner à distance :

a) Les avantages que le terrain présente pour s'approcher à couvert ;

b) Les points qui dominent la position ;

c) Ceux devant lesquels il suffit d'opérer une démonstration ;

d) Ceux qui permettent de gêner la retraite de l'ennemi ;

e) Enfin, le point faible sur lequel il convient de diriger l'attaque (2).

IV. — *Combat d'habitations isolées (fermes, moulins, usines, châteaux, etc.)*

Reconnaissance minutieuse de tous les points qui intéressent la défense : enceinte extérieure; ses abords;—nature des

_____

(1) Les atlas de plusieurs grands ouvrages de tactique présentent, et à une échelle très-convenable, de nombreux spécimens de localités très-propres à cette démonstration.

(2) *Règl. d'exerc. de l'inf. belge* (école de comp.), p. 107.

constructions ; choix d'un réduit ; — détermination du point d'attaque probable, et dispositions qui en sont la suite, etc. Au point de vue de l'attaque, la reconnaissance ne peut être que très-sommaire. Nous passons d'ailleurs sur les divers préparatifs de la mise en état de défense, qui sont du ressort de la fortification passagère.

Les troupes désignées pour la défense sont divisées en trois parties (1) :

a. — Garnison de l'enceinte et des bâtiments ;

b. — Garnison du réduit ;

c. — Réserve.

a) L'enceinte est garnie d'une forte ligne de tirailleurs, établie derrière des haies, des murs, des fossés, etc. Les soutiens sont en arrière, le plus cachés possible, et à proximité des entrées. On occupe les étages des maisons voisines, à raison de 2 hommes par fenêtre de front et ouverture quelconque; en arrière, ont été disposés également de petits soutiens.

b) Le réduit, situé convenablement en arrière, est occupé dès le début et fermé complétement, pour en interdire l'accès aux défenseurs de l'enceinte en cas d'échec, ceux-ci devant alors se retirer sur la réserve. Il est défendu par étage et par chambre, pour faciliter par une résistance énergique la reprise du poste.

c) La réserve est placée en arrière de la ferme. L'issue qui est située de ce côté reste libre, et tous les efforts sont faits par la défense pour empêcher le contournement du poste et couvrir la retraite de la garnison.

Attaque. — Opération difficile pour l'assaillant, s'il ne dispose pas d'artillerie. Reconnaissance préalable, dirigée sur-

(1) La plus grande partie des données qui suivent est emprunt à la *Tactique générale* du général Paris, p. 429.

tout en vue des abords de la position. L'attaque des parties extérieures, s'il s'agit d'une opération isolée, doit être faite un peu avant le jour, afin que l'on puisse s'en approcher sans trop de danger. Sur le champ de bataille, on attaque une position de ce genre avec l'aide de quelques pièces, qui ont en même temps pour rôle de faire taire celles du défenseur. Dans les petites opérations, attaque enveloppante par une forte ligne de tirailleurs suivie des soutiens. Avancer le plus rapidement possible, pour se mettre au pied des murs à l'abri des projectiles du défenseur, et en dirigeant, autant que possible, chaque partie principale de la chaine vers un saillant. Les soldats sont munis de sacs à terre, de plateaux ou de madriers, pour boucher les créneaux inférieurs; en même temps, en s'aidant de haches et de poutres comme béliers, ils cherchent à enfoncer les portes. Se réunissant deux par deux, trois par trois, ils s'efforcent d'*emboucher* les créneaux qui leur font le plus de mal, et pendant ce temps, d'adroits tireurs, postés à l'abri, visent les fenêtres des étages supérieurs, pour en chasser les défenseurs, tandis que d'autres, au moyen d'échelles, escaladent les ouvertures momentanément abandonnées par l'ennemi, etc., etc. L'opération réussira, si l'assaillant a toujours pu riposter au feu des étages supérieurs.

Il est facile d'ailleurs de traiter sur le terrain une question de ce genre, pour laquelle on fera choix d'une position présentant les dispositions les plus habituelles des fermes, des châteaux, etc. Nous avons donc cru inutile d'entrer dans plus de détails au sujet de cette opération.

Celle-ci, comme on vient de la décrire, se rapporte à une ferme ou à une habitation située en terrain tout à fait découvert, et tel que la vue soit complétement libre sur toutes ses faces. Mais, le plus souvent, s'il s'agit d'une ferme, il arrive qu'elle est entourée de haies, d'arbres, de massifs de verdure, etc., qui arrêtent la vue du défenseur. Il faut alors reporter la défense *en avant*, en choisissant comme première ligne celle des obstacles, qui, prenant vue sur le dehors, forment la véritable *lisière* de la position. La ferme ou l'habitation ne doit plus alors servir que de réduit et de centre de résistance. Après avoir occupé la lisière, disposé les renforts, etc., on barricade les issues par lesquelles l'ennemi peut s'avancer, etc., etc.

Maison isolée. — Quand celle-ci est entourée d'un mur de clôture, c'est en arrière de ce mur que s'établit la défense principale, la maison servant alors de réduit. L'opération, comme défense, consistant surtout en travaux de fortification passagère, il suffira de renvoyer le lecteur aux traités publiés sur la matière. Pour l'attaque, on procède d'une manière analogue à celle qui vient d'être indiquée pour l'attaque d'une ferme : il ne convient donc pas de s'arrêter davantage aux détails de cette opération.

V. — *Combats de défilés.*

Un *défilé* est un passage dans lequel les troupes ne peuvent s'engager que sur un front assez étroit. Les défilés sont de deux sortes : les uns, dont les flancs sont découverts et *inaccessibles*, tels que les ponts et les digues, et les autres, dont les flancs sont couverts et plus ou moins *accessibles*, comme les cols de montagnes, les chemins creux, les routes qui traversent des bois, des villages, etc. On occupe ou l'on défend un défilé, pour en permettre le passage à une colonne en marche, ou l'interdire à l'ennemi ; — ou encore, pour engager son adversaire dans un combat désavantageux.

Un défilé peut être défendu de trois manières : *en arrière du débouché*, quand on veut seulement en interdire le passage à l'ennemi; — *en avant du défilé*, lorsque la disposition du terrain est telle que la défense est seulement possible en avant, et pour s'en conserver l'usage et protéger le passage de ses troupes, et — *à l'intérieur*, quand ce défilé est étroit, tortueux, et qu'il présente un point où le passage s'élargit; l'ennemi, pris en flanc et sur un front très-étroit, se trouve alors déboucher contre une ligne de défense assez étendue. Mais cette distinction n'a rien de très-rigoureux pour les deux premiers modes indiqués; car, suivant les circonstances, on défend un défilé en avant ou en arrière. Les cas dans lesquels on doit avoir recours à telle ou telle disposition seront, du reste, indiqués un peu plus loin. Nous allons examiner successivement chacun de ces trois modes d'attaque et de défense.

On procède tout d'abord à une reconnaissance minutieuse de l'obstacle, surtout s'il s'agit de le défendre; quel que soit le cas, on s'attache à noter la forme du défilé à l'intérieur, la configuration du terrain à l'entrée et à la sortie, en recherchant si le défilé peut être tourné.

1° Défilé défendu *au débouché*. — La manière la plus usitée de défendre un défilé consiste à prendre position en arrière; c'est aussi la plus favorable, quand les flancs ne se prêtent pas à la défense de l'obstacle, et que le défilé est assez court (c'est le cas d'un chemin creux, d'un pont, etc.). On a tout d'abord pour avantage d'opposer un front étendu à l'adversaire qui débouche du défilé sans avoir pu se déployer, et de le refouler dans le passage en l'attaquant par un feu convergent.

Défense. — Les troupes sont disposées suivant leur formation habituelle. A 3 ou 400 mètres du débouché est la chaîne, placée de manière à former une ligne convergente; une tranchée plus ou moins profonde abrite les tirailleurs; les soutiens, aussi masqués qu'il est possible, sont placés à proximité de la principale voie. Si l'on dispose de quelques pièces, on les place à hauteur de la chaîne ; la cavalerie a pris position sur l'une ou l'autre aile, et à portée de la route que l'on suppose devoir être suivie par l'ennemi, s'il parvient à déboucher, et de manière à se jeter sur son flanc (*fig.* 137).

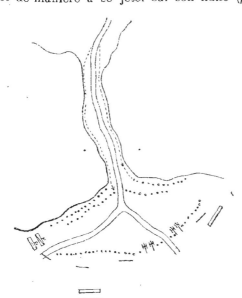

Fig. 137.

Bien que le défilé ne puisse être efficacement défendu à l'intérieur, dans bien des cas il sera avantageux de protéger la position prise en arrière par l'établissement de quelques défenseurs placés de manière à empêcher l'assaillant de s'avancer par les flancs du défilé. Tant que l'ennemi est encore au delà de l'obstacle, on ne tire que très-peu (1), afin de réserver les munitions pour le moment décisif, et de s'abriter le plus possible contre le feu de l'adversaire : mais, quand ce-

(1) Waldersée. *Combat de tirailleurs*, p. 187.

20.

lui-ci s'engage dans le défilé, et surtout au moment où il en débouche, on ouvre le feu avec la plus grande vivacité, et en négligeant au besoin de se tenir derrière les abris, pour lui donner toute l'efficacité voulue.

Si la défense est bien dirigée, l'assaillant n'aura presque aucune chance d'effectuer son passage.

Attaque. — Pour éviter une attaque de vive force, l'adversaire cherche à tourner l'obstacle ou à l'enlever par surprise : ces moyens n'ayant pas réussi, il lui faut se résoudre à l'aborder de front. L'attaque ne sera un peu avantageuse que si le débouché forme une courbe dont les extrémités soient repliées vers le défenseur, et telle aussi que le passage se trouve à peu près en son milieu. On tâche de déboucher en éventail, et par le plus grand nombre d'issues possible, pour dégager la route principale du défilé, et distraire l'attention des défenseurs; chercher à s'étendre à droite et à gauche, pour prendre les défenseurs de flanc. La colonne s'engage dans le défilé, après avoir laissé ses bagages à une certaine distance en arrière, où ils restent tant qu'on n'est pas encore maître du débouché. Elle marche de chaque côté du passage, sur un ou sur deux rangs, de manière à donner moins de prise aux projectiles. On traverse le défilé au pas de course. En tête, marchent, avec les fractions habituelles de l'avant-garde, des hommes choisis avec soin, et auxquels il a été ordonné de se déployer de suite à droite et à gauche; si le terrain présente quelques abris, vers le débouché, ils dirigent en y arrivant un feu rapide sur l'adversaire, tandis que le reste de la colonne, qui les suit de près, s'est déployé à son tour, en débordant les ailes de ceux qui ont déjà pris position. L'avant-garde détruit en même temps les abatis ou obstacles quelconques par lesquels l'ennemi aurait cherché à barrer la sortie du défilé. C'est alors le moment de l'attaque à la baïonnette. Si le débouché ne présente aucun abri pour les assaillants, ce qui est le cas le plus ordinaire, ils n'ont d'autre ressource, quand ils y arrivent, que de se déployer rapidement et de s'élancer sur l'ennemi. Mais il existe quelquefois sur la ligne occupée par le défenseur un point sur lequel on peut espérer de s'établir, surtout si le feu préparatoire de l'assaillant a un peu disposé l'ennemi à l'abandonner (1) : c'est ce point qu'il faut donner comme objectif aux premières troupes chargées de passer le défilé. Le plus souvent, le défenseur aura concentré tous ses efforts sur le débouché à battre, sans trop s'inquiéter des flancs de la position ; des tirailleurs postés par l'assaillant sur les côtés du défilé protégeront le déploiement des troupes, en opérant une diversion sur le flanc des défenseurs, etc.

En cas de retraite, on a laissé dans l'intérieur du défilé une arrière-garde destinée à protéger le retour en arrière des subdivisions qui ont essuyé les dernières le feu de l'ennemi, les premières ayant successivement battu en retraite. L'arrière-garde se déploie alors dans toute la largeur du défilé, tandis que, à un signal donné, les hommes qui sont aux prises avec l'ennemi se replient au pas de course, etc.

2° Défilé défendu *en avant*. — Il est certaines circonstances dans lesquelles on défend un défilé en avant, en raison de la configuration du terrain. Quand, par exemple, les flancs en sont accessibles ; ou, s'il s'agit d'un pont, lorsque, le chemin qui le traverse faisant un coude au delà du débouché, il est indispensable, pour en observer les abords, de se placer de ce côté, surtout si le terrain est un peu accidenté. Certaines circonstances nécessitent encore l'emploi de ce mode de dé-

(1) Waldersée, *Combat de tirailleurs*, p. 194.

fense : les abords de l'entrée du côté de l'ennemi commandent le terrain situé en arrière ; une avant-garde s'est déployée en avant du défilé et prend une position défensive pour
en assurer le passage à la colonne qu'elle précède. On défend
aussi le défilé en avant, quand on veut s'en conserver le débouché, etc., etc. Comme dans le cas de cette défense en
avant *on se prive* des avantages dont on aurait profité contre
l'ennemi, il faut n'agir de la sorte que pour reprendre l'offensive, et dans le cas où le terrain présente un champ de
bataille avantageux.

Les dispositions prises sont les mêmes. En avant de la
chaîne ou de la ligne des sentinelles est placée, s'il y a lieu,
un petit poste d'observation, à 300 ou 400 mètres ; la première
ligne est, en outre, abritée par une tranchée. Des coupures
établies dans le défilé permettent de battre successivement
en retraite. La meilleure formation à adopter par le défenseur
est celle convexe, les ailes ramenées en arrière ; le soutien
est placé près du débouché, pour protéger la retraite. Tenir
fortement sur le centre, afin que les ailes ne viennent pas à
être coupées. Telles sont à très-peu près les prescriptions à
indiquer pour une défense de ce genre.

3° Défilé défendu à *l'intérieur*.—Certains défilés sont parfois
si étroits et si contournés, qu'une poignée d'hommes peut en
interdire le passage à l'ennemi. C'est le cas d'une gorge
étroite dans les montagnes, d'une route dans les bois, d'un
chemin traversant un village, etc. On organise alors la défense des flancs en même temps que celle de l'intérieur.

Défense.—Nous supposons qu'il s'agit d'un chemin très-étroit,
couronné par des hauteurs boisées, mais s'élargissant à l'intérieur, au milieu de quelque gorge ou vallée étroite (*fig.* 138).
Sur tout son pourtour ont été disposés des tirailleurs, qui

s'étendent depuis l'entrée du défilé jusqu'au point choisi pour la défense intérieure; ils sont en même temps placés de

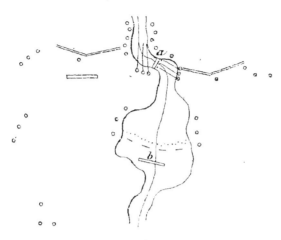

Fig. 138.

manière à croiser leurs feux au-dessus d'une coupure prati- quée en *a*, à l'endroit le plus étroit du passage. Comme l'as- saillant a le plus grand intérêt à s'emparer des hauteurs, qui seules lui livreraient l'accès du défilé, on y a disposé une ligne de tirailleurs, masqués derrière les arbres; ou, si le ter- rain est trop découvert, il a été creusé deux tranchées qui lui barrent le passage. Des patrouilles placées sur le flanc le plus accessible ne permettent guère que le défenseur puisse être tourné. La disposition arrêtée en *b* est celle qui a déjà été in- diquée.

Attaque. — L'enlèvement des hauteurs qui dominent le dé- filé est le but que se propose l'assaillant. Il lui suffirait, d'ail- leurs, pour forcer le passage du défilé, de se rendre maître de l'un des côtés qui la bordent. Mais l'enlèvement d'une telle position, occupée à l'avance par le défenseur, est une opéra- tion presque impraticable; car ce dernier y a jeté aussi une

grande partie de ses forces. Il y a là tout le détail d'un engagement que nous n'avons pas ici à exposer.

VI. — *Défense et passage d'un pont.*

Le *pont* forme un défilé du genre de ceux dits à flancs *inac-*
cessibles, tels qu'une digue, un isthme, etc. On le défend en
arrière et quelquefois en avant. Supposons qu'il s'agisse du
premier cas, qui est le plus général.

1° *Défense.* — Le mode de placement des troupes est analogue à celui du défilé; mais, en raison du peu de profondeur
du pont, les défenseurs utilisent les quelques accidents de
terrain qui se trouvent en arrière à une distance plus ou
moins grande, puisqu'il suffit que leur feu batte le pont à
400 ou 500 mètres en avant. Une tranchée assez profonde est
placée dans l'axe du pont, de manière à abriter assez complétement les hommes; derrière cet obstacle, une partie des
défenseurs exécutent des feux de salve à genou ou debout sur les
assaillants, que ceux-ci se présentent de front, ou abordent le
pont en marchant le long des parapets. A droite et à gauche
de cette tranchée, des tireurs sont postés de manière à battre
chacun des parapets. Si les défendeurs restent ainsi debout
pour l'exécution de ces feux, c'est qu'ils se trouvent entièrement couverts par la convexité que présente presque toujours le pont en son milieu. La rive de chaque côté du pont
est bordée de tirailleurs, qui plongent tout d'abord sur les
deux côtés de la route, et empêchent en même temps les
éclaireurs ennemis de s'établir sur la rive opposée. Si le
débouché du pont du côté du défenseur ne présente aucun
point élevé que l'on puisse occuper, il n'y a pas d'autre disposition à prendre que celle qui vient d'être indiquée (*fig.* 139).

Attaque. — Une colonne étant en marche, et suivant la

route qui aboutit au pont, les éclaireurs de l'extrême pointe s'arrêtent dès qu'ils en sont assez près, et cherchent à découvrir s'il est défendu. Mais rien ne révèle la présence de l'ennemi, car ce dernier est masqué par la levée qui borde la rive opposée et par la dépression que forme le terrain aux abords du pont (s'il s'agit, par exemple, d'un pont en pierre sur une route ordinaire). Le chef de la colonne fait alors reprendre la mar-

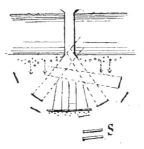

Fig. 159.

che, mais il a soin de laisser le milieu de la route découvert; en même temps on resserre peu à peu les distances sur la tête de l'avant-garde. Celle-ci, ne se trouvant plus qu'à 400 mètres du pont, est tout à coup assaillie par un feu violent. (Le terrain est à peu près horizontal, et il n'est aucun obstacle qui permette à l'assaillant de plonger sur l'ennemi).

L'extrême pointe, la pointe et la tête se portent au pas de course vers le pont, mais en marchant sur les côtés et dans les fossés de la route; et, se postant par moitié, les uns à droite, les autres à gauche du parapet, ouvrent le feu sur les défenseurs qui battent le pont, et sur ceux qui, bordant la rive opposée, se trouvent tout auprès de l'entrée du pont. Aussitôt que ces tirailleurs ont pris position et commencé à tirer sur l'ennemi, le gros de l'avant-garde, guidé par son chef, passe le pont au pas de course, en rasant chacun des parapets, et, suivant l'intensité plus ou moins grande du feu de l'adversaire et son éloignement du pont, ou se lance sur lui à la baïonnette, ou, se déployant à droite et à gauche, au débouché du pont, ouvre le feu sur les défenseurs; tandis que, dans ce dernier cas, les premiers hommes établis de l'avant-garde battent de leur feu tout le milieu du pont. Si les premiers groupes qui ont traversé se trouvaient ramenés, ces tirailleurs soutiennent la retraite. Le corps principal passe à son tour, et prolonge à droite et à gauche la chaine déjà formée par les premiers tirailleurs. Ceux-ci ne trouvant aucun abri au débouché du pont, il est nécessaire que le gros soit suivi de très-près par le corps principal. Mais on a soin de laisser en deçà du pont une partie du corps principal, comme réserve, dans le but de favoriser la retraite, si l'opération ne réussit pas. Celle-ci se déploie de manière à battre le pont ou les côtés qui le bordent sur l'autre rive, aussitôt que la troupe qui bat en retraite les a suffisamment démasqués, etc. Toute la ligne s'élance alors à la baïonnette. L'assaillant, ayant pour lui l'avantage de l'offensive et souvent celui du nombre, parviendra presque toujours à forcer le passage du pont, si l'ennemi n'en a pas intercepté le débouché par quelques travaux.

On défendrait de la même manière un pont élevé au-dessus d'une ligne de chemin de fer en déblai, un pont en viaduc, dont les rails ont été enlevés, etc. Dans l'intérieur d'une ville, on facilite l'attaque d'un pont par l'occupation des maisons placées à l'entrée à chaque angle de la route. Car le défenseur, qui n'a aucun intérêt à les occuper, ne les rasera que dans le cas où elles sont isolées.

2° Ce qui a été dit précédemment de la défense d'un défilé en avant s'applique aussi à celle du pont, la configuration du sol, la direction de la route traversée par le pont, etc., permettant seules de décider si cette défense doit être faite en deçà, ou en avant du pont. Dans ce dernier cas, on place un petit poste en avant, si le terrain est assez accidenté pour qu'on ne puisse découvrir l'ennemi d'assez loin; mais il faut que ce dernier, arrivant à bonne distance, ne puisse voir le poste opérer sa retraite; à moins qu'il ne soit parvenu à le surprendre.

VII. — *Des embuscades, surprises, etc.*

Une embuscade a pour but d'enlever un poste, un convoi, un cantonnement, un courrier, un personnage important, d'attaquer une troupe dans sa marche, etc. Les avant-postes, les patrouilles, les espions et les déserteurs peuvent donner d'utiles renseignements au chef d'une embuscade. C'est d'eux qu'il apprend le départ d'un convoi, la marche d'un détachement, la composition d'un poste, la valeur de l'officier qui le commande, le moral de sa troupe, etc. (1).

Les emplacements qui conviennent le mieux à une embuscade sont les chemins creux, les ravins, les bouquets de bois, les terrains couverts, les excavations, les fermes, les enclos, les champs de blé, quand les épis sont parvenus à une certaine hauteur, etc. Un terrain, qui ne paraît pas exiger une exploration rigoureuse, et qui pourtant présente des excavations ou d'autres points couverts peu perceptibles au loin, est très-favorable au succès de l'opération. On choisit, s'il est possible, un endroit situé sur le flanc de l'ennemi en marche. La nuit est le moment le plus favorable pour se rendre au point où l'on doit s'embusquer; on suit alors les chemins les moins fréquentés, après avoir eu soin, au départ, de prendre en apparence une tout autre direction.

Les dispositions adoptées doivent être telles que l'ennemi ne puisse découvrir l'embuscade ou s'en échapper quand il y est tombé, et qu'en même temps la retraite de l'assaillant soit toujours assurée. Elles vont être indiquées d'une manière gé-

---

(1) Jacquinot de Presle, *Cours d'art et d'histoire militaires*, p. 476. — *Service en campagne* de M. le major d'Elgger, p. 305.

21

nérale, et en deux exemples qui résument à peu près tous les divers cas d'une embuscade : on agit contre une troupe en marche ; — on opère contre un poste que l'on veut surprendre.

1° Supposons, ce qui est le cas le plus avantageux, que l'ennemi ait à suivre une route formant un véritable défilé, à travers un terrain boisé autant qu'accidenté. Après avoir choisi l'endroit le plus favorable à l'embuscade, on s'en place, de chaque côté de la route, à une distance telle que les flanqueurs ennemis ne puissent découvrir rien de suspect, ce qui est assez facile en raison de la nature du terrain. Le détachement qui attaque ayant été préalablement fractionné en trois parties, celle qui forme la tête, et doit barrer toute issue à l'ennemi en avant de sa route, est envoyée à l'avance près de l'endroit où elle doit agir, tandis que la troisième fraction, destinée à lui fermer toute issue en arrière, est maintenue d'abord, comme le corps principal, à une certaine distance de la route. L'ennemi s'avance avec toutes les précautions d'usage ; mais ses éclaireurs ne peuvent encore rien découvrir. Quand le petit détachement de la tête (que nous supposons caché en arrière d'un coude de la route) voit s'approcher les éclaireurs de la pointe ennemie, il se démasque tout à coup et ouvre le feu sur la colonne ennemie, et de manière à lui faire croire, par la vivacité de son feu, que l'assaillant est en grande force. En même temps, la troupe qui forme le corps principal de l'embuscade s'est rapprochée rapidement de chaque côté de la route, par des chemins ou sentiers reconnus à l'avance, et tire à son tour sur l'ennemi ; le troisième groupe venant en même temps prendre part à l'action, il ne restera plus guère à ce dernier qu'à déposer les armes, etc. Nous passons sur les détails d'une opération de ce genre, qui ne peut être tentée que contre une petite troupe, parce que celle-ci ne peut s'éclairer comme le ferait une forte colonne. Une attaque dirigée seulement sur le gros de l'ennemi et sur son arrière-garde aurait le même effet; on réussirait aussi contre l'adversaire en utilisant certaines dispositions du terrain, pour ne s'en prendre même qu'à son arrière-garde. L'ennemi, dans ce dernier cas, se trouve en effet dans une très-fâcheuse position : car il ne peut abandonner son arrière-garde, et, d'un autre côté, il lui est difficile, sinon impossible, de la secourir, en raison du peu de largeur du chemin. Si l'infanterie est accompagnée de cavalerie, on commencera par tirer sur les chevaux, etc. Une réserve stationne en arrière pour servir de point de ralliement.

Le secret étant, surtout dans une opération de ce genre, la première condition à remplir, le chef ne fait connaître ses intentions à personne, et ne les révèle aux officiers eux-mêmes qu'une fois rendu sur le terrain; il a indiqué le moment *précis* de l'attaque au groupe qui a l'ordre de la commencer, et celui-ci ne doit à aucun prix se laisser découvrir par l'ennemi.

Quand ce dernier suit une direction tracée à l'avance, comme celle d'une route, il ne faut pas songer à lui tendre une embuscade à une distance trop éloignée des côtés de cette route, parce que ses éclaireurs l'auront éventée à l'avance (à moins que le terrain ne soit celui de l'exemple indiqué plus haut); et, dans ce dernier cas même, l'infanterie qui se tient cachée ne réussira pas dans sa tentative, *même en se rapprochant de la route au pas de course*, comme on le recommande à ce sujet (1).

En raison du soin avec lequel les colonnes s'éclairent aujourd'hui, il est en effet très-difficile de tendre une embuscade

(1) Lelouterel, *Manuel des reconn. milit.*, p. 112.

à un ennemi dont la marche est dirigée avec quelque soin. C'est-à-dire que l'opération doit être conduite avec une grande habileté : mais elle réussira presque toujours. Car, ainsi que le remarque très-justement un auteur, « le fait que les surprises sont devenues plus rares est une garantie de plus pour leur réussite » (1). Toutefois, si l'on manque d'un endroit très-propice à une embuscade, tel qu'un défilé par lequel l'ennemi est tenu de passer, on peut encore l'attirer sur un des terrains dont il a été parlé tout d'abord, en usant d'une de ces ruses, qui, pour être connues depuis longtemps, n'en réussissent pas moins très-souvent. On divise sa troupe en deux parties : tandis que l'une attaque, l'autre reste cachée, et c'est sur celle-ci que la première qui s'est fait battre dirige sa retraite, etc.

On a aussi pour but dans une embuscade d'enlever un courrier, un officier général, un personnage important, etc.; mais, comme ces derniers ne voyageront jamais qu'avec une escorte de cavalerie, tout se résumera comme opération à barrer la route avec quelques hommes, et d'une manière ou d'une autre, en choisissant le point le plus favorable. Il n'y a pas là le sujet d'un enseignement quelconque.

2° La surprise d'un poste ou d'un lieu habité rentre encore dans le même genre d'opérations.

Le poste à surprendre a été reconnu en secret, et, s'il est possible, on en a fait noter par des repères faciles à trouver de jour et de nuit les communications tant intérieures qu'extérieures. Après la condition première d'un secret absolu de la part du chef sur l'expédition qu'il veut tenter, vient la question de l'heure la plus favorable à ces sortes d'entreprises. Au lieu de commencer l'opération au point du jour, comme

(1) D'Elgger, *le Service en campagne*, p. 307.

on le recommande généralement, il est souvent préférable,
avec certains adversaires, de ne la tenter que deux ou trois
heures après le jour, parce que l'ennemi, qui est toujours sur
ses gardes la nuit et aux approches du jour, se relâche souvent de sa vigilance, quand il croit que le moment de ces
sortes d'attaque est passé. D'ailleurs, le matin, au service de
nuit succède tout d'abord comme une espèce de relâchement
général : c'est un moment de transition qui dure plus ou
moins de temps ; alors se font les différentes corvées, et les
hommes, pour une cause ou pour une autre, ne sont plus
autant dans la main du chef. On arriverait donc, dans ce cas,
un peu avant le jour, à proximité du lieu de l'attaque, et,
caché dans un bois, ou de quelque autre manière, on atten-
drait le moment favorable, qui, suivant la saison, aura lieu
vers six ou huit heures du matin.

Il serait facile de citer à ce sujet plusieurs opérations qui
ont toujours pleinement réussi.

On aurait aussi avantage, dans bien des cas, à choisir la
seconde moitié de la nuit pour le moment de l'attaque, car
c'est l'heure où le sommeil est le plus profond.

Encore une observation au sujet des embuscades et des surprises. Les avantages de ce genre d'opération sont très-
grands ; car l'ennemi, attaqué sans s'y attendre et ne sachant
à quelles forces il a affaire, sera toujours disposé à les exagérer et à croire le danger plus grand qu'il n'est en réalité.

L'avantage moral est donc tout entier du côté de l'assaillant.

VIII. — *Défense et attaque d'un convoi.*

Les convois sont de quatre sortes, et se font par *chemins de
fer*, par *voitures*, *à dos de mulet*, et enfin *par eau* (1). Il ne

(1) Consulter le *Cours d'art et d'hist. milit.* de Jacquinot de Presle,

s'agit nullement ici d'entrer dans tous les détails relatifs à l'organisation et à la marche des convois : nous n'avons à examiner que la question de leur attaque ou de leur défense, qui sera traitée sommairement par rapport à chacune des divisions établies.

1° *Convois par chemins de fer.* — Défense. On ne saurait fixer à l'avance la force de telle ou telle escorte, puisqu'elle dépend de l'importance du convoi et du nombre des voitures : mais il est à remarquer d'abord qu'elle ne saurait jamais être très-élevée, en raison de la difficulté que l'on éprouve à utiliser rapidement les troupes d'escorte au moment de l'attaque. Aussi, pensons-nous que la défense d'un convoi, dans beaucoup de cas, n'exigera pas de force plus grande que celle d'une compagnie (250 hommes), et la protection au plus d'un bataillon, dans les cas, les plus importants. Il est d'ailleurs fort difficile d'évaluer à l'avance la force à donner à l'escorte d'un convoi. On se base sur l'importance du convoi lui-même, sur la nature du terrain, sur la distance où l'on est de l'ennemi, sur sa force, etc., pour y attacher plus ou moins d'infanterie, et y adjoindre au besoin quelques petites pièces, destinées à tirer à mitraille, et que l'on placerait, en les dissimulant, sur les plates-formes séparant les wagons, ou intérieurement, contre les parois mobiles de l'une des voitures.

Indépendamment de la protection immédiate à donner au convoi, il importe d'abord d'en éclairer la marche à une certaine distance en avant : on le fait avec un premier train qui le précède, et porte une avant-garde répartie sur une ou plusieurs voitures, et, au besoin, par une locomotive envoyée seule en avant. Ce premier train précède d'une heure

p. 554, dans lequel cette importante question est très-bien traitée, surtout au point de vue de l'organisation.

au plus le gros du convoi, marche avec beaucoup de précaution, et s'arrête dans les endroits dangereux ; s'il est nécessaire, quelques hommes mettent pied à terre et fouillent le terrain environnant. Le convoi proprement dit reste toujours presque en vue de cette avant-garde, de manière à ne pas donner à des cavaliers ennemis le moyen de venir rapidement faire sauter une portion quelconque de voie. L'escorte proprement dite du convoi est partagée en trois parties : *la tête, le gros* et *le soutien.*

La première, placée derrière le tender, a pour mission, ou de se porter en avant sur la voie, contre la fraction ennemie qui s'y trouverait postée, ou de prendre en flanc les assaillants contre lesquels agit le gros de l'escorte. Au soutien, placé en arrière du train, est laissé le soin d'agir comme réserve, ou de protéger la retraite, si les défenseurs du convoi sont ramenés en arrière et forcés d'abandonner le train. Quant au gros, il est destiné à répondre de suite au feu de l'ennemi, en se jetant rapidement à bas des wagons ; si l'attaque ne part d'abord que d'un côté de la voie, les soldats se mettent à l'abri derrière les voitures, et tirent au travers des portières et de l'intervalle qui sépare chacun des wagons ; ils se lancent ensuite sur l'adversaire. Le feu venant obliquement sur le terrain de deux directions opposées, l'escorte n'aura d'autre ressource que de se jeter résolûment sur l'un des deux partis, pendant que la fraction qui est en tête se lance sur l'autre, etc. Dès le commencement de l'action, si la tête du convoi ne s'est pas engagée trop vivement sur la voie détruite, le chef de l'escorte aura avantage à faire revenir le train en arrière d'une certaine distance, pour enlever à l'assaillant l'avantage d'une position choisie à l'avance. Car celui-ci songera bien rarement à faire en même temps sauter quelque portion de voie en arrière du convoi.

Quand on dispose d'un peu de cavalerie, et que le terrain le permet, on fait éclairer les côtés de la ligne, au moyen de quelques détachements qui partent à l'avance, et successivement (1).

Attaque. — La troupe qui attaque est également divisée en trois parties : *la tête*, qui se place en avant de la voie, de manière à barrer tout passage à l'escorte ; *le gros*, porté sur l'un des côtés de la ligne, et *le soutien*. L'assaillant, placé dans des conditions particulièrement avantageuses, sur un terrain reconnu à l'avance, et ayant presque toujours pour lui la force du nombre, réussira généralement à s'emparer de l'escorte ou à la mettre en fuite. Quant à la manière de disposer les troupes d'attaque, comme elle varie suivant la nature du terrain, et qu'il est facile au lecteur de la reconstituer, nous éviterons d'entrer dans ces détails inutiles.

2° *Convoi par voitures.* — Avant de parler du fractionnement de la troupe d'escorte, il est indispensable d'indiquer quelle sera presque toujours l'organisation donnée aux diverses voitures et l'ordre suivi pour leur marche, puisque de cette répartition dépendent en partie les dispositions prises pour assurer la défense du convoi.

Les voitures marchent, en principe, sur deux de front, à droite et à gauche de la route, et à 2 mètres au plus l'une derrière l'autre. Celles qui sont le plus précieuses, telles que les pièces, leurs caissons, les voitures d'armes, de munitions, etc., prennent la tête du convoi ; les voitures portant des subsis-

---

(1) Nous n'indiquerons pas comme exemple à imiter celui que nous ont donné les Allemands, de placer, comme otages, en avant de leurs trains, des notables choisis dans les différentes localités ; c'est-à-dire des personnes que le droit commun met tout à fait en dehors des belligérants.

tances marchent ensuite; pour les protéger en cas d'attaque, on place en avant et en arrière quelques voitures d'effets ou de vivres, et, à la queue du convoi, les voitures vides qui ont été réquisitionnées pour subvenir aux éventualités de la marche. A droite de la route sont les voitures impaires; à gauche, les voitures paires; en cas de chemins étroits, les voitures se dédoublent et marchent à la file. Pour faciliter la conduite et la surveillance des voitures, elles sont réparties en *divisions*, qui en comprennent un certain nombre, 25 ou 30, ou plus, suivant l'importance du convoi, chacune de ces divisions étant placée sous les ordres d'un chef particulier.

On évaluera facilement la longueur d'un convoi, au point de vue des dispositions à prendre pour l'escorte, en notant que les diverses voitures occupent :

1° Pièces de campagne avec avant-trains, attelées à 6 chevaux. $15^m,50$
   Caissons,   *id.*   *id.*   6   *id.* $15^m,50$
   Fourragère ou prolonge, attelée à 6   *id.* $14^m,00$
   Chariot de batterie, attelé à 4   *id.* $6^m,00$
      Id. de parc   *id.*   à 2   *id.* $6^m,00$
   Voitures de munitions d'inf. mod. 1858, à . . 4   *id.* $6^m,00$
2° Voitures régimentaires à 1   *id.* $4^m,60$
3°   *Id.*.. de réquisition (charrettes à 2 roues), à. 2   *id.* $9^m,00$
   (Les chevaux de ces voit. étant attelés l'un à la suite de l'autre).

Ainsi, 24 voitures ordinaires ou charrettes, traînées par deux chevaux et marchant sur deux files, avec espacement de 2 mètres l'une de l'autre, occuperont juste 130 mètres; — 24 voitures régimentaires, 78 mètres; — une batterie montée de 6 pièces de campagne, avec caissons, et marchant sur 2 pièces de front, occupera une longueur de 110 mètres, et sans tenir compte de l'allongement maximum du tiers, etc.

De l'escorte. — On peut estimer à une compagnie environ (250 hommes) l'escorte nécessaire pour assurer la sécurité

21.

d'un convoi de 50 à 60 voitures; mais il est indispensable d'y adjoindre quelques cavaliers. Le fractionnement de l'escorte sera presque toujours le suivant :

Extrême avant-garde (15 à 25 cavaliers);
Avant-garde (infanterie, avec 3 ou 4 cavaliers);
Corps principal;
Arrière-garde (infanterie, avec 2 ou 3 cavaliers).

Réserve. — On suppose qu'il s'agit d'un convoi de 100 voitures. L'extrême avant-garde marche à 4 ou 5 kilomètres en avant. Elle reconnaît le pays avec le plus grand soin, se renseigne à chaque instant sur tout ce qui intéresse la marche du convoi, et se tient en communication constante avec le chef de l'avant-garde, auquel elle adresse des rapports écrits ou verbaux. Plusieurs patrouilles la relient à l'avant-garde. Celle-ci, forte de deux sections, se tient à 5 ou 600 mètres du convoi.

Le corps principal (3 sections) marche en hauteur du centre du convoi, en terrain découvert, ou, suivant les circonstances, en tête ou en queue du convoi. Il fournit l'escorte de chaque division de voitures, détache les patrouilles nécessaires sur l'un des flancs, et fournit encore les quelques hommes destinés à aider et à surveiller les conducteurs. Sur les 12 escouades dont il est formé, 8 se tiennent en dehors et le long de chaque groupe de 4 voitures (ce que la *fig.* 140 ne peut suffisamment indiquer). L'arrière-garde est composée d'une section. La réserve (2 sections) marche sur le flanc le plus menacé, et fournit les flanqueurs. — Quelques pièces de campagne sont en outre attachées à chaque convoi un peu important.

De la marche du convoi. — Les plus grandes précautions sont prises avant le départ pour s'assurer du bon état des chevaux et des voitures. On fait ensuite connaître quelles sont les mesures prescrites pour la marche, pour faire parquer le convoi, celles à suivre en cas d'attaque, etc.

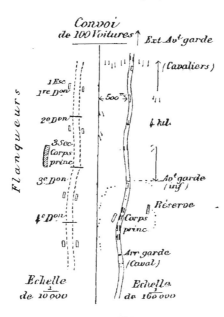

Fig. 140.

Les voitures profitent des haltes, faites d'heure en heure, pour regagner leur distance ; on fait les haltes en terrain découvert, et à proximité de l'eau. Aux grandes haltes, qui n'ont lieu que dans les endroits explorés à l'avance, avec beaucoup de soin et sur une vaste étendue, chacune des divisions du convoi est formée en carré, les roues de derrière des voitures tournées vers l'extérieur, et les chevaux à l'intérieur du carré. Il est avantageux de faire les grandes haltes dans les villages après qu'on en a occupé solidement les principales issues, parce que les maisons servent d'abri aux attelages, qui peuvent dételer avec plus de sécurité. En raison de cette protection relative que donnent aux convois les différentes localités qui se trouvent sur la route, on y stationne tant que l'avant-garde n'a pas éclairé la route à une distance suffisante. Dans les haltes, la moitié des soldats, à tour de rôle, conservent leurs armes et restent sac au dos, tandis que l'autre moitié, formant les faisceaux, dépose les sacs pour prendre son repas. — Le convoi ne marche jamais de nuit : il reste alors parqué dans un village ou dehors, avec les précautions voulues.

Lors des haltes, l'avant-garde a toujours soin d'occuper une forte position défensive, en se couvrant par un cours d'eau, en occupant une ferme ; et, quand on marche à proximité de l'ennemi, ou dans un terrain couvert et accidenté, on fait occuper tous les points dangereux successivement par l'extrême avant-garde, puis par l'avant-garde, et par le corps principal, avant d'y engager le convoi. Si l'on rencontre un défilé, une partie de l'avant-garde reste en arrière pour le garder jusqu'après le passage du convoi.

En cas d'alerte, les voitures serrent les unes sur les autres ; et, que l'on marche sur une ou sur deux files, les voitures sortant de la route, se mettent en travers ; les chevaux sont en dedans.

On ne permet pas aux soldats de mettre leurs sacs sur les voitures (1). Cette mesure, contre laquelle ils seront toujours prêts à réclamer, doit cependant être observée avec rigueur : car, en cas d'attaque, on peut être assuré que le soldat courra d'abord à son sac, où est tout son bien ; il y aura de la confusion, et, si l'attaque est vive, la défense en souffrira.

Défense. — En cas d'attaque, et quand on a formé le convoi en carré, on évite de faire placer les hommes à l'intérieur, *derrière les voitures*, ainsi qu'on le recommande souvent.

(1) Jacquinot de Presle, *Cours d'art et d'histoire militaires*, p. 564. — Le *Serv. des armées en campagne* du 3 mai 1832, art. 144.

Car, si l'infanterie, protégée par un retranchement de chariots, ne peut recevoir beaucoup de mal, d'un autre côté, elle n'a guère le moyen d'agir contre l'ennemi. Elle est, en effet, gênée par les chevaux des attelages, qui se pelotonnent au bruit des coups de feu ; l'action des officiers est presque nulle, parce que les soldats sont disséminés entre les voitures, etc. Les hommes de l'escorte devront, au contraire, s'établir en dehors du convoi, protégés au besoin par quelque retranchément rapide. (Pour plus de détails, se reporter au *Service en campagne*, art. 445, et à l'*Instruction pratique*, art. 97 et 99).

Attaque. — L'ennemi, pour surprendre le convoi, choisit le moment où il est en marche dans un défilé, ou engagé dans un bois, à l'entrée d'un pont, etc. ; car il est alors impossible de le former en carré ; l'attaque porte sur plusieurs points à la fois, en tête, en queue, etc. Un moment avantageux pour l'ennemi est encore celui de la grande halte, quand les hommes et les chevaux se reposent ; l'heure du matin, quand le convoi n'est pas encore organisé pour la marche, etc. (Aussitôt que l'ennemi est signalé, la réserve se déploie pour tenter de l'arrêter ; elle est soutenue par une partie du corps principal. Dès les premiers coups de feu, le chef de l'escorte a fait serrer ses voitures, qui prennent la formation indiquée ; de leur côté, l'avant-garde et l'arrière-garde ont serré sur le corps principal). Tandis qu'une partie des assaillants s'attaquent aux défenseurs du convoi, les autres prennent pour objectif le convoi lui-même, visent les attelages... Si les tirailleurs sont ramenés, ils se réfugient vers les voitures, dont ils se font un abri... (V. le *Serv. en campagne*, art. 118 ; — *Instr. prat.*, art. 101).

On tente, pour sauver le convoi, d'abandonner quelques

voitures à l'ennemi; ce moyen n'ayant pas réussi, on y met le feu, et l'on tâche de battre en retraite, etc.

Des détachements de toutes les armes sont attachés à l'escorte des convois; un ou deux pelotons de cavalerie, une ou plusieurs sections d'artillerie (2 pièces par section). Comme infanterie, l'escorte d'un convoi de 200 à 300 voitures se composerait, par exemple, d'un bataillon de 4 compagnies d'infanterie de 250 hommes, d'un escadron de cavalerie et d'une batterie d'artillerie, dont 4 pièces seraient placées en tête du convoi et 2 à la queue (1).

Telles sont à peu près les indications générales auxquelles il faut s'en tenir sur cette question, pour ne pas tomber dans trop de détails inutiles.

3° *Convois à dos de mulet.* — Les prescriptions à indiquer relativement à ce genre de convois sont en petit nombre. On fera, du reste, moins que jamais usage de ce mode de transport, et seulement dans les pays montagneux où manquent totalement les voies de communication. On attache au convoi une escorte composée, comme les précédentes, d'une avant-garde, d'un corps principal, d'une arrière-garde et d'une réserve. Les convois de ce genre n'ayant jamais l'importance de ceux par voiture, en raison du peu qu'ils portent, on ne les compose que d'un nombre d'animaux assez restreint. Si ce n'est dans les grandes opérations, il n'y a pas d'exemples de convois atteignant à 1,000 bêtes de somme, parce que les animaux, au premier coup de fusil, se pelotonnent, et qu'il est assez difficile de les faire avancer. Aussi, le nombre des animaux rassemblés pour un convoi, mulets et ânes, s'élève

(1) Ce chiffre de 250 hommes n'est là que pour le principe; car il est évident qu'en campagne l'effectif de la compagnie n'atteindrait guère au delà de 200 hommes.

rarement au delà de 200 à 300. D'où il suit que l'escorte est assez faible.

Autant qu'on le peut, les bêtes de somme marchent sur deux de front ; comme espace tenu par la colonne, on compte que chaque animal, de l'un à l'autre, y tient une longueur de $2^m,50$. Le convoi n'acquérant aucun avantage de la formation en carré, quand il s'agit de le parquer ou de le défendre contre l'ennemi, on lui fait tenir moins de place en le disposant en colonne, les animaux de chaque division ou subdivision rangés derrière leur ligne de bâts ; ce qui rend aussi plus facile la protection du convoi par les soldats de l'escorte.

Défense. — Les dispositions à prendre sont analogues à celles déjà indiquées. En plaine, l'avant-garde marche à une assez grande distance et éclaire de son mieux l'espace compris entre elle et la tête du convoi ; une partie du corps principal marche parallèlement à la colonne, sur l'un ou l'autre côté, et fournit des patrouilles de flanqueurs ; une petite réserve, avec laquelle se tient le chef de l'escorte, marche, suivant le cas, vers la tête du convoi, ou demeure à proximité de l'arrière-garde. L'ennemi choisissant de préférence, en terrain plat, le moment où le convoi est encore parqué, l'escorte, placée à une certaine distance sur le flanc le plus menacé, aura pris position derrière quelque abri ou pli de terrain ; en s'établissant un peu loin, elle n'a d'autre rôle que de chercher à soustraire les animaux à l'effet des projectiles ; une partie de l'escorte reste auprès des animaux et des conducteurs, pour empêcher ceux-ci de chercher à fuir. Quand le terrain présente quelque pli favorable, on y parque les bêtes de somme, et l'on utilise la ligne des bâts et des bagages comme abris pour les défenseurs.

Attaque. — En pays accidenté, on attaque le convoi quand

il traverse un col, un défilé, etc., et, s'il s'agit d'une hauteur, à l'instant où le convoi se trouve en partie sur chacun des deux versants. Une attaque ainsi dirigée manquera rarement de réussir. Mais le défenseur, de son côté, a fait explorer avec beaucoup de soin le défilé par son avant-garde, et le passage du convoi ne commence qu'après qu'elle s'y est établie ; — si l'ennemi, qui a choisi à l'avance son point d'attaque, ne lui en a pas interdit l'occupation. A moins qu'en laissant l'avant-garde s'y installer, il n'ait voulu se réserver pour un peu après le bénéfice d'une surprise, etc.

4º *Convois par eau.* — Ce mode de transport a aujourd'hui une importance d'autant plus grande, que les fleuves sont presque toujours bordés de lignes ferrées, que toutes les voies seront plus que jamais utilisées pour l'approvisionnement des armées actuelles, etc. Il y aurait à entrer dans de longs détails sur l'organisation, la défense ou l'attaque de ces sortes de convois, qui comportent l'emploi des différentes armes sur une assez vaste échelle, et l'utilisation des moyens de toutes sortes, dont une partie se rattache à l'art maritime : c'est une étude un peu étendue, et que nous n'avons pas à aborder ici. Quelques lignes suffiront à donner une idée générale de ces convois. (V. le *Service en campagne* du 3 mai 1832, art. 143, 11e alin.).

Défense. — Ne pas laisser à l'ennemi la disposition de l'une ou de l'autre des deux rives ; — marcher toujours avec une certaine avance sur la tête du convoi, et, suivant la largeur du cours d'eau, n'occuper qu'une rive ou tenir les deux ; — placer un petit détachement sur chaque bateau, ainsi que sur le remorqueur, en protégeant les hommes contre les projectiles au moyen de mantelets en tôle, garnis de meurtrières, ou par tout autre moyen ; — établir toujours une communication facile entre le convoi et chaque rive, etc.

Attaque. — Certains points sont particulièrement favorables à l'attaque (1) : les endroits où le courant se rapproche très-près de l'une ou de l'autre rive ; — les divers confluents, s'ils sont encaissés ou cachés par des arbres, des buissons ; — les endroits où la rive est bordée de bois épais ; — les points où le cours d'eau forme un coude très-prononcé ; — ceux où viennent aboutir les canaux, dans le voisinage surtout des ponts et des écluses, etc., etc.

IX. — *Escorte et attaque des trains* (2).

Les trains dont il s'agit ici, distincts de ce qui a trait aux convois et destinés surtout au service du personnel, ont à effectuer certains trajets établis régulièrement sur des lignes anciennes ; ou quelquefois, dans le cas d'une occupation assez prolongée, servent à relier l'un à l'autre deux points importants d'une ligne nouvelle. Tout train, en pays ennemi, est accompagné d'une escorte suffisante, chargée de le défendre contre les attaques des troupes régulières et des partisans.

Cette escorte, comme nous l'avons déjà dit, se compose d'une tête, d'un gros et d'un soutien. Les soldats conservent leur sac, et leur installation dans les voitures est disposée de manière à leur permettre de sauter rapidement à terre. Mais tout d'abord se présente la question du matériel destiné aux troupes d'escorte. Nous pensons — et déjà un pas a été fait dans ce sens — qu'il sera avantageux de blinder, avec des plaques de tôle percées de meurtrières, les wagons destinés aux troupes, pour mettre celles-ci à même, pendant quelques instants, de riposter avec avantage aux coups d'un ennemi

---

(1) L'énumération qui suit est empruntée à l'étude sur les convois de M. le lieutenant-colonel Schonowski (*Revue de Streffleur*, janv. 1876).

(2) L'*Aide-mémoire* de M. Body nous a fourni quelques indications utiles sur ce sujet.

embusqué à l'avance et plus ou moins abrité. Une construction particulière de ces voitures ne serait pas très-coûteuse et rendrait de grands services. On y supprimerait toutes les cloisons des voitures habituelles; au niveau du plancher seraient établies, de chaque côté de la voiture, une ou deux embrasures mobiles, pour le tir à mitraille de petites pièces dont on limiterait facilement le recul; à hauteur des meurtrières, de petites espingoles permettraient de plonger sur des groupes assez rapprochés, etc. Un pont revêtu d'un blindage et formant batterie serait placé entre chaque voiture, pour porter aussi une pièce. Les locomotives et les tenders seraient également protégés par des plaques; on utiliserait de la même manière, pour tirer en chasse sur l'ennemi avec une petite pièce, la voiture qui ferme le convoi, etc. L'emploi pendant quelques instants de tels moyens de défense permettrait de se jeter avec plus de succès sur l'ennemi, de l'un ou de l'autre côté de la voie. Si, comme le remarque avec raison l'auteur d'un ouvrage très-estimé **(1)**, une installation de ce genre peut être employée utilement comme matériel offensif dans la défense d'une place forte ou d'un camp retranché (ainsi que l'ont montré d'ailleurs certaines opérations du second siége de Paris), on en fera aussi bien usage pour la défense d'un train ou d'un convoi. Mais, dans le cas qui nous occupe, l'emploi de ce matériel ne devant être que momentané, puisque l'escorte ne se bornera pas à une défense passive, on y suppléerait encore par une installation particulière d'un certain nombre de wagons à marchandises. Quant à la répartition et à l'utilisation des trois groupes de l'escorte, elle a déjà été indiquée précédemment.

(1) F. Jacqmin, *Les chemins de fer pendant la guerre de 1870-71*, p. 161.

En tête, se tiennent sur la machine des soldats habitués à ce service et chargés de reconnaître si la voie présente quelque interruption ; mais l'arrêt du train sera de toute manière la conséquence de la rupture de la voie. Il est d'ailleurs certains moyens de faire dérailler un train qu'il sera quelquefois difficile de reconnaître à temps, tels que ceux dont il a été question plus haut (p. 186). On protège surtout le train en le faisant précéder à quelque distance d'une locomotive en flèche ; nous supposerons à ce sujet que chaque train d'une certaine importance est toujours conduit par deux machines, qui lui aideront parfois aussi à franchir vigoureusement les obstacles qui auraient été accumulés sur la voie, tels que madriers, traverses, etc., et que le chasse-pierres de la machine suffit à écarter. Il serait avantageux de placer la seconde locomotive en arrière, pour qu'elle puisse toujours s'échapper et prévenir de ce qui se passe à la station précédente. De temps en temps, lorsqu'on peut craindre une attaque de l'ennemi, dans un endroit favorable à une surprise, le train, ralentissant sa marche, s'arrête pour mettre à terre quelques hommes de la *tête*, qui fouillent le terrain en avant de la voie, et sur les côtés à quelque distance. Cette précaution sera surtout prise quand on n'aura pu éclairer la marche du train par l'envoi en flèche d'une locomotive.

Défense. — Lorsque le train est surpris par une attaque, il y a divers partis à suivre. Si la voie est libre, le machiniste donne toute la vapeur et charge littéralement les assaillants ; ou bien, il laisse à la troupe d'escorte, par de fausses manœuvres, le temps de se préparer à tirer sur l'ennemi et de descendre ensuite des portières : il bat en retraite, revient en avant, etc. Le train s'arrêtant bientôt, la troupe qui s'y trouve ou celle d'escorte sort promptement des wagons, et par les portières opposées à la direction de l'attaque. Elle se forme à l'abri du train et prend ses dispositions de combat, que l'on a à peu près indiquées à l'avance. Si l'attaque part des deux côtés de la voie, la troupe est divisée en deux parties, pour s'opposer à l'une et à l'autre ; tandis que la première se jette tout d'abord sur l'ennemi (pour n'être pas exposée à être prise en dos), l'autre utilise l'abri des voitures pour fournir un premier feu, et s'élance ensuite à la baïonnette sur l'ennemi, si la distance à franchir est assez courte ; dans le cas contraire, elle se couche à terre au bout de quelques pas, et s'avance en utilisant les abris que présente le terrain. Si la fraction désignée comme tête n'a pas d'ennemis en avant de la voie, elle se joint à l'attaque du premier groupe ; un soutien placé derrière quelque abri recueille les défenseurs, en cas d'échec. L'assaillant a déjà pour lui l'avantage de l'offensive : mais il lui arrivera souvent, par son trop de précipitation, de faire en partie manquer le succès de l'embuscade, qui s'exécutera bien rarement telle qu'on l'aura projetée, etc.

Attaque. — L'attaque des trains consiste dans une embuscade, aidée d'un simple déraillement de la voie. On choisit de préférence un défilé dans une forêt, une tranchée, un tunnel, etc. Si ces points étaient gardés, on aurait recours à une attaque en plaine ouverte, qui réussirait tout aussi bien, à condition que le lieu de l'embuscade ait été convenablement choisi, c'est-à-dire qu'il soit assez étagé pour donner un très-bon champ de tir. L'assaillant a disposé sa troupe sur un des côtés de la voie, ou sur les deux, suivant le terrain. En plaçant ainsi la troupe sur deux échelons latéraux, on a mieux à espérer de pouvoir assaillir le train juste en face de l'endroit où il s'arrêtera. L'embuscade reste complétement cachée jusqu'au moment où le signal du chef lui ordonne d'agir, etc. De plus longs détails n'ajouteraient, du reste, aucune indication bien essentielle sur cette opération, après tout ce qui a été dit de celles du même genre.

X. — *Combat de rues* (1).

Toute opération de cette nature, quand il ne s'agit pas d'une action générale, est précédée de sommations légales. Après l'accomplissement de cette formalité, la force armée ne poursuit plus qu'un seul but, l'enlèvement de l'obstacle et la poursuite vigoureuse de l'ennemi. Plusieurs raisons, que nous croyons inutile de faire ressortir, font en effet à l'assaillant une loi de mener ce genre de combat avec la plus grande vigueur. Les opérations doivent avoir pour but :

1° De cerner ou d'isoler le quartier de la rébellion ;

2° D'aboutir au centre de la résistance, en s'avançant avec des forces enveloppantes, pour marcher d'une manière sûre des points les plus faibles vers les plus forts. Elles consistent, pour l'assaillant, à s'emparer des divers obstacles dont s'est servi le défenseur, et qui se composent d'édifices plus ou moins solides, mis en état de défense, d'enceintes crénelées, de positions dominantes, et surtout de *barricades,* ou tranchées garnies en avant d'un parapet, et élevées d'un côté d'une rue à l'autre. Nous ne parlerons que de ce genre d'obstacle, qui est le plus usité, parce qu'il s'improvise rapidement, et qu'on peut faire choix, pour le construire, du point le plus avantageux pour la défense. Celle-ci se complète encore par l'emploi du canon ou des mitrailleuses.

Défense. — La place habituellement choisie pour une barricade est celle d'une encoignure, d'un coude de rue, en arrière d'une voie étroite et tortueuse, et dans un massif tel que

(1) Quelques considérations émises dans la rédaction de cet article sont tirées de la *Tactique appliquée* du général Paris, p. 155.

la barricade ne puisse être prise à revers. On protége une barricade en occupant fortement les deux maisons attenantes, et, au besoin, quelque autre maison située un peu en avant, de manière à prendre les assaillants de côté. Le haut des maisons voisines est garni de défenseurs, qui accablent les troupes dans leur marche de projectiles de toute sorte ; quand la forme des toits s'y prête, beaucoup sont postés derrière les cheminées ; on occupe en même temps le bas de ces mêmes maisons, pour n'y être pas bloqué ou incendié. Des issues reconnues à l'avance, en arrière des maisons et dans le voisinage de l'obstacle, permettront aux défenseurs de battre en retraite au moment voulu.

Attaque. — L'attaque d'une barricade peut être menée de deux manières : on l'attaque *de front,* en se faisant précéder de tirailleurs, qui avancent rapidement le long des maisons, et envahissent celles qui sont le plus proches de la barricade, pour plonger par leur feu sur les défenseurs ; — ou bien on cherche à la prendre *de flanc,* en agissant par un moyen plus lent, mais sûr, qui consiste à ouvrir des communications à l'intérieur des maisons contiguës, pour s'approcher ainsi de l'obstacle sans essuyer de grandes pertes. Le premier mode d'action sera préféré pour agir contre une barricade faiblement défendue, tandis qu'il y aura souvent lieu d'opter pour le second mode d'attaque.

Considérons d'abord le cas de l'attaque de front.

1° Après une reconnaissance des rues latérales et de la position ennemie, préparée par l'étude de la carte et faite ensuite *de visu,* on a ordonné à chaque unité principale (division ou brigade) de s'emparer de tout un quartier ou d'un pâté de rues quelconque. Une compagnie ou demi-compagnie se trouve ainsi chargée d'enlever telle ou telle barricade. Si

l'on n'a pas de pièce qui enfile la rue, pour préparer l'attaque de l'infanterie, la compagnie est conduite par des rues
latérales jusques assez près de la barricade, à une distance qui
ne peut guère dépasser 100 mètres. Elle a été précédée
d'éclaireurs (section ou demi-section), qui marchent sur deux
rangs, guidés par leur officier, et dirigent leur feu sur les
maisons voisines et sur les défenseurs de la barricade. Ces
éclaireurs, composés des sapeurs de compagnie et de soldats
munis de pelles et de pioches, rasent chaque côté de la rue,
ayant l'arme à l'épaule et l'œil dirigé sur les maisons qui sont
en face, et tout prêts à prévenir le coup de feu de l'adversaire,
quand ils se voient ajuster ; ils tirent sur toute fenêtre qui
n'est pas fermée. Arrivés près de l'obstacle à enlever, ils
s'attaquent aux portes des maisons voisines, dans lesquelles
ils pénètrent, et dont ils chassent les défenseurs ; puis, s'in-
stallant aux étages supérieurs, ils dirigent un feu très-vif sur
la barricade. La compagnie, partant quelques minutes après
ses éclaireurs, fait de suite appuyer ses hommes de chaque
côté des maisons. Ceux-ci, qui marchent sur deux rangs et
sont guidés par leurs officiers, s'avancent au pas de course
et la baïonnette au bout du canon. Lorsqu'ils ne sont plus
qu'à quelques pas de la barricade (et, s'il est possible, quand
les éclaireurs sont maîtres des maisons qui en sont le plus voisines), ils l'escaladent au cri de « En avant! » Mais on aura
rarement à en venir à cette extrémité : car déjà les défenseurs
se seront enfuis.

On pourra, dans bien des cas, faire un usage avantageux
du mouvement de *sammeln* (rassemblement en avant), dont
il a déjà été parlé. Supposons qu'une troupe quelconque, une
compagnie, par exemple, ait à franchir un espace *a b*, sous
le feu violent d'une barricade *f*, devant laquelle il lui faut
passer, soit pour la tourner, soit pour toute autre cause

(*fig. 141*). On l'arrête d'abord en *a*; puis la section de tête franchit à la course l'espace de *a* en *b*, où elle reste à l'abri.

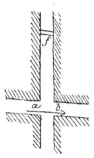

Fig. 141.

Dès que le feu auquel a donné lieu le passage de cette première fraction est éteint, la suivante, qui se tient prête, s'élance à son tour au pas de course, au signal qui lui en est fait sans bruit. Avant que l'ennemi surpris reprenne son feu, la subdivision aura déjà franchi l'obstacle ; il en sera de même pour celles qui viennent après : mais il faut que les différentes fractions ne passent qu'à intervalles irréguliers. Ce mouvement a d'ailleurs été employé avec succès dans des circonstances telles que celles dont il est ici question (1). On suppose, il est vrai, que l'ennemi est resté sans communications visibles ou invisibles avec l'assaillant : mais il en est ainsi réellement dans la plupart des cas, parce que, de son côté, il n'est pas libre de toute préoccupation relativement à sa défense.

2° Quand on veut éviter de s'avancer à découvert, on s'engage dans les rues parallèles et voisines de celles que bat la barricade avec deux détachements, qui peuvent être chacun de la force d'une demi–compagnie, et sont précédés de quelques sapeurs du génie, portant quelques *pinces* ou grandes barres en fer, ainsi que des *pieds-de-biche* ; les soldats d'infanterie sont eux-mêmes munis de pelles et de pioches. Puis, traversant les pâtés de maisons et les cours transversales, on aborde les deux rangées de maisons dont les prolongements vont aboutir aux extrémités de la barricade, en se dirigeant

(1) Son application au cas qui nous occupe est indiquée dans la *Revue de Streffleur*, nov. 1874 (*Rev. milit. de l'Etr.*, 1875, n° 221).

de manière à tomber à peu près sur des maisons qui ne soient pas trop proches de l'obstacle (la 5e ou 6e par exemple). On en chasse les défenseurs, et l'on chemine en enfonçant les murs mitoyens, de manière à arriver à la barricade; les cartouches de dynamite donnent un très-bon moyen de renverser les murailles, d'enfoncer les portes, par l'emploi de pétards, etc. On se sert aussi de saucissons en poudre, d'un diamètre de 4 à 5 centimètres, et qui, appliqués contre un mur, y pratiquent par leur explosion une ouverture correspondant à peu près à leur longueur. Il y a avantage à attaquer les murs aux étages supérieurs, parce qu'ils sont moins épais qu'en dessous. Cette manière d'opérer permet en outre d'en finir promptement avec ceux des ennemis qui l'occuperaient; car, en perçant les plafonds, on fusille les défenseurs qui se trouvent encore au-dessous, etc. On pourrait aussi cheminer par les caves ou les sous-sols. Si l'on est forcé de procéder à l'opération d'assez loin, et qu'on ait ainsi à traverser une rue latérale, tandis qu'une portion de la troupe a été désignée pour arriver directement dans cette rue et attaquer le rez-de-chaussée correspondant à la direction suivie, les soldats qui cheminent, comme il vient d'être dit, et sont arrivés à la dernière maison, engagent le feu contre l'ennemi posté dans les maisons d'en face, etc. On opérerait au besoin avec une seule colonne, car la barricade, prise sur l'un de ses flancs, ne tardera pas à tomber. Il a été supposé, pour l'une ou l'autre de ces deux opérations, que l'on n'a pu tout d'abord tourner l'obstacle en le prenant à revers.

Quel que soit le mode de combat adopté, il faut toujours se faire suivre de réserves, destinées à renforcer et à soutenir les combattants, à permettre de s'établir solidement dans les quartiers enlevés, à empêcher les retours offensifs, à assurer les communications en arrière, etc.

22

Bien que ce genre de combat tende à disparaître, les troupes pourront encore être appelés à y recourir. Aussi, les officiers auraient-ils intérêt à consulter les plans un peu détaillés de certains quartiers des grandes villes, pour y voir comment est constitué le plus souvent l'intérieur d'un pâté de maisons, et comment celles-ci sont construites et reliées les unes aux autres, etc.

XI. — *Défense et attaque des retranchements.*

Si l'on est à proximité d'ouvrages permanents ou de fortification passagère, on en profite pour faire passer les compagnies à la défense et à l'attaque de ces ouvrages.

Défense. — La défense consiste à empêcher l'ennemi, par le feu d'abord et ensuite par la baïonnette, d'escalader le parapet ; l'accès des ouvrages ouverts à la gorge est en outre défendu par l'emploi d'une réserve, qui s'y trouve placée avec la mission de se jeter sur l'ennemi dès qu'il tente de pénétrer par la gorge.

Un quart de la troupe occupe le parapet, un autre quart forme le renfort, et la seconde moitié, le soutien, qui est destiné, s'il y a lieu, à occuper le réduit. Avant l'attaque, on a repéré les distances, au moyen de pierres ou d'autres indices peu visibles à l'ennemi. On garnit la crête à raison de 1 homme par 50 cent.

A l'approche des tirailleurs ennemis, on commence un feu lent ; quand le moment de l'attaque est proche, on les reçoit par un feu à volonté, et le renfort est conduit sur la banquette, pour y exécuter des feux de salve. L'ennemi se disposant à franchir le fossé, les défenseurs montent sur la plongée, pour repousser à la baïonnette les assaillants qui graviraient le talus ; la réserve se tient prête à marcher sur

l'ennemi. Quand celui-ci bat en retraite, on le poursuit par
des feux de salve, etc. A précision de tir égale de part et
d'autre, et si le défenseur se couvre bien, il en résultera pour
ce dernier un avantage très-marqué. Les expériences faites
récemment (1) ont aussi montré que le feu de la défense ga-
gnait en efficacité à ne pas sortir d'une crète trop élevée.

Attaque. — La force de l'assaillant doit être environ égale
à dix fois celle du défenseur. Si l'attaque ne peut avoir lieu
par surprise, on la prépare par le feu.

Mais, comme ici les circonstances du combat ne sont plus
celles ordinaires, et que, tout en évitant l'emploi de colonnes
profondes, il importe d'amener rapidement un certain nombre
d'assaillants dans l'ouvrage, dès que le fossé est franchi, le
soutien, déployé et formé en plusieurs groupes sur un rang,
suit à une faible distance de la chaîne. On choisit un saillant pour le point d'attaque, et l'on s'avance suivant la capitale, et en profitant des angles morts; et si l'ouvrage est ouvert, une subdivision, désignée d'avance, le tourne au moment de l'assaut. La chaîne de tirailleurs se porte en avant
en courant, pour gagner le haut du glacis, où elle se couche
à terre, et protége de son feu les tirailleurs qui descendent
dans le fossé pour en détruire les défenses. Les hommes de
la chaîne étant déjà dans le fossé, les renforts se tiennent derrière les défenses accessoires du glacis, et fusillent les défenseurs du parapet; en même temps les soutiens se sont rapprochés. C'est à ce moment que l'on donne le signal *de l'assaut* (2).

(1) *Bull. de la R. des Off.*, 28 oct. 1876, d'après M. le cap. Brunner
(*Rev. de Streffleur*).
(2) Consulter dans la même publication (4 nov. 1876, p. 973) l'ana-
lyse de l'excellent article de M. le cap. Brunner.

§ III. — De la cavalerie et de l'artillerie de campagne par rapport à l'infanterie.

Cavalerie. — Du rôle de la cavalerie en général. — Attaques en fourrageurs, en ligne, et en colonne par escadrons, contre une infanterie en ordre *serré* ou *dispersé*. — De la cavalerie allemande.

Il est admis aujourd'hui que le rôle de la cavalerie se bornera tout d'abord au service général d'exploration, et ensuite à celui de la protection à donner aux deux autres armes avec lesquelles elle agit, et à la poursuite de l'ennemi après le combat. Sur le champ de bataille, elle aura ainsi pour mission d'aider à l'action de l'infanterie, en dissimulant sa marche en avant, en lui donnant le temps de prendre ses formations de combat, et en protégeant sa retraite ; ou encore de charger des troupes d'infanterie déjà démoralisées, et de surprendre des batteries mal gardées ou occupées à tirer contre une autre troupe. La cavalerie s'efforcera de franchir aussi rapidement que possible la zone meurtrière de l'infanterie, et de pousser ses charges par échelons successifs et très-rapprochés, pour ne pas laisser à l'infanterie le temps de se reformer.

Si de grandes masses de cavalerie sont appelées à se heurter dans un premier choc, à la prochaine guerre, ce rôle sera celui des *divisions indépendantes ;* tandis que le *régiment* attaché à chaque division d'infanterie a pour mission de saisir toutes les occasions favorables d'attaquer les tirailleurs ennemis et l'infanterie déployée, en même temps que la *brigade* affectée au corps d'armée a celle de l'éclairer très au loin, de manière que le service habituel des avant-postes se borne, pour l'infanterie, à assurer la sécurité immédiate des bivouacs et des cantonnements.

Car la cavalerie ne marche seule et en grandes masses que dans des cas très-rares : lorsqu'elle possède une grande supériorité numérique, ou pour mettre à nu le flanc d'une armée ennemie en marche, se lancer à la poursuite d'une armée battue, empêcher la formation de corps nouveaux, etc. D'ailleurs (1), comme de grosses masses de cavalerie ne peuvent pas apparaître inopinément; comme il faut pour les couvrir et les déployer de vastes espaces que les champs de bataille offrent de moins en moins, on ne peut plus faire charger aujourd'hui que des détachements assez peu considérables. Aussi, l'action de la cavalerie prussienne pendant le combat a été réduite dans la dernière campagne à des charges par escadron ou par régiment. (La bataille de Mars-la-Tour, seule, constitue une exception à cette règle). Les principes généraux suivant lesquels la cavalerie doit agir par rapport à l'infanterie sont indiqués partout d'une manière à peu près uniforme.

En raison de la grande puissance de feu dont dispose l'infanterie, il y a avantage pour la cavalerie à la charger quand elle le peut, non pas sur son front, mais sur ses flancs ou sur ses derrières. Le terrain est mis à profit pour approcher à couvert, et produire ainsi un effet de surprise. On saisit avec résolution, comme moment favorable, celui où l'infanterie manifeste de l'incertitude et du désordre, et commence à faire de grandes pertes sous le feu de l'artillerie et de l'infanterie ennemies. Toutefois, la charge ne peut réussir que si la cavalerie parvient à franchir sans trop de pertes l'espace assez grand qui la sépare de l'adversaire ; mais, quelque rapide que soit son allure, il lui est bien difficile d'arriver jusqu'à l'infanterie.

(1) Bogulawski, *Considér. tact.*, etc. (*Bull. de la R. des Off.*, 1874, p. 1061).

22.

Deux attaques sont presque toujours dirigées contre l'infanterie : l'une, préparatoire, *en fourrageurs*, et l'autre *déployée*, ou en colonne *par escadrons*, et qui est faite par échelons successifs.

La charge en fourrageurs est une attaque pratiquée par des cavaliers dispersés sur une ligne plus ou moins étendue. Elle s'emploie lorsqu'on veut seulement arrêter la marche de l'infanterie sans espérer de l'enfoncer ; lorsque le terrain ne permet pas de l'aborder en ordre de bataille, ou lorsqu'on veut préparer la charge d'une troupe compacte qui doit succéder aux fourrageurs (1). Car celle-ci aura d'autant plus de chances de réussir, que le peloton ou l'escadron lancé au galop aura pu s'approcher davantage de son objectif en ordre compact, et surprendre de plus près l'ennemi. Comme charge en ordre serré, on adopte de préférence contre l'infanterie la première formation, qui permet d'envelopper l'ennemi que l'on attaque sur une aile, et l'on ne charge en colonne que si le temps ou l'espace nécessaire manquent pour se déployer, ou lorsqu'il s'agit de faire brèche à tout prix sur un point de la ligne ennemie (2). L'impétuosité du choc, avec le cheval lancé à toute vitesse et les rangs serrés : tel est l'élément principal et la force de la charge; on attaque toujours à l'arme blanche.

Un régiment qui doit charger est disposé en dehors de la portée des armes à feu ; les escadrons prennent distance entière, s'il s'agit d'une charge en colonne. L'escadron de tête prend le galop à 500 ou 600 mètres, et, quand il n'est plus qu'à 50 ou 60 mètres, et, au commandement de *chargez !*, les cavaliers accélèrent encore l'allure de leurs chevaux. S'il est repoussé, il va se reformer latéralement, en

(1) *Règl du 12 juill.* 1875 *sur les man. de la caval. franç*, école d'escadr., art. 128.

(2) *Id.*, art. 126.

battant en retraite dans la direction même de la charge ; la seconde attaque de même, et ainsi de suite.

(Contre l'*artillerie*, on charge en dirigeant deux attaques distinctes : l'une contre les pièces, en fourrageurs, et de préférence quand elle se met en batterie et qu'elle a déjà souffert ; et la seconde, contre les soutiens, et en ligne déployée).

Les formations qui viennent d'être indiquées succinctement sont celles de la cavalerie française, qui passe de l'une à l'autre des deux formations en colonnes ou en ligne déployée au moyen de la ligne de colonnes par escadrons (1). On verra plus loin quels sont les mouvements particuliers à la cavalerie allemande, au point de vue de la charge contre l'infanterie.

Voyons maintenant comment celle-ci se préparera à recevoir une charge de cavalerie.

1° Infanterie *en ordre serré*. — Le signal de *cavalerie* est donné par le premier commandant de subdivision qui s'est aperçu de son approche. (La cavalerie attaque en ordre déployé, mais en se faisant précéder d'une charge en fourrageurs).

L'infanterie s'est formée en colonne contre la cavalerie ; ou, si elle reste en bataille, a disposé un crochet défensif sur l'aile menacée. Dans ce dernier cas, et ainsi qu'il a déjà été dit, il a paru avantageux de laisser entre les diverses escouades des espaces vides par lesquels les groupes de cavaliers puissent s'écouler. La charge en fourrageurs n'ayant pas eu de succès sur l'un des flancs, les cavaliers ont tourné bride et se sont enfuis. Au moment où la charge véritable est sur le point d'avoir lieu, l'infanterie exécute des feux de salve. On tire par les deux rangs réunis, quand l'attaque a lieu en ligne, et, par le second rang d'abord, quand la cavalerie charge par échelons en colonne. Les cavaliers repoussés bat-

(1) *Id.*, art. 170.

tant en retraite, les soldats visent le cavalier de préférence. Si, pour une cause quelconque, l'infanterie se trouvait avoir à combattre en ordre serré, c'est-à-dire sur deux rangs, comme la cavalerie peut apparaître subitement, elle n'aurait point à s'en émouvoir, et recevrait une attaque en ligne (ainsi qu'il est arrivé plus d'une fois à l'infanterie prussienne dans la campagne de 1866), et en prenant telle ou telle des dispositions indiquées plus haut.

2° L'infanterie en *ordre dispersé*.— Les tirailleurs reçoivent de même les cavaliers par un simple resserrement, ou prennent les formations précédemment énoncées (en tirailleurs, avec divers fronts sur un rang pour feux de salve, ou groupés par escouades, demi-sections, etc., si l'on n'a pas à supporter le feu de l'artillerie).

Il reste maintenant à montrer que les charges les mieux conduites ne réussiront jamais, si elles n'ont pour elles le coefficient de la surprise, pour cette raison qu'il y a impossibilité à la cavalerie de se mouvoir, même pendant une minute, sous le feu de l'infanterie. Rien ne le prouve mieux qu'une expérience faite à Châlons, quelque temps avant la dernière guerre.

En avant d'une cible en planches de 100 mètres de long sur 3 mètres de hauteur, et à 600 mètres, avait été placé un peloton de 100 fantassins sur deux rangs; à la droite de la cible stationnait un escadron de hussards de 100 hommes. Au signal donné, l'infanterie ouvrit un feu à volonté, et les hussards, chargeant à toute vitesse, parcoururent les 600 mètres en une minute. Pendant ce temps, l'infanterie avait mis 180 balles dans la cible ; avec les nouvelles armes, le résultat obtenu eût été bien autrement concluant.

Souvent aussi la cavalerie ne rend pas ce qu'on en attend, parce que le terrain ne se prête pas à son action. Car si les prairies, les landes, la terre gelée, sont favorables à son action, sur des terrains labourés ou défoncés, il suffira de la laisser arriver essoufflée et de ne la charger qu'à 60 mètres, la cavalerie n'ayant plus alors d'action efficace. L'enseignement des dernières guerres, beaucoup mieux que les expériences des tirs à la cible, est venue affirmer l'impuissance de la cavalerie en face de l'armement si terrible de l'infanterie.

Si, en 1866, la cavalerie prussienne enfonce l'infanterie ennemie dans quelques cas isolés et enlève des batteries, d'un autre côté, la cavalerie autrichienne, qui ne lui cédait en rien comme valeur, attaque à Custozza avec beaucoup de bravoure, mais sans succès, l'infanterie italienne de deux divisions, passant au milieu des intervalles, mais sans entamer un seul carré; à Langensalza, l'excellente cavalerie hanovrienne ne réussit pas mieux à culbuter un demi-bataillon prussien, épuisé cependant par quatre heures de marche, etc.

Les charges de cavalerie n'échouent pas moins contre une infanterie rangée en *ordre dispersé*. Il a été parlé plus haut du rôle important que joua la cavalerie prussienne à la bataille de Gravelotte, pour dégager le 3e corps qui luttait depuis le matin contre l'armée française. Cette cavalerie, chargeant avec une grande bravoure sur un terrain peu accidenté, et contre une infanterie à court de cartouches, réussit, il est vrai, à dépasser la ligne des tirailleurs et à pénétrer jusqu'aux soutiens : mais elle fut bientôt repoussée, et dut battre en retraite sous un feu terrible. Mais là même encore le succès momentané de cette charge vint en partie de son attaque par surprise.

Dans la seconde partie de la campagne, la cavalerie prussienne n'obtient que de très-rares avantages contre une infanterie peu exercée et souvent démoralisée; elle réussissait mieux contre l'artillerie. On voit en effet dans plusieurs circonstances, les escadrons de cavalerie enlever des canons et des batteries.

A Wœrth, des charges de notre cavalerie furent également repoussées par de l'infanterie prussienne déployée en tirailleurs; il en fut encore de même autour de Sedan. A la bataille de Beaumont, une compagnie du 27ᵉ d'infanterie prussien résiste dans l'ordre déployé à la charge d'un régiment de cavalerie, le 5ᵉ cuirassiers, qui, d'après les rapports très-circonstanciés du régiment ennemi, chargea dans le meilleur ordre et avec la plus grande bravoure. A 60 mètres environ des tirailleurs, les cavaliers prirent le galop de charge; mais ils furent repoussés avec de très-grandes pertes (1).

On devra donc bien faire comprendre aux hommes qu'une infanterie brave et de sang-froid *n'a rien à craindre de la cavalerie*, et qu'il lui suffit de rétablir un peu d'ordre dans sa ligne; et que, si même elle est surprise, elle aura encore peu à redouter de son choc en se couchant à terre. D'ailleurs, « la cavalerie pourra parfois enfoncer les meilleures troupes d'infanterie, mais elle parviendra rarement à les anéantir » (2).

Nous trouvons toutefois un peu exagérée cette prescription de l'*Instruction italienne* (p. 179), d'après laquelle on doit persuader aux hommes que, lors même qu'ils n'auraient plus de cartouches, la cavalerie ne saurait les entamer, s'ils restent unis. Ajoutons encore à ce sujet que si la cavalerie n'attaque pas elle-même, on doit, quand elle est à bonne distance, l'amener par des feux ou à attaquer ou à s'éloigner, car sa présence est une menace (3).

(1) *Rev. mil. de l'Étr.*, nº 259. — Le récit de cet engagement offre à divers titres un très-grand intérêt.
(2) Bogulawski, *Considérations tactiques,* etc.
(3) V. le *Règl. d'exerc.* belge, *école de comp.*, p. 92, pour quelques prescriptions très-judicieuses sur la conduite à tenir dans le combat contre la cavalerie.

L'infanterie tirant une force nouvelle de la grande puissance des armes à feu, il ne reste que peu de chances à la cavalerie d'agir avec succès contre elle ; ou, si elle réussit, ses pertes seront hors de proportion avec les résultats obtenus. Pour qu'elle ait quelque espoir de succès, il faut en outre qu'elle profite du moment où l'infanterie, déjà aux prises avec l'ennemi, est plus ou moins démoralisée. Mais ces instants décisifs, qui sont très-courts, ne seront pas toujours saisis à temps par la cavalerie, forcée, en raison du grand effet des armes actuelles, de se tenir à longue portée de l'infanterie. Comme on l'a aussi remarqué avec raison (1), la cavalerie, par la nouvelle manière de faire la guerre, n'aura plus autant qu'autrefois l'occasion de se livrer à des entreprises hardies. Jadis, on marchait presque sans avant garde : aujourd'hui, le front, les flancs, les derrières sont couverts par de nombreux détachements des trois armes.

Cavalerie allemande. — Il y a peu à dire ici sur la cavalerie allemande, qui ne peut être envisagée qu'au point de vue exclusif de son action contre l'infanterie. Elle se compose (76 régiments, dont 64 prussiens) de cuirassiers, de dragons, de hussards, de uhlans et de *reiters* ou chevau-légers (6 régiments, fournis par la Saxe et la Hesse). Chaque régiment compte 697 hommes et 672 chevaux de service ; il est à 5 escadrons, le 5e, désigné comme escadron *de recrutement*, étant destiné, à l'entrée en campagne, à échanger ses chevaux bons pour le service contre ceux qui le sont moins ou doivent être réformés (2). Tous les cavaliers, qui n'étaient armés primitivement que du sabre, le sont en outre d'un mousque-

(1) Confér. du gén. *Roth de Schreckenstein*, trad. de M. le cap. de Forsanz — Paris, Dumaine.
(2) *L'Armée allemande*, etc. (ouvr. déjà cité), p. 38.

ton, depuis la dernière campagne ; les uhlans portent une lance de 3ᵐ,30 de longueur.

Malgré l'exagération des éloges que les Allemands ont été les premiers à décerner à leur cavalerie, on ne peut nier qu'elle ne soit très-remarquable comme remonte et comme soins donnés à l'équitation et aux manœuvres. Pour celles-ci, on s'attache surtout à ce qui a trait à la charge, aux ralliements et à la poursuite après la charge. La manière rapide dont elle exécute ces ralliements permet au chef de renouveler ses attaques avec des masses toujours réorganisées ; comme le succès d'une charge réussie doit être poussé jusqu'aux limites extrêmes, le soin d'une poursuite énergique est confié aux escadrons des ailes, qui s'attachent à l'ennemi aussi longtemps que la vigueur de leurs chevaux le permet, à moins qu'ils ne soient rappelés par une sonnerie.

Il était admis en Prusse, il y a quelques années (1), que l'on devait charger de préférence en *colonne par escadrons*, et par échelons successifs, placés à une faible distance les uns des autres. Si la charge était repoussée, les cavaliers qui avaient tourné bride s'écoulaient dans la direction même de la charge, et les escadrons venant à la suite se rangeaient pour laisser passer les fuyards. Le second échelon s'avançait pour assaillir le même angle du carré ou le même point de la ligne, tandis que le premier se ralliait latéralement en arrière du carré. On avait ainsi l'avantage de pouvoir renouveler les chocs sans que les subdivisions se nuisissent réciproquement, et de les appliquer toujours contre le même point. Comme effet moral à produire, le sabre n'était mis à la main qu'un peu avant le moment réel de la charge.

En Allemagne, comme chez nous, on donne aujourd'hui la

(1) Gén. Paris, *Tact. appl.*, p. 380.

préférence à la formation déployée et sur un front de deux escadrons, comme on le voit dans les quelques lignes qui suivent, et résument tout un ensemble de prescriptions et d'instructions données récemment à la cavalerie prussienne par un de ses généraux les plus remarquables (1).

« Une charge n'est bonne que si elle s'exécute rapidement, avec une grande cohésion et sans profondeur. Elle est précédée d'éclaireurs, qui indiquent les meilleures directions à prendre, et disparaissent par les ailes au moment du choc... Contre l'infanterie, la charge s'exécute seulement de flanc, après qu'on s'est approché à couvert de l'ennemi; et on l'attaque par surprise sur ses flancs et sur ses derrières. On charge avec deux escadrons, formés en une seule ligne, sur deux rangs bien distincts et suivis d'autres échelons, rangés également sur une seule ligne. A une certaine distance de l'infanterie ennemie, la colonne prend le trot, et, au commandement de *Pelotons, à droite et à gauche!* l'un des escadrons passe à droite, et l'autre à gauche. Puis, à une distance *encore très-éloignée*, les cavaliers prennent le galop. (L'allure du galop de charge est celle de cinq cents pas, 375 mètres, par minute). Les escadrons qui ont chargé se reforment en arrière de l'infanterie, en appuyant vers le centre, et viennent reprendre leurs places dans leurs lignes respectives... »

On se préoccupe beaucoup en Allemagne, depuis quelques années, de la nécessité d'amener la cavalerie à franchir, à l'allure du galop de charge, de très-grandes distances, pour rendre possible l'exécution de cette manœuvre même contre le feu si précis et si meurtrier de l'infanterie. Des essais viennent encore d'y être tentés tout récemment, pour améliorer son instruction dans le même sens.

(1) *Rev. mil. de l'Étr.*, n° 309 (29 juill. 1876).

D'après le nouveau règlement de manœuvres (1873) (1), elle doit être exercée, pour la charge, à parcourir aux plus vives allures une distance d'environ quinze cents pas (1,125 mètres). Une telle rapidité ne compense pas pour cette arme la puissance de tir actuelle de l'infanterie ; mais si la cavalerie est en état de fournir une attaque aussi prolongée (ce dont on peut douter), cette vitesse pourra quelquefois la faire réussir, avant qu'une infanterie ébranlée et lâchant pied reprenne un peu de cohésion. Mais seulement dans ce cas ou dans celui d'une surprise ; car l'infanterie, tant qu'elle n'est pas trop désorganisée, est toujours en état d'opposer une résistance suffisante. On a aussi peine à croire que la cavalerie, dans une telle charge aux vives allures, même en y comprenant l'espace parcouru au trot, conserve la force nécessaire d'impulsion. Déjà, au siècle dernier, on demandait en Allemagne, à la cavalerie, des charges de 1,500 mètres au plein galop de charge ; et ce qui prouve bien qu'on ne peut y arriver, c'est qu'on remet cette prescription en vigueur, comme le demande von Scherff, qui veut que la cavalerie soit exercée à parcourir au galop toute la zone efficace du feu de mousqueterie (1,800 pas). D'ailleurs, ce qui serait praticable en temps de paix, sur les terrains d'exercices, ou même dans les grandes manœuvres, ne le serait plus à la guerre. Quoi qu'il en puisse être, et dans les conditions les plus favorables, si la cavalerie n'arrivait pas déjà à moitié désorganisée ou épuisée, elle n'échapperait pas davantage au feu de l'infanterie, qu'elle aura autant à redouter dans les attaques de flanc que dans celles de front.

Il est encore à remarquer que le concours apporté en Allemagne par la cavalerie à l'infanterie est complet. Ces deux armes agissent si bien en commun, qu'on n'y admet pas la

(1) *Rev. milit. de l'Etr.*, nos 157 (mars 1874), 224 (fév. 1875), etc.

possibilité de l'existence d'une division d'infanterie sans cavalerie. Aussi, dans le combat, doit-on toujours prévoir que l'attaque de la cavalerie est plus ou moins liée aux mouvements de l'infanterie ennemie.

Quant au rôle de cette arme dans la dernière guerre, si la cavalerie prussienne, portée dès le début des hostilités à un ou deux jours de marche en avant, a été employée habilement à former un rideau impénétrable à l'ennemi, d'un autre côté, il est juste d'ajouter qu'elle rendit peu de services dans la seconde moitié de la campagne, où l'armée allemande opérait dans un pays parsemé d'obstacles, de haies, etc.; car elle était peu exercée à combattre à pied, et particulièrement les dragons, qui l'emportaient en nombre sur les hussards et les uhlans.

§ III. — **De l'artillerie** (1). — Son organisation tactique. — Des nouveaux projectiles. — Notions générales sur l'emploi de l'artillerie. — Artillerie de campagne *française*. — Artillerie de campagne des principales puissances : — *Allemagne* ; rôle de l'artillerie allemande pendant la dernière guerre. — *Russie*: — *Autriche*;— *Italie*, etc. Combat de l'infanterie et de l'artillerie ; —formations propres à cette dernière arme; des soutiens de l'artillerie. — Combat de l'infanterie contre l'artillerie.

L'infanterie et l'artillerie sont appelées, aujourd'hui et plus que jamais, à jouer le rôle principal sur les champs de bataille. Quant à celle ci, on ne peut mieux caractériser son

(1) Consulter sur l'artillerie de campagne, au point de vue général, le dernier ouvrage de M. le major Hoffbauer (1876), *Tactique de l'artillerie en campagne*, Taktik der Field-Artillerie, etc.—V. aussi dans la *Rev. milit. de l'Etr.*, n° 304 (24 juin 1876), un art. ayant pour titre *Du combat de l'artillerie en campagne*, d'après un projet de règlement de manœuvres destiné à remplacer en Prusse celui de 1873.

action générale par rapport à l'infanterie, qu'en empruntant à un auteur les quelques lignes qui suivent (1) . « L'artillerie contraint l'ennemi à déployer ses masses aux grandes distances, par suite, à offrir un grand développement au feu de l'adversaire, et, en même temps, à montrer ses forces et à en trahir la destination. »

Pour compléter cette définition, nous ajouterons que son objet général est d'engager les actions, de les entretenir aux distances où n'atteignent pas les armes portatives, de couvrir les manœuvres des autres troupes, de défendre les positions et d'appuyer les mouvements offensifs... Elle protége les retraites, les passages de défilé ou de rivière ; elle concourt puissamment aux actions d'avant-garde, à l'attaque et à la défense des villages, des postes retranchés, etc. (2). En moins de termes encore, l'artillerie « entame l'action, la prépare, la soutient, et quelquefois la termine » (3).

Appelée ainsi par la grande portée de ces pièces à préparer l'attaque des autres armes, l'artillerie est une véritable troupe d'avant-garde : aussi, dans la marche, sa place est-elle en tête des divisions.—L'artillerie de corps, destinée à préparer l'attaque qui sera ultérieurement exécutée par tout le corps d'armée, n'agit, au contraire, que par grandes masses, etc.

Quelques autres notions doivent servir à compléter cette première indication du caractère général d'une arme qui joue un si grand rôle dans les combats de l'infanterie ; on les établira aussi succinctement que possible.

Son organisation tactique. — La *batterie,* formée de la réu-

---

(1) Général Paris, *Tact. appl.,* p. 307.

(2) *Aide-mémoire d'artillerie,* édit. abrég., 1874.

(3) *Etude relative à l'exécution des manœuvres dans les corps d'armée,* Minist. de la guerre, août 1875. — V. encore l'*Instruction provis. sur le serv. de l'artill. en camp.* du 10 avr. 1876, p. 47.

nion d'un certain nombre de bouches à feu, est l'unité tactique de l'artillerie. Elle est *montée, à cheval* ou *à pied*. Les batteries à cheval sont affectées au service de la cavalerie ; celles à pied, à celui des pièces de place et de siége, et au service des pièces de montagne, tandis que la batterie montée est celle qui accompagne l'infanterie. Dans les batteries montées, les servants sont à pied ; ce n'est qu'exceptionnellement, et quand on marche aux allures vives, qu'ils montent sur les caissons. — La batterie est formée en France, en Angleterre et en Prusse de 6 pièces ; en Russie, en Autriche, en Italie, etc., de 8 (1). Une section comprend 2 pièces et 2 caissons.

La batterie *de campagne*, qu'elle soit montée ou à cheval, se divise en batterie *de combat* et en *réserve de batterie*.

Batterie de combat. — Comprend les 6 pièces et les 2 premiers *caissons*, et forme le premier échelon. Chaque pièce est accompagnée de son *avant-train* ou *coffre* à munitions.

Réserve de batterie. — Forme le deuxième échelon dans la marche devant l'ennemi ou dans le combat. Elle comprend les 4 autres caissons, le *chariot de batterie*, le *chariot fourragère*, la *forge*, les attelages *haut le pied* et les chevaux de main.

Place de l'artillerie dans le combat. — Elle se place en avant, sur les flancs ou derrière les lignes d'infanterie ; on la dispose dans certains cas sur les flancs, pour ne pas gêner les mouvements de l'infanterie. Mais il est facile de préciser davantage la place à donner aux batteries, par rapport aux lignes d'infanterie avec lesquelles elles opèrent.

On sait, en effet (2), qu'en raison de la tension des trajec-

---

(1) En Russie, 38 batteries à 8 pièces de l'artillerie à cheval viennent récemment d'être transformées en 48 batteries de 6 pièces.

(2) Gén. Deligny (*Instr. sur les gr. man.*, 1876).—V. aussi p. 437.

toires, le cône d'éclatement des projectiles s'étend à une grande distance en arrière du point battu par leur tir. Il y aura donc intérêt à placer les réserves de la première ligne en avant des pièces, et à une distance qui ne donne rien à craindre de leur tir ; c'est-à-dire à environ 100 mètres. Si l'artillerie ennemie tirant sur la batterie, fait avec intention usage de hausses trop faibles, les réserves n'auront pas davantage à souffrir de leur feu. La place normale des batteries sera donc à 100 mètres en arrière du bataillon de deuxième ligne. Celui-ci venant à son tour à se porter vers la chaîne, pour l'étendre ou lui servir de réserve, le bataillon qui le suit aurait à se placer à la même distance en avant des batteries. Une place analogue dans le combat est assignée à l'artillerie allemande, mais toutefois d'une manière plus générale (V. p. 423).

Autant que les circonstances et le terrain le permettent, les batteries ne sont pas fractionnées ; on les réunit par 2, par 4, ou en plus grand nombre, s'il est possible. Les batteries, quand elles opèrent isolément, se placent de préférence sur un terrain élevé et formant en avant une pente qui donne un champ de tir aussi étendu que possible. Une position élevée permet en outre de disposer l'artillerie en arrière de la crête du terrain, de manière à ne découvrir que la bouche des pièces ; mais il faut avant tout que celles-ci puissent bien battre le terrain qui est en avant d'elles. Un emplacement trop élevé aurait l'inconvénient de rendre le tir fichant ; on s'éloigne des habitations, qui sont autant de points de repère pour l'ennemi, etc. L'emplacement d'une batterie est caché aux vues de l'adversaire jusqu'au moment où elle doit ouvrir le feu. On la masque au moyen des haies, des arbres, etc. — Les pièces mises en batterie sont espacées au moins à 12 mètres d'intervalle et au plus à 20 mètres.

Les deux caissons de la batterie de combat sont alors placés en arrière des 2e et 5e pièces; on dispose en même temps les avant-trains en arrière des pièces, à 15 ou 20 mètres au plus, en s'attachant à les défiler au moyen du terrain. — Les deux caissons de la batterie sont abrités le mieux possible, et à une distance qui ne doit pas être trop éloignée.

La réserve de batterie va prendre position à 500 mètres au plus en arrière de la ligne des pièces, vers le flanc le moins exposé.

Dans les marches, à proximité de l'ennemi, et quand elles sont avec l'infanterie, les batteries de combat se tiennent à l'avant-garde et en tête du corps principal. On aura successivement les dispositions suivantes :

1° Pour un *régiment* :

1 section (2 pièces) derrière la *tête;*
2 *Id.* derrière le bataillon qui forme la tête du corps principal.

2° Pour une *brigade* :

1 batterie derrière la *tête*, c'est-à-dire en arrière du 1er bat., le 2e formant à lui seul le gros;
1 *id* derrière le 1er bat. du corps principal.

3° Pour une *division* :

2 batteries derrière le *gros* de l'avant-garde;
2 *id.* derrière le 1er bat. de tête du corps principal (1).

4° Pour un *corps d'armée* (marchant sur une seule route) :

1 batterie derrière la *tête;*
id. en arrière du bat. qui est en tête du *gros;*
8 *id.* de l'artillerie de corps derrière le régiment qui forme la tête du corps principal (2).

(1) *Inst. minist.* du 10 mai 1876 sur les man. d'aut.—*Id. De l'Artillerie dans la guerre de campagne* du gén. Schneegans, p. 6.
(2) Cette répartition est celle indiquée dans les instr. du gén. Deliguy (1874), qui pour la division place également les 4 batteries à l'avant-

L'artillerie marche en colonne par un ou, au besoin, sur 2 pièces de front ; chaque pièce est suivie de son caisson. Quand on est loin de l'ennemi, les autres voitures sont à la queue de la colonne. Si l'on prévoit un engagement prochain, on fait marcher toutes les pièces en tête, les caissons venant ensuite et, après eux, le reste de la batterie.

L'artillerie ne pouvant se défendre par elle-même, quand elle a pris position isolément, et que l'ennemi parvient à l'aborder d'assez près, on la fait soutenir par des détachements de cavalerie et d'infanterie. On place les soutiens sur les côtés et en avant des batteries, à 300 ou 400 mètres ; une réserve, tirée du soutien, est disposée assez près de la batterie, pour repousser par son feu les attaques de cavaliers ennemis qui tenteraient de l'aborder par surprise. La troupe de soutien est masquée, pour éviter qu'elle serve de but, et laisser l'ennemi dans le doute sur sa position et sa force. (V. plus loin pour les soutiens d'artillerie).

Des nouveaux projectiles ; — notions générales sur l'emploi de l'artillerie.—Parmi les diverses indications générales qui intéressent surtout l'infanterie, et qu'il importe le plus de mentionner ici, nous ne donnerons guère que celles relatives aux projectiles et à leur tir, renvoyant le lecteur aux ouvrages spéciaux pour beaucoup d'autres notions, telles que celles relatives aux divers feux de l'artillerie, à la position des batteries par rapport aux buts sur lesquels elles tirent, etc.

Comme projectiles de l'artillerie de campagne, on distingue : l'*obus ordinaire*, l'*obus à balles*, le *shrapnel* et la *boîte à mitraille*. Une courte description consacrée à chacun d'eux permettra d'en établir suffisamment la valeur au point de vue de l'infanterie.

garde ; disposition plus conforme au rôle de cette dernière fraction.— D'après l'*Instr. pr. sur l'art.*, une seule batterie est attaché à l'av.-garde.

Comme on l'a remarqué avec raison (1), les résultats du tir dépendent uniquement de trois facteurs : la précision, la tension de la trajectoire, et la puissance destructive du projectile. Les deux premières conditions étant déjà pleinement remplies, il ne restait plus à étudier que la question de la force destructive des projectiles. Mais jusqu'ici on ne s'était guère occupé que de la justesse à donner au tir des pièces de campagne, sans s'attacher suffisamment à la question de l'éclatement des projectiles, qui est celle que nous allons particulièrement examiner dans l'étude de l'obus ordinaire.

Obus. — Présente une cavité qui renferme une certaine charge de poudre brisante destinée à faire éclater le projectile; il est armé d'une fusée *percutante.* C'est l'obus *ordinaire,* c'est-à-dire qui n'est destiné à agir que par ses éclats.

Dans presque tous les systèmes, les obus, au moment de l'éclatement, avaient encore, il y a peu d'années, le défaut de se séparer en un certain nombre de morceaux de grosseur très-différente. Les plus lourds seulement arrivaient au but, tandis que les autres, tournant d'une manière irrégulière, sous l'influence de la force développée par l'explosion et de la vitesse de rotation du projectile, tombaient à terre et se trouvaient perdus. Aussi, l'effet explosif des projectiles oblongs, qui n'ont pas beaucoup de vitesse initiale, ne produit que peu de résultats, quand ils donnent des éclats irréguliers, surtout aux grandes distances. L'ancien obus autrichien de 8 centimètres, qui se sépare, en moyenne, en 60 éclats, ne donne sur des panneaux suffisamment larges que le nombre d'éclats suivants :

22 empreintes à 500 pas (375 mètres).
18   *id.*   1000 —
17   *id.*   2000 —
7   *id.*   3000 —

(1) *Rev. d'Artill.,* 15 juin 1876.—*Id. Rev. milit. de l'Etr.,* 5 fév. 1876.

On remarque en outre que les traces des panneaux sont toujours produites par de gros éclats, les petits ne faisant qu'une empreinte, et tombant au pied des cibles. Déjà, on avait essayé assez récemment, en Angleterre et en Suisse, des projectiles *segmentés*, dans lesquels des plans de rupture étaient ménagés à l'avance suivant l'axe et perpendiculairement à sa direction : mais les résultats n'en furent pas de beaucoup supérieurs à ceux des anciens projectiles. Vinrent ensuite les essais repris par M. Krupp sur les obus à *double paroi*, connus depuis 1864, et sur lesquels on fit de nombreuses expériences, il y a un an ou deux. Toutefois, il arrivait encore que la paroi intérieure de ces projectiles opposait trop de résistance aux gaz de la poudre, et l'on n'obtenait pas une quantité maximum d'éclats suffisante ; en outre, ceux-ci n'étaient pas formés de segments *uniques*, mais composés de *plusieurs segments*. Le projectile de ce genre dont nous donnons ci-dessous la description a été présenté par M. Krupp, avec la pièce de 8c,7 en acier frettée, qui est devenue plus tard le canon Uchatius ; il est le même que celui des nouvelles pièces prussiennes **(1)**.

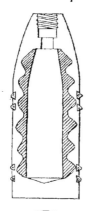

Fig. 142.

Cet obus (*fig.* 142) se compose d'un noyau ou paroi intérieure a et d'une enveloppe extérieure b ; le noyau est creux et porte en relief à l'extérieur trente-six pyramides quadrangulaires accolées et disposées symétriquement sur toutes les surfaces. Ce mode de construction a pour but d'assurer une fragmentation plus

(1) *Rev. milit. de l'Etr.* déc. 1874, n° 246.

régulière au moment de l'éclatement (60 à 62 éclats environ). Le projectile porte quatre ceintures, formées par de gros fils de cuivre, et encastrées dans sa surface cylindrique. L'emploi de ces ceintures est nécessité par la grande vitesse initiale que possèdent les nouvelles pièces. Avec une semblable vitesse, les chemises de plomb ne guident qu'imparfaitement le projectile, et ont de plus l'inconvénient d'emplomber fortement les rayures, tandis que les ceintures en cuivre permettent de n'opérer le nettoyage de l'âme que tous les dix ou vingt coups. Les obus à double paroi sont munis d'une fusée percutante semblable à celle de l'artillerie prussienne.

Le général Uchatius avait remarqué que les éclats composés de plusieurs segments étaient toujours formés d'un certain nombre de ces segments réunis dans le sens de l'axe : pour obtenir une fragmentation complète, il n'y avait plus qu'à marquer les plans de rupture entre chacun des morceaux réunis sur un même segment, ce qui l'amena à donner à la paroi intérieure de son projectile la forme de plusieurs anneaux formant une couronne dentelée, les anneaux étant disposés les uns au-dessus des autres de manière à se couvrir complétement ; ce projectile est dit obus *segmenté à couronnes*. On verra plus loin quelle est la grande supériorité de ses effets sur ceux du type précédent.

Obus à balles. — Contient dans sa cavité, qui est plus grande, un certain nombre de balles, variable avec le calibre ; on l'emploie surtout contre les troupes. A l'étranger, où l'on fait à la fois usage de l'obus à balles et du shrapnel, le premier est muni d'une fusée *percutante*, pour qu'il éclate comme l'obus ordinaire contre une surface ou un sol suffisamment résistants, tandis que le shrapnel est armé d'une fusée *fusante* ou *à temps*. En France, l'obus à balles tient lieu de shrapnel.

Shrapnel. — Les shrapnels contiennent un nombre variable de projectiles (120 à 200), avec une charge de poudre plus ou moins forte; on maintient les balles en place au moyen de soufre coulé dans les interstices. L'enveloppe, de même forme extérieure que celle de l'obus, est à parois minces, et souvent en laiton; on lui donne intérieurement des dispositions assez diverses.

A la suite d'expériences récentes et très-suivies qui viennent d'être entreprises en Russie (1), il est prouvé que les shrapnels donnant les meilleurs résultats sont à parois minces et à *chambre*; c'est-à-dire que la charge de poudre est renfermée dans un tube central autour duquel sont tassées les balles, maintenues au moyen de soufre fondu. D'autres, à *diaphragme,* présentent à la partie inférieure une chambre qui communique avec le tube central par un orifice percé dans la plaque. — L'épaisseur des parois n'est jamais moindre que le dixième du diamètre.

L'obus a balles agissant par l'effet du cône d'éclatement, dont la gerbe va toujours en s'épanouissant, il est nécessaire que le projectile éclate à une certaine distance *au-dessus* et *en avant* du but à atteindre; on obtient ce résultat par l'emploi d'une fusée à temps, qui permet de faire varier d'une manière continue la distance d'éclatement. Le tir du shrapnel présente en même temps cette propriété, que l'on obtient, avec un éclatement bas et des hauteurs de hausses erronées *en moins,* les mêmes résultats que dans les conditions normales de tir; et que, pour un but vertical qui s'éloigne du canon au delà du point le plus dangereux, les chances qu'il a d'être atteint ne diminuent pas pour lui en proportion de l'espace parcouru, etc.

(1) *Rev. d'Artill.,* juin-sept. 1876.

On trouva, dans les expériences russes dont il a été parlé, que la charge la plus avantageuse pour le shrapnel de 9 était de 170 grammes, et que le diamètre des balles devait être de 12c,5. Il y fut en même temps bien démontré que le shrapnel est précisément le projectile le plus destructeur que l'on puisse lancer contre les troupes, et que ses effets sont bien supérieurs à ceux de la boîte à mitraille.

En effet, par l'emploi de la fusée à temps et d'une trajectoire relativement tendue, ils permettent d'atteindre non-seulement des troupes en ordre dispersé, mais celles couvertes par des plis de terrain ou des épaulements. Car, si les obus arrivent également à frapper les hommes à l'intérieur d'un ouvrage, les shrapnels, seuls, peuvent atteindre les combattants placés *sur les banquettes*. Toutefois, on ne peut guère employer le shrapnel au delà de 11 à 1200 mètres, en raison de la combustion trop rapide des fusées. — Les avantages de l'emploi de ce projectile ont été partout si bien compris, que, depuis la guerre de 1870, le shrapnel compte pour un quart dans l'approvisionnement de campagne en Prusse, pour un tiers en Autriche, et en Angleterre pour moitié.

Boîte à mitraille. — Est de forme cylindrique, avec une enveloppe en fer-blanc, et contient un certain nombre de balles ; en moyenne 100. Ce projectile est le plus simple de tous, et celui qui ne rate jamais.—(Il est à remarquer qu'il a disparu en fait des batteries de campagne françaises ; car les coffres de 9,5, de 7 et de 5 n'en renferment pas).

Nous ajouterons, pour terminer ces quelques notions succinctes sur les projectiles, que l'on a renoncé partout aux chemises de plomb, pour adopter les cordons en cuivre, moins coûteux, n'encrassant pas le projectile ; et qu'en Russie les obus sont étamés au moyen d'un alliage de deux parties d'étain contre une de zinc, sans doute pour soustraire la fonte aux effets de l'humidité, etc. Il y aurait lieu de parler des *fusées* : mais leur description, d'ailleurs moins nécessaire, exigerait de trop longs développements.

On fera suivre ce qui a trait aux projectiles de quelques données sur les conditions dans lesquelles s'effectue leur tir avec le plus d'avantage (1).

a) Le tir *à obus* est bon pour toute espèce de circonstances, sans l'être autant que celui de l'obus à balles. On admet généralement que la portée maximum du tir à obus de plein fouet sur l'infanterie est de 2,250 mètres; limite qui n'a jamais été dépassée dans tous les combats livrés par les Allemands autour de Metz. Sur le champ de bataille, ce genre de tir s'effectue ordinairement jusqu'à 1,500 mètres comme limite maximum.

b) Le tir *à shrapnels* sert à battre tous les obstacles animés, à une distance moindre que 2,200 mètres, quand ces obstacles ne sont pas directement protégés par des abris, tels que murs, parapets, etc. On peut aussi, dans certains cas, faire usage du tir à shrapnels contre des buts mobiles : mais, avant de l'employer, on détermine la hausse au moyen d'un tir à obus. Il est alors d'un usage avantageux, quand on doit faire feu contre de grosses masses de troupes, contre des lignes de tirailleurs couchés, contre un ennemi qui se cache dans les plis de terrain. Aux distances supérieures à 2,200 mètres, quel que soit le but, on a recours exclusivement au tir à obus.

c) Le tir à mitraille n'est d'usage que lorsqu'on veut se défendre contre une attaque imminente à l'arme blanche, ou pour

(1) *Rev. milit. de l'Etr.*, n° 107, d'après le *Manuel d'artillerie* publié récemment à Berlin (1873); — gén. Bestagno, *Exercices de combat*, etc.; — *Instruct. prov. sur le serv. de l'artill.* du 10 avril 1876, etc.

agir contre l'infanterie disposée en lignes étendues, telles que lignes de bataille, chaînes de tirailleurs; on ne dépasse guère la distance minimum de 500 à 600 mètres.

Quant *à la rapidité* du tir, elle est à peu près la suivante pour les différents projectiles :

> *Tir à obus,* de plein fouet, 2 coups par minute.
> . *Id.* tir plongeant, 1 *id.* en 2 minutes.
> *Tir à mitraille,* 2 à 3 par minute.

Quelques lignes encore, au sujet du calibre des diverses pièces de campagne, et de la proportion admise pour ces calibres.

Les batteries montées se divisent en batteries *lourdes* et en batteries *légères,* celles-ci étant particulièrement affectées au service de l'artillerie à cheval; la séparation entre le modèle de chacune de ces pièces s'établit généralement par une différence de 1 ou de 2 centimètres dans le diamètre des projectiles. En Italie, où la création récente d'un nouveau modèle de pièces de campagne a permis de se rattacher à l'opinion reconnue aujourd'hui pour la meilleure, on adopte la proportion des 3/5 pour les batteries légères, et celle des 2/5 pour les batteries lourdes. Chez nous, au type des pièces de 5 et de 7 on a ajouté celui de 9c,5. — Les partisans d'une plus forte proportion de pièces de gros calibre résument ainsi les motifs de leur préférence (1) : « La principale condition imposée à l'artillerie de campagne par les progrès des armes portatives est de porter plus loin que par le passé un certain nombre d'éclats, dans la même unité de temps, en conservant d'ailleurs aux pièces une mobilité suffisante. »

Ajoutons encore, comme notion utile à rappeler, que le calibre des pièces rayées s'exprime partout d'après la

(1) *Bull. de la réun. des Offic.*, mai 1876, n° 21.

longueur du diamètre de l'âme, ou qu'elle est encore indiquée par des chiffres correspondant exactement ou à peu près au poids de l'obus en kilogr. On a ainsi pour les canons français de 5 ou de 7 la relation suivante entre les calibres de la pièce et les poids des projectiles :

	Calibre.	Poids de l'obus.
Canon de 5.	7^c,5	4^k,800.
Id. 7.	8^c,5	7^k,000.

Artillerie de campagne française. — L'artillerie d'un corps d'armée (1) comprend 17 batteries de campagne (14 montées, 3 à cheval), 4 sections de munitions d'artillerie, 2 sections de munitions d'infanterie, et un parc d'artillerie de corps d'armée, placés sous le commandement d'un général de brigade.

Chaque batterie (montée ou à cheval) comprend 15 voitures :

    6 pièces,
    6 caissons,
    1 forge pour le matériel et le ferrage,
    1 chariot de batterie,
    1 chariot-fourragère.

Toutes ces voitures sont attelées à 6 chevaux, quel que soit le calibre des pièces.

Une batterie est commandée par un capitaine en premier, ayant sous ses ordres 2 lieutenants ou sous-lieutenants au titre régulier, et un lieutenant ou sous-lieutenant de réserve.

L'effectif d'une batterie est le suivant :

	Servants.	62
Montée :	Conducteurs.	88
	Chevaux de selle	26
	Id. de trait.	134

(1) *Instr. prov. sur le serv. de l'art. en camp.*, du 10 avril 1876. — Ch. 1er, art. 2.

$$
\text{A cheval :}
\begin{cases}
\text{Servants.} & \text{. . . . .} & 56 \\
\text{Conducteurs.} & \text{. . . . .} & 88 \\
\text{Chevaux de selle.} & \text{. . . . .} & 84 \\
\textit{Id.} \text{ de trait.} & \text{. . . . .} & 134 \\
\end{cases}
$$

Les batteries de campagne et sections de munitions d'un corps d'armée sont divisées en 3 groupes :

Artillerie de la 1re division.

   Id.   de la 2e   *id.*

Artillerie de corps.

1° L'artillerie de la 1re division (personnel fourni par le premier régiment de la brigade du corps d'armée ou régiment divisionnaire) comprend, sous le commandement d'un colonel, aidé d'un capitaine en second :

4 batteries montées de canons de 7,

1 section de munitions d'artillerie (n° 1),

1 *Id.* de munitions d'infanterie (n° 2),

commandées par un chef d'escadron, auquel est adjoint un officier de réserve.

L'artillerie de la 2e division est composée comme celle de la 1re; les sections de munitions d'artillerie et d'infanterie sont numérotées respectivement 3 et 4. Le commandement est exercé par un lieutenant-colonel.

L'artillerie de corps comprend actuellement :

6 batteries montées. $\begin{cases} 2 \text{ de canons de 95 mill.} \\ 2 \text{ de canons de 5} \end{cases}$

3 batteries à cheval. $\begin{cases} 2 \text{ de canons de 5 ou de canons} \\ \quad \text{à balles (mitrail).} \end{cases}$

2 sections de munitions d'artillerie (n°s 5 et 6).

Le commandement de l'artillerie de corps est exercé par un colonel ayant pour adjoint un capitaine en second.

2° Le parc d'artillerie du corps d'armée porte un deuxième approvisionnement en munitions d'artillerie et d'infanterie, ainsi que les rechanges et objets nécessaires pour les réparations du matériel de l'artillerie et des équipages militaires.

Le nombre des voitures varie de 153 à 175 ; elles sont réparties en 4 sections de 39 à 47 voitures. Le personnel nécessaire pour les atteler est fourni par le train d'artillerie de la brigade. Nous ferons suivre ce qui a trait à l'organisation générale de quelques données sur le matériel, mais assez succinctes, car il est plus ou moins en voie de transformation.

Canons. — Les pièces de campagne sont au nombre de 2 : le canon de 5 et celui de 7 ; elles sont en acier. Quelques-unes en bronze (de 7) ont été fabriquées pendant la dernière guerre. On a donné plus haut le calibre des pièces et le poids de leurs projectiles ; les longueurs de chaque pièce par rapport au calibre sont respectivement :

Longueur en calibres.

Canon de 5	25
Id. 7.	22

Nous n'entreprendrons pas d'ailleurs de décrire les pièces du système Reffye, dont le mécanisme est aujourd'hui très-connu de tous nos lecteurs.

Les pièces de 7 sont employées surtout à tirer contre l'artillerie ennemie et à battre les divers obstacles, naturels ou artificiels. Le canon de 5 produit des effets moins destructeurs : mais, comme il est plus mobile et porte dans ses coffrets une plus grande quantité de munitions, il est destiné à suivre tous les mouvements de troupes, à former les batteries à cheval, etc.

Parmi les perfectionnements qui doivent être apportés aux nouvelles pièces, on peut citer ceux qui ont trait au mode de fermeture, et sont déjà réalisés dans les types Lahitolle et de Bange; ce dernier système, notamment, repose sur un principe d'obturation tout à fait différent de celui des pièces Reffye. Il y a encore à mentionner l'accroissement de longueur donné à la chambre ; les modifications apportées au tracé des rayures et des cloisons, etc. On a dû renoncer à l'emploi du bronze-acier, qui ne présente pas une dureté suffisante ; la transformation moléculaire ne s'exerçant en réalité que sur les surfaces intérieure et extérieure. Aussi, dans certaines expériences très-concluantes, les parois de ces canons n'ont pu supporter, comme celles des pièces en acier, les énormes pressions développées par les gaz de la poudre.

Projectiles. — Les projectiles se composent de 3 sortes d'obus, dont la longueur est de 3 calibres :

$$\text{Canon de } 7 \begin{cases} \text{obus } \textit{ordinaire} \ldots \text{ renferme une charge de} \\ \qquad\qquad\qquad\qquad\quad 350 \text{ gr. de poudre.} \\ \textit{Id. à double paroi.} \qquad \textit{id.} \\ \textit{Id. à balles.} \ldots \qquad \textit{id.} \end{cases}$$

Ce dernier est divisé intérieurement en 2 chambres, au moyen d'une cloison transversale. La chambre intérieure contient une charge de poudre de 200 grammes, tandis que celle postérieure reçoit 45 balles de plomb, pesant chacune 27 grammes.

Les projectiles du canon de 5 ne diffèrent des précédents que par une diminution du poids des charges de poudre (210 grammes) ; les balles de l'obus ne pèsent aussi que 19 grammes. Au-dessus d'une légère chape de plomb, qui recouvre le projectile, se trouvent, près du culot et un peu au-dessous de la partie ogivale, 2 cordons en plomb, présentant 3 rainures circulaires, destinées à recevoir un corps gras, pour empêcher l'emplombage, et en même temps recueillir le plomb refoulé par les cloisons de la pièce.

Quelques modifications ont aussi été rapportées récemment aux projectiles. La chemise de plomb de l'obus a fait place à 2 cordons plats en cuivre rouge, de 7 à 8 millimètres de hauteur, et qui se fixent sur l'obus par un moyen très-avantageux, etc.

Fusées. — On fait usage de fusées *percutantes*, qui éclatent lorsque le projectile s'arrête ou rencontre un obstacle. Dans le corps cylindrique de la fusée peut se mouvoir librement une *masselotte*, ou petit tronc de cône, qui se trouve lancé en avant quand le projectile s'arrête ; il en est de même du porte-amorce. Le choc de celle-ci contre le rugueux détermine la détonation du fulminate, et par suite l'inflammation du projectile. Cette fusée est celle de M. *Budin*. On cherche encore en ce moment, pour l'obus à balles, une fusée fusante ou à temps, qui permette d'obtenir l'éclatement en l'air, en un point quelconque de la trajectoire.

Gargousses. — De forme cylindrique. Se composent de 2 parties : la *douille* et le *culot* en cuivre, dans lequel s'engage la douille.

Celle-ci, en fer-blanc, est enroulée sur elle-même et non soudée, pour mieux se développer sous l'action des gaz : elle est revêtue de papier extérieurement et intérieurement, où cette couche est plus épaisse. On charge la gargousse avec 5 rondelles de poudre comprimée, qui pèsent chacune 174 grammes pour le 5, et 226 pour le 7, et ont au centre une ouverture de 45 millimètres de diamètre. Au-dessus de celles-ci est une rondelle de graisse ; la gargousse est terminée antérieurement par un disque de carton, également percé en son centre, et serti avec l'étui.

Au centre du culot est une cuvette fermée par une capsule de laiton ; elle est remplie de poudre de chasse servant d'amorce. La gargousse est maintenue en place par un ressaut que forme la chambre de la pièce.

Le culot de la gargousse vient d'être entièrement modifié ;

on a aussi renoncé à l'emploi des rondelles de poudre comprimée; à celui de l'enveloppe en fer-blanc, etc.

Portée. — Les vitesses initiales de l'obus ordinaire sont les
suivantes :

Canon de 5. . . . . 417 mètres.
    Id.   7. 390   *id.*

L'affût étant placé sur un terrain horizontal, on peut in-
cliner la pièce jusqu'à l'angle de 27°, ce qui correspond :.

Pour le 5, à une portée d'environ. . . . . . . 6,400.
    Id.   *id.*   . . . . 5,800.

Canon à balles. — Le canon à balles se compose de 25 tubes
en acier, entourés d'une enveloppe en bronze, qui présente à
peu près le même aspect extérieur qu'un canon ordinaire.
On charge ces tubes au moyen d'un système particulier, dont
la description ne peut trouver place ici. Le diamètre intérieur de ces tubes est de 12,5.

Il est fait usage, comme munitions, de boîtes renfermant
chacune 25 cartouches. Celles-ci, dont la longueur est de
12 centimètres, sont formées de trois parties : le culot portant l'amorce, la douille, contenant la charge de poudre, et
la balle. La charge est formée de 6 rondelles de poudre comprimée, pesant ensemble 12 gr. 60 centigr. La balle, longue
de 40^{mm}, est du même calibre que les tubes (12^{mm},5), mais
elle porte à l'arrière une partie renflée qui produit le forcement.

L'effet du canon à balles est celui d'un feu concentré d'infanterie, mais portant à une plus grande distance; la mitrail-
leuse, toutefois, ne peut lutter contre l'artillerie au delà de
2 kilomètres. On l'emploie surtout dans les surprises, dans
la défense des localités, dans les retraites, dans les défenses
de défilés, de lisières de forêt, etc.

Affûts, attelages, etc. — Les affûts de 5 et de 7 sont entiè-rement métalliques. L'avant-train de la pièce de 5 est égale-ment en fer. (Les batteries de 7 et de 5 transportent, en moyenne, 30 coups par coffre).

Les voitures de campagne sont attelées à 6 chevaux, placés par 2 de front et conduits à la Daumont; celui de gauche, le *porteur*, est monté; l'autre est le *sous-verge*. Dans l'artillerie montée, les servants, en outre des siéges qu'ils occupent sur les coffres de l'avant-train et des caissons, peuvent prendre place, dans certains cas, sur deux siéges que comporte l'es-sieu de l'affût. — On s'abtiendra, d'ailleurs, d'entrer dans plus de détails sur notre matériel, pour passer rapidement à l'examen de celui qui est en service chez les principales puis-sances de l'Europe.

Artillerie de campagne des principales puissances : — Allemagne. – A chaque corps d'armée (1) est attachée une brigade d'artillerie, qui porte le même numéro ou la même dénomination.

Le 1er régiment, formant l'artillerie *de corps*, comprend 2 *abtheilung* à 3 batteries montées, et 1 *abtheilung* à 3 batte-ries à cheval; le 2e régiment, destiné à fournir l'artillerie *divisionnaire*, se compose de 2 *abtheilung* à 4 batteries mon-tées, à quelques exceptions près toutefois. En temps de paix, la plupart des batteries n'ont que 4 pièces attelées. L'artillerie du corps d'armée comprend encore des *colonnes de munitions*.

1° *Artillerie de corps.* — Les batteries montées sont armées de pièces lourdes de campagne (9 cent.) du mod. 1873; celles à cheval sont formées de pièces légères de campagne (8 cent.) du mod. 1873.

(1) *Rev. mil. de l'Etr.*, n° 311, 12 août 1876.

Cette artillerie forme, avec les colonnes de munitions, un ensemble complet, ayant ses services auxiliaires : intendance, service des vivres, etc. Au point de vue des opérations militaires, l'artillerie de corps relève directement du commandant de corps d'armée.

2° *Artillerie divisionnaire.* — A chaque division, et sous l'autorité directe de son chef, est attachée une *abtheilung* de 4 batteries, armées de pièces lourdes de 9 cent., mod. 1873. En tout, pour l'artillerie du corps d'armée, 96 pièces.

3° *Colonnes de munitions.* — Se composent de 6 colonnes de munitions d'artillerie et de 4 d'infanterie, placées sous les ordres directs du commandant de l'artillerie de corps d'armée, et réparties en 2 *abtheilung*; l'une, formant le premier échelon, suit les troupes de près, et l'autre, qui reste plus en arrière, reçoit les munitions du parc de campagne et complète ou relève le premier.

Composition des batteries. — Sont ainsi composées :

6 pièces,
8 caissons,
3 chariots de batterie,
1 forge de campagne.
—————
18 voitures, toutes attelées de 6 chevaux.

La batterie forme 3 sections (*Zug*), de 2 pièces chacune et de 1 ou 2 caissons.

Effectifs des batteries. — Sont donnés par le tableau ci-joint, et d'après les documents les plus récents (1876) :

	Batterie montée.	Batterie à cheval.
Capitaine commandant.	1	1
Lieutenant en premier.	1	1
Id. en second.	3	3
A reporter.	5	5

	Batterie montée.	Batterie à cheval.
Report . .	5	5
Feldwebel et *vice-feldwebel*	2	2
Porte-épée Fæhnrich	2	2
Sergents	4	4
Sous-officiers (*Unter-officiere*).	8	7
Obergefreile	6	6
Gefreile.	9	9
Trompettes	3	3
Canonniers.	129	122
Soldats du train.	5	5
Maréchal ferrant.	1	1
Selliers.	1	1
Aides de lazaret.	1	1
	175	168
Chevaux.	150	230
Voitures	18	18

Après la *batterie de combat*, qui se compose des 6 pièces, viennent les 2 *échelons*, formés, le premier, de 3 caissons et du chariot de batterie n° 2, et le deuxième, placé plus en arrière, et à l'abri, s'il est possible, et comprenant le reste de la batterie. Dans *l'ordre de marche* devant l'ennemi, la batterie forme 2 échelons :

1° Les 6 pièces avec leurs avant-trains ; 1 groupe de voitures (3 caissons, et le 2ᵉ chariot de batterie qui transporte 2 brancards d'ambulance) ;

2° Deuxième groupe de voitures (3 caissons, le 1ᵉʳ chariot de batterie, la forge de campagne et la voiture de bagages). Le second échelon se tient à environ 1000 pas (750 m.) de la batterie.

Formation de combat. — La batterie se fractionne encore en deux parties :

1° Les 6 pièces, et le premier échelon de voiture, 3 caissous, 1 chariot de batterie, qui les suit dans la zone même du feu de l'ennemi. Pour le choix de l'emplacement à donner à ce premier échelon, on s'attache surtout à communiquer facilement avec la batterie, le soin d'abriter les voitures contre le feu de l'ennemi ne venant qu'en second ordre. On le place habituellement à une distance de 50 à 100 pas, ou plus loin, si quelque obstacle du terrain permet de dérober les caissons et les voitures à la vue de l'ennemi. Le premier échelon ne doit jamais être placé dans le prolongement de l'axe de la batterie, mais sur un de ses flancs.

2° On donne au deuxième échelon une position telle qu'il puisse être aperçu des sous-officiers amenant les voitures vides du premier échelon.

Au début de la dernière campagne, les batteries étaient approvisionnées comme il suit :

Batteries de 9ᶜ :.. {	Obus explosifs	666
	Id. incendiaires.	72
	Boîtes à balles . . . . , ...	60
Batterie de 8ᶜ : { Id. à cheval : {	Obus explosifs.	768
	Id. incendiaires	96
	Boîtes à balles.	78

Aux quelques notions qui précèdent, nous ajouterons l'exposé succinct des prescriptions que donne le nouveau *Manuel d'artillerie* allemand dont a déjà été parlé sur le combat d'une batterie adjointe à une brigade d'infanterie (1).

« (*Attaque*). — La batterie s'avance aussitôt que son intervention semble nécessaire, pour protéger le déploiement de l'infanterie. Elle cherche une position qui soit autant que possible à couvert, sur le flanc qui est le moins menacé, assez en dehors pour ne pas gêner la marche en avant ou le dé-

(1) *Rev. mil. de l'Etr.*, nᵒˢ 107 et suiv. (d'après le *Giornale d'artigliera*).

ploiement de l'infanterie, assez bien placée pour permettre la continuation du feu pendant un temps assez prolongé, et en même temps aussi avancée que la sécurité de la batterie peut le permettre. Dans la plupart des cas, cette position se trouve à 1500 ou 2000 mètres de l'ennemi.

« En général, la batterie commence par tirer lentement sur l'artillerie de l'adversaire. Quand la seconde ligne a dépassé la batterie, celle-ci doit s'avancer à son tour. Dans cette nouvelle position, il faut avoir soin tout particulièrement de rester lié avec l'infanterie; la question de s'abriter devient chose secondaire. Le but à battre sera la portion des troupes opposées dont le feu contrarie le plus la marche en avant, à condition toutefois que ce but puisse être battu d'une manière efficace. Si cette portion de troupes n'est pas l'artillerie ennemie, on ne devra pas répondre au feu que cette dernière dirigera sur la batterie.

« Quand approche le moment de l'attaque décisive, l'artillerie, après s'être portée en avant une seconde fois, s'il en est besoin, déploie toute l'énergie de son feu sur le point vers lequel aura lieu le choc définitif. En ce moment-là, on ne doit point riposter au feu que l'artillerie de l'adversaire dirige sur la batterie. Cette dernière suspend son tir dès qu'il peut devenir dangereux pour l'infanterie qui se porte à l'attaque, soit en canonnant l'artillerie ennemie, soit en se préparant à la défense contre des attaques de flanc.

« Si l'assaut réussit, elle s'avance, pour empêcher l'ennemi battu de se rallier, ou repousser, soit l'artillerie qui arriverait pour soutenir l'ennemi, soit les réserves lui venant en aide. Si l'assaut ne réussit pas, elle reste en position, afin de protéger l'infanterie repoussée et de préparer l'attaque de la seconde ligne.

« Dans la retraite, elle empêche l'adversaire de poursuivre

les troupes amies avec trop de violence, en soutenant toujours la portion de l'infanterie qui se trouve le plus rapprochée de l'ennemi. Elle prend pour but les colonnes d'infanterie qui sont le plus voisines. » — (Le lecteur consultera encore avec fruit, dans le même recueil (*Rev. mil. de l'Etr.*, n° 108), quelques autres indications qui se rapportent aussi à l'infanterie, et n'offrent pas un intérêt moindre).

La place de l'artillerie dans le combat est aussi indiquée dans le *Militair-Wochenblatt* (1). Dans l'offensive, l'artillerie, tout en accompagnant l'infanterie, ne doit pas amener ses pièces jusque sur la ligne des tirailleurs, où elles auraient trop à souffrir des balles ennemies, mais se tenir à peu près à hauteur des deuxièmes lignes de l'infanterie. Elle est alors à bonne distance de tir. Ses autres positions successives sont subordonnées à la marche en avant de l'infanterie ; quand arrive le moment décisif, les batteries se trouvent ainsi à bonne distance de l'ennemi.

Quand, au contraire, on se tient sur la défensive, il faut placer l'artillerie vers les ailes.

Dans les manœuvres de 1874 (10e corps, Hanovre), les batteries ont rarement ouvert le feu au delà de 2500 mètres, et toujours, vers la fin de l'action, elles se sont rapprochées de l'adversaire jusqu'à 1800 ou 1500 mètres. Dans celles de 1875, on a encore remarqué cette tendance de l'artillerie, déjà signalée dans la dernière campagne, à n'agir qu'en grandes masses. Dès que le moment est venu pour cette arme d'entrer en action, elle réunit le plus grand nombre possible de pièces, et prend une position qu'elle sait choisir, de manière à en changer le moins possible, et ne la quitte que lorsqu'elle ne peut plus faire autrement.

(1) *Rev. d'Artill.*, juill. 1876.

Canons, projectiles, etc. — La Prusse a adopté en 1875 deux modèles de canon de campagne : l'un de 8ᶜ,8, et l'autre de 7ᶜ,85 ; cette dernière pièce, plus légère, est destinée aux batteries à cheval. Les deux modèles sont en acier fondu et fretté. Dans le mode primitif de fermeture, qui a été conservé et comporte deux coins glissant l'un sur l'autre, l'obturation est assurée par un anneau Broadwell modifié ; toutefois, on a rapporté au système de fermeture une modification par suite de laquelle la communication du feu n'est possible que si le coin est poussé à fond. Il avait été remarqué en effet, pendant la dernière campagne, que si les servants fermaient mal la culasse, le feu se trouvait communiqué à la charge avant que le mécanisme d'obturation fût tout à fait en place. — On désigne aussi les deux canons de 9 et de 8 centimètres sous le nom de pièces de 6 et de 4. Les batteries de 6, un peu plus lourdes et d'un effet plus considérable, sont destinées aux combats de position, à la destruction des redoutes, barricades, édifices, etc.

Le canon de 6 peut même être employé au bombardement des petites places fortes.

Les projectiles tirés par ces deux pièces sont l'obus ordinaire (à double paroi), le shrapnel, la boîte à mitraille et l'obus incendiaire. L'obus ordinaire, du poids de 5 kilos, porte trois ceintures en cuivre, celle du milieu seule produisant le forcement et donnant le mouvement de rotation, etc.

L'affût est en fer pour les deux modèles. (Disposition adoptée, du reste, partout aujourd'hui pour les pièces de campagne).

Rôle de l'artillerie allemande pendant la dernière guerre. — L'artillerie prussienne s'était montrée inférieure aux autres armes en 1866, dans beaucoup de circonstances; surtout, parce que, mal dirigée et placée souvent en queue des colonnes, elle ne parvenait pas à déboucher à temps, et n'arrivait sur le terrain qu'avec des attelages épuisés : alors son tir était masqué le plus souvent par la présence de l'infanterie, qui s'était déployée et avait déjà entamé l'action. Elle avait aussi à lutter contre l'artillerie autrichienne, très-bonne et bien dirigée (1), etc.

L'étude de la campagne de 1870-71 nous montre, au contraire, l'état-major allemand constamment préoccupé de faire arriver l'artillerie à l'avance sur les champs de bataille; cette arme est partout la première à engager le combat, et en grandes masses. A Wœrth, aux 84 pièces du 5e corps, qui ouvrent le feu vers le matin, vient bientôt se joindre l'artillerie du 11e corps, et le feu de cette énorme batterie de 100 pièces ne tarde pas à rendre le plateau de Freschweiler intenable pour notre armée; à Saint-Privat, toute l'artillerie des 7e, 8e et 9e corps est également mise en ligne; sur les hauteurs de Flavigny se trouvent, à un moment donné, réunies jusqu'à 19 batteries; à Sedan, la disposition exceptionnellement favorable du terrain permet aux Allemands d'utiliser toute leur artillerie dès le début de l'opération, etc.

On comptait dans l'armée allemande, par corps d'armée de 2 divisions, 16 batteries ainsi réparties :

4 par division d'infanterie. . . . . 48 pièces.
2 par division de cavalerie. . . . . 12 —
6 à la réserve. . . . . 36 —
TOTAL. . . . 96

En France, il y avait par corps d'armée 14 batteries :

3 par division d'infanterie, dont 1 de mitrailleuses. 36 pièces
2 par division de cavalerie. . . . . 12 —
6 à la réserve. . . . . 36 —
TOTAL. . . 84

(1) Le matériel autrichien, bien que se chargeant par la bouche, était

24.

Soit en tout dans l'armée allemande 96 pièces, pour 25 ou 26 bataillons, ou 3 3/4 par bataillon, ce qui n'est pas une proportion exagérée; mais il est à noter que, dans le mouvement du 13e corps, d'Orléans à Vendôme, on lui adjoignit, par exception, toute l'artillerie du 1er corps bavarois, ce qui porta la proportion de l'artillerie, sur ce point, à 9 ou 10 bouches à feu par bataillon.

D'après les accroissements donnés à l'artillerie de campagne dans l'armée allemande, cette proportion ne serait guère inférieure aujourd'hui à 5 ou 6 pièces par bataillon.

Les batteries allemandes ouvraient leur feu à 4,000 ou 3,000 pas, et, tant que l'infanterie ennemie n'avait pas été mise en déroute, elles s'en rapprochaient jusqu'à 5 ou 600 pas, et jetaient le désordre dans ses rangs en y exerçant d'affreux ravages (1). Par la tendance constante qu'elles avaient dans la dernière campagne à se rapprocher le plus possible de l'ennemi, elles évitaient de voir leur champ de tir rétréci par le mouvement en avant des autres armes, et assuraient à leurs feux une efficacité puissante. Commençant alors un tir de boîtes à balles, l'artillerie allemande arrêtait le plus souvent la marche offensive de l'adversaire, ce qui lui permettait de se retirer elle-même lentement. On attribuait, dans cette arme, le succès du feu, à de si courtes distances, autant au sang-froid et au calme du personnel qu'à l'effet destructeur des projectiles. Dans bien des circonstances, quand son infanterie succombait sous le feu violent de l'ennemi, l'artillerie continuait la lutte en se sacrifiant. Il lui est ainsi arrivé parfois de laisser sur le terrain les deux tiers de ses hommes et

excellent. Dans l'armée prussienne, une partie des batteries avaient le canon rayé; les autres le reçurent au moment de la mobilisation.

(1) V. un article remarquable de l'*Invalide russe*, publié de *visu* en 1870 (*Bull. de la Rev. des Offic.*, 1871, n° 159).

de ses chevaux. A Amanvilliers (1), une batterie à cheval du
9e corps perdit 120 hommes et plus de la moitié de ses servants *sans interrompre son feu;* après la bataille, on fut
obligé d'envoyer des chevaux du parc pour emmener ses
pièces. Un des avantages de l'artillerie est en effet d'être la
seule arme qui puisse encore produire son effet même après
avoir subi des pertes considérables.

L'artillerie prussienne évitait autant que possible de ma-
nœuvrer, et s'efforçait de se porter déployée sur des positions
choisies autant que possible de manière à lui permettre de
s'avancer ou de se retirer en bataille. On employait de préférence à ce service les batteries à cheval (2), qui rétrogradent plus facilement et plus sûrement, quand il est nécessaire; ces batteries se composaient souvent de 12 et d'o-
busiers, parce qu'on frappait l'ennemi à de plus grandes
distances, et que les obusiers permettent d'atteindre des
masses abritées ou se mouvant à couvert. Il est toutefois peu
probable que les Allemands fassent à l'avenir usage de leur
artillerie à cheval, qui a eu beaucoup plus à souffrir que les
batteries montées du tir du fusil français, en raison de la
grande surface qu'elle offrait à ses coups. Quand les lignes
allemandes se portaient en avant pour une attaque décisive,
l'artillerie était placée aux ailes, et l'on attachait aux pièces,
pour les couvrir, la cavalerie divisionnaire ou des détachements d'infanterie. Comme les batteries n'ont plus autant
besoin qu'autrefois de la protection des autres armes, en raison de leur mobilité, de la grande puissance de leur tir, etc.,
l'artillerie allemande dédaignait le plus souvent le secours
des soutiens habituels d'infanterie, par suite aussi de la con-

(1) *Annuaire d'art, de sciences, de techn.,* etc., de M. le major belge
Henrard (1873), p. 159.
(2) *Gén. Roth de Schreckenstein* (ouvrage déjà cité).

fiance extrême qu'elle tirait du début si heureux de la campagne ; mais elle eut parfois à s'en repentir. Elle manœuvrait, d'ailleurs, avec une grande indépendance d'allures, comme on l'a remarqué avec raison : mais si à Rezonville, à Amanvilliers, à Sedan, à Beaugency et dans d'autres batailles, elle devance au loin les colonnes, et, pendant plusieurs heures, reste au feu sans aucune escorte, ou avec la protection seule de quelques escadrons, c'est qu'elle n'a devant elle, comme artillerie, qu'un adversaire peu redoutable.

Bien d'autres considérations pourraient s'ajouter à celles qui précèdent, au sujet de l'artillerie allemande, et en ce qui concerne l'infanterie : mais pour ne pas trop s'écarter du sujet qui nous occupe, on a dû s'en tenir aux plus essentielles (1).

Russie. — L'artillerie de campagne comprend des canons de quatre et de neuf livres, se chargeant par la culasse, et pour la plupart en bronze (avec âme d'acier) ; les autres pièces, qui sont en acier, appartiennent au modèle Krupp. A la suite d'expériences récentes et très-étendues sur l'artillerie de campagne, un métal analogue à celui du canon Uchatius a été substitué à l'ancien bronze ; la pièce actuelle de quatre léger, destinée aux batteries à cheval, est en même temps plus légère et plus maniable que l'ancienne. La composition des batteries a été aussi modifiée, car déjà celles à cheval ne sont plus que de 6 pièces. On a aussi adopté un

(1) Au sujet du rôle de l'artillerie allemande dans la dernière guerre, voir dans la *Rev. mil. de l'Étr.* (1873, n°s 82 et 83) l'article ayant pour titre : *L'artillerie allemande à Rezonville*, d'après l'ouvrage du capit. Hoffbauer : *Die deutsche Artillerie in den Schlachten bei Metz*; et cet autre (*id.*, n°s 97, 100 et 101) : *L'inf., l'artill. et la caval. prussiennes*, par un officier gén. russe, le baron Zeddeler..

nouvel obus, qui est à double paroi et muni de cordons en fil de cuivre, dont la supériorité sur les chemises de plomb a été partout reconnue; la fusée des shrapnels a été modifiée, etc.

Depuis le mois de mai 1876 (1), il n'est plus fait usage que des projectiles suivants :

> Obus ordinaire (à fusée percutante),
> Shrapnel ou obus à balles (avec fusée à temps), et
> Boîtes à mitraille.

On se servait encore tout récemment , comme obus à balles, d'un projectile particulier, le *sharokh*, dont il ne sera pas inutile de donner une courte description.

Il avait été imaginé dans le but de remédier au défaut qu'ont les projectiles oblongs de ne pas ricocher aussi bien que les projectiles sphériques. La partie ogivale du sharokh (*fig.* 143) est remplacée par une sphère de diamètre un peu moindre que celui de la partie cylindrique, et réunie à cette dernière par une faible épaisseur de métal (2). Le plomb coulé autour du projectile raccorde extérieurement la sphère et le cylindre. Les expériences exécutées avec ces nouveaux projectiles (1870), tirés comparativement aux obus ordinaires, avaient montré qu'ils n'étaient

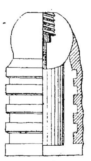

Fig. 143.

pas inférieurs comme effet à ces derniers, et que la sphère ricochait d'une manière remarquable : mais celles toutes récentes ont fait ressortir sa complète infériorité sur les obus à balles avec fusées à temps, ou shrapnels. (La partie ombrée

---

(1) *Rev. mil. de l'Etr.*, n° 324 (24 oct. 1876).
(2) *Conférences sur l'artillerie*, par M. le cap. de France (1872), p. 143.

sur la droite de la figure représente la chemise de plomb du projectile). Les sharokhs à balles doivent être déchargés et employés à la place des obus ordinaires.

Les batteries de campagne sont ainsi approvisionnées :

Batteries montées de 9 :
obus. 500
shrapnels . . . 478
b. à mitraille. . 64
soit 130 coups par pièce.

Batteries montées de 4 :
obus. 606
shrapnels. . . . 606
b. à mitraille. . 56
soit 158 coups par pièce.

Batteries à cheval :
obus. 440
shrapnels . . . 440
b. à mitraille. . 68
soit 158 coups par pièce.

Autriche. — L'artillerie forme 13 régiments à 15 batteries, réparties en 5 *abtheilung* : 2 pour l'artillerie *de corps*, et les 3 autres pour celle *divisionnaire*. Les batteries sont de 8 pièces.

Dans chaque régiment, les 7 premières batteries sont formées de pièces lourdes (9,9 cent.) ; celles 10 et 11, de pièces légères de 8 cent. ; les 4 autres, armées de la même manière, sont des batteries à cheval.

Il est presque certain que ces régiments, qui comptent ainsi 15 batteries, seront répartis sous peu en brigades, pour une organisation dans le corps d'armée analogue à celles adoptées en Allemagne et en France, et dans laquelle le régiment, placé sous les ordres d'un lieutenant-colonel, comprendrait 2 *abtheilung* de 4 batteries chacune, et commandée l'une et l'autre par un officier supérieur (1). Le modèle adopté dans le courant de l'année 1875 est le canon en *bronze-acier* du général d'Uchatius ; il est du calibre de 8c,7. La fermeture

(1) *Rev. mil. de l'Etr.*, n° 320 (15 oct. 1876). — *Id. Rev. d'Artill.*, 15 juin 1876.

de culasse se compose d'un coin cylindro-prismatique, avec anneau Broadwell comme obturateur; le type en a d'ailleurs été fourni par la maison Krupp. Cette pièce, qui donna les meilleurs résultats dans les expériences faites en 1874, et fut trouvée bien supérieure au canon de campagne prussien, a été fidèlement reproduite dans le nouveau modèle en bronze-acier. On a adopté, pour l'armement des batteries à cheval, une pièce plus légère, de 7c,8. — Si le bronze-acier est un peu inférieur à l'acier comme résistance à l'action des gaz, les expériénces auraient toutefois montré que les nouvelles pièces présentent une résistance très-suffisante, et qu'elles donnent la même justesse que celles en acier fretté. Affût en fer; chaque pièce approvisionnée à 94 coups et 96 charges.

Comme les projectiles adoptés récemment en Autriche présentent tout l'ensemble des perfectionnements les plus récents, nous croyons utile d'entrer pour leur description dans quelques détails (1).

1° *Obus segmenté à couronne.* — Ainsi qu'on l'a vu plus haut, on a donné à la paroi intérieure du projectile la forme de plusieurs anneaux formant une couronne dentelée, les anneaux étant disposés les uns au-dessus des autres de manière à se couvrir complétement (*fig.* 144). L'obus est muni de 4 ceintures de cuivre et armé de la fusée percutante du colonel Kreutz; fusée toujours vissée sur l'obus et n'exigeant aucune manipulation au moment du tir; le projectile est introduit dans le canon tel qu'on l'a pris dans le coffre à munitions.

Tandis que le projectile autrichien à double paroi ordinaire

---

(1) *Rev. mil. de l'Etr.*, fév., mars 1876 — *Revue d'Artillerie*, fév., mars et avril 1876.

donne 76 éclats, dont 56 efficaces, celui du général Uchatius en produit 137 de bons sur 155.

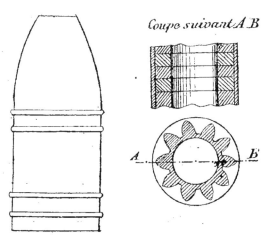

Coupe suivant A B

Fig. 144.

Ces résultats, mis en évidence par les tirs exécutés au polygone de Steinfeld, au mois d'octobre dernier, ont encore été dépassés depuis.

2° *Obus incendiaires.* — A simple paroi. A la composition incendiaire on a ajouté une petite quantité de poudre, qui reçoit l'inflammation de la fusée : les jets de flamme sortent par trois évents pratiqués à la partie ogivale du projectile.

3° *Shrapnels.* — Ont la même forme que les obus, et sont à simple paroi. Le vide intérieur est divisé en deux parties par une cloison horizontale. Au fond, se trouve la chambre à poudre, qui renferme 83 grammes de poudre à mousquet ; elle est mise en communication avec la fusée par un tube central en laiton ; autour de ce tube, et dans la chambre antérieure, sont placées les balles en plomb et antimoine, au nombre de 163 et du poids de 13 grammes. Les interstices sônt remplis par du soufre. Les obus, ainsi que les shrapnels, ont une longueur de 2 1/2 calibres.

4° *Boîtes à mitraille.* — Sont formées d'un corps cylindrique en zinc laminé qui porte un bourrelet destiné à limiter leur entrée dans la chambre. Chaque boîte renferme 120 balles, en plomb et antimoine, de 10 millimètres de diamètre.

Les balles, disposées par 12 couches de 10, sont maintenues au moyen de soufre coulé dans les interstices. La boîte à mitraille produit des effets suffisamment destructeurs jusqu'à près de 700 mètres (1).

Italie. — La pièce de campagne actuellement en service est du calibre de 7,5 cent.; une autre, plus lourde, qui vient d'être adoptée récemment, et également en acier, est de 8,7 cent. La proportion entre ces deux pièces est de 3/5 pour les premières et de 2/5 pour celles de 8,7.

La pièce de 7,5 cent. est un canon en bronze avec fermeture à coin d'acier du genre Krupp. Elle comporte un affût en tôle avec frein de recul; sur l'essieu sont deux coffrets d'affût pour boîte à mitraille et charges correspondantes, ainsi que deux sièges pour les servants, entre les flasques et les roues. L'avant-train, attelé de 4 chevaux, porte 48 coups avec deux servants assis sur le coffre ; le caisson, attelé également de 4 chevaux, transporte 120 coups (48 dans l'avant-train et 72 dans l'arrière-train); deux servants sont assis sur les coffres. L'approvisionnement complet (6 à mitraille et obus) est ainsi de 168 coups.

La batterie, formée de 8 pièces, comprend : 8 caissons,

(1) Sur les effets des nouveaux projectiles, voir encore le compte rendu du tir exécuté le 3 mai dernier au polygone de Steinfeld (*Rev. d'Artillerie* du 15 juin).

3 chariots de batterie, 1 forge de campagne, 17 chevaux de selle et 96 de trait.

(Le canon de campagne anglais (1872) est une pièce de 16 livres en fer et acier, du type Fraser, et du calibre de 9,15^c. Le tube, d'acier fondu, est enveloppé sur sa moitié postérieure d'un manchon en fer forgé. Cette pièce tire des obus, des shrapnels et des boîtes à mitraille. — En Belgique, l'artillerie de campagne se compose de batteries montées de 4 et de 6 (7 et 9 cent.), et de batteries à cheval de 4 ; les batteries sont de 8 pièces ; le canon de 4 est en acier, avec fermeture du système Wahrendorff. L'avant-train porte 50 coups : 32 obus, 12 shrapnels, 6 boîtes à mitraille ; approvisionnement entier de la batterie : 1746 coups. Le canon de 6 (9 cent.) ne diffère du premier que par les dimensions. Approvisionnement de la batterie montée, 1542 coups, ou 192 par pièce (1). — On a adopté en Espagne, en 1872, un canon Krupp de 7,86 cent., dont le système de fermeture est celui du dernier modèle ; cette pièce est d'ailleurs la copie du canon de 4 prussien (8 cent.). Une pièce de 10 cent. entre dans l'armement, avec la proportion de 1/6 cent., etc.).

Du combat de l'infanterie et de l'artillerie ; — formations propres à cette dernière armée. — Avant de passer à ce qui a trait à la lutte de ces deux armes entre elles, il est indispensable de compléter les quelques données précédentes par des notions plus étendues sur les formations de combat de l'artillerie.

Celles-ci sont au nombre de trois :

L'ordre de marche en colonne ;
La marche en bataille, et
La mise en batterie.

(1) Ces renseignements sur l'artillerie belge sont tirés de l'excellen

1° Dans la marche en colonne, la batterie est sur une ou deux pièces de front. Elle marche dans l'ordre suivant, ainsi qu'on l'a déjà vu :

Les six pièces, avec avant-trains ;

Le 1er échelon de voitures ;

Le 2e échelon.

Le 1er échelon comprend les 3 caissons ; le 2e, avec les 3 autres caissons, 1 ou 2 chariots de batterie, la forge de campagne, et quelquefois une voiture de bagages.

2° Dans la marche en bataille, chaque pièce s'avance de front, suivie de son caisson. Comme dans la marche en colonne en temps de paix, l'avant-train avec la pièce et le caisson occupent chacun une longueur de 15 mètres environ.

3° Pour passer de cette formation à celle de la mise en batterie, on enlève l'avant-train de la pièce, en faisant faire deux fois par file à gauche à l'attelage, et l'avant-train va se placer derrière la pièce, en avant du caisson : l'affût est tourné à bras et poussé en batterie. (Les avant-trains sont à 9 mètres de l'extrémité du levier de pointage (1), et les caissons, à 18 mètres en arrière).

La tactique de l'artillerie consiste surtout à passer de l'ordre en *colonne* à l'ordre *en batterie*, et vice versâ. Bien qu'assez prompte à exécuter, la mise en batterie est un moment critique : pendant cette opération, on masque parfois les batteries par de l'infanterie et de la cavalerie.

Pour la mise en batterie devant l'ennemi, la batterie de ré-

Cours d'artillerie (autogr., 1872) professé à l'école mil. de Bruxelles par M. le cap. Bonnier.

(1) Aujourd'hui, à 15 ou 20 m., d'après les prescriptions de l'*Instr. provis.* du 10 avril 1876. — Les caissons, à une distance peu éloignée en arrière ou sur les côtés.

serve va s'établir, comme on l'a déjà vu, plus ou moins loin en arrière de la batterie de *combat*; cette séparation existe déjà, du reste, dans la marche en colonne. Les avant-trains restent à quelques mètres en arrière de leurs pièces ; on porte les trois caissons de la batterie de combat à 60 ou 80 mètres en arrière, et du côté de l'aile le moins exposé au feu de l'ennemi ; les caissons sont abrités.

Les munitions du coffre de l'avant-train suffisent pour quelque temps à nourrir le feu; on change ensuite l'avant-train vide de la pièce contre l'avant-train plein de munitions du caisson. Pour cela, deux caissons du 1er échelon ont été amenés derrière la droite et la gauche de la batterie (2e et 5e pièce), à 10 pas en arrière des chevaux de devant de l'avant-train. Toutes les pièces viennent alors se réapprovisionner. Les caissons vides sont emmenés au trot au 2e échelon, et indépendamment de celles en munitions, les pertes que subit la batterie en hommes, chevaux et matériel, sont remplacées par le 1er échelon, qui, à son tour, comble ses vides au moyen du 2e.

Déjà on a pu voir, dans les exemples tactiques relatifs au bataillon, comment se produit dans le combat l'intervention de l'artillerie. Nous compléterons ces données par l'exposé du mode d'action de l'artillerie, d'après les idées les plus récentes.

« En général (1), l'artillerie protégera le déploiement des autres troupes en canonnant l'ennemi à des distances qui varieront de 1500 à 2,500 mètres, et qui, dans certains cas très-rares, pourront atteindre jusqu'à 3,000 mètres.

« Pendant cette première période de la lutte, les tirailleurs dépasseront peu à peu les batteries, et s'avanceront, suivis par leurs soutiens et les réserves de la première ligne, puis,

(1) *Note sur la tactique de l'artillerie,* février 1875, p. 16.

par la deuxième ligne, etc., jusqu'à ce qu'ils soient en contact avec les tirailleurs ennemis.

« Lorsque le combat devra se borner à de simples démonstrations, les tirailleurs s'arrêteront et combattront sur place ; dès qu'ils se heurteront à une résistance sérieuse de l'ennemi, les différents échelons se placeront derrière eux, à leurs distances respectives. L'artillerie pourra, dans ce cas, continuer à combattre sur ses positions initiales, qui se trouveront le plus souvent en arrière des réserves de la première ligne.

« Lorsque, au contraire, l'attaque devra se dessiner davantage, les batteries abandonneront, par échelons successifs, leurs positions initiales, se porteront en avant au trot et à intervalles ouverts, et viendront préparer l'attaque par un tir aussi rapproché que le permettent les dispositions du terrain et les balles des tirailleurs ennemis.

« Ce n'est que lorsque les positions ennemies auront été fortement battues par ce feu rapproché de l'artillerie que les tirailleurs s'élanceront à l'attaque, suivis de près et renforcés par les soutiens et les réserves. »

L'artillerie « déploie alors dans son feu la plus grande énergie, sans se préoccuper de ses pertes, et cherche à attirer sur elle le feu de l'artillerie ennemie, de manière à la détourner des troupes qui vont s'élancer... » (1).

« Quand des batteries doivent participer à la défense d'un point déterminé d'une ligne de bataille (château, village,

---

(1) *Etude relative à l'exécution des manœuvres dans les corps d'armée*, Minist. de la guerre, 3 août 1875, ch. III, tact. des différ. armes. — Rapprocher de ces considérations ce qui a été dit précédemment sur la protection mutuelle que se sont toujours donnée, dans la dernière campagne, l'infanterie et l'artillerie prussiennes.

ferme, enclos, bois) **(1)**, elles s'établissent le plus souvent en dehors, sur les flancs ou même en arrière, afin de commander le terrain des attaques et surtout les débouchés probables de l'assaillant. »

Des soutiens de l'artillerie. — Il est nécessaire de faire soutenir une batterie par de l'infanterie, parce que les servants, inquiétés autour de leurs pièces par le feu de tirailleurs embusqués en avant d'eux et sur leurs flancs, seraient vite dans l'impossibilité de continuer leur service. Le feu de la batterie ne tarderait pas ainsi à être ralenti si elle n'avait auprès d'elle une troupe d'infanterie chargée de riposter à l'ennemi; la batterie elle-même serait exposée à être enlevée, parce que l'artilleur, tout à ses pièces et à ses attelages, est très-embarrassé de répondre à une attaque, surtout quand celle-ci est faite par de l'infanterie.

La sphère d'action de l'artillerie s'est étendue dans les mêmes proportions que celle de l'infanterie; mais, son efficacité n'ayant pas été augmentée aux petites distances, auxquelles correspondent précisément les perfectionnements du fusil, il s'ensuit qu'elle est sans défense contre cette arme à ces mêmes distances, qui sont celles où celle-ci atteint justement ses meilleurs effets **(2)**. Aussi, comme plusieurs exemples le prouvent, les artilleurs ont pu se défendre dans certains cas contre l'irruption de cavaliers : mais il leur est impossible de se protéger contre les tirailleurs qui les poursuivent. L'artillerie a bien plus encore besoin d'être soutenue lorsqu'elle est en marche, parce qu'alors elle se trouve sans défense. De là deux positions pour lesquelles nous aurons à examiner la question des soutiens. Toutefois, ajoutons encore que les escortes per-

(1) *Etude relative à l'exécution des manœuvres*, etc., p. 36.
(2) *Confér.* du pr. de Hohenlohe, Berlin, mars 1869.

mânentes sont inutiles, l'artillerie se trouvant tout naturellement gardée par les troupes qui marchent ou combattent autour d'elle.

Une compagnie de 200 hommes suffira toujours pour la garde et le soutien d'une batterie de 6 pièces. D'après ce qui a été dit, elle prendra deux formations différentes, suivant que la batterie est *en marche* ou qu'elle s'est établie *en position*.

1° *Batterie en marche.* — Une batterie montée occupant, d'après l'*Instr. prat.* (p. 114), une longueur de 260 mètres, en raison de l'allongement dû à la marche (1), la disposition de chacun de ses éléments sera représentée assez exactement d'après la *fig.* 145. La compagnie chargée de l'escorte détachera une section comme avant-garde, à 4 ou 500 mètres en avant de la première pièce ; le corps principal (2 sections) marchera de chaque côté de la colonne, à peu près à la hauteur de l'intervalle qui sépare les pièces du premier échelon, et à 150 ou 200 mètres sur les flancs de la batterie. Chacune de ces sections détache des éclaireurs et se relie par quelques hommes avec l'avant-garde ; la section d'arrière-garde, marchant à 2 ou 300 mèt. en arrière, se relie par quelques patrouilles avec les deux corps de patrouilles.

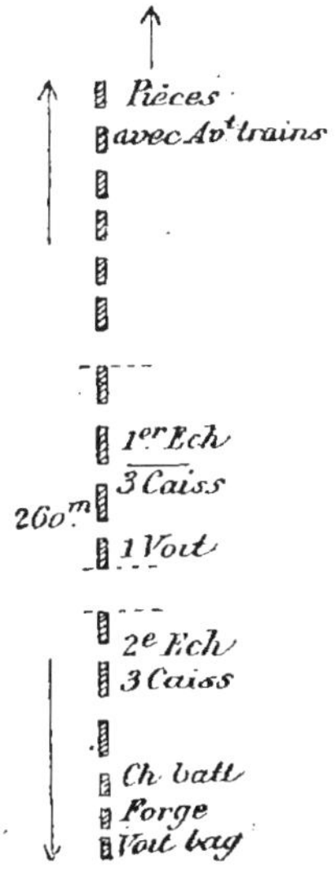

2° Batterie *en position de combat.* — La plus grande partie du soutien est employée à protéger la batterie sur le côté et en avant de son emplacement, à 3 ou 400 mètres environ.

Fig. 145.

(1) 300 mètres d'après l'*Instr. provis.* du 10 avril 1876.

Une réserve tirée d'une section sera placée dans le voisinage immédiat de la batterie : elle est employée à protéger la batterie de réserve et à repousser par son feu les attaques par surprise de la cavalerie ennemie. Il a été dit qu'une compagnie de 200 hommes suffit à garder une batterie de 6 pièces; mais ce n'est là qu'un minimum, et, dans plus d'un cas, il sera nécessaire d'y affecter une compagnie et demie ou plutôt deux compagnies. On peut voir (*fig.* 146) que 50 hommes

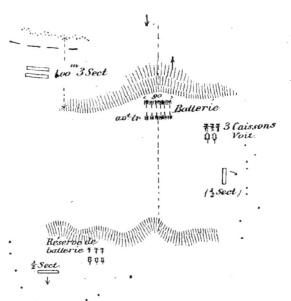

Fig. 146.

sont insuffisants à protéger le derrière et les flancs d'une batterie : avec une troupe d'un effectif un peu plus élevé, on établirait en outre des tirailleurs en avant et sur le côté droit de la batterie, avec crochets en arrière, pour mieux empêcher la batterie d'être tournée par la cavalerie.

L'échelon principal du soutien ouvre le feu sur les colonnes ennemies dès qu'elles arrivent à portée du tir efficace ; il n'engage ses tirailleurs en avant qu'autant qu'il est strictement nécessaire : le reste est tenu en réserve, prêt à se jeter sur le flanc de l'assaillant, au moment où il arrivera sur les pièces. On règle aussi l'emplacement des troupes de soutien d'après le temps nécessaire à la cavalerie pour franchir au galop tel espace qui la sépare des pièces, de manière que la batterie ne puisse être traversée ; circonstance qui amène toujours un grand désordre. — Le rôle d'une troupe de soutien est encore, si la batterie est enlevée et les artilleurs tués ou pris, de charger l'arrière-garde de l'ennemi, pour le forcer à abandonner les pièces, etc.

Dans l'établissement des batteries isolées, on utilise aussi la cavalerie, mais en petit nombre, pour reconnaître le terrain et placer des vedettes sur les flancs et les derrières de la position. Dans les pays de plaine, et avec le grand développement donné aujourd'hui à l'artillerie, la cavalerie est l'arme qui convient le mieux pour soutenir les batteries nombreuses ; quand des masses de cavalerie se réunissent pour exécuter une charge (1), on forme avec un ou plusieurs escadrons un rideau qui permet de faire approcher les pièces. La cavalerie prend position en arrière de la batterie, et à distance de carrière, etc.

Passons maintenant à ce qui a trait au combat de l'infanterie contre l'artillerie.

Combat de l'infanterie contre l'artillerie.— Cette lutte entre les deux armes donne lieu à deux cas particuliers : l'artillerie engage le combat à la *distance habituelle* (3,000 ou 2,500 mètres) ; — cette distance ayant successivement diminué, l'infanterie *attaque à son tour* l'artillerie :

(1) De Brack, *Du soutien des pièces*

25.

1° L'infanterie, se trouvant battue par les pièces aux distances de 2,500-1,500 mètres, n'a d'autre moyen de lutter que par une défense passive (1), — en se couvrant par quelques abris; — en gagnant une hauteur et se plaçant derrière la crête; — en se portant tout à fait en contre-bas de la position occupée par l'artillerie, de telle sorte que les projectiles s'enfoncent dans le sol sans éclater, — en se couchant, etc. Avec des ressources de cette nature, et si son artillerie et sa cavalerie ne viennent pas à son aide pour répondre au feu de l'ennemi, ou tenter une charge sur la batterie, l'infanterie n'a rien de mieux à faire que de marcher sur la batterie, dans la formation qui donnera le moins de prises aux projectiles de l'adversaire, et en changeant continuellement de position, dans des limites d'autant moins restreintes que l'artillerie est plus éloignée. Si, par exemple (2), au coup d'essai de l'ennemi, le projectile tombe à peu de distance en avant de l'infanterie, celle-ci se portera rapidement au delà du point de chute, en dissimulant autant que possible son mouvement, de manière à ne plus se trouver dans l'espace battu de plein fouet.

2° Arrivée à la distance du tir efficace, l'infanterie cherche à s'emparer de la batterie. (L'attaque dirigée sur une batterie peut aussi n'avoir pour but que de gêner celle-ci dans son feu, et de l'empêcher de tirer sur d'autres troupes établies dans leurs positions). L'artillerie se trouve alors dans une position critique, si les tirailleurs de son soutien ne sont pas en nombre supérieur à celui des assaillants. Nous supposerons d'abord le cas d'une batterie isolée, et plus loin celui d'une batterie faisant partie d'une ligne de bataille.

(1) Gén. Paris, *Tact. appliq.*, p. 375.
(2) *Règl. d'inf. belge*, école de comp., p. 95.

Attaque. — S'il s'agit d'une batterie de six pièces, 2 compagnies pourront être chargées de l'enlever. Une compagnie ayant été opposée aux tirailleurs placés en avant de la batterie, de manière à avoir sur eux l'avantage du nombre, la 2e compagnie tente en même temps une attaque sur le flanc de la batterie, et dirigée particulièrement contre les pièces ; ces compagnies déploient le plus grand nombre de leurs hommes en tirailleurs. La chaîne s'avance en évitant de se placer dans la direction du tir des pièces ; les bons tireurs ouvrent le feu dans chaque escouade. Si les tirailleurs parviennent à s'approcher de moins de 1,000 mètres, la batterie reculera infailliblement ; toutefois l'infanterie, à cette distance, aura beaucoup à redouter les effets du tir des shrapnels et des boîtes à mitraille. La réserve est gardée jusqu'à la fin, pour agir en dernier lieu contre les troupes de soutien. Lorsque l'infanterie est arrivée à 800 ou 700 mètres de la batterie, c'est-à-dire à 3 ou 400 mètres de son soutien, et en supposant que la batterie ait tenu bon jusque-là, elle ouvre un feu vif et précis contre les servants, tandis que la partie de la ligne qui est opposée aux soutiens de la batterie se prépare par l'emploi du feu rapide et des salves, et en le débordant sur son aile extérieure, à les forcer à battre en retraite ; s'il résistent encore, la chaîne se lance à l'assaut. Les tirailleurs chargés de l'attaque de flanc continuent à marcher et se rapprochent des pièces ; les soldats visent surtout les chevaux ; d'un autre côté, la troupe de soutien a commencé à battre en retraite. Le moment est venu de l'attaque finale. Les assaillants choisissent comme moment favorable, pour s'élancer sur la batterie, celui où l'on met les pièces sur les avant-trains (quand l'adversaire se dispose à opérer sa retraite) ; on profite aussi du moment d'une explosion, etc. Quand la batterie se retire, on la poursuit, en visant surtout les attelages ; on tourne contre l'ennemi les pièces qui ont été prises, et on les met hors de service, si l'on craint de ne pouvoir les conserver, etc.

Défense. — En se plaçant à 400 mètres en avant de la batterie, la troupe de soutien a eu tout d'abord pour but d'éloigner des pièces le feu de l'assaillant ; tout son effort tend à l'empêcher de s'approcher de sa chaîne à plus de 7 à 800 mètres ; car, à 1,200, les projectiles de l'adversaire commencent à devenir très-gênants pour les servants et pour les attelages. Le chef du soutien, tout en portant son plus grand effort vers la chaîne, a gardé une réserve, destinée à s'opposer à l'attaque particulièrement dirigée contre les pièces. L'ennemi ayant l'avantage, le soutien donne par sa résistance au commandant de la batterie le temps d'amener les avant-trains et d'opérer sa retraite ; quand celle-ci est devenue impossible, par suite des pertes en hommes et en attelages, le chef du soutien se jette en avant des pièces, y prend une position défensive, se couvrant des voitures, et donne à la batterie le temps d'attendre quelque secours. — (Ajoutons au sujet de l'artillerie que, dans les moments critiques, elle doit bien plus songer à combattre qu'à sauver ses canons. Il n'y a rien de déshonorant à perdre des pièces qui ont canonné jusqu'au dernier moment l'ennemi marchant à l'assaut) (1).

Mais il est à remarquer qu'une batterie se trouvera rarement dans une position aussi isolée, car presque toujours elle est détachée d'une batterie de quatre ou huit pièces, appartenant à une brigade ou à une division d'infanterie ; et, même dans

(1) Col. Philebert, *Méth. d'inst. prat.* — La même idée, émise avec raison dans le *Manuel* du prince N.-L. Bonaparte, vu l'impossibilité dans laquelle est l'artillerie de se protéger elle-même, se retrouve encore dans l'*Instr.* italienne.

ce cas, quelques escadrons viendraient chercher à la dégager. C'est pourquoi il est nécessaire de distinguer ce second cas, qui est le plus habituel, et pour lequel on se reporterait aux exemples déjà donnés : une batterie agit contre une aile d'une brigade en marche ; — elle est destinée à arrêter le mouvement de retraite d'une portion de ligne, etc. Cette batterie sera composée plus souvent de la réunion de 8, de 4 ou de 2 batteries ordinaires. Le mode d'attaque et de défense, bien que subordonné aux mouvements des corps voisins, est le même que celui qui vient d'être exposé; mais il y aura en plus nécessité, pour la troupe qui attaque, de se tenir prête à l'éventualité de ces attaques de cavalerie destinées à dégager la batterie.

Dans la *Troisième Partie* de ce travail, destinée à servir de complément à tout ce qui précède, seront enfin émises certaines considérations relatives à la pratique de l'arme, et d'après lesquelles on aurait intérêt à diriger l'instruction du soldat, pour que ce dernier tire de son fusil le parti le plus avantageux.

TROISIÈME PARTIE.

DES MOYENS DE DONNER A L'ARME SON MAXIMUM D'EFFET.

———

§ Ier. — Considérations générales sur le feu de l'infanterie.

Quelle action ont eue sur le combat les perfectionnements récents apportés au fusil. — Expériences sur la puissance actuelle du feu, etc. — Tir aux grandes distances. — Valeur relative des effets donnés à la guerre par le fusil d'infanterie. — Sur l'infériorité relative des résultats obtenus.

L'infanterie n'agissant que *par le feu* ou *la menace du feu*, tout doit tendre à accroître les effets de l'arme dont elle fait usage. Celle-ci a partout la même valeur, ou à très-peu près : mais les résultats obtenus dans les différentes armées ne sont pas les mêmes ; en outre, il y a encore à l'étranger, et chez nous surtout, de grands progrès à réaliser dans l'instruction du tir. La recherche du meilleur ordre à suivre pour faire produire à l'arme son maximum d'effet présente donc un grand intérêt, et l'on comprend de suite qu'il s'agira avant tout de rendre *aussi parfaite que possible l'éducation du soldat*, pour qu'il sache tirer le meilleur parti possible de son adresse. D'ailleurs, suivant un principe bien connu, plus un instrument est parfait, plus il faut exiger de celui qui est appelé à le manier. Il y aurait sur le sujet qui nous occupe une étude assez complète à entreprendre : on se bornera ici à quelques brèves observations, qui seront mieux en rapport avec le cadre de notre travail que de longs développements.

Etablissons d'abord quelle a pu être l'action sur le combat des perfectionnements apportés à l'arme à feu de l'infanterie. Ces progrès sont caractérisés par deux grands faits : l'apparition du *fusil rayé*, il y a trente ans environ, et celle du *chargement par la culasse*, vers 1864. Quelle influence ont-ils eue, non sur l'art militaire en général, mais sur le caractère particulier du combat de l'infanterie ? Comme le fait remarquer un auteur avec raison (1), il semble d'abord que tout progrès de l'arme à feu indique un accroissement de puissance pour la défensive, d'après un sentiment qui est général, et d'autant mieux fondé en apparence, qu'à l'origine la défensive n'est devenue possible, en rase campagne, qu'avec l'aide des armes à feu. Cette idée de la défensive est liée à celle du fusil, comme la conception de l'offensive se rattache à la pensée de l'arme blanche. Mais il y a là une grande erreur, parce que dans la réalité, c'est-à-dire dans le combat, cet emploi de l'arme, assez exact, si on ne considère que l'individu isolé, ne l'est plus quand il s'agit d'opérations militaires. Dans celles-ci, en effet, les deux adversaires, soumis à des conditions égales d'armement, subissent en outre l'effet de causes très-diverses, parmi lesquelles les conceptions tactiques ou stratégiques jouent forcément le premier rôle. L'action de l'arme à feu est en même temps liée à celle des autres armes, dont l'effet peut être prépondérant à un moment donné, et, dans tous les cas, sera difficile à dégager du résultat obtenu. De telle sorte que son action, décisive dans certains cas de détail, n'a plus le même effet dans l'ensemble de toutes ces circonstances. Les résultats fournis par les campagnes de 1859, de 1866 et de 1870 (2) le prouvent on ne peut mieux.

(1) Von Scherff, *Etudes sur la nouv. tact. d'inf.*, 1re part., ch. Ier.
(2) *Ibid.*

Dans la première, les armes rayées des Autrichiens, se tenant sur *la défensive*, n'arrêtent pas les Français (quelque part que l'on attribue à l'action des canons rayés). En 1866, les Autrichiens, pour contre-balancer l'effet du fusil prussien, se lancent, au contraire, dans *une offensive* aveugle, qui ne leur réussit pas davantage, et les Français, en 1870, adoptent, avec aussi peu de succès, une défensive qui ne convenait, ni aux effets de leur arme, ni à leur caractère, ni même aux circonstances (1). C'est qu'à la guerre il n'y a pas d'offensive ou défensive absolues, et que, indépendamment des causes générales agissantes, la puissance de l'arme se produit comme une action réciproque. Il en est de même dans les combats les plus simples, parce que chaque adversaire passe à son tour par divers moments d'offensive ou de défensive, et que les circonstances qui permettent tel emploi exceptionnel de l'arme sont rares à la guerre.

D'une opinion contraire sont nées bien des erreurs, et notamment celle qui a si longtemps préconisé la supériorité de l'arme blanche par rapport au feu.

Expériences relatives à la puissance actuelle du feu ; comment elle s'apprécie. — Quand il s'agit du fusil d'infanterie, les nombres qui représentent les *espaces battus* et ceux qui expriment la *rapidité* des feux, sont les plus importants. Ces espaces sont trop petits aux grandes distances pour permettre des effets importants contre une ligne d'adversaires debout ou couchés : mais ils sont assez grands pour qu'on ne donne pas à un corps quelconque une *profondeur* considérable, sans bien y réfléchir à l'avance. Aussi, devra-t-on adopter

---

(1) Cette idée de la défensive avait été préconisée chez nous bien à tort, en 1867, dans les *Observations* sur l'instruction sommaire pour les combats (p. 18, 24, etc.).

pour les troupes une formation aussi mince que possible, et les faire coucher, quand le terrain le permettra. Rien n'en prouve mieux la nécessité que les expériences entreprises à Spandau, en 1872, dont il a été parlé au début de cet ouvrage (*Introd.*), et qui ont été présentées pour la première fois par le *Militair Wochenblatt* (1). Nous en donnons ci-dessous les principaux résultats.

60 tirailleurs, couchés derrière un abri et tirant à 500 mètres, mirent en 2 minutes hors de combat :

675 hommes dans un bataillon en colonne double (debout). Figuré par 2 panneaux de 28 mètres de long, placés à 15 mètres l'un de l'autre ;
669 hommes dans 2 colonnes de compagnie à intervalles (debout) ;
428 hommes dans 2 colonnes de compagnie à intervalles (couchés) ;
424 hommes dans un demi-bataillon en ligne (debout), 37 mètres de long ;
465 hommes dans un demi-bataillon en ligne (couché), etc.

Pour les trois premiers cas, le feu employé fut celui de tirailleurs ; pour les deux derniers, le feu de salve, exécuté 12 fois de suite pendant les 2 minutes ; l'officier indiquant la distance, et, avant le commandement de feu, avertissant les hommes d'avoir à bien viser.

Cette expérience prouvait, tout d'abord, que deux compagnies en colonne, *même couchées*, subissent autant de pertes *que le demi-bataillon en ligne*, et que celles supportées par ce demi-bataillon *couché* sont 4 fois inférieures aux pertes *du bataillon debout et en colonne double*. De ce qui précède on pouvait encore tirer des conséquences importantes au point de vue du combat : nécessité d'interdire tout mouvement de flanc aux tirailleurs, de soustraire plus ou moins les renforts

(1) 12 oct. 1872. — Citées également dans la *Tact. nouv.* du général de Wechmar, et reproduites par différentes publications.

et même les soutiens à l'action du feu, par telle ou telle formation, etc. Il n'est pas sans intérêt de rapprocher de ces données les résultats d'expériences entreprises récemment en Autriche (1). On y trouva, pour l'attaque et la défense des ouvrages de campagne, relativement aux effets du feu de l'infanterie comme précision, qu'à la suite d'un tir d'un peu plus de 3 coups par minute, et pendant plus de 3 minutes, chaque tirailleur avait reçu au moins 5 balles, à la distance d'environ 400 pas; chaque homme du premier rang des colonnes d'assaut, environ 3 balles et demie, et chaque homme du premier rang des colonnes de réserve, environ une balle. Les soutiens suivaient les tirailleurs à 100 ou 150 pas ; à 300 pas en arrière venaient les colonnes d'assaut, et, à une distance à peu près égale, les colonnes de réserve. — Examinons en second lieu ce qui a trait à la vitesse du feu.

Si la recherche exclusive de la vitesse du tir peut nuire à sa justesse, il y a toutefois un maximum d'efficacité provenant d'un ensemble bien combiné de ces deux conditions, mais qui est variable avec l'éducation donnée au soldat, car les bons tireurs ajustent et tirent vite. Pour *le feu à volonté*, la vitesse de 6 coups par minute donne encore de bons résultats, et, pour le *feu de salve*, celle de 5. Nous pensons que l'habitude des feux d'ensemble amènerait bientôt nos soldats à dépassser ces deux limites. Si le seul avantage d'un accroissement de vitesse pour le feu à volonté est de donner au feu rapide l'efficacité voulue (celle-ci étant le produit de sa justesse par la vitesse), il n'en est pas de même du feu de salve, avec lequel il y a intérêt à accumuler sur un point donné, et pendant quelques instants très-courts, le plus grand nombre pos-

(1) *Bull. de la R. des Off.*, 28 oct. 1876 (d'après la *Rev. de Streffleur*).

sible de projectiles ; à condition de ne pas tirer à des distances trop éloignées, et de faire viser d'autant plus bas, que le but est plus éloigné. En Autriche (1), le produit du fusil Werndl comme feux de salve a été trouvé de 7 coups par minute, aux distances moyennes ; mais il est naturellement plus faible aux grandes distances. Une compagnie de 208 hommes dans le rang exécutant des feux de salve à 600, 750 et 900 mètres, au camp de Brück, la rapidité du tir fut de 3,6 salves par minute, pour la première distance ; de 4, pour la seconde, et de 2,7 pour la troisième. La vitesse fut en même temps moindre pour un grand nombre d'hommes, tel qu'une compagnie, qu'elle ne l'était pour une fraction plus faible. Dans les tirs de justesse de l'infanterie suisse, on serait arrivé, d'après des renseignements puisés à la même source, jusqu'à 10 salves par minute ; la moyenne atteinte dans les feux individuels étant de 9,9 et même de 12,5 par minute. Cette question de la rapidité du tir a en effet son importance, car si l'action du feu n'agit pas rapidement, l'ennemi y échappera, ou aura le temps de l'affaiblir par son propre feu.

Quant à la vitesse de tir du fusil d'infanterie à un coup, envisagée d'une manière générale, elle peut être fixée à 20 coups par minute ; vitesse qu'on ne dépasse guère avec les armes à magasin. Il y a aussi lieu d'examiner quelle peut être la valeur du tir aux grandes distances.

Tir aux grandes distances. — Ce genre de tir est une invention toute française, dont les Allemands, malgré leur sens pratique des choses du tir, ont tenté de faire l'application chez eux, en souvenir sans doute des pertes que leur a fait subir le fusil modèle 1866 dans la dernière guerre ; aussi, ont-ils gradué la hausse du fusil Mauser jusqu'à 1,600 mètres.

(1) *Rev. de Streffleur*, nov. 1875.

Plusieurs cas de blessures causées par des balles de chasse-pot à plus de 1,600 mètres ont montré quelle est la force de pénétration du projectile ; et, d'un autre côté, des expériences faites en divers pays avaient déjà prouvé que la force de pénétration des balles allongées est encore très-appréciable à des distances plus éloignées encore. Déjà, en effet, il avait été établi en Bavière, en 1859, avec le calibre de 13,8 et la balle Podewils, que les projectiles allongés percent une planche d'un pouce d'épaisseur à des distances variables avec l'inclinaison du tir :

5°30 à	1480 mètres.
10° à	2000 *id.*
20° à	2110 *id.*
25° à	2300 *id.*

La première objection qui se présente contre l'emploi du tir aux grandes distances est celle de la difficulté qu'éprouve le tireur doué de la meilleure vue à bien viser, même s'il découvre assez nettement le but. Il y a aussi à signaler contre son emploi l'erreur très-grande que produit dans le sens vertical la moindre déviation de l'arme, et qui est telle, que les coups ricochent, si l'on tire trop bas, et qu'ils passent presque toujours trop haut. Ce tir doit donc être réservé pour des cas très-rares, et n'être pratiqué que par d'excellents tireurs. Car ce n'est qu'aux petites distances et aux distances moyennes que l'on utilise réellement bien l'adresse de chaque homme.

Un autre inconvénient du tir à longue portée est dû à la dérivation, qui s'accroît avec la distance. Pour le fusil Mauser, elle est, à 1400 mètres, de 10m,90, et portée du côté droit. Nous n'avons d'ailleurs aucune donnée sur la dérivation que produit le tir du fusil modèle 1874.

Valeur relative des effets donnés à la guerre par le fusil d'infanterie. — On a déjà pu se rendre compte, par ce qui précède, et d'une manière générale, de la grande valeur de l'arme actuelle de l'infanterie : nous allons maintenant rechercher quelle est, par rapport aux résultats fournis en temps de paix, la valeur comparative de son effet utile à la guerre.

On peut admettre, sans trop s'écarter de la vérité, que la moyenne des tirs avec le fusil français modèle 1866 est, à 600 mètres, d'environ 33 %. D'un autre côté, celle du fusil Werndl, dans les feux à volonté, et sur une cible de 4 mètres de large sur 2 de haut, a été trouvée de 56 % à 675 mètres, de 46 % à 750, de 35 % à 900 mètres, etc., résultats qui sont à peu près les mêmes que ceux du Werder ; le fusil Martini-Henry, dont nous ne pouvons citer que les écarts moyens, possède une justesse supérieure encore à celle des armes précédentes, etc. Or il a été reconnu depuis longtemps que *l'effet utile* à la guerre est bien au-dessous des résultats les plus modestes obtenus en temps de paix. (Nous nous servons de ce terme faute d'une expression plus exacte ; car l'effet utile, tel qu'on le définit habituellement, est à proprement parler le nombre de balles qui frappent le but dans un *temps déterminé.* A la guerre, il faut, au contraire, faire abstraction de la notion du temps, et ne tenir compte que du nombre de munitions consommées, ou de *coups tirés* relativement à celui des adversaires *mis hors de combat*).

Le chiffre indiqué par de Plœnnies (1) pour les effets du fusil à la guerre est de 0,7 % ; mais il faut tout d'abord noter qu'il était trop faible, même pour le genre d'armes dont on faisait alors usage (1862). En l'appliquant aux résultats qui viennent d'être donnés, on voit que le soldat, qui n'ob-

(1) *Nouv. étud. sur l'arme à feu rayée,* 1862.

tient avec le chassepot que 0,7 °/₀ dans le combat, tire 47 fois plus mal qu'à la cible ; ce qui ne vaudrait assurément guère la peine de s'adonner annuellement aux exercices du tir, si cette donnée était bien exacte. La même relation a été présentée d'une manière un peu plus complète, relativement au fusil de *Chasseur suisse* (1856), arme remarquable dont nous n'avons pas ici à établir la valeur. On a admis, pour les chiffres indiqués sur le tableau suivant, que deux tiers seulement des coups portent sur le front d'une troupe, et un tiers sur l'homme isolé ; ce qui permet de prendre ces données comme résultats réels dans la plupart des circonstances. (Au lecteur qui trouverait ces chiffres trop élevés, nous ferions remarquer que l'on avait ici affaire à de très-bons tireurs) (1).

Moyenne
à toutes les distances.

Justesse technique de l'arme isolée.	76 0/0
Id. de l'armement entier. .	61
Effet pratique dans les exercices de paix.	56
Effet dans le combat.	0,7

Comme on l'a déjà dit, ce chiffre de 0,7 est trop faible, parce qu'il ne se rapporte plus à l'effet des armes actuelles, et qu'il n'a pas été établi d'après des données suffisamment étendues. Ainsi, dans le tableau qui précède, on n'est arrivé à l'évaluer qu'en se basant sur un seul fait, tiré de la guerre d'Amérique. A la bataille de Stones-River (janv. 1863), 47,000 Unionistes perdirent, en morts ou blessés, 14,560 hommes, sur lesquels 13,832 atteints par les 2,000,000 de coups de l'infanterie ennemie. Nous ignorons d'ailleurs comment l'auteur allemand est, de son côté, arrivé à ce même chiffre de 0,70. Bien que trop faible, et un peu indéterminée, cette

(1) *Rev. mil. suisse* (1866).

expression de la valeur relative du feu à la guerre n'en est pas moins intéressante à noter.

La statistique des dernières campagnes, qui abonde en documents précieux, surtout à partir de celle de 1866 (1), permet d'arriver à une évaluation assez exacte de la valeur pratique du fusil d'infanterie ; on trouve en premier lieu, comme il fallait s'y attendre, qu'elle est beaucoup plus élevée que la précédente. L'expression la plus puissante de cet effet de l'arme paraît s'être produite à l'affaire de Lungsby, où 64 Prussiens, avec 750 coups tirés, tuèrent ou blessèrent 88 Danois ; ce qui donne, pour les coups ayant porté, un pour cent ou un effet utile de 11,74. Dans cette campagne de 1866, 1 balle 1/2 sur 100 aurait frappé l'ennemi, d'après des documents allemands, qui portent le chiffre des cartouches consommées à 2 millions ; tandis que dans celle de 1870, où l'on aurait employé jusqu'à 25 millions de cartouches, la valeur de l'effet utile de l'arme se trouve être beaucoup plus faible. Un autre auteur estime que la valeur pratique de l'arme est augmentée de plus de 30 fois, en raison du soin avec lequel l'instruction sur le tir est donnée aux soldats allemands.

Mais si les documents sont en assez grand nombre sur les effets du fusil d'infanterie dans les deux campagnes de 1866 et de 1870, comme ceux-ci n'ont guère été relevés qu'au point de vue médical, il nous manque, pour la détermination de la valeur cherchée, un élément très-important, celui du *nombre de munitions consommées*, et que nous ne croyons pas du moins avoir été établi ou publié d'une manière bien exacte. La proportion très-élevée des effets du fusil d'infanterie par rapport à ceux des autres armes, permet toutefois de ne pas douter que cette action de l'arme n'ait été des plus puissantes.

(1) Plœnnies et Weygand, *Die deutsche Gewehrfrage*, 1872, p. 7.

D'après diverses estimations faites en Allemagne sur la campagne de 1866, la proportion des effets du fusil à aiguille, par rapport à ceux des autres armes, aurait été de 80 °/₀. Cette même relation pour le fusil chassepot est fixée d'une manière générale à 95 °/₀ par les divers auteurs allemands. A la bataille de Gravelotte, la proportion des pertes subies par nos ennemis aurait été la suivante, d'après le relevé de 43 notes médicales portant sur un ensemble de 7,270 blessés (1) :

> Par les projectiles de l'infanterie. 94 0/0
> Id.   de l'artillerie. . . . 5
> Par les armes blanches. 1

Une autre évaluation se rapportant à la même bataille indique des chiffres un peu différents :

> Par les projectiles de l'infanterie. . . . 96,5
> Id.   de l'artillerie. 2,7
> Par les armes blanches. 0,8

En tenant compte de l'action des mitrailleuses, le chiffre qui représente l'action proportionnelle du fusil par rapport aux autres armes serait encore supérieur à 90 0/0.

Pour les pertes françaises, on trouve la proportion suivante dans les résultats comparatifs des diverses armes :

> Par le fusil prussien. 70 0/0
> Par l'artillerie. 25
> Par les armes blanches. 5

Il serait du reste facile, en complétant ces données par celles de la consommation des munitions, de reproduire le chiffre exact de l'effet utile de l'arme : mais il est douteux qu'à la suite de chaque affaire on ait bien tenu compte, pour l'infanterie, du nombre exact de munitions consommées. On

(1) Plœnnies et Weygand, *Die deutsche*, etc.

ne trouve, en effet, dans les statistiques étrangères que des évaluations générales. Comme dernière indication à ce sujet, ajoutons que la disproportion remarquée entre les résultats obtenus à la cible et en campagne est moins grande qu'elle ne le parait tout d'abord ; car les vêtements arrêtent bien des coups que la cible eût signalés (1).

Cette puissante influence du combat s'explique d'elle-même par l'ensemble des causes physiques et morales qui agissent alors sur le soldat. Il nous suffira d'en citer une ou deux parmi les principales.

Des causes auxquelles est due cette infériorité des résultats obtenus. — Le poids énorme que l'on donne partout à porter au soldat *dès qu'il entre en campagne* (c'est-à-dire sans l'y avoir suffisamment préparé) est un premier coefficient qui tend toujours à abaisser le chiffre des effets produits dans le combat. Ce poids, que l'on peut fixer à environ 25 kilos, absorbe à tel point les forces physiques et morales de l'homme, que les marches les plus ordinaires le mettent déjà hors d'état de rendre tous les services qu'il devait fournir ; à plus forte raison, au point de vue du tir, le soldat, gêné dans son activité physique et intellectuelle, sera-t-il incapable de fournir les mêmes résultats qu'en temps de paix. L'homme dont un sac pesant et toute espèce de matériel de campement entrave la liberté des bras (2), et qu'un sabre inutile embarrasse pour mettre le genou à terre ou s'étendre sur le sol, ne sera plus aussi à même d'apprécier une distance, d'exécuter rapidement et bien les manœuvres, et d'ajuster avec soin. En y ajoutant une fatigue plus ou moins grande, et l'émotion inséparable de tout danger, on voit de suite que les effets de

(1) De Plœnnies et Weygand, *Die deutsche*, etc.
(2) De Plœnnies, *Nouv. étud.*, 1862, p. 467.

son tir ne seront le plus souvent que des coups de hasard. Chez nous, la charge totale de l'homme a été fixée à $22^k,239$: mais il est permis de douter que le chargement réel du soldat entrant en campagne se maintienne à ce chiffre, bien qu'il soit encore possible d'opérer une ou deux suppressions d'effets dans la répartition établie. Aussi, comme il n'est pas possible d'alléger sensiblement le poids du soldat, il ne reste qu'une ressource, celle de le préparer de longue main à ces fatigues de la campagne.

A cette première cause d'infériorité dans le tir de guerre, il faut en joindre une autre, qui tient au manque de vigueur physique de beaucoup de nos soldats. L'infanterie ne recevant guère comme recrutement que le reste des autres armes, il se trouve qu'un grand nombre d'hommes pèchent par un manque de force musculaire et une faiblesse de système nerveux qui ne leur permettent pas de bien immobiliser leur arme, et auxquels est dû en partie ce funeste coup de doigt que l'on est impuissant à prévenir. Aussi, bien des hommes, qui ne voient pas distinctement une cible ou un ennemi à 400 mètres et des groupes à 700, ne peuvent apprécier les distances; — d'autres sont incapables de viser à guidon fin, etc.

S'il est bien reconnu que les exercices de tir, même pour des hommes vigoureux, doivent être journaliers, à plus forte raison aura-t-on beaucoup de peine à développer chez les autres cette force physique sans laquelle il n'est pas de bons tireurs, en supposant même qu'on trouve le temps d'habituer beaucoup les soldats au maniement de leur arme.

Il y a donc aussi là un mal auquel il est difficile de remédier, et qui suffit, avec la raison alléguée précédemment, à donner l'explication de cette infériorité relative des effets obtenus à la guerre. On s'occupera, dans ce qui suit, de rechercher par

quels moyens pratiques on peut arriver à un résultat plus
avantageux.

On examinera en second lieu quelles conditions doivent
être principalement recherchées dans la pratique du tir, en
vue de la guerre, pour répondre au principal objet de notre
programme.

§ II. — De la pratique du tir en vue de la guerre.

Sur l'utilité d'avoir quelques très-bons tireurs. — Nécessité d'obtenir
un tir très-rapide dans certains cas. — De l'arme à magasin. — Du
gaspillage des munitions. — Les formations employées dans le combat
doivent permettre la meilleure utilisation de l'arme, etc.

Nous établirons d'abord combien il importe de former
d'excellents tireurs. Les effets du tir se réduisaient autrefois
à si peu de chose, que le meilleur tireur l'emportait de bien
peu sur le plus mauvais. Aussi, les munitions de l'infanterie
se consommaient sur le champ de bataille dans une proportion beaucoup trop peu en rapport avec les résultats obtenus.
On tirait presque toujours sans ajuster l'ennemi, comme si
on n'eût eu d'autre objet que de l'intimider; les soldats, qui,
avant de tirer, épaulaient d'une manière à peu près horizontale étaient déjà ceux que l'on pouvait mettre au nombre des
meilleurs (1), etc. Mais il n'en est plus de même aujourd'hui.
Le soldat véritablement exercé se rend d'abord compte de la
distance, dresse sa hausse, et vise un point déterminé sur les
masses ennemies : on peut estimer sans exagération que la
majorité des soldats est aujourd'hui dans ce cas. Si de grands
progrès ont été accomplis dans l'instruction des hommes, il
y a aussi à faire la part de l'arme, dont les effets se sont bien

(1) De Plœnnies, *Nouv. étud.*, 1862.

accrus par la tension des trajectoires, et qui, par l'adjonction de la hausse, a rendu la tâche du soldat bien plus facile.

Toutefois, ces progrès ne sont rien tant qu'il en reste d'autres à réaliser : au lieu de s'en tenir dans l'instruction à cet ensemble moyen de progrès accomplis, il faut la diriger de manière que chaque fraction de troupe compte dans ses rangs un nombre plus ou moins grand d'*excellents tireurs*. Plusieurs exemples prouvent en effet que l'adresse individuelle des bons tireurs a été, non-seulement signalée au milieu même des plus grandes actions de guerre, mais qu'elle a été suivie d'effets très-désastreux pour des corps tout entiers, des batteries d'artillerie, etc.

En Espagne, la bataille de l'Albuera (mai 1811), nous coûta 4,000 hommes hors de combat, presque uniquement par les feux de mousqueterie ; en quelques minutes, la plupart des officiers furent tués ou blessés. A Waterloo, *tous* les officiers d'un régiment français (1) sont blessés par les balles de *riflemen* anglais ;—en Crimée, nos tirailleurs, à la bataille de l'Alma, réduisent plusieurs batteries russes au silence ; en même temps qu'à Inkermann on note l'adresse d'un officier anglais, qui, tirant avec son Enfield sur une batterie russe, à 550 mètres, et s'aidant de quelques hommes pour lui passer les armes chargées, la force bientôt à prendre la fuite ; — en 1859, un grand nombre de nos officiers sont mis hors de combat par les *chasseurs* autrichiens, etc. — Arrivant maintenant à la campagne de 1870, nous remarquons tout d'abord que les pertes énormes des Allemands en officiers, dans plusieurs combats, et notamment à la bataille de Gravelotte, ne s'expliquent que par l'adresse de quelques-uns de

(1) Le 4e *léger*, d'après le rapport du colonel Lebrun, blessé lui-même (Arch. du dép. de la guerre).

26.

nos bons tireurs, plutôt que par l'usage fait de l'arme d'une
manière générale. Le 16e régiment prussien perd 1,736 hommes et 49 officiers; dont 27 tués sur place; le 52e en perd 50,
et 1,202 hommes; le 24e, 52 officiers (1), etc. A Artenay,
le 3 décembre 1870 (2), une batterie prussienne qui vint ouvrir le feu sur des pièces françaises, à 600 ou 700 mètres
d'une compagnie déployée en tirailleurs, fut tellement in-
commodée, au bout de quelques minutes, par le feu de deux
ou trois bons tireurs, qu'elle dut cesser de tirer à obus, pour
commencer un tir de vitesse à mitraille sur la compagnie
d'où venaient ces coups, etc.

Des expériences entreprises tout récemment sur une grande
échelle, en Autriche (3), ont aussi montré, pour l'attaque ou
la défense des retranchements, que de bons tireurs, bien armés, tout en tirant plus vite, ont de deux à trois fois plus de
coups bons que des tireurs ordinaires. Avec le nouveau genre
de combat, qui permet d'utiliser mieux que jamais toute l'intelligence et la valeur pratique des hommes, il est davantage
permis de pouvoir compter dans chaque compagnie sur l'a-
dresse de quelques tireurs de première force. Nous reviendrons plus loin sur ce sujet, au point de vue de l'instruction
pratique du soldat.

Nécessité d'obtenir un tir très-rapide en certains cas. — Indépendamment des circonstances particulières propres au
combat d'infanterie dont nous avons parlé, il est certains cas
dans lesquels il ne faut pas craindre de faire consommer au
soldat un grand nombre de cartouches pendant ces quelques
minutes qui sont le moment décisif du combat, et dont on

(1) Gén. de Wechmar, *Tact. nouv.*, p. 23.
(2) *Bull. de la R. des Off.*, 1872, n° 22.
(3) *Ibid.*, 28 oct. 1876, d'après la *Rev. de Streffleur.*

profitera pour infliger à l'ennemi des pertes telles qu'il n'ait plus qu'à lâcher pied. Quand *l'effet moral* est produit, rien ne peut empêcher la meilleure troupe de se débander. Dans toutes les campagnes des faits de ce genre se sont produits, et nous en pourrions citer un très-caractéristique qui se rapporte à celle de 1866. Tandis que dans cette campagne la consommation moyenne des cartouches pour l'infanterie prussienne est à peine de 7 par homme, on cite des corps et des fractions de troupes qui eurent à tirer en moyenne 80 et 100 cartouches; il en a été de même pour quelques troupes allemandes en 1870. En outre de telle ou telle circonstance qui ne peut être prévue, nous trouvons dans la préparation de l'attaque à l'arme blanche le cas de l'emploi général de ce feu rapide, dans lequel la vitesse du tir, au lieu de six coups environ par minute, doit pouvoir aller à huit ou dix. Mais, pour obtenir davantage ou atteindre même à cette limite, il aura fallu former de bons tireurs, qu'il s'agisse de feux à volonté ou de feux de salve. Là seulement est la ressource sur laquelle il faut compter, car les hommes très-exercés épaulent bien et ajustent vite.

De l'arme à magasin. — On est ainsi amené à penser qu'une arme à magasin serait utilement placée entre les mains de soldats réellement exercés au tir, c'est-à-dire déjà *très-avares de leur feu*, et assez rompus à la discipline pour *s'arrêter en toute circonstance* à la voix de leur chef. Pour ne pas entrer à ce sujet dans de longues considérations, qui ne seraient pas ici à leur place, nous dirons seulement que la question a été jugée dans le même sens en Amérique, en Suisse et en Italie, il y a déjà quelques années, et que pour nous l'introduction des armes à magasin dans les armées européennes, au moins partiellement, est bien près d'être résolue, si même elle ne doit pas être la conséquence d'une campagne prochaine.

Certaines objections ont été faites contre les armes à répétition, qui n'ont plus aujourd'hui la même supériorité sur les armes à un coup, et auxquelles on a reproché *de favoriser le gaspillage des munitions,* — d'être *un peu lourdes,* — et *de ne l'emporter presque en rien comme vitesse sur les armes à un coup.* Tels sont les principaux griefs énoncés contre ces armes. Nous parlerons du premier un peu plus loin ; le second n'est plus aujourd'hui bien fondé, car les nouvelles armes de ce genre, plus courtes que celles à un coup, ont été suffisamment allégées. Un tel défaut, s'il existait encore en partie, ne présenterait aucun inconvénient bien grave, car l'arme ne doit être donnée qu'à des tireurs d'élite, fortement constitués, etc. La troisième objection n'a pas une valeur plus grande.

S'il est vrai que les armes à magasin ne l'emportent guère comme vitesse de tir sur celles à un coup, — et le fait est exact, car la plupart de celles-ci, parmi les meilleures, permettent de tirer de dix-huit à vingt coups par minute, — nous dirons de suite que l'on ne recherche pas dans l'arme à magasin un maximum de rapidité du chargement, mais une qualité qui lui est préférable.

En effet, ce qu'on demande à une arme de ce genre, après cet avantage d'être toujours prête pour le feu au moment décisif, est, non-seulement de permettre un feu rapide, à un instant donné, par la réserve que renferme le magasin, mais surtout de donner au tir *une grande justesse.* Car, *l'arme restant à l'épaule* pendant le tir d'un certain nombre de coups, il devient possible, pour une même vitesse de tir, d'ajuster avec tout le soin voulu. De Plœnnies (1) présente en faveur

(1) *Armement des troupes allemandes,* 1871.

des armes à répétition un ou deux arguments qui ont aussi
leur valeur : « ... sur le champ de bataille, en raison de plusieurs circonstances difficiles, qui apportent une certaine
gêne aux tireurs, les mouvements nécessaires pour extraire
les cartouches de la giberne ou du sac et les placer dans le
canon exigent plus de temps que d'habitude. Il arrive aussi
qu'un certain nombre de cartouches tombent à terre et demeurent ainsi inutiles... Quand les troupes prennent position sur un certain terrain, le soldat a, comme on sait, l'habitude, pour le tir couché ou à genou, de déposer une partie
de ses cartouches à terre auprès de lui : s'il arrive que cette
troupe soit appelée à battre en retraite rapidement, ou à se
porter en avant, beaucoup d'hommes, dans leur précipitation,
oublieront leurs cartouches. Souvent, du reste, on a remarqué sur les positions abandonnées par la troupe cette ligne
très-prononcée de cartouches, qu'y avaient laissées les soldats... » Cet inconvénient est encore plus grand avec les cartouches métalliques; car, lorsque celles-ci ont été plus ou
moins salies par la terre ou le sable, il devient difficile de
les faire servir, en raison de leur ajustage exact dans la
chambre de l'arme.

Les résultats de tirs exécutés en Suisse pendant l'année
1874 avec le Vetterli (1) donnent encore mieux à penser que
l'adoption en principe de l'arme à magasin n'est plus qu'une
question de peu de temps. Bien que les chiffres indiqués dans
le compte rendu auquel nous faisons allusion ne se rapportent qu'à des tirs d'école, ils sont tels, comparés aux moyennes
habituelles, qu'ils réclameraient de l'adversaire un semblable
armement.

Bref, nous pensons qu'il y aurait intérêt à donner l'arme à

(1) *Rev. mil. de l'Étr.*, 1875, n° 266.

magasin à certaines troupes appelées à agir plutôt par groupes isolés que par grandes masses, mais qui peuvent cependant avoir à lutter contre un ennemi très-supérieur en nombre, en raison de l'importance du matériel et du personnel qui leur est confié. Telles sont les compagnies du génie, les troupes d'administration, les servants et les conducteurs de l'artillerie, les soldats du train, etc. La même idée a déjà été émise plus d'une fois (1).

Du gaspillage des munitions. — Bien que cette question ait été abordée précédemment, il a semblé utile d'en parler de nouveau, parce qu'elle constitue la première des objections que l'on ne manque jamais d'avancer contre les armes à chargement ou à tir rapide. Déjà il a été remarqué que le grand soin apporté à l'instruction du tir donnait le meilleur moyen d'arrêter complétement tout mauvais emploi des munitions. Il sera principalement du rôle des sous-officiers d'y veiller, pour que le soldat, libre de toute surveillance, au milieu du feu individuel, n'en vienne pas à échapper peu à peu à la direction de ses chefs. On prémunirait au besoin les hommes contre le danger du gaspillage des munitions en leur en donnant comme exemples un ou deux faits de la campagne de 1866. Nous croyons, du reste, qu'aujourd'hui, même avec le chargement par la culasse, le danger n'en serait pas autant à craindre qu'autrefois, en raison du soin qui préside maintenant à l'enseignement donné au soldat, au moins chez les troupes d'ancienne levée. Mais, s'il faut accepter comme inévitable cette conséquence des feux individuels, on la retrouve un peu partout. Il a souvent été répété chez nous que le soldat français, à côté de certaines qualités, comptait parmi ses *nombreux défauts* celui d'être trop enclin au gas-

(1) *Spect. mil.*, juill. 1869.

pillage des munitions; et nos voisins ou nos ennemis n'ont jamais cherché là-dessus à nous démentir. Cependant, sans aller bien loin dans l'histoire militaire, nous découvrons chez d'autres ces mêmes défauts que nous n'aurions pas songé à leur reprocher. Au dire même de leurs officiers (1), les soldats anglais, en Crimée, ne se firent pas faute de gaspiller leurs munitions. — A la bataille de Kœniggraëtz, les compagnies prussiennes qui occupaient la lisière sud du village de Rosberitz, ayant épuisé leurs cartouches, dans un échange de feux inutiles avec les tirailleurs autrichiens placés vis-à-vis d'eux, furent refoulées dans le village par une attaque qu'ils n'avaient plus le moyen de soutenir, etc. Si à la bataille du Mans, qui dura toute la journée, et à laquelle prirent part 150,000 Français, les Allemands éprouvèrent juste le même chiffre de pertes qu'ils avaient subies à Wissembourg, en luttant contre la division Douay, il faut remarquer que nos troupes n'étaient composées que de mobiles et de jeunes soldats, qui, manquant de toute expérience, tiraient très-vite et sans précision.

Les formations employées dans le combat doivent permettre la meilleure utilisation de l'arme. — Cette question est entièrement résolue depuis l'adoption des nouvelles manœuvres, qui ont établi partout que *l'ordre dispersé* est la seule formation possible, dans les deux cas de l'offensive et de la défensive, et que celui *à rangs serrés* ne s'emploie que par exception dans le combat, c'est-à-dire momentanément, et encore le plus souvent sur un rang, ou à files très-espacées. L'étude précédemment faite des petites opérations de la guerre nous a aussi montré qu'on y trouve le même emploi de l'ordre dispersé. Il n'y a donc pas à s'étendre davantage sur ce sujet.

(1) Cap. Drake, *Instr.* déjà citée.

Les formations tactiques doivent aussi s'approprier pour le mieux au terrain. Condition également remplie par le fractionnement de la chaîne, qui ne se développe sur le sol que suivant une ligne irrégulière, et coupée d'intervalles plus ou moins grands, et de manière à en suivre toutes les sinuosités. On a aussi donné aux renforts et aux autres échelons un fractionnement analogue.

Comparaison du mode de combat des troupes françaises et de celui de l'infanterie allemande pendant la dernière guerre. — On pourrait croire, d'après la différence assez grande des deux chiffres qui donnent, pour la dernière campagne, la moyenne des blessures causées par le fusil français et le fusil prussien à aiguille, que notre arme a été convenablement employée. Mais, pour arriver à la détermination assez exacte de cette utilisation relative, il faudrait tenir compte de certaines données, qui sont la valeur technique de chaque arme, le chiffre des munitions consommées pour l'une et pour l'autre, etc. On trouverait ainsi que notre fusil n'a pas rendu tous les résultats utiles dont il était capable. La supériorité d'effets de l'arme française, par rapport au fusil prussien, prouve seulement qu'elle était meilleure que celle de nos voisins, et montre encore que notre artillerie n'a eu dans la campagne qu'un rôle bien effacé. Mais comment le soldat a-t-il tiré parti de son arme? Si, de l'aveu des Allemands et de quelques observateurs impartiaux, nous avons souvent fait preuve d'une grande habileté dans le choix des positions et dans la manière de les fortifier par quelques travaux rapides (1); d'un autre côté, nos adversaires nous accusent de n'avoir pas su nous servir de notre arme, et nous le prouvent très-bien. Les rapports des officiers étrangers qui ont assisté

(1) Gén. de Wechmar ; Bogulawski, etc.

à toutes les opérations, en faisant ressortir la solidité des troupes françaises, nous font le même reproche, et établissent en outre que les formations prises devant l'ennemi ne pouvaient en rien aider au bon effet de l'arme. Il y a là tout un enseignement dont nous aurions. à faire notre profit, si déjà un règlement nouveau n'était venu poser les principes du combat en ordre dispersé.

Voici comment un auteur allemand apprécie la manière de combattre des troupes françaises dans la dernière guerre, et le jugement qu'il porte est à peu près celui de plusieurs autres écrivains (1) : « Les Français essayaient d'intimider leurs adversaires en tirant à de grandes distances; ils lui faisaient, à la vérité, subir de grandes pertes, mais pas assez pour empêcher sa marche; et, tandis qu'ils tiraient toujours aux mêmes distances, les Allemands s'étaient rapprochés au pas de course; aussi beaucoup de balles passaient au-dessus de notre première ligne... Les jeunes troupes françaises qui combattirent pendant la deuxième période de la guerre ouvraient le feu à des distances plus éloignées encore... Si parfois, chez les Allemands, certains soldats tiraient avec précipitation, de loin et sans voir, comme le reconnaît l'auteur, ce n'était qu'une exception. »

Cette tactique de nos adversaires, qui les faisait entrer sans danger en dedans de l'espace battu, était excellente, en raison du peu de portée de leur arme; en remontant, du reste, jusqu'aux guerres anciennes, on trouve d'autres exemples de combats dans lesquels un ennemi s'approchait ainsi impunément de son adversaire, dont les projectiles lui passaient

---

(1) Bogulawski, *Taktische Folgerungen*, et *Bull. de la R. des Off.*, 1872, n° 46. — *Mode d'attaque de l'infant. pruss.*, par le prince Guill. de Wurtemberg.

au-dessus de la tête (1). Nos soldats, tirant d'aussi loin sur l'ennemi, ne lui causaient non plus aucune perte sérieuse, parce qu'ils ne pouvaient se rendre compte de l'effet de leur tir. » « Tirer de loin et beaucoup, a-t-on dit avec raison, est le propre de mauvaises troupes. » Il faut plutôt dire, mal dirigées, car un tel reproche ne saurait s'adresser à celles qui figurèrent dans la première partie de la campagne.

« De leur côté, dit encore un officier étranger, qui apprécie en même temps la manière de combattre des deux armées (2), les Français, réduits dès le début à la défensive, ne cherchaient qu'à tirer le plus grand parti possible de leurs feux. Dans les attaques, ils s'avançaient avec une chaîne assez épaisse, soutenue par de petites colonnes; et, sortant à un moment donné de leurs abris, ils ne s'arrêtaient, dans leur marche en avant, que pour succomber sous le feu précis et meurtrier des Allemands. Subissant alors des pertes très-grandes, ils se retiraient en toute hâte. Plusieurs attaques renouvelées de la sorte n'avaient pas plus de succès... Jamais ils n'eurent recours aux mouvements tournants ni aux mouvements de flanc; ils n'agissaient que par attaques de front, mais sans mouvements progressifs pour profiter des obstacles du terrain, etc. Ils restent fidèles à cette tactique irréfléchie pendant toute la guerre.... » Appréciation dont il faut reconnaître l'exactitude, au moins pour la plupart des cas. Toutefois, on remarquera que l'infanterie française n'avait pas, comme celle de l'ennemi, l'appui d'une puissante artillerie, dont le principal rôle, dans le combat, consistait à soutenir jusqu'à la fin l'action de son infanterie.

(1) *Passé et Avenir de l'artillerie*, par le prince L. N. Bonaparte.
(2) *L'infanterie, l'artillerie et la cavalerie prussiennes dans le combat et hors le combat*, par le général russe Zeddeler, *Rev. mil. de l'Étr.*, 1873, n° 100.

Si l'infanterie allemande commit au commencement de la guerre d'assez grandes fautes, comme celle de l'attaque de Saint-Privat, elle ne tarda pas à faire choix d'une tactique mieux en rapport avec le caractère de la nouvelle guerre et l'armement de ses ennemis. On a vu précédemment quelles instructions avaient été données dans certains corps sur la manière de nous combattre dès l'entrée en campagne.

L'infanterie allemande, en général, laissait arriver ses adversaires jusqu'à 400 ou 300 pas avant de commencer le feu : tactique excellente en elle-même, et d'autant meilleure, que le fusil à aiguille n'avait d'effet utile que jusqu'à une assez faible distance. Mais, dans les jugements portés sur la manière d'engager le combat de l'infanterie ennemie, on ne tient pas assez compte de l'appui qu'elle trouvait dans son artillerie, ainsi qu'il vient d'être dit. Laissons parler à ce sujet un des auteurs que nous avons le plus fréquemment cités (1): « Il faut aussi convenir que ce fut à l'heureux appui de notre excellente artillerie que nous avons dû une grande partie de nos succès. Son tir écrasant aux grandes distances, son héroïque ténacité au milieu du plus violent feu de mousqueterie, ont suppléé dans un grand nombre de cas à l'infériorité de l'arme de nos fantassins ; ils ont facilité l'attaque de notre infanterie ou protégé sa retraite, quand ses bataillons venaient briser leur élan contre le feu meurtrier des masses françaises... » Dans le combat, l'infanterie allemande suivait toujours les mêmes règles : se porter en avant, en s'aidant

(1) Gén. de Wechmar, *Tact. nouv.*, p. 34.—Cette appréciation si juste et si heureuse, à divers points de vue, du rôle d'une arme vis-à-vis de l'autre, est faite pour nous inspirer un profond sentiment de tristesse, quand on songe à l'esprit de particularisme qui règne, au contraire, chez nous, entre chaque arme, par suite de la haute opinion que chacune a d'elle-même.

de son feu et en profitant du terrain ; — éviter les attaques de front, et chercher à tourner l'adversaire. Cette tendance était facile à reconnaître, malgré la dispersion habituelle des bataillons qui combattaient en première ligne, et malgré les fluctuations du combat, qui entravaient l'action directrice des officiers et les réduisaient souvent à ne pouvoir que payer d'exemple. Il faut, du reste, reconnaître que les officiers allemands, en toute circonstance, payèrent bravement de leur personne, comme le prouvent les pertes signalées plus haut ; et ils le firent au point que l'on fut obligé de leur défendre de s'exposer inutilement. D'aussi grandes pertes en officiers ont toutefois, au point de vue de la troupe, une autre signification que nous pouvons noter en passant. L'idée de l'offensive avait tellement été développée dans l'infanterie allemande, que l'infériorité du fusil Dreyse était pour elle largement compensée par cette attitude. (Chez nous, au contraire, c'était le principe *exclusif* de la défensive qui avait pris la première place dans toutes les opérations, par suite de l'appréciation inexacte dont il a été déjà parlé, et aussi, il est vrai, du début malheureux de la campagne).

Le même esprit judicieux avait fait régler chez eux tout ce qui se rapportait à l'attaque ou à la défense des positions ; pour celles-ci, les travaux étaient établis de manière à faciliter singulièrement le rôle de l'infanterie. Dans les combats livrés sous Paris, les Prussiens allaient jusqu'à déterminer pratiquement à trois cents pas environ en avant de leur première ligne défensive (parapets, murs crénelés, etc.), la zone dans laquelle commençait le feu rapide après une première salve (1). La troupe assaillante, ainsi accueillie, et s'arrêtant pour riposter, tirait à découvert et en mauvaise formation

(1) *Bull. de la R. des Offic.*, 1872, n° 16.

sur des ennemis parfaitement abrités : il lui fallait se replier; mais sa retraite, même au loin, devenait très-désastreuse.

Bien que l'on ait déjà parlé, et assez longuement (p. 310 et suiv.) de ce qui a trait au mode de combat de l'armée allemande, nous croyons devoir ajouter ici quelques lignes à ce qui précède, en raison du revirement qui s'est opéré depuis peu à ce sujet dans les idées de nos voisins, et s'est traduit par d'importantes modifications apportées récemment aux manœuvres de l'infanterie.

Déjà, on a signalé la tendance consacrée par le nouveau règlement à réagir contre les inconvénients de l'ordre dispersé, au moyen de formations empruntées à l'ancienne ordonnance. Suivant le propre témoignage des Allemands, on avait en effet abusé, au lendemain de la guerre, des formations empruntées à l'ordre dispersé, et vers 1875 on commença à revenir aux idées opposées, par l'emploi des colonnes d'attaque, des feux de salve, etc. Or le compte rendu des manœuvres exécutées cet automne en Allemagne (1) nous permet d'apprécier exactement la limite à laquelle on s'est arrêté dans ce retour aux anciennes formations.

On y a remarqué que l'infanterie était partout formée sur deux ou trois lignes, de la manière suivante :

1° — Ligne de colonnes de compagnies ;
2° — Ligne de colonnes doubles à intervalles de déploiement, se formant successivement dans le combat en colonnes de demi-bataillons, et en lignes de colonnes de compagnies. A défaut de troisième ligne, ou de réserve spéciale, une compagnie au moins par bataillon tenue en arrière ;
3° — Formation de *rendez-vous* analogue à la nôtre dite de concentration.

Offensive. — L'attaque est préparée par un premier peloton entièrement déployé en tirailleurs, et que l'on renforce

(1) *Rev. mil. de l'Étr.*, n° 327 (2 déc. 1876).

par un deuxième. La marche en avant a lieu, suivant les circonstances, par toute la ligne, ou par échelon, le feu de l'échelon resté en arrière soutenant la marche des échelons voisins.

Pour donner au feu une grande puissance, on porte sur la chaîne, à rangs serrés, les pelotons de soutien, et même des compagnies, particulièrement, quand deux compagnies seulement sont en avant-ligne. Le mode d'attaque variait d'ailleurs suivant la force de l'adversaire.

Quand celui-ci était inférieur en force, ou, qu'à force égale, ses flancs pouvaient être menacés, la ligne tout entière, chaîne et soutiens réunis, se portait à l'assaut, après avoir épuisé toute la puissance de ses feux ; — les forces étant égales de part et d'autre, ou l'adversaire ne pouvant être attaqué sur ses flancs, la première ligne, après un feu de plus en plus intense, *préparait l'attaque de la deuxième ligne*, qui s'avançait en colonnes de compagnies, au pas cadencé, et tambours battants. Celle-ci traversait alors la première, et prenait dans les intervalles de ses compagnies des tirailleurs, qui formaient entre chaque colonne de compagnie des chaînes serrées et compactes d'une trentaine de pas de longueur. On avait ainsi une attaque en ligne douée d'une certaine puissance d'impulsion, puisqu'elle était consolidée de distance en distance par des colonnes. — La première ligne, se rassemblant de suite en colonnes de compagnies, se repliait en arrière sur la troisième, formée de la même manière.

Partout, pour l'offensive, on reconnut dans les manœuvres la même tendance : occuper l'adversaire sur son front assez fortement pour l'empêcher de secourir ses flancs ; — diriger des forces considérables sur un des flancs, à l'aide des 2e et 3e lignes, et, autant que possible, produire ainsi deux attaques de front et de flanc simultanées.

Défensive. — La défense fait reposer sa principale force dans l'établissement de tranchées légères qui couvrent sa première ligne, et surtout dans la disposition donnée aux autres échelons, qui lui permet de *parer instantanément à une menace de flanc*, la protection des flancs étant devenue le principe fondamental de la défensive.

Au point de vue des feux, il a été fait certaines remarques utiles à signaler. Dans les premières phases du combat, les pelotons en tirailleurs n'employaient que des feux de salve sur les tirailleurs ennemis embusqués, les feux individuels ne venant ensuite qu'à partir de 400 mètres; dans le cours de l'engagement, les tirailleurs, comme les soutiens, dirigeaient des feux de masse contre les soutiens et les colonnes de l'ennemi à partir de 800 mètres, rarement à 1,000 mètres; les feux étaient habituellement des salves de tirailleurs ou de peloton à rangs serrés, etc.

Jamais l'infanterie n'a formé de carrés contre les escadrons isolés qui avaient reçu l'ordre de charger ou croyaient pouvoir le faire, etc.

On put aussi noter dans ces manœuvres que partout on cherchait à en limiter l'étendue, pour tenir autant que possible la troupe dans la main. Au point de vue de la marche des troupes, il fut remarqué qu'on y avait fait du terrain un excellent emploi, en utilisant telles petites dépressions du sol dont on n'eût pas songé autrefois à se préoccuper, etc.

D'après un compte rendu autrichien (1), on a remarqué avec quelque étonnement, surtout dans les manœuvres exécutées sous les yeux de l'empereur, que les chaînes de tirailleurs étaient alignées dans toute la force du terme, et qu'on ne voyait pas un tirailleur chercher à profiter du terrain, qui

(1) Donné par la *Wehrzeitung* (*Rev. mil. de l'Etr.*, 9 déc., n° 328).

était d'ailleurs presque plat. Cette transformation du combat *dispersé* en formation *ouverte* et *régulière* donnait au combat une grande consistance et au commandement une nouvelle force, parce qu'elle mettait les troupes déployées en tirailleurs on ne peut plus dans la main de leurs chefs, et facilitait ainsi la conduite de l'action, au moins dans les manœuvres, — où, ajoute-t-on, il n'y a pas de balles dans les fusils, — et don nait à l'action du feu une allure des plus décisives.

Si la marche de position en position, avec postures rampantes ou accroupies, diminue les surfaces de tir et les pertes, il a semblé qu'elle est aussi moins efficace qu'une marche énergique et directe en avant sur l'ennemi. Les tirailleurs, marchant ainsi à découvert, offrent plus de surface aux coups de l'adversaire : mais, par contre, ils sont moins longtemps exposés à ses feux, et sont plus maniables. Il fut en même temps noté dans ces manœuvres que les feux étaient d'une précision extraordinaire, et que les mouvements, exécutés, non-seulement avec ordre, mais sans bruit, sans commandement, se succédaient les uns aux autres sans transition et sans à-coup.

On a été aussi frappé de la facilité avec laquelle, malgré leur grande intensité, les feux de la chaîne cessaient de suite au commandement qui en était donné. Quand des fractions à rangs serrés se portaient sur la chaîne, on distinguait très-nettement leurs salves, au milieu du crépitement de la fusillade. On semblait à ce sujet être revenu en principe aux feux de vitesse de 1866...

Sans qu'il faille recourir à d'autres témoignages, on voit déjà, par ce qui précède, qu'il s'est, en effet, produit dans l'armée allemande une réaction contre les inconvénients inhérents à l'ordre dispersé, mais, d'après nous, beaucoup plus exagérée dans la pratique des manœuvres que ne le permettraient les circonstances véritables de la guerre. S'il est bon de chercher à se prémunir contre le désordre, il faut avant tout voir les choses, non telles qu'on les voudrait, mais comme elles sont en réalité. Les observateurs allemands ou étrangers sont aussi trop disposés à se ranger à la même opinion ; — comme il y a 3 ou 4 ans, et tout en étant de bonne foi, ils eussent été les premiers sans doute à accepter avec l'armée allemande toutes les exagérations de l'ordre dispersé ; car on est toujours trop disposé à juger des choses suivant leur premier aspect. Aussi, allant au-devant de l'objection que l'on n'eût pas manqué de lui faire, celui que nous citons avance-t-il « que les effets du fusil d'infanterie *ont été, du reste, fort exagérés* ». — A tout ceci, il suffit d'ajouter que la forme déjà indiquée partout pour le combat en ordre dispersé est bien celle qui convient à la généralité des circonstances et des terrains, et que, si le soldat aura dans plus d'un cas à marcher rapidement et droit devant lui, il sera presque toujours arrêté par la violence du feu, et forcé de compter avec tous les abris du sol (1).

Cependant, si le règlement actuel nous a doté pour le combat de la formation qui peut le mieux permettre à l'infanterie de faire un excellent usage de ses armes, il reste encore à étudier rapidement tout ce qui a trait à l'*éducation du tireur*. Nous examinerons donc en dernier lieu comment, dans les exercices préparatoires et à la cible, on peut arriver pour le mieux à faire de nos hommes les excellents tireurs que réclame le nouveau mode de combat. C'est par cette préparation que, dans le combat, ils sauront faire rendre à leur arme *tout ce qu'elle peut donner.*

(1) V. encore sur ces manœuvres la *Rev. mil. de l'Etr.* du 16 déc. 1876.

27.

§ III. — Sur l'enseignement pratique du tir.

Du peu de résultats obtenus dans les corps pour l'instruction pratique
du tir.—Appréciation des distances.— Exercices préparatoires.— Nécessité des feux à poudre.—Tirs individuels; modifications à y apporter.—Tir aux distances inconnues.—Des divers feux : feu individuel,
feu rapide, feux de salve. — Des classes de tireurs, etc.

L'enseignement du tir dans l'armée a fait partout, en
France comme ailleurs, de très-grands progrès depuis une
vingtaine d'années. Mais, chez nous, ces progrès sont venus
bien plus des perfectionnements apportés successivement à
l'arme que de la méthode suivie pour cette instruction ; et, si
les résultats obtenus pendant les exercices et à la guerre
ne répondent pas à ce qu'on voit ailleurs, on en trouve tout
d'abord la raison dans les défauts de cette même méthode. Il
nous serait facile d'établir certaines comparaisons à ce sujet,
soit par l'examen des divers règlements, soit par ce que nous
avons pu voir de la pratique du tir à l'étranger. Comme un
tel travail ne rentre pas dans le cadre de cette étude, il suffira d'examiner ce qui a trait, chez nous, à la pratique du tir
dans les corps.

Or, on est unanime dans les régiments à signaler certaines
imperfections qu'il serait facile de faire disparaître, à proposer quelques réformes utiles et *facilement réalisables*, etc. Il
a été aussi émis sur le même sujet, à différentes époques, des
idées très-judicieuses (1). Tout en évitant, autant que possible, de rien émettre ici qui puisse sembler une critique
systématique de nos règlements, on ne peut s'empêcher, dans

(1) Citons en première ligne un article publié en 1869, dans le *Spect.
mil.*, sous la signature X. V.

la recherche des améliorations à obtenir, d'insister avant tout sur certains points essentiels de l'instruction.

La plupart des observations auxquelles donne lieu l'enseignement du tir dans les corps portent d'ailleurs sur les mêmes sujets :

1° Il est facile de prouver que des tireurs habiles, avec le fusil modèle 1866, ne descendent pas au-dessous de 65 0/0, comme nombre de balles mises, aux distances de 200 à 400 mètres, et que, à celles de 500 et de 600, ils obtiennent encore 50 0/0. Si l'on rapproche de ces résultats l'ensemble des moyennes fournies par les régiments, on voit que nos soldats font rendre à peine à leurs armes les deux tiers des effets que l'on en doit attendre. Les distances qui viennent d'être indiquées sont cependant celles où l'on aurait, au contraire, intérêt à tirer de l'arme le parti le plus avantageux ;

2° Les feux d'ensemble et de tirailleurs donnent des résultats plus médiocres encore. On en trouve surtout la raison dans une pratique incomplète et mal dirigée ; car le nombre de cartouches allouées aujourd'hui à chaque soldat doit permettre d'arriver à des résultats tout autres ;

3° On a remarqué presque partout qu'aux mêmes distances, à deux séances consécutives ou assez rapprochées, les pour-cent obtenus par les mêmes tireurs présentent de grands écarts. Pour la plupart des hommes, les progrès réalisés dans la pratique du tir sont à peu près nuls, beaucoup d'entre eux *tirant plus mal* dans les dernières années qu'à la première ; les bons tireurs ne doivent leur adresse qu'à une expérience de l'arme et du tir antérieure à leur arrivée au corps ; la série des exercices, utile à la majorité des hommes, n'apprend rien aux bons tireurs, etc.

Avant d'indiquer, même très-succinctement, quelles modifications pourraient être apportées à l'instruction du tir, il

convient de parler d'une des branches principales de l'enseignement, l'appréciation des distances.

Appréciation des distances. — Cette partie de l'instruction
est mal ou incomplétement donnée. On n'y exerce guère les
hommes qu'à une époque de l'année, pendant un mois ou
deux, et sur les terrains ou avenues dont on dispose aux environs des casernes. Au tir à la cible, c'est un excellent
moyen d'occuper les soldats qui ne tirent pas, pendant trois
quarts d'heure ou une heure, plus ou moins, suivant le temps
dont on dispose. Ce n'est ainsi qu'un accessoire, au lieu d'être
un exercice principal. Il est ordonné de faire l'appréciation
des distances, et l'on se conforme aux prescriptions du règlement. Le *Manuel de l'instructeur du tir* (1) lui accorde bien
une certaine place : mais à quel prix ! Car, s'il admet avec
raison que les exercices d'appréciation doivent être faits surtout en terrain varié, à la suite des marches, et qu'ils sont
complétés par l'emploi d'un télémètre ou d'une carte; d'un
autre côté, on exige autant d'états que d'appréciations, avec
un luxe de formes arithmétiques et d'inscriptions sur les con-
trôles qui sont un surcroît de travail peu fait pour développer
le goût du tir chez les intéressés. C'est toujours, et poussée
à l'extrême, la même idée de réglementation et de contrôle à
distance ; car on a voulu donner à qui de droit le moyen de
connaître de suite (p. 154) :

1° Le nombre de séances consacrées par année à l'appréciation des distances;

2° Le nombre d'appréciations faites dans chaque séance ;

3° Le nombre d'hommes présents à chaque séance :

_____

(1) Que l'on s'occupe, d'ailleurs, croyons-nous savoir, de reviser en
ce moment.

4° Les résultats obtenus par un homme quelconque dans le courant de l'année, etc.

Situation qui ne prouve rien, au point de vue des résultats obtenus réellement, et dont ceux auxquels elle s'adresse s'occupent peu, si ce n'est pour voir quelquefois si les colonnes en ont été bien remplies. Il eût été plus simple et plus sage d'y poser comme règle que l'on s'assurera de temps à autre, par une surveillance directe, de la manière dont se font les exercices, et d'en garantir la bonne exécution par le principe de la responsabilité *réelle* exigée des capitaines.

Quant à l'instruction en elle-même, nous pensons qu'elle devrait être dirigée de la manière suivante. Les premiers exercices ont été faits sur les terrains voisins du quartier, de la manière indiquée dans le *Manuel* pour les feux simulés, et, dans les compagnies, il a été tenu compte, à chaque séance, des appréciations faites par les hommes, comme approximation générale par rapport aux distances réelles, et premier mode de classement des hommes, au point de vue simplement de ceux qui obtiennent les meilleurs résultats. Vient alors le moment de pratiquer ces mêmes exercices sur des terrains variés. (Il a été parlé précédemment de l'initiative si nécessaire pour faire produire aux officiers, par l'émulation, tout ce qu'ils peuvent donner, et de la nécessité de les rendre en même temps *réellement responsables*, à certaines époques, de l'instruction de leurs compagnies vis-à-vis de leur chef de bataillon, celui-ci l'étant de même à l'égard du colonel. Initiative ne s'exerçant, bien entendu, *que dans certaines limites*, et sous le contrôle des chefs directs). Nous voudrions donc, si certains jours par mois n'ont pas été affectés à cette instruction, qu'un capitaine eût le droit, aux heures où le tableau de service lui laisse quelques moments de libres, de réunir sa compagnie et de l'amener tantôt sur un terrain, tantôt sur un autre. Trois ou quatre séances de quatre heures par année seraient suffisantes pour mettre le commandant de compagnie à même de prouver à qui de droit que ses hommes sont complétement exercés, et savent apprécier les distances sur des terrains variés, et dans les diverses circonstances qui peuvent rendre leur estimation plus ou moins difficile. Passons maintenant à ce qui a trait à la pratique du tir.

Exercices préparatoires. — Nécessité des feux à poudre. — Rien à dire des premiers exercices préparatoires. Le *tir à tube* est un bon exercice, mais il importe d'en modifier la pratique, en adoptant avec le fusil modèle 1874 une disposition analogue à celle qui est usitée depuis 6 ans en Belgique. Au lieu de l'appareil compliqué dont nous nous servions avec le fusil modèle 1866, on y fait usage d'un tube en bronze qui a exactement la forme de la chambre, et à la base duquel on engage une capsule à balles de 6 millimètres, analogue à celle du Flobert; la vitesse initiale du projectile, qui est de 60 à 70 mètres, permet de tirer jusqu'à 15 mètres. On aurait en même temps soin, pour le tir avec la hausse, de modifier la position du point visé sur la plaque.

Le tube s'enlève de la chambre par le jeu de l'extracteur. Toutefois, au lieu de faire usage du petit bout de la baguette pour extraire la douille vide, après le départ du coup, il serait facile de pratiquer dans l'épaisseur du tube une disposition des plus simples pour le rejet de cette douille (1).

Si le tir à tube bien dirigé est un excellent exercice, il ne suffit pas à former de bons tireurs : il est indispensable de revenir aux feux à poudre, pour habituer le jeune soldat à

(1) On a d'ailleurs proposé tout récemment l'emploi, avec le fusil modèle 1874, d'un tube analogue à celui dont il vient d'être parlé (*Bull. de la R. des Offic.*, janv. 1876, n° 4).

son arme, et surtout l'exercer à la pratique des divers feux usités dans le nouveau genre de combat de l'infanterie. Ce n'est qu'en faisant brûler, dans les exercices, quelques cartouches à un ou deux hommes de chaque escouade qu'on habituera ces soldats à se rendre bien compte de la différence qui existe entre le feu lent, ou le feu habituel de la chaîne, et le feu rapide, et à donner à celui-ci la *rapidité* et la *justesse* qu'il doit avoir à la fois ; la bonne exécution des feux de salve ne peut non plus être bien assurée que par une pratique suffisante.

Les exercices préparatoires doivent donc avoir pour but d'habituer le soldat à ces feux, et l'on ne peut y arriver que par l'emploi des feux à poudre.

Ajoutons encore que les exercices préparatoires, en ce qui concerne les différentes positions du tireur, doivent être *pratiqués journellement*, ne fût-ce que pendant un temps assez court, pour accroître au besoin la force musculaire du soldat, et l'amener beaucoup mieux à maintenir solidement l'arme contre l'épaule (1), en l'habituant au moins au poids et au maniement de son fusil. Les différents exercices du tir à balles vont aussi nous donner lieu de formuler quelques observations analogues.

Tir individuel ; modifications à y apporter ; — Tir aux distances inconnues. — Pour le tir individuel, il est à remarquer d'abord que les balles mises ne sont pas marquées *très-exactement*, ce qui tient à plusieurs causes : à la difficulté d'entendre ou de voir arriver le projectile contre la cible, par

(1) Dans ce même ordre d'idées, et sans s'appuyer sur des réminiscences historiques, il n'y aurait rien d'étrange à émettre ce désir que des armes d'un poids assez lourd puissent être mises entre les mains des jeunes soldats, pour l'enseignement des premiers principes du tir et de la mise en joue.

suite de son faible diamètre, et au peu de bruit qu''il fait aux petites distances ; — à l'emploi de cibles d'un système défectueux, etc. De là, dans le décompte des balles pour chaque compagnie, des erreurs qui désintéressent en partie le soldat des avantages qu'il aurait à retirer de cet exercice. (Nous dirons un peu plus loin comment il s'en désintéresse encore davantage).

Quand le tir est commencé depuis quelque temps, il est difficile, même aux plus habiles marqueurs, d'apercevoir la trace d'une nouvelle balle ; le mode employé pour boucher les trous, peu commode, est avec cela très-long, surtout quand il fait froid, etc. On remédierait facilement à cet état de choses par l'emploi d'un système de deux cibles se faisant contrepoids, et disposé de façon que l'une d'elles se présente à chaque coup pour le tireur, l'autre qui vient de servir descendant dans la tranchée, où rien n'est plus commode que de boucher à la main le trou qui vient d'être fait par la dernière balle (1). Système *facile* à monter, moins coûteux que l'autre, qui *supprime* toute erreur dans le marquage, et, rendant l'opération du tir *plus rapide*, permet d'obtenir plus de *justesse.*

Il faudrait ensuite apporter au tir lui-même certaines modifications : pratiquer souvent le tir sur *but mobile* ; — le tir *plongeant* ; — faire tirer les hommes sur des cibles représentant des groupes d'hommes à *genou, couchés*, etc. Mais c'est surtout au tir à *distance inconnue* qu'il importe d'exercer les soldats. En effet, quand deux troupes ennemies s'abordent, le combat s'engage souvent de loin, malgré toutes les prescrip-

(1) C'est de cette manière que sont disposées toutes les cibles des tirs publics, et l'installation en est simple. Elle se compose de deux poteaux d'une hauteur double, à partir du fond de la tranchée, de celle de chaque cible, et qui sont munis chacun de deux rainures, entre lesquelles se meuvent les cibles, reliées 2 à 2 par des cordes, etc., etc.

tions réglementaires ; les distances sont inconnues, et la position de l'ennemi, qui est invisible, n'est indiquée que par les feux qu'il exécute; et, s'il change de place, c'est par un mouvement rapide, et pour venir s'abriter de nouveau derrière les accidents de terrain. On aurait soin, dans ces exercices, de prendre certaines dispositions, qui s'indiquent d'elles-mêmes, pour que les soldats ne puissent avoir connaissance de la distance déjà appréciée plus ou moins bien par leurs camarades.

Des divers feux : — Feu individuel, — feu rapide ; — feux de salve. — Mal exécutés le plus souvent, soit par manque du matériel nécessaire, soit pour diverses causes. Il y a toute une progression d'exercices à établir, pour faire tirer les hommes dans ces divers feux sur des cibles représentant les hommes à genou ou couchés, pour les habituer à obtenir un pour-cent assez avantageux dans chacun de ces tirs ; pour les amener peu à peu, en améliorant la vitesse de leur tir, à exécuter réellement un *feu rapide,* à raison de tant de coups par minute et avec une justesse donnée, etc.

Quant au *feu à volonté,* comme il échappe plus ou moins à la direction des officiers pendant le combat, on doit habituer les sous-officiers à le surveiller, et à contrôler autant que possible l'emploi des munitions ; ces derniers, dans les exercices, forcent les soldats à bien épauler et à bien viser, pour assurer à l'avance l'efficacité du tir sur l'ennemi. Les exercices de tirs individuels ayant déjà rendu le soldat bon tireur, il ne restera plus qu'à l'exercer à tirer avec beaucoup de calme et de sang-froid. Lui faire remarquer à ce sujet qu'un tir exécuté dans ces conditions a l'avantage : 1° de nuire réellement à l'ennemi et de l'impressionner beaucoup plus qu'un tir précipité, presque toujours mal dirigé et sans effet ; et

2° de ménager les munitions, qui peuvent faire défaut au moment où l'on en aurait le plus grand besoin. Des expériences particulières faites en Angleterre (1) ont, du reste, montré que ceux des soldats qui, ayant à tirer pendant un temps donné (2 minutes, par exemple), pour obtenir un chiffre maximum de points, cherchaient d'abord à bien viser, avaient un avantage très-grand sur ceux qui ne pensaient qu'à tirer le plus de coups possible, et que bientôt ils réunissaient la rapidité à la précision.

C'est en suivant une semblable progression que l'on amènera les soldats à exécuter réellement un *feu rapide*. Nous avons établi précédemment que la vitesse de ce feu pouvait être portée à 10 coups par minute, en prenant comme point de départ celle des feux à volonté, qui est, en moyenne, de 6 par minute. On est arrivé récemment en Autriche à cette même vitesse de 10 à 12 coups par minute pour ce feu, dans les expériences dont il a été parlé plus haut (p. 452); en Suisse, on a obtenu également dans l'exécution de ce dernier feu des vitesses de 9,9 et de 12 fois par minute (2).

Quant aux feux *de salves*, recommander dans les exercices de viser toujours un peu au-dessous du but, et d'autant plus que la distance est plus grande, pour aller contre cette habitude qu'ont les soldats de viser horizontalement ou droit devant eux; après avoir laissé un intervalle assez long entre les commandements de *joue* et de *feu*, faire précéder ce dernier du signal : *attention*, etc. — Bien que la vitesse ne soit pas l'élément qu'il importe le plus de rechercher dans ce genre de feu, on devra cependant exercer les soldats à l'exécuter

(1) Expérience citée par le capitaine Drake.
(2) *De l'amélioration du combat de feu dans l'infanterie* (Rev. de *Streffleur*, nov. 1875).

rapidement, parce qu'il est des circonstances dans lesquelles on aura besoin, avant tout, de diriger trois ou quatre salves sur un but mobile, afin de parer à l'effet d'une surprise, etc. Avec le fusil modèle 1874, on pourra obtenir, aux distances de 2 à 500 mètres, de 7 à 8 salves par minute dans les feux debout, et tout en laissant l'intervalle voulu entre les commandements de joue et de feu.

Remarque. — Pour habituer les soldats à la pratique véritable de la guerre, il serait bon, — quand l'instruction individuelle est tout à fait terminée, — de ne les faire tirer qu'avec l'équipement de campagne complet, et mieux encore, à la suite d'une marche de quelque étendue. Déjà le sac est par lui-même pour le soldat la cause d'une grande gêne, et l'on a remarqué avec raison que celui du nouveau modèle est encore plus incommode, par la rigidité des bretelles, par la présence de l'anneau au défaut de l'épaule, etc. Il en sera bien autrement de la difficulté du tir, quand on y aura joint l'embarras et le poids de tous les objets de campagne. Cet exercice, utile en lui-même, donnera en outre le moyen d'apprécier à l'avance, et à sa valeur exacte, un des coefficients qui modifient le plus à la guerre les résultats du tir.

Des classes de tireurs. — Au lieu de chercher à faire, avec plus ou moins de succès, des tireurs accomplis de tous nos soldats, il vaudrait mieux les répartir en *deux* classes : celle des tireurs *médiocres,* tels que le sont nos hommes pour la plupart (en y comprenant le petit nombre de ceux qui ne pourront jamais progresser par manque d'aptitude, d'intelligence ou de conformation), et la classe des *bons tireurs.* Les premiers ne seraient pas exercés à tirer au delà de 500 mètres, distance à laquelle ils commenceront seulement à faire feu dans le combat en ordre déployé ; ce n'est d'ailleurs qu'aux petites distances que l'on forme les bons tireurs. Ce serait la seule manière d'utiliser le nombre de balles, suffisamment élevé, que l'on alloue maintenant à chaque soldat. Les circonstances qui agissent sur l'homme pendant le combat sont d'ailleurs si nombreuses, que les tireurs médiocres n'ont rien à gagner à un supplément d'instruction, parce qu'ils auront mal apprécié la distance, que l'émotion paralysera plus ou moins leurs coups, etc. Mais, en raison de l'importance du rôle des bons tireurs dans le combat, on donnera à ceux-ci toute facilité de se former davantage, par l'encouragement de récompenses pécuniaires, par un surcroît de balles à tirer, que l'on prélèverait au besoin sur celles des mauvais tireurs, sur les balles données en plus, etc. Une part très-grande de l'avancement, des permissions, ainsi que la majeure partie des emplois de première classe, seraient exclusivement réservés aux bons tireurs, gratifiés en outre d'une haute paye spéciale; tandis qu'il serait sévi très-sévèrement contre les soldats qui n'obtiendraient pas certains résultats moyens. On se laisse bien un peu guider par ces mêmes idées dans tous les corps, mais toutefois sans les suivre assez résolûment. Il y a là toute une situation à réglementer, et que nous n'avons pas ici à exposer plus longuement.

La distinction à établir au sujet de ces deux classes de tireurs est, du reste, marquée très-nettement. Si l'on doit demander à *la majeure partie des hommes* de tirer d'abord avec précision, il faut en arriver à les faire tirer *vite* et *bien*, parce que l'ennemi ne s'offre pas aux coups comme une cible immobile; tandis que les *bons tireurs* doivent, au contraire, s'exercer à tirer *bien* et vite. L'habileté que l'on parviendra à faire acquérir au soldat dans l'emploi de son arme donnera en même temps le plus sûr moyen de prévenir l'abus des munitions. Confiant dans son adresse, le bon tireur n'aura d'autre soin que d'ajuster l'ennemi de son mieux, et il mettra tout son amour-propre à en donner la preuve. Comme on l'a dit avec raison, l'arme qui se charge par la culasse permet, non *de tirer vite*, mais de charger rapidement ; ce qui donne la facilité, pour un même espace de temps, *d'ajuster beaucoup mieux.*

Du manque de terrains de cible. — Une des questions les plus importantes dans l'étude du tir, et qui domine tout le sujet, est celle des terrains de cible, qui, s'ils ne font défaut dans bien des garnisons, n'ont que rarement l'étendue nécessaire, ou sont situés à de trop grandes distances. Par suite, il arrive souvent que l'instruction est donnée d'une manière très-incomplète, surtout en ce qui concerne les divers feux ; qu'on la mène trop rapidement, et que l'on tire quelquefois par des froids très-rigoureux, ce qui n'est pas un moyen de faire progresser les hommes, etc. Quand le terrain de cible est très-éloigné, ces exercices deviennent en outre des corvées très-fatigantes pour les soldats, qui, devant y assister à des jours fixés à l'avance, s'y rendent par n'importe quel temps, et, pour tirer 6 balles, ont quelquefois à parcourir 5 à 6 lieues, aller et retour compris. On se trouve aussi forcé de faire tirer les soldats l'hiver, ce qui les amène encore à se désintéresser du tir. Il en serait autrement, si l'on pouvait choisir celle des saisons qui permettrait le mieux de rendre cette importante instruction plus attrayante ; au risque de passer en même temps par plusieurs distances. Le but auquel on doit tendre est de faire tirer le soldat toute l'année : mais, si l'on pratique ces exercices pendant l'hiver, ce serait encore à la condition de faire choix des jours les plus avantageux. Puis encore faut-il que le nombre des troupes dans une même garnison ne soit pas trop élevé. Ce qui nous ramène encore à cette grave question du manque de terrains de cible (1).

Sur l'aptitude du soldat français aux exercices du tir. — On entend souvent répéter, et par des officiers même, que le tempérament nerveux de nos soldats les rend peu propres aux exercices du tir. Il y a là une grande erreur, qu'il importe de détruire, car elle ne repose sur aucun fait réel. C'est à la méthode seule et à l'ensemble des causes qui viennent d'être exposées qu'il faut attribuer le peu de résultats obtenus journellement dans les corps. L'entraînement est chez nous moins grand qu'ailleurs : mais rien n'empêche de faire de nos hommes, quand on le voudra bien, des tireurs aussi accomplis que le sont les soldats de quelques puissances étrangères. Si les nôtres arrivent au corps sans avoir l'habitude ou le goût des exercices du tir, il en est de même ailleurs.

Par ce qu'ont été nos hommes anciennement, il est, au contraire, facile de prouver qu'ils pourraient faire aujourd'hui beaucoup mieux. Nous savons en effet que, déjà au temps de Charles VI, l'archer français n'avait rien à envier à ses voisins pour le tir du grand arc anglais, et que ce goût n'a disparu des habitudes de la nation que le jour où l'on a voulu le détruire, par suite des craintes émises à la fin du même règne par les hautes classes, qui voyaient pour leur influence un grand danger dans ce développement général du goût pour le tir; aussi, tous les efforts tentés vers la fin du XVᵉ siècle, pour exercer les milices au tir de l'arquebuse, ne furent-ils suivis d'aucun succès. Si la tradition de ces fâcheux précédents s'est longtemps maintenue dans les campagnes, il n'en

(1) Il est probable que la loi qui a été déposée à ce sujet permettra de doter sous peu les principales garnisons des terrains de tir qui leur manquent.

a pas été de même pour le reste de la population, qui s'est mise davantage en contact avec les pays voisins; et peu à peu a pris quelque goût à ces exercices, grâce surtout à la grande valeur qu'ont acquise les armes dans ces dernières années. Car aujourd'hui nous sommes représentés dans les *stands* étrangers par beaucoup d'excellents tireurs, qui seraient plus nombreux encore si le goût du tir était répandu ailleurs que dans les grandes villes. Il est aussi à remarquer que la tendance à s'y livrer est plus générale chez nous qu'on ne le croirait tout d'abord; car il ne lui manque le plus souvent que le moyen de se satisfaire (1). En raison de la grande puissance des armes à feu et de la formation rapide et peu homogène des armes actuelles, il importe plus que jamais de développer, à l'avance, dans la population, ce goût pour le tir, que l'on trouve établi depuis longtemps et très-encouragé chez certaines nations, pour lesquelles il est la première garantie de leur indépendance.

Nécessité de développer davantage le goût du tir dans l'armée. — On trouve, en outre, dans l'indifférence des officiers en matière de tir, une des causes du peu de résultats obtenus par le soldat. Tandis que partout à l'étranger les officiers sont les premiers à s'adonner avec ardeur à cette instruction, et que dans beaucoup de pays on ne leur permet pas de s'en désintéresser, même en ce qui les concerne personnellement (comme en Suisse, où les officiers de la réserve ainsi que ceux de l'armée fédérale sont astreints à faire partie d'une société

(1) On peut en voir, comme première preuve, l'empressement que montrent, dans les petites localités, un grand nombre de personnes à s'arrêter devant les tirs de toute sorte qui leur sont offerts, à l'occasion des diverses fêtes. Dans les grandes villes, si le grand nombre des jeunes gens qui s'exercent au tir ne s'adonnent pas à celui du fusil, c'est que les emplacements nécessaires manquent presque toujours.

de tir); chez nous, ils ne voient guère dans ces exercices que l'accomplissement d'un service quelconque, qui leur est généralement indifférent et souvent désagréable, par la manière, il est vrai, dont le tir s'exécute, c'est-à-dire dans des conditions très-défavorables. Aussi nos officiers seraient-ils loin, pour leur compte, d'atteindre, comme nombre de balles mises, au chiffre de 81 p. 100, obtenu en Suisse en 1872, pour le tir des officiers, aux distances de 225 à 500 mètres. Ils n'ont pas non plus assez la curiosité des choses du tir, soit comme enseignement théorique, réduit même aux nations les plus intéressantes, soit pour tout ce qui s'y rattache comme pratique. C'est à peine, par exemple, si certaines armes remarquables sont un peu connues de la majeure partie des officiers. Mais, que fait-on pour leur inculquer le goût de tout ce qui se rattache à cette branche si importante de l'instruction militaire ?

Quelques observations seraient ici très à leur place sur le rôle que peuvent exercer, à cet égard, nos différentes écoles de tir : mais on s'abstiendra de les émettre, pour n'avoir pas à juger sévèrement, même au simple point de vue de la pratique un enseignement qui n'est pas à hauteur de celui professé ailleurs, et dans lequel on se borne à peu près à faire de nos officiers de bons instructeurs de tir, dans les limites beaucoup trop restreintes du *Manuel*. Ce n'est plus qu'à l'étranger qu'il faut s'adresser pour toutes les expériences, plus utiles encore qu'intéressantes, qu'on y fait journellement sur les effets des divers feux ; soit en ce qui concerne l'infanterie, au point de vue du combat dans sa forme générale, ou des diverses opérations; soit en ce qui a trait à l'action réciproque des différentes armes (1). Il y avait longtemps, du reste, que

(1) V. à ce sujet dans la *Rev. mil. de l'Étr.*, le compte rendu des

l'ancienne école de Vincennes, renonçant à la haute situation qu'elle avait prise dès le début sur toutes les commissions étrangères, n'avait plus l'initiative des diverses expériences, et qu'il fallait aller rechercher dans les ouvrages de nos voisins la trace de celles de ses opérations se rapportant même à notre armement (1).

Pour ne s'en tenir ici qu'au seul point de vue des corps, et pour ce qui a trait aux officiers, nous pensons qu'il serait possible de rendre plus intéressantes les quelques conférences faites sur le tir, en donnant aux notions théoriques indispensables toute la netteté d'exposition voulue ; en s'étendant sur certains faits d'expérience plus ou moins intéressants, et, pour terminer cet enseignement, en mettant sous les yeux des officiers celles des quelques armes étrangères que l'on est parfois à même de se procurer, etc.

En ce qui concerne la troupe, les officiers ne restent pas au-dessous de leur tâche, et tous s'efforcent d'obtenir de bons résultats ; on peut même ajouter que cette partie de l'enseignement militaire est encore la seule dans laquelle on constate les heureux effets de l'émulation. Mais, là aussi, on sent que les hommes ne rendent pas tout ce qu'ils peuvent donner, parce qu'il n'y a pas chez beaucoup d'officiers la conviction, le souffle puissant que nous voudrions y voir... Un tel jugement, qui semble sévère, n'est réellement que juste, si l'on observe ce qui se passe ailleurs. Dans les régiments anglais, par exemple, des concours de tir sont installés par l'initiative propre des officiers, et à très-peu de frais, de manière à donner tous les six mois aux sous-officiers et aux soldats un certain nombre de prix ; les officiers sont les premiers à y

nombreuses expériences de tir faites en Bavière, en Allemagne, etc., —et aussi les articles publiés depuis la guerre dans la *Rev. de Streffleur*.
(1) V. de Plœnnies, *Nouv. études*, 1862, pass. — *Id.*, 1864, etc.

prendre part, au milieu même de leurs hommes, dont ils n'ont pas, d'ailleurs, à redouter l'adresse. La discipline n'a rien à y perdre, tandis que la considération des sous-officiers et des soldats pour leurs chefs s'en accroît davantage (1).

Une tentative très-heureuse faite dans le même sens, au lendemain de la guerre, dans un de nos corps d'armée, avait commencé à donner d'excellents résultats, et tout le monde y applaudissait : mais, due seulement à une initiative particulière, elle disparut avec les circonstances qui l'avaient fait naître, et, croyons-nous, sans avoir été imitée ailleurs, au moins comme mesure générale. Car, si l'idée d'encourager le goût du tir chez les officiers par le stimulant de certains prix n'est pas nouvelle, et a été souvent mise en pratique dans plusieurs corps, on remarquera que rien de semblable n'a encore été établi pour la troupe, en dehors des concours officiels de fin d'année. Mais, ce que l'Etat ne saurait faire pour encourager davantage l'adresse des hommes, peut être réalisé facilement par tout un corps d'officiers, sans qu'il y ait là une difficulté d'aucun genre.

C'est donc par ces derniers eux-mêmes que nous voudrions voir établir ces concours, dont le premier effet serait d'accroître leur adresse et de leur donner sur le soldat un prestige encore plus grand; car il ne faut à beaucoup d'officiers, pour devenir bons tireurs, qu'une habitude plus suivie de ces exercices, auxquels on s'intéresse tous les jours davantage, surtout quand on peut faire usage, dans les tirs, d'une bonne arme de précision, qu'il est toujours très-facile de se procurer.

En outre du premier résultat qu'aurait cet encouragement

(1) Ce n'est là qu'une partie du système, car les officiers prennent part, et avec empressement, à tous les exercices qui ont pour objet l'entraînement physique de leurs hommes.

ainsi donné au tir, d'élever de beaucoup la valeur des résultats obtenus par l'effet de l'émulation et du prix attaché aux récompenses, on y trouverait encore pour l'avenir un avantage non moins grand. Partant, en effet, de ce principe que le régiment ne doit plus être qu'une école de mobilisation, on préparerait, non plus seulement les cadres, mais aussi les soldats, au rôle qu'ils auraient à remplir à ce moment-là.

Avec les armées actuelles, qui ne se composeront, lors d'une mobilisation, que de levées peu instruites, il sera très-avantageux d'avoir dans les corps des hommes capables d'aider, par leur exemple, à l'instruction des nouveaux venus, et de les encadrer solidement en temps de guerre. Ces mêmes anciens soldats appelés à revenir à leurs corps, à la suite d'une absence souvent assez longue, auront aussi d'autant moins oublié, que leur instruction première aurait été plus forte... Mais comment arrivera-t-on à faire aussi facilement d'un certain nombre d'hommes de remarquables tireurs? Car il ne suffit pas de le vouloir pour obtenir un tel résultat.

On y parviendra, en donnant à l'instruction du tir une nouvelle activité, après avoir appliqué à la méthode actuellement suivie les perfectionnements déjà obtenus ailleurs; —en développant davantage encore l'émulation entre chacune des compagnies, par tel ou tel moyen facile à établir, pour récompenser en même temps et la compagnie en entier, et celui qui la commande ; — en ne s'attachant ensuite qu'à encourager l'adresse des soldats déjà signalés comme bons tireurs, lesquels seraient exercés constamment, et stimulés dans leurs progrès par l'appât de récompenses surtout pécuniaires et l'espoir de prix à gagner à la fin de l'année. Indépendamment de concours qui pourraient être installés par brigade et par division, pour les meilleurs tireurs de chaque régiment, on donnerait au besoin aux deux ou trois premiers d'entre eux le moyen d'aller enlever quelque prix au tir de la localité la plus voisine, etc.

Il n'y a pas lieu, d'ailleurs, d'insister davantage sur l'ensemble des mesures que l'on aurait alors à instituer ; car elles s'indiquent d'elles-mêmes, et sans qu'aucune difficulté réelle s'oppose à leur application.

Une armée territoriale tirerait aussi une grande force de l'adresse de soldats, dont quelques-uns, déjà d'une certaine force à leur sortie du corps, et ne manquant pas de s'adonner chaque année dans les *stands* aux exercices du tir, puiseraient en eux-mêmes une nouvelle confiance, et sauraient plus ou moins l'inspirer à leurs voisins.

Il n'est pas jusqu'aux corps francs, qui, composés de gens dévoués et vigoureux, tels qu'il convient pour la défense d'un pays levé en masse, et trouvant alors à se recruter parmi de véritables tireurs, ne pourraient ainsi répondre à leur véritable mission.

Or, dans le cas d'une mobilisation, on ne peut guère compter, pour la réserve et l'armée territoriale, que sur un nombre assez restreint de tireurs d'élite, qui se composent, ou d'amateurs appartenant au commerce et aux classes élevées, ou de quelques individus des campagnes, auxquels, à défaut d'une aptitude particulière, le braconnage a parfois servi d'enseignement ; ce sont les quelques bons tireurs que l'on rencontre dans chaque compagnie. Il importe donc, pour les raisons déjà émises plus haut et celles que l'on vient d'établir, de pouvoir augmenter le nombre de nos bons tireurs.

Aujourd'hui, en effet, il n'y a d'autre préparation à la guerre, pour l'infanterie, que celle qui consiste dans la pratique du tir et l'application du service en campagne ; le tout complété par des exercices de marche très-nombreux, et dirigés suivant une certaine méthode. Tout est là, surtout depuis l'a-

doption du combat en ordre dispersé. Mais il y a pour nous
un intérêt plus grand encore à nous livrer à cet entraînement. Car, si les perfectionnements apportés aux armes de
l'infanterie n'ont rien changé à la tactique des combats en
général, la défensive, toutefois, en a tiré une grande force,
au point de vue des actions partielles ou isolées, telles que
se présentent celles des partisans et des défenseurs d'un pays
levé en masse ; la nécessité chez l'ennemi d'une formation
mince et étendue annulant pour lui l'avantage du nombre,
quand son adversaire a celui, au contraire, d'un terrain très-
connu et particulièrement propre à la défensive. Il est donc
à désirer que toute la population soit préparée de longue
date aux exercices du tir, pour y trouver un jour le meilleur
moyen de venir utilement en aide aux armées déjà levées
pour la défense du sol. On est ainsi amené à se préoccuper
du développement qu'il y aurait lieu de voir donner à ces
exercices dans tout le pays.

*Nécessité de développer le goût du tir dans toute la popu-
lation.* — Déjà on a suffisamment établi par l'exemple du
passé qu'il y aurait peu à faire pour arriver dans ce sens à
d'heureux résultats. On y parviendra peu à peu, si on le veut,
et d'une manière très-sûre, au moyen d'abord d'une intervention habile et peu sentie de la part de l'État, qui, évitant l'emploi de moyens officiels, ne s'adresserait qu'à certaines influen-
ces locales; et ensuite, en mettant à profit ce qui a été fait dans
le même but en divers endroits. Les établissements de tir qui
existent dans beaucoup de grandes villes recevraient facilement une extension plus grande, et, si dans les campagnes
des installations plus modestes sont à créer, on arriverait
sans trop de peine à les y établir. On est heureux, du reste, de
pouvoir constater que déjà l'initiative particulière a beaucoup

28.

fait pour développer tout ce qui se rattache à cette question. Sans parler de dix-huit à vingt sociétés de tir existant aujourd'hui en France, et dont quelques-unes sont remarquablement installées et dirigées (1), il est à noter que plusieurs particuliers, et notamment des officiers en retraite, ont fondé à leurs frais, dans quelques petites localités, des installations très-suffisantes pour un début dans cette nouvelle voie.

Les adroits tireurs dont il a été parlé auraient alors pendant la paix un rôle utile à remplir. Rentrés dans les campagnes, d'où ils sortent pour la plupart, ils serviraient tout naturellement autour d'eux de premiers initiateurs à la connaissance du tir et des armes. En même temps, beaucoup des jeunes gens qui sont appelés à servir devraient à la pratique de ces exercices d'être déjà de bons tireurs à leur arrivée au corps, ou d'y avoir au moins contracté une première notion de ce qu'ils auront à apprendre. On consacrerait utilement à ces exercices une partie du dimanche, etc.

Nous croyons donc qu'il importe beaucoup de voir se développer le goût du tir dans notre population, ainsi qu'il existe déjà chez quelques nations voisines, telles que l'Angleterre, la Belgique, la Suisse, etc., pour lesquelles il constitue le principal élément de leur puissance défensive. Si, comme on peut le craindre, les armées modernes, — à moins d'un retour dans la politique à l'équilibre d'autrefois, — doivent, par rapport à la troupe, perdre en partie tout ce qui constitue le caractère des armées permanentes, pour se transformer plus ou moins en armées provinciales, ou de milices peu dressées, il devient alors plus nécessaire que jamais de pouvoir compter pour le soldat sur une force nouvelle, l'habileté

(1) Telles que celles du Havre, de certaines villes du nord, etc.

dans le tir, qui compenserait en partie la disparition des autres éléments. Quoi qu'il arrive d'ailleurs de nos grandes
armées actuelles, il n'y a qu'à gagner à propager de plus en
plus l'habitude de ces exercices dans la population, ce qui est
aussi le plus sûr moyen de la répandre dans l'armée, et de
faciliter plus tard la tâche de nos instructeurs.

Conclusion. — Après avoir parlé assez longuement de tout
ce qui se rattache au tir, nous reviendrons sur la nécessité
d'exercer le soldat avec le plus grand soin à tout ce qui constitue l'ensemble des exercices de campagne.

Si les Allemands, comme il a été dit au début de cet ouvrage, ont été les premiers à reconnaître la supériorité du
soldat français, pour ce qui a trait au combat de tirailleurs,
on a vu aussi qu'ils nous reprochent, et nous croyons avec
raison, de compter assez sur l'intelligence et l'activité de nos
hommes pour nous dispenser de les instruire suffisamment,
en pensant même qu'il nous suffit de les suivre dans leur élan,
comme il est arrivé plus d'une fois. Si les manœuvres anciennes prêtaient plus ou moins à cette manière de voir, il
n'en saurait plus être de même aujourd'hui : car, si la tactique nouvelle du combat de l'infanterie est simple, bien dé-
finie, et facile à enseigner au soldat en temps de paix, il n'en
est pas moins vrai qu'il faut réagir à l'avance, et par une forte
instruction, contre toutes les causes qui rendent le combat
d'une exécution très-délicate, en raison surtout de la grande
puissance du feu et de son action dissolvante sur les premiers
échelons qui entrent en ligne, ainsi qu'on l'a montré plus haut
(p. 263).

On est ainsi fondé à s'élever contre l'idée contraire, que
l'on trouve répandue chez beaucoup de gens, ennemis en
principe des armées permanentes, et grands partisans des

levées en masse; et de ceux-là, bon nombre, malgré la dure expérience de nos derniers revers, affectent encore d'entrevoir l'union des peuples comme l'avenir prochain des relations internationales; ce qui n'est au fond qu'un moyen de masquer leurs sentiments de mollesse et d'égoïsme.

Du reste, ce n'est pas d'hier qu'est née cette opinion qui rejette les armées permanentes comme incompatibles avec l'idée de liberté : mais il y a longtemps aussi que des esprits très-élevés ont fait justice de ce paradoxe, et montré tout le danger de son application. Il est facile de le combattre en peu de mots, et par des arguments irrésistibles, qui montrent la nécessité des armées permanentes comme première conséquence du développement du bien-être général; de celui de plus en plus grand du commerce et de l'industrie, etc. Mais, pour ne pas sortir davantage de notre sujet, il nous suffira d'établir que les armées permanentes ont encore leur raison d'être dans l'observation des qualités et des défauts qui constituent le caractère français. Comme on l'a si bien fait remarquer (1), « aucune nation n'est plus brave, plus ardente, plus susceptible d'enthousiasme que la nôtre; aucune ne possède à un aussi haut degré les vertus et les qualités qui constituent le vrai guerrier; et cependant, aucune n'est moins *militaire*, et ne répugne autant au métier de soldat. » Un tel jugement, si vrai il y a cinquante ans, au milieu de circonstances en tout semblables à celles présentes, ne l'est-il pas autant aujourd'hui?

Les armées permanentes, plus que jamais nécessaires pour la défense du sol, ne le sont pas moins pour refaire l'esprit militaire, ou celui du vrai patriotisme, qui s'en va chaque jour, cédant à toutes les forces contraires. Comme cet esprit

(1) Gén. Lamarque, *De l'esprit militaire en France* (1826), p. 9.

procède du principe d'autorité et s'appuie sur l'observation d'une forte discipline, il faut d'autant plus songer à le restaurer, en donnant une nouvelle force aux institutions militaires, que, répandu de plus en plus dans la nation, il peut seul retremper solidement tous les caractères.... Les armées de la levée en masse, même soulevées, au moment du danger, par l'exaltation d'un grand patriotisme, n'amèneront, au contraire, avec elles que le désordre. Tout ce que l'on peut concéder à l'opinion opposée consisterait à admettre de n'avoir guère sur pied que des cadres en temps de paix, et de donner moins de temps qu'autrefois à l'instruction des soldats de nouvelle levée, tout en la rendant aussi forte qu'il est nécessaire.

Les gens qui évoquent le fantôme des armées permanentes, et ne manquent jamais de mettre en avant les succès obtenus avec les jeunes armées de la République, ne tiennent aucun compte de la valeur des anciens cadres, et de l'expérience ou du talent que montrèrent plusieurs généraux. Ils oublient aussi de remarquer que ces armées, battues presque partout en 1792 et en 1793, ne commencent à remporter quelques succès que dans le courant de 1794, parce que jusque-là elles ne sont nullement aguerries ; d'après le témoignage des faits eux-mêmes, et celui très-désintéressé des généraux qui firent ces premières campagnes (1). Si plus tard, et pendant une période de six années (1794-1800), les armées françaises obtiennent d'aussi étonnants succès, et souvent dans les conditions les plus défavorables, elles ne le doivent qu'à l'esprit patriotique qui les anime, et leur donne le courage de supporter toutes les privations. « A toutes les époques, les Français ont été braves et brillants dans le combat : jamais ils n'ont été aussi courageux que durant cette période, où ils souffrent

---

(1) *Max. de guerre* du maréchal Gouvion St-Cyr. Paris, 1875, p. 177.

des privations de toute sorte, bravent la rigueur des saisons sous tous les climats, et supportent leurs revers avec constance... » (1) Il s'agit donc là d'une situation exceptionnelle, que n'ont pas le droit d'invoquer, comme vraie en tout temps, ceux qui prétendent encore que les armées doivent s'improviser par la levée en masse au moment d'une guerre. On ne peut nier, toutefois, que ces armées n'auraient rien perdu de leur élan à être dès le début mieux disciplinées et plus fortement constituées. Ajoutons de suite que des circonstances analogues à celles de 1792 ne sauraient plus se produire, et que d'ailleurs le sentiment de patriotisme le plus exalté serait impuissant à sauver une nation de son inexpérience, en face d'une organisation aussi puissante que l'est celle des armées modernes.

De plus, si la direction des armées tend à devenir tous les jours plus difficile pour le chef, en raison de leur force toujours croissante, et de l'étendue des connaissances sur lesquelles s'appuie l'art de la guerre, il en est de même de l'éducation du soldat, par suite de tout ce qu'on doit lui enseigner en vue de la guerre. Il faut aujourd'hui que le soldat soit *intelligent,* s'il est possible, — pratiquement *très-instruit,* — *très-bon tireur,* — et, plus que jamais, *rompu aux exercices de marche.* On voit par l'ensemble de ces conditions générales qu'il y a beaucoup à faire pour donner à cette instruction l'impulsion vigoureuse qu'elle nécessite.

Il nous faut par suite, — et chacun dans la limite de notre rôle, — tendre à faire progresser tout ce qui se rattache à l'instruction de nos hommes, sous l'inspiration d'une conviction profonde, soutenue en même temps d'une grande application au travail. Mais peut-être cet esprit d'investigation et

(1) *Max. de guerre* du maréchal Gouvion Saint-Cyr., etc.

de recherche des perfectionnements à apporter à l'instruction militaire n'est-il plus aussi développé chez nous qu'autrefois; à coup sûr, il ne l'est pas autant qu'ailleurs. Bien qu'il nous en coûte d'avoir une fois de plus à faire l'éloge de nos voisins, il est avant tout utile de noter chez eux ce dont nous avons à faire notre profit. Voici comment les Prussiens ont été jugés en Autriche, au sujet de la tendance constante qu'ils montrent à améliorer ce qui touche à leur système militaire : « Le grand bonheur des Prussiens à la guerre (1) vient en partie de ce que leurs officiers supérieurs, tout en ayant la ferme volonté et l'énergie de tenir la main à l'exécution des ordres donnés, se réservent cependant de juger des avantages que peuvent, selon les circonstances, offrir des formations autres que celles usitées et prescrites, et, quand ils voient quelque chose de mieux à faire, de ne pas s'en tenir à ce qui est mauvais ou médiocre... » Rapprochons de ce témoignage celui d'un auteur anglais (2) : « Ce qui distingue, dit-il, entre autres particularités, l'armée prussienne des autres armées, c'est l'impartialité de la critique qu'elle exerce sur elle-même. En France, au contraire, le résumé de toutes les conférences militaires antérieures à 1870 se traduit généralement par une grande satisfaction de soi-même... » Rien n'est plus vrai qu'un tel jugement, et l'on peut en donner pour preuve telle conférence qui nous avait inspiré, il y a longtemps, des réflexions analogues et assez tristes, parce qu'elle accusait, relativement à la question traitée, une trop grande ignorance des ressources de l'étranger.

Sans rechercher quelles ont été pour les autres armes les

(1) *Wehrzeitung*, avr. 1872 (*Rev. mil. de l'Etr.*, 1872, n° 63).
(2) Cap. Strange, *Practical Artillery*, dans le *Journal of United and Service Institution* (*Id. Rev. mil. de l'Etr.*, 1872, n° 63).

résultats fâcheux de ce parfait contentement de soi-même et de cette abstention presque systématique de toute investigation extérieure, on ne peut nier qu'ils n'aient eu aussi pour l'infanterie des conséquences regrettables, dont une, et qui n'est pas la plus importante, a été de nous amener à n'adopter qu'au dernier moment, en 1866, et tout à fait à la hâte, un nouveau système d'armement que l'on eût pu étudier à l'avance et préparer tout à loisir. Longtemps, en effet, on a méconnu pour cette arme la seule raison de sa grande force, en prenant encore dans ces derniers temps pour l'essentiel ce qui n'était que l'accessoire. Erreur propagée même par l'enseignement officiel, qui a émis sur le rôle de l'infanterie, par rapport à son armement, des idées telles qu'il ne fallut pas moins que les événements de ces dernières années pour ramener les esprits à l'observation des vrais principes; lesquels cependant s'affirment par une série de faits non interrompue dans l'histoire du siècle dernier, et n'auraient pas apparu moins clairement à l'esprit d'un observateur attentif à suivre les institutions militaires de la Prusse depuis 1840, et faisant son profit des événements de 1848, de ceux de 1864, etc. Non qu'il faille, comme à une autre époque, tout accepter aveuglément de nos voisins; mais il importe de prendre son bien partout où on le trouve.

Toutefois, il faut faire plus, s'il est possible, et par un travail intelligent et assidu, prendre comme autrefois l'initiative dans la discussion des grandes questions militaires. Sur ce terrain, nous y conserverons encore cet avantage, qui ne nous a jamais été contesté, de savoir exposer toutes les questions avec une clarté de méthode et une netteté d'expressions particulières à l'esprit français et au génie de notre langue. En redoublant ainsi d'efforts, pour notre instruction propre et celle de nos hommes, nous arriverons un jour ou l'autre au but qu'il nous faut rechercher et que nous parviendrons à atteindre.

Car, si l'enseignement d'un passé glorieux est la leçon et le présage de l'avenir; — si la race française, comme on n'en peut douter, n'a rien perdu comme énergie physique de son ancienne valeur (bien qu'ait voulu prétendre du contraire un témoignage trop intéressé pour être vrai); — si enfin aux qualités brillantes et impérissables de la race (car elles sont au-dessus de tout désastre), vient aussi se joindre un peu plus d'entente, au milieu de nos débats politiques, — nous aurons foi dans les destinées du pays, et chacun de nous s'efforcera, suivant son rôle, de ne rien négliger de tout ce qui peut le mieux assurer la revendication de cet avenir. Appuyée sur de tels sentiments, la reconstitution de notre état militaire, qui s'élabore activement sous nos yeux, ne saurait manquer de répondre un jour ou l'autre à notre attente.

FIN.

TABLE ANALYTIQUE
DES MATIÈRES.

PREMIÈRE PARTIE.

DU TERRAIN.

DEUXIÈME PARTIE.

INSTRUCTION PRATIQUE DE LA COMPAGNIE.

—

CHAPITRE Iᵉʳ. — SERVICE DES AVANT-POSTES.

CHAPITRE II. — Service de marche.

CHAPITRE III. — Du combat.

§ 1er. *Du combat dans sa forme générale.*

FIN DE LA TABLE ANALYTIQUE.

Paris. — Imprimerie de J. DUMAINE, rue Christine, 2.

Imprimé en France
FROC01n1946071216
16602FR00008B/125/P